조만식과 해방 후 한국 정치

조만식과 해방 후 한국 정치

2015년 12월 20일 초판 발행
2022년 1월 10일 증보판 발행

지은이 | 박명수
교정교열 | 정난진
펴낸이 | 이찬규
펴낸곳 | 북코리아
등록번호 | 제03-01240호
주소 | 13209 경기도 성남시 중원구 사기막골로 45번길 14
우림2차 A동 1007호
전화 | 02-704-7840
팩스 | 02-704-7848
이메일 | ibookorea@naver.com
홈페이지 | www.북코리아.kr
ISBN | 978-89-6324-812-7 (93990)

값 20,000원

조만식과 해방 후 한국 정치

Cho, Man Sik and Korean Politics after World War II

박명수 지음

북코리아

증보판 머리말

왜 한국교회와 사회는 조만식을 기억해야 하는가?

필자는 2015년 『조만식과 해방 후 한국 정치』라는 제목의 책을 북코리아에서 출판하였다. 이 책은 해방 이후 조만식 선생의 정치활동을 중심으로 저술한 책이다. 필자는 이 책을 출판한 다음에 이 책에 조만식 선생의 해방 이전의 삶을 간단히라도 언급했었으면 좋았을 것이라고 후회하였다. 왜냐하면 해방 이후의 그의 활동은 해방 이전의 그의 활동의 연장선상에 있기 때문이다.

최근 북코리아 이찬규 사장님으로부터 초판이 매진되었으니 재판을 출간하자는 이야기를 듣고, 차제에 "해방 이전 조만식의 신앙과 독립운동"이라는 서론 격의 한 장을 첨가하기로 하였다. 6, 7년에 걸쳐서 겨우 초판이 다 판매되었으니 출판에는 실패한 것이다. 이런 책을 출판해 주시고, 재판을 제안해 주신 이찬규 사장님께 미안한 마음과 감사하는 마음이 교차한다.

필자는 한국교회와 사회는 조만식을 다시 기억해야 한다고 생각한다. 몇 가지 이유가 있다. 첫째로 조만식은 철저한 기독교신자였다. 많은 사람들이 처음에는 기독교신앙으로 시작하지만 세월이 지나가면서 입장을 바꾸곤 하였다. 그런 대표적인 인물이 여운형이었다. 그러나 조만식은 그가 기독교신앙을 가진 처음부터 그가 세상을 떠날 때까지 기독교신앙을 포기하지 않았다.

둘째로 조만식은 도덕적으로 흠잡을 수 없는 인물이다. 많은 독립운동가들이 독립운동을 하는 가운데 때로는 비도덕적인 행동을 할 경우가 있다. 돈, 여자, 권모술수에 매이기 쉽다. 그러나 조만식은 그런 경우에 해당하지 않는다. 그는 도덕적으로 아무런 흠결을 갖지 않았다.

셋째로 조만식은 일제와 공산주의에 타협하지 않은 인물이다. 많은 독립운동가들이 처음에는 일본과 싸우다가 나중에는 타협하고 만다. 윤치호 같은 인물이 그렇다. 또 어떤 이들은 처음에는 민족주의의 입장에 있다가 나중에는 공산주의로 전향하였다. 이동휘 같은 인물이 그렇다. 하지만 조만식은 해방 이전에는 일본과 싸웠고, 해방 이후에는 소련과 싸웠다. 그는 민족의 제단 위에 바쳐진 제물이었다.

지금 대한민국은 진정한 지도자를 갈망하고 있다. 수많은 사람들이 이 나라의 지도자가 되겠다고 나서고 있다. 이런 상황에서 조만식과 같은 지도자를 다시금 생각해 보는 것은 이 나라의 미래를 위해서 매우 중요하다고 생각한다.

머리말

왜 우리는 조만식을 다시 생각해야 하는가?

해방 이후 한반도는 남북으로 분단되었고, 각각 다른 이념이 지배하는 두 나라가 되었다. 하지만 38선이 생기는 그 순간부터 남북의 분단을 염려하고 하나의 통일된 국가를 꿈꿔온 지도자가 있다. 그분이 바로 조만식 선생이다. 북한에 진주한 소련군은 조만식에게 자신들의 통치에 협조해줄 것을 요청했다. 하지만 조만식은 오히려 소련군에게 조국을 분단시키지 말 것을 강력하게 요청했다. 소련군은 8월 22일경 평양에 도착하자마자 곧바로 남쪽으로 내려가 38선을 만들었다. 이것을 본 조만식은 조국의 분단을 예감했다. 소련은 북한에 소련의 위성국가를 만들려고 했지만 조만식은 소련의 꼭두각시가 되기를 거부하고, 조국의 제단에 목숨을 바쳤다.

통일의 길은 결코 쉽지 않다. 해방 이후 지금까지 한반도에서 통일의 꿈이 사라진 적은 없다. 하지만 아직도 통일은 요원하기만 하다. 해방 이후 역대 대통령들은 모두 각각 자기 나름대로 통일과 그 방식을 준비했지만 성공한 적은 한 번도 없다. 이런 상황에서 우리는 과거를 돌아볼 필요가 있다. 왜 분단되었는지, 통일의 장애물은 무엇인지, 시대마다 각각 어떤 전략으로 통일을 위해 노력했는지 우리의 역사는 다양한 이야기를 해줄 수 있을 것이다.

필자는 한반도의 통일을 위해 가장 먼저 연구해야 할 대상이 바로 조만식 선생이라고 생각한다. 그분은 일찍이 분단의 조짐을 느끼고 조국의 분단을 막기 위해 온갖 노력을 다했다. 비록 그의 노력이 이루어지지 못하여 분단이 고착화되었지만, 그는 자신의 온몸을 던져 조국 통일의 제단에서 순교했다. 그는 진정으로 조국의 통일을 희망했고, 북한동포를 사랑했으며, 이 땅의 모든 사람이 인간다운 삶을 살기를 희망했다. 아마도 분단의 아픔을 가장 먼저 맛본 사람이었고, 그래서 가장 강력한 통일의 소원을 가지기도 했을 것이다.

조만식은 민주주의의 확실한 토대 위에서 통일을 추구했다. 그는 통일지상주의자가 아니었다. 그는 한반도가 개인의 자유와 사적 소유권이 보장되는 가운데 약자의 권리가 존중되는 그런 사회를 만들기를 원했다. 그런 사회를 만들기 위해 처음에는 공산주의자들과도 손을 잡고 일했지만, 조만식은 근본적으로 남한의 민족주의자들과 연대하여 조국의 통일과 민주주의를 위해 일했던 사람이다.

현재 한반도의 상황은 해방 직후와 많이 다르다. 해방 후 한국사회를 규정했던 냉전체제는 공산권의 붕괴로 막을 내렸다. 따라서 조만식 선생을 괴롭혔던 공산주의 국가 소련은 사라지고 이제 새로운 나라 러시아가 등장했다. 우리나라도 국제사회에서 중진국이 되어 어느 정도의 발언권을 갖게 되었다. 하지만 여전히 한반도에는 해방 직후 같은 긴장이 감돌고 있다. 무엇보다도 현재 남한사회는 이데올로기의 분열을 겪고 있다. 해방 직후의 분열현상이 지금 다시 등장하고 있는 것 같다.

일부 역사학자들이 대한민국의 정통성을 의심하고, 상대적으로 북한에 대해서는 우호적인 글을 쓰고 있다. 이들은 해방정국에 있어 좌파가 우세했고, 미국이 이런 한국사회의 흐름과는 반대로 서구식 민주주의를 강요하여 오늘의 대한민국을 만들었다고 주장한다. 이들은 북조선에는 자치적으로 인민위원회가 조직되었고, 소련은 이런 한국인의 의사를 존중하여 인민위원회를 인정하여 오늘의 북조선이 만들어졌다는 것이다. 따라서 소련군은 해방군이고, 미군은 점령군이라는 것이다.

우리는 해방 직후 한반도의 상황을 객관적으로 살펴보아야 한다. 해방 직후 북한사회의 중심은 바로 조만식 선생이었다. 19세기 말부터 등장하기 시작한 기독교 민족운동은 일제 강점기부터 조만식 선생을 중심으로 뭉치기 시작했고, 해방이 되었을 때 조만식 선생은 북한사회에서 타의 추종을 불허하는 지도자였다. 그래서 함석헌은 남한에서는 인재가 너무 많아 문제요, 북한에서는 인재가 너무 없어 문제이며, "그런데 이북은 다섯 도를 조만식 단 한 사람에게 맡으라 했으니"[1)]라고 말하면서 해방 후의 북한 정국을 안타까워했다.

함석헌은 "해방 후 북한에서 정치적 인물은 조만식 단 하나였다. 그다음은 다 그의 아래, 그를 추종하는 사람들이지 감히 그와 의견을 나누거나 바꾸고 정권을 다툴 사람이 없었다."고 말하면서 "조 선생이 야심이 있다면 편하기도 했겠지만, 민족의 운명이 갈리게 될 고비를 만나 좌우를 돌아봐야 다 자기의 결정을 기다려 턱을 쳐들고 있는 자뿐이지

1) 함석헌, "아니라고 말할 수 있는 용기", 『고당 조만식 회상록』(서울: 고당기념사업회, 2005), 278.

감히 의견이나 수완을 가지고 의논하고 협력할 사람이 아무도 없는 것을 볼 때 얼마나 외롭고 난처했을까?"라고 했다. 따라서 해방 이후 북한의 역사는 조만식과 함께 시작해야 할 것이다.[2]

하지만 현재 대한민국에서 소개되는 북한 역사에서 조만식은 거의 언급되지도 않으며, 언급된다고 해도 매우 간단하게 취급되고 있다. 이것은 해방 이후의 북한 상황을 지극히 왜곡하고 있는 것이다. 북한 공산주의자들은 조만식을 언급하기를 꺼린다. 조만식이 언급될수록 자신들의 정당성이 훼손되기 때문이다. 조만식뿐만 아니라 조만식을 중심으로 활동했던 건국준비위원회에 대해서도 설명하지 않는다. 소련이 건국준비위원회를 강제로 해산시키고 공산주의자들이 주도할 수 있도록 인민위원회를 세웠다는 것도 언급하지 않는다. 아울러 당시 북한의 최대 정당이었던 조선민주당에 대해서도 바로 소개하지 않는다. 많은 역사학자들이 북한의 역사 왜곡에 대해 침묵하고 있다. 지금 북한은 중국과 일본보다도 더 심각하게 역사를 왜곡하고 있다.

지금까지 조만식에 대한 연구는 대체로 신탁통치 문제로 연금되는 상황에서 끝났다. 아마도 연금되었기 때문에 공식적인 활동이 불가능했고, 따라서 역사의 무대에서 사라졌다고 생각했던 것 같다. 하지만 필자는 본 연구를 통해 조만식이 신탁통치 반대로 연금된 다음에 미소공동위원회를 중심으로 임시정부 수립을 위한 협의 대표 선발에 매우 중요한 변수가 되었음을 발견했다. 미국은 조만식을 북한의 대표단의 하나로 만들려고 했고, 소련은 이것을 반대했다. 조만식을 협의 대표에 포함시키는 문제는 미소협상의 주요 의제였다. 또한 비록 조만식은 평양의

2) 함석헌, "아니라고 말할 수 있는 용기", 278.

고려호텔에 연금되어 있었지만, 남한에서 대한민국의 건국과정에도 상당한 영향을 미쳤다. 아마도 조만식의 연금 이후 상황에 대한 종합적인 연구는 이 책이 처음이 아닌가 생각한다.

필자는 이 연구에서 먼저 조만식과 관련된 분들의 증언을 주의 깊게 살펴보았다. 많은 진보학자들이 이런 자료를 극우적이라고 폄하하여 제대로 읽어보지 않지만, 사실은 이들이야말로 가장 생생한 증언을 해주고 있다. 비록 이런 자료들이 역사 비평작업을 거쳐야 하지만 필자는 이런 자료들을 통해 조만식과 이승만, 김구의 관계를 보다 자세하게 알게 되었다. 최근 북한에 대한 연구가 활성화되면서 소련 자료를 발굴하여 조만식을 연구하는 분들이 있다. 필자는 이들로부터도 많은 도움을 받았다. 앞으로 소련 문서를 연구하는 것이 더욱 필요하다고 생각한다. 특별히 해방 후 역사와 관련된 소련과 북한 측 인사들의 증언은 본 연구에 많은 도움을 주었다. 하지만 본 연구에 있어 가장 중요한 결정적인 자료들은 미 군정 문서들로부터 얻었다. 한근조를 비롯한 월남민들에 대한 미 군정의 인터뷰, 조만식과 미 군정 사이의 비밀자료, 그리고 1947년 미소공동위원회 미국 측 대표 브라운과 조만식의 대화 등은 본 연구에 있어 결정적인 부분이었다.

필자는 최근에 해방 직후 서울을 중심으로 한 건국 논문에 대해 『건국투쟁, 민주공화국인가, 인민공화국인가』(백년동안, 2015)라는 제목의 책을 출판했다. 이 책은 해방 직후 송진우와 여운형을 중심으로 하는 건국투쟁을 다루었다. 『건국투쟁』이 서울을 중심으로 쓴 책이라면 본서는 평양의 조만식을 중심으로 삼는 책이다. 이 두 책을 비교해서 읽는 것도 흥미 있을 것이다. 필자는 원래 기독교역사를 전공하는 사람이다. 하지만 최근 필자는 한국 기독교가 한국사회에 미친 영향에 대해 관심을 갖기 시작했고, 특별히 대한민국 건국에 미친 기독교의 역할에 대해 연구하고 있다. 본 연구는 바로 이런 계획의 일환이다. 필자는 한국 기독교가 근대화와 독립운동에도 기여했지만 대한민국의 건국에도 큰 몫을 담당했다고 생각한다. 앞으로 시간과 능력이 되는 대로 대한민국의 건국에 기독교가 미친 영향에 대해 보다 깊이 연구하고자 한다. 필자가 조만식에 대해 관심을 갖게 된 것은 바로 이런 관심에서 출발한 것이다.

이 책을 쓰는 데 필자는 여러 사람의 도움을 받았다. 필요한 자료들을 수집하는 데 도움을 준 서울신대 현대기독교역사연구소 김성수 간사와 해방 이후의 한국 근대사에 대한 많은 자료들을 볼 수 있도록 도와준 건국대학교 상허기념도서관에 감사를 드린다. 또한 이 책을 읽어보고 조언을 주신 건국대 이주영 명예교수님과 고당 조만식 기념사업회 조연수 상임이사님께도 감사를 드린다. 이 책의 일부는 "평안남도 건국준비위원회와 조만식"이라는 제목으로 『한국 기독교와 역사』 41호(2014)에 게재되었음을 밝힌다. 또한 이 책을 북코리아에서 출판할 수 있도록 도와주신 김권정 박사님께 특별한 감사를 드린다. 마지막으로 이런 전문서적을 출판하기를 꺼리는 한국 출판계의 현실에서 기꺼이 출판을 맡아주신 북코리아 이찬규 사장님께 깊은 사의를 표한다.

CONTENTS

CONTENTS

Ⅲ 평남 인민정치위원회와 조만식

Ⅳ 조선민주당과 조만식

Ⅴ 신탁통치 반대와 조만식

CONTENTS

I
해방 이전 조만식의 신앙과 독립운동

1. 조만식의 출생, 기독교 입문, 그리고 오산학교 활동
2. 조만식, 3 · 1운동, 그리고 평양의 기독교 네트워크
3. 3 · 1운동 이후 조만식의 애국계몽활동
4. 30년대 전후의 한국 상황과 조만식의 독립운동
5. 일제 말의 신사참배 거부 운동과 조만식

1.
조만식의 출생, 기독교 입문, 그리고 오산학교 활동

조만식은 평남 강서에서 1883년 태어났다. 조만식의 아버지는 시골에서 약 100석 정도를 하는 중농이었으며, 한학을 한 분이었다. 따라서 조만식은 평생 경제에 대해서는 큰 걱정 없이 살 수 있었다. 그는 당시의 습관을 따라서 15세가 되기까지 서당에서 공부를 하였다. 이곳에서 그는 당시 이 지역의 유력한 한학자로부터 한문을 배웠다. 이것은 조만식에게 유교적인 전통이 있음을 말해 준다.

조만식이 기독교를 처음 접한 것은 그가 갓 열 살이 넘었던 1890년대 초였다. 당시 그는 한석진의 아들과 함께 서당에서 공부하고 있었는데, 이때 선교사를 처음 보았다. 당시 소문에 의하면 선교사들은 입에 스치기만 하면 미쳐버리는 약을 먹여 사람을 시키는 대로 하도록 만든다는 말이 있었다. 그래서 전도지를 배포하여 그 인쇄 냄새를 맡게 한다는 것이었다.[1] 하지만 조만식은 기독교를 받아들이지 않았다. 이때 조만식이 만난 사람은 한국교회의 뿌리인 장로교 선교사 마펫이며 한국 최초의 목사가 된 한석진이다.

하지만 조만식은 아직 기독교를 받아들이지 않았다. 당시 평양에는 민병석이 평안감사였는데, 그는 반기독교적인 자세를 갖고 있었다. 그리하여 그는 이기풍과 같은 지방관리들을 동원하여 이곳에 선교하러 온 마펫과 한석진을 박해하였다. 얼마 가지 않아서 청일전쟁이 일어났고, 개화를 반대하던 민씨는 청나라 편을 들었다. 하지만 결국 청은 패했고, 주도권은 개화세력에게 오게 되었다. 이때부터 평양은 기독교를 본격적으로 수용하게 되었다.

청일전쟁이 끝나고 갑오개혁이 이루어진 다음 1896년 조만식은 한문공부를 그만두고, 장사의 길을 나섰다. 그가 한문공부를 그만둔 것은 이승만의 경우처럼 아마도 갑오개혁으로 인해 과거제도가 폐지되었기 때문이라고 본다. 조만식은 과거공부를 그만 두고, 이제 평양에 나가서 장사를 배웠다. 조만식이 장사를 배운 것은 자녀들에게 상업을 가르치는 것이 이 지역의 전통이기 때문이다. 이곳에서 조만식은 기독교인인 한정교와 동업을 했다. 그가 기독교인이 된 것은 바로 한정교의 전도 때문이었다. 한정교는 서당 시절의 친구였는데, 한석진과 무슨 관계인지는 알려지지 않았다.

여기에서 우리는 조만식의 인생을 결정하는 중요한 요소 가운데 상업을 들 수 있다. 우리는 수많은 독립운동가를 보지만 조만식만큼 경제문제에 대해서 관심을 가진 독립운동가는 별로 보지 못했다. 그래서

1) 고당기념사업회, 『고당 회상록』(서울: 조광출판, 1995), 385-386.

해방 후 처음으로 각료를 세울 때 조만식은 주로 재무장관의 물망에 오르내렸다.[2] 하지만 더욱 흥미 있는 것은 조만식이 바로 한국 최초의 기독교인자인 의주상인의 전통을 이어받고 있다는 것이다.

우리가 잘 알다시피 한국 기독교의 뿌리는 의주상인이었다. 이들은 주로 중국에 인삼을 팔고, 비단을 수입해 왔다. 백홍준, 서상륜, 이응찬등이 바로 그런 사람이었다. 이들과 가까운 사람이 바로 한석진이었고, 한석진은 의주 태생으로서 이들에게 전도를 받고, 언더우드가 의주를 방문했을 때 세례를 받았다. 의주상인 한석진이 평양에 와서 자주 머물던 곳이 바로 바로 평양 객주 최치량이었고, 한석진은 마펫의 조사로서 최치량과 함께 장대현교회를 세웠다.[3] 최치량은 한국 최초의 선교사 로버트 토마스가 대동강에서 살해당할 때, 그에게서 성경책을 받은 사람이었다. 조만식은 바로 이런 한국교회 초기 인물들과 맥이 닿아 있었던 것이다.

조만식은 장사에 어느 정도 성공하였다. 그러나 사업이 성공하면서 그는 술과 노름에 빠지게 되었다. 아마도 그가 이렇게 타락하게 된 데는 그의 가정적인 문제가 있었다고 본다. 그는 열네 살인 1895년에 두 살 위인 박씨와 결혼하였다. 하지만 첫 아들은 정신박약아였고, 그의 아내는 1902년 세상을 떠났으며 그의 아들은 오래 살지 못하였다. 이런 상황에서 그는 당시 17세였던 이의식과 결혼하였다. 이런 가정사의 어려움이 그를 술꾼으로 몰아 넣었던 것 같다, 이런 가운데 1904년 러일전

---

2) 「매일신보」(1945. 9. 15). 여운형과 박헌영은 1945년 9월 초 조선인민공화국을 만들었는데, 여기에 주석은 이승만, 재정부장은 조만식이었다. 물론 이 조직은 본인의 동의를 얻지 않고, 명망가들을 포함시켜 대중들을 기만하려는 공산주의 전략의 일환이었다.

3) 채필근, 『한석진과 그의 시대』(서울: 대한기독교서회, 1971), 54-68.

쟁이 일어났고, 조만식의 가정은 대동강 하류 배기섬으로 피란을 갔다.

조만식은 어려서는 청일전쟁을 보았고, 장성하여서는 러일전쟁을 보았다. 이 두 전쟁이 모두 평양을 중심으로 진행되었다. 이런 상황 가운데 조만식은 새로운 결단을 하게 되었는데, 바로 그것은 기독교신앙을 받아들인 것이었다. 그가 신앙을 받아들인 것은 그의 동업자 한정교의 전도도 중요했지만 동시에 두 번의 전쟁을 거치면서 세상이 바뀌었다는 것을 인식하게 되었기 때문이다.

조민식은 기독교신앙을 받아들이면서 동시에 새로운 학문을 배우고자 했다. 그리해서 그는 1905년 어느 날 당시 평양에 새로 세워진 숭실학교에 입학하고자 했다. 그가 숭실학교에 입학하고자 결정을 하고서는 친구들을 모아 밤새 술을 마시고는 "오늘까지는 과거의 조당손(조만식의 아호)이고, 내일부터는 조만식이다"고 선언하였다. 그리고 그 다음부터는 술과 담배를 일절 금하였다. 조만식은 술을 끊었지만 담배를 끊기는 어려웠다. 그는 1920년대 평양 YMCA 총무를 할 때, 친구가 보니 사무실에서 손벽을 치고 있었다. 그 이유를 물어 보니 이렇게 날씨가 좋지 못할 때 담배 생각이 나서 그런다고 하더라는 것이다. 해방 후 조만식은 소련군사령관이 술자리를 벌였을 때 자신은 기독교장로이기 때문에 술을 마시지 않는다고 말했다고 한다.[4]

조만식은 아직 술도 깨지 않은 상태에서 숭실학교를 찾아가서 당시 교장이었던 베어드(William M. Baird)를 만났다. 그리고 입학시켜달라고 요청하였다. 베어드는 "도대체 왜 공부를 하려고 하는가?"를 물었다. 여기에 대해서 조만식은 "나는 하나님의 일을 하려고 합니다."라고 대

---

4) 『비록 조선민주주의 인민공화국』(서울: 중앙일보사, 1985), 53-54.

답하였다. 아마도 이것은 조만식의 일생의 좌표가 되었을 것이다. 그는 민족과 하나님을 위해서 살았다. 베어드는 엄격한 복음주의 신앙을 갖고 있는 사람으로 그는 지행합일을 주장하였다. 이런 베어드의 신앙은 조만식에게도 이어졌다. 그가 숭실학교에 입학하여 다니던 중, 그는 추운 겨울에 귀가하는 가운데 죽어가는 거지를 발견하였다. 그는 그 거지를 집으로 데리고 와서 하룻밤을 재워서 보내기도 하였다.

조민식은 1908년 3월 약 2년의 숭실학교의 교육을 마치고, 4월 일본 유학을 떠났다. 이것은 매우 중요한 의미를 갖는다. 당시 우리나라는 일본에 나라를 빼앗긴 아픔 가운데 있었는데, 조만식과 많은 사람들은 일본으로 유학을 떠났다. 그것은 나라를 빼앗긴 이유는 실력이 없기 때문이었고, 따라서 일본에서 배워서 일본을 이겨야 한다고 생각했기 때문이다. 그리해서 많은 사람들이 일본으로 유학을 떠났다. 이 시기에 일본으로 유학을 간 사람들이 나중에는 유명한 독립운동가들이 되었다. 김성수, 송진우, 안재홍, 장덕수, 조소앙 등이 바로 이 시기에 일본에 유학을 갔다. 조만식은 김성수, 송진우와 함께 해방 직후 구국투쟁의 삼총사였다.

조만식은 일본에서 약 5년 동안 교육을 받았다. 먼저 대학예비학교인 세이소쿠(正則)영어학교에 입학하여 영어를 배우고, 그 다음에 1911년에 명치대학 전문부 법학과에 압학하여 1913년에 졸업하고, 귀국하였다.

조만식은 세이소쿠영어학교에서 영어를 배우는 한편, 이곳에서 인도 간디의 비폭력운동에 대해서 배우게 되었다.[5] 조만식은 종종 조선의

---

5) 오일환, “기독교인으로서의 조만식의 생애와 독립운동기 민족교육 활동분석”, 『민족사상』

간디라고 불리워졌다. 이것은 그가 간디처럼 물산장려운동을 했기 때문이기도 했지만 일본이 지배하는 현실에서 무력투쟁보다는 비폭력 투갱이 더 효과적이라고 생각했기 때문이다. 여기에 대해서는 더 깊이 연구해야 할 것이다.

조만식은 명치학원에 다니면서 서구 근대식 법률을 배웠다고 보여진다. 당시 일본에서는 메이지(명치)시대가 지나가고, 소위 다이쇼(昭和)시대가 열리고 있었다. 이 시대에 과거의 군국주의적인 정치를 중단하고, 새로운 대의정치를 주장한 사람이 바로 동경대학의 요시노 사쿠조[吉野作造]였다. 비록 그가 일본에서 본격적으로 활동한 것은 조만식이 명치대학을 졸업하고 귀국한 다음이었지만 조만식은 크게 보아서 다이쇼데모크라시의 영향을 받았다고 볼 수 있다. 요시노는 기독교인으로서 동경 한인유학생들과 깊은 친분을 갖고 있는 인물로서 일본의 강압적인 조선 통치를 비판하였다. 조만식이 비록 일본에서 교육을 받았지만 그가 받은 법률교육은 근대적인 법률교육이었고, 이것은 조만식이 법을 무시하는 독립운동이 아니라 법을 이해하면서 진행되는 독립운동을 하게 만드는 귀한 조건이 되었다. 이것은 조만식의 독립운동이 혁명운동이라기보다는 기존의 법률을 이용하여 점진적으로 사회를 개혁하는 개혁운동이 되는 이유가 된다.

당시 일본에는 한국 YMCA가 한인들을 위해서 만들어져 있으나 아직 교회는 없었다. 이런 상황 가운데 당시 한인교회 설립운동이 일어나고 있었고, 여기에 평양 출신 기독교인들이 중심이 되었다. 이런 가운데 조만식이 여기에 영수로 임명이 되어 중심 역할을 하였고, 역시 조선

14(1) (2020), 19.

에서 한석진 목사가 파견되어 이 모임을 인도하였다. 이 한인교회는 무엇보다도 장로교와 감리교가 연합하여 이루어진 최초의 초교파교회였고, 조만식은 여기에서부터 교파를 초월하여 함께 일하는 법을 배웠다고 본다.

조만식은 1913년 귀국하여 바로 남강 이승훈이 세운 오산학교의 교사가 되어 3 · 1운동 직전까지 이 학교에서 일했다. 이승훈은 원래 서북지역의 유력한 사업가로 활동했지만 도산 안창호의 연설을 듣고 생각한 바가 있어서 사재를 털어서 안창호가 평양에 세운 대성학교와 같이 평북 정주에 오산학교를 세웠다. 그 후 그는 신민회의 평북책임자가 되어 독립운동에 나서게 되었고, 1911년 소위 105인 사건에 연루되어 감옥에 갖히게 되었다. 이때 이승훈은 라부열(Stacy L. Roberts) 선교사의 전도를 받고 철저한 기독교인이 되었다. 이승훈이 감옥에 있을 때 오산학교를 책임진자는 바로 라부열선교사였다. 라부열은 후에 미국장로교회를 떠나 정통장로교회로 옮길 만큼 철저한 보수주의적인 신앙을 가진 사람이었다. 라부열은 오산학교를 철저한 기독교학교로 만들려고 하였다. 이런 상황에서 이 학교에서 교사를 한 유명한 인사가 이광수와 조만식이었다.

원래 평북 정주 출신이었던 이광수는 1892년 생으로 1910년 명치학원 중학부 5학년을 마치고 귀국하여 오산학교의 학감이 되었다. 하지만 기독교를 문명화의 도구로 생각하는 이광수와 철저한 기독교신앙을 강조하는 라부열이 서로 화합할 수 없었다. 결국 이광수는 1913년 오산학교 교사를 그만두고 세계 여행을 떠나 기독교와 거리를 두었다.[6] 여

6) 윤철홍, 『고당 조만식의 사상』(숭실대 출판부, 2019), 16.

기에 비해 조만식은 철저한 기독교신앙으로 무장하여 학생들에게 기독교신앙과 함께 민족운동을 가르쳤다. 여기에 같은 민족운동가들 가운데서도 이광수의 길과 조만식의 길은 달랐다. 이광수는 계몽운동에 몰입하여 정통적인 기독교를 백안시했으나 조만식은 철저한 기독교신앙을 기초로 하여 그의 민족교육을 했던 것이다. 결국 조만식은 평안도의 기독교를 대표하는 평신도가 되었지만 이광수는 그렇지 못했다.

조만식은 처음에는 평교사로 있다가 얼마 가지 않아서 교장이 되었다. 이 시기의 조만식은 교장이자, 교목이었으며, 교사였고, 사환이었다. 아마도 조만식이 교장이 될 수 있었던 것은 그가 일본에서 공부했기 때문일 것이다. 이승훈은 조만식을 교장으로 모셨다. 이것은 이승훈이 얼마나 조만식을 신뢰했는지 말해 주는 것이다. 조만식은 이승훈의 정신을 잘 받들어 민족운동과 신앙운동을 잘 전개하였다. 이 학교는 기숙학교였는데, 술과 담배를 일절 금하는 청교도적인 학풍을 갖고 있었다. 조만식은 학생들과 함께 기숙사에서 거주하면서 그의 삶으로 교육을 했다. 그는 지리나 역사를 가르쳤고, 종종 영어, 성경 등도 가르쳤다. 특히 이 학교는 기독교학교이면서도 목사가 없었는데, 조만식이 주로 성경을 가르치고, 예배시간에 설교를 했다. 일종의 교목인 셈이다. 또한 재정적인 문제 때문에 사환을 둘 수가 없어서 학교의 관리까지도 교장이 직접 담당해야 했다.

우리는 위에서 이미 조만식이 소지주의 자녀였다는 것을 밝혔다. 그는 자신의 생계를 책임질 만큼의 재산은 있었다. 따라서 그는 오산학교에서 월급을 받지 않고 자신의 생활은 스스로 책임지었다. 이것은 나중에 그가 다른 분야에서 일할 때에도 마찬가지였다. 우리는 조만식에게서 근검절약의 청빈사상을 배울 수 있는 것이다.

조만식의 인생 가운데서 오산학교는 매우 중요했다. 그것은 그가 이곳에 있으면서 많은 인재를 길러냈기 때문이다. 한경직에 따르면 조만식은 항상 민족사랑, 예수사랑, 실력향상을 강조하였다고 한다. 이것은 숭실학교와는 약간 다른 것이었다. 숭실은 하나님 사랑, 민족사랑, 실력향상을 강조하였다. 하지만 내용에 있어서는 다 같았다. 조만식은 이런 정신 아래 오산에서 많은 인재를 길러냈다. 종교계에서 활동한 인물은 주기철, 한경직, 함석헌, 인제 백병원을 세운 백인제, 교육계에 헌신한 주기용과 김항복, 중국에 가서 군인이 된 김홍일, 신문기자 홍종인, 심지어 북한 공산정권의 제2인자였던 최용건 등이 다 그의 제자였다. 교육이 인재를 양성하는 것이라면 그의 교육은 성공적이었다.

이상에서 살펴보았듯이 조만식 인생의 초기는 몇 가지 요소에 의해서 구성되고 있다. 조만식은 첫째 유교적인 교육을 받았고, 둘째 상업활동을 통해 경제를 알았고, 셋째, 기독교 신앙에 입문하여 철저한 신자가 되었고, 넷째 일본교육을 통하여 근대의 법질서를 배웠으며, 다섯째, 오산의 교육활동을 통하여 인재를 양성할 줄 아는 사람이었다. 이런 그의 기본적인 요소는 그 이후 조만식의 시민운동에 결정적인 영향을 주고 있다.

2.

조만식, 3 · 1운동, 그리고 평양의 기독교 네트워크

1919년 3 · 1운동은 조만식의 생애에 있어서 매우 중요한 전기가 되었다. 조만식은 3 · 1운동의 핵심인물인 이승훈의 최측근 인물이었다. 따라서 이승훈이 3 · 1운동에 대해서 조만식과 상의했을 것이라고 추론하는 것이 가능하다. 최근 필자는 국사편찬위원회의 자료를 통해서 새로운 사실을 발견하였다. 당시 일본군 육군 소위였던 조철호가 군대를 휴직하고 오산학교의 교사로 일하고 있었다. 그런데 이 당시 조철호는 정주군 갈산면 익성동 예수교 장로 이인환과 오산학교 교장 조만식이 함께 파리강화회의에 한국 대표를 보내기 위해서 전국적으로 운동을 벌였고, 또한 이 사실을 2월 하순경에는 오산학교 학생들에게 알려 주었다는 것이다. 조만식은 1919년 2월에 오산학교 교장직을 사임하였는데 이것은 위의 사건이 정주에 있던 일본 헌병대에 알려졌기 때문이라고 본다. 여기에서 우리가 확인할 수 있는 것은 조만식은 3 · 1운동 이

전에 독립운동을 위해서 전국적으로 활동했다는 사실이다.[7)]

그러면 조만식은 3 · 1운동에서 어떤 일을 감당하였는가? 조만식의 전기들에 의하면 이승훈은 조만식을 앞으로 만들어질 임시정부에서 활동하도록 계획하였다는 것이다. 아마도 조만식은 법을 전공했기 때문에 임시정부를 조직하는 데 크게 기여할 수 있었을 것이다. 조만식은 3 · 1운동 직후인 3월 3일 친구인 도인권과 함께 상해로 망명을 떠났다. 하지만 가는 도중에 일본 헌병대에 발각이 되어 4월부터 감옥에 갖히게 되었고, 그 이듬해인 1920년 1월 석방되었다. 이렇게 조만식이 감옥에 갖히게 된 것은 그의 독립운동 때문이었다.

조만식이 3 · 1운동에서 감당한 역할은 별로 드러나지 않는다. 하지만 3 · 1운동의 가장 중요한 목표는 조선인들의 의사를 묶어 조선의 독립을 주장하고, 이것을 위해서 임시정부를 세우는 것이었다. 여기에서 중요한 것은 해외 교포들보다 현재 일본의 치하에 있는 조선인들의 의사였다. 그래서 국내 조선인들의 의사를 모두어 임시정부를 만들려고 했고, 우리는 이것을 보통 한성정부라고 부른다. 따라서 조선인의 의지를 모으기 위해서는 민족대표 33인 외에 전국 각 지역대표의 조직이 필요했고, 그 지역대표 가운데 첫 번째로 거명된 사람이 바로 이만식이었다. 그런데 독립운동가의 이름 가운데 이만식은 존재하지 않는다. 그래서 학자들은 이만식을 조만식이라고 보는 사람이 많이 있다. 우선 한성정부 조직를 실지로 조직한 핵심인물인 이규갑은 이만식을 조만식이라고 부르고 있으며,[8)] 일본측 자료에도 이 지역대표를 조만식이라고 부르

---

7) "휴직장교 검찰 처분 종료의 건", 「조선소요사건 관계 사료」(1919. 3. 31); 국사편찬위원회 한국사데이터 베이스.

8) 이규갑, "한성임시정부 수립의 전말", 「신동아」(1969. 4), 178.

고 있으며,[9] 최근에 서울대 이영훈 교수를 비롯해서 많은 사람들이 여기에 동의하고 있다. 사실 이같은 설명이 맞는다면 3·1운동에서 조만식이 차지하는 위치는 매우 중요한 것이다. 왜냐하면 손병희가 민족대표라면 조민식은 13도의 대표이기 때문이다.

사실 조만식은 1919년 3월 초에 이미 체포되어 실질적으로 독립운동에 관여할 수 없는 상황이었다. 하지만 그는 이미 이승훈을 통하여 널리 알려진 인물이었고, 이승훈은 자신의 대리자로서 조만식이 독립운동에 기여하기를 바랐을 것이다. 이같은 상황은 그의 이름이 각종 독립운동 활동의 명단에 등장하고 있다는 사실에서 잘 드러나고 있다. 조만식이 감옥에서 출옥한 바로 직후인 1920년 2월에는 임시정부를 돕는 조직이 발견되었고, 여기에 조만식의 이름이 다시 등장하고 있다. 이 조직은 예수교를 중심으로 음악과 의료활동을 통하여 임시정부의 자금을 조달하는 단체였는데, 여기에 가담한 사람들의 명단 첫 번째에 조만식이 등장하고 있다.[10]

3·1운동 이후 조만식의 무대는 다시금 평양이었다. 그러나 1920년 9월 서대문형무소에 수감되어 있는 이승훈을 면담한 다음에 다시 오산으로 돌아갔으나 일제로부터 교장승인이 나지 않자 1921년 4월 그는 다시금 평양으로 돌아왔다. 이렇게 조만식이 평양으로 돌아오자 그는 산정현교회에 출석하며 그의 신앙생활을 지속하게 되었다. 당시 산정현교회에는 105인 사건의 주모자 가운데 한 사람이며, 평양 3·1운동의

9) "독립운동에 관한 불온문서 발견의 건",「조선소요사건 관계 사료」(1919. 4. 24). 이 자료에 대한 설명에서 조만식을 13도 대표로 설명하고 있다. 국사편찬위원회 한국사데이터 베이스.

10) "불온 기획을 한 불령선인 검거의 건",「조선소요사건 관계 사료」(1920. 2. 12). 국사편찬위원회 한국사데이터 베이스.

지도자였던 강규찬이 담임목사였고, 조만식의 서당 친구였던 김동원이 수석장로였다. 조만식은 이 교회에서 1922년 장로가 되었다. 이때 이미 오윤선은 이 교회의 장로였다. 조만식의 평생 동지라고 할 수 있는 인물들은 모두 산정현교회의 장로들이었다.[11] 대부분의 독립운동가들이 기독교신앙을 가졌다고는 하지만 교회생활을 철저하게 하지 못한 데 비하여 조만식은 산정현교회의 장로직에 충실하였다. 이런 기독교 네트워크가 그의 활동의 기초가 되었다고 본다.

산정현교회가 조만식의 신앙의 중심이라면 평양 YMCA는 그의 사회활동의 중심이었다. 조만식이 1921년 평양에 다시 돌아와서 처음으로 맡은 직책이 YMCA의 총무였다. 당시 평양에는 YMCA가 조직되어 있지 않았다. 사실 한국 YMCA는 1903년 시작되어 한국에 기독교와 근대문화를 수입하는 중요한 채널이 되었고, 여기에 신민회를 비롯한 수많은 독립운동이 관련되어 있었다. 하지만 이 YMCA는 기호지방의 기독교, 즉 이상재, 이승만, 윤치호와 같은 인물들이 중심이 되었다. 아마도 이런 이유 때문에 평양에 YMCA의 시작이 늦어졌다고 본다. 사실 조만식은 YMCA를 통해서 윤치호를 비롯한 기호세력과 깊은 관계를 맺고 있었고, 이것은 그가 안창호 중심의 흥사단의 서북세력과 이승만중심의 흥업구락부의 기호세력을 연결시키는 중요한 역할을 하게 된다. 어쨌든지 조만식의 가장 중요한 공식적인 지위는 평양 YMCA의 총무였다. 이 지위는 그가 1932년 조선일보 사장에 취임할 때까지 유지되고 있다. 이상재는 그의 조선일보 전임사장이었다.

---

11) 여기에 대한 자세한 내용은 박용규, 『강규찬과 평양산정현교회』(한국기독교사연구소, 2011) 참조.

조만식은 YMCA의 활동을 통하여 그의 인간관계를 넓혀 갔다. 당시 평양의 YMCA는 중앙의 인물들이 강사로 초대되어 강연을 했다. 그 대표적인 인물이 장덕수, 김기전, 이상재, 윤치호, 신흥우, 박희도 등이었다. 그리고 한용운, 최린과 같은 다른 종교의 인물들도 있었다.[12] 이 점이 바로 흥사단 중심의 서북인사들과 조만식이 다른 점이었다. 그는 서북 흥사단을 넘어서서 범민족주의 운동과 연결할 수 있는 인물이었던 것이다.

조만식은 평양 YMCA를 평양 시민사회의 중심으로 만들었다. 조만식은 매일 YMCA 사무실에 출근하였고, 이곳에는 수많은 사람들이 왕래하면서 조만식의 조언을 들었다. 조만식은 이곳에 각종 잡지와 신문을 구비하여 놓고 누구든지 와서 읽고 토론하게 만들었다. 잘 알다시피 YMCA는 초교파적인 연합기관이었다. 조만식은 일본에서 한인 연합교회를 만드는 데 기여했다. 이렇게 함으로써 조만식은 단지 장로교 장로가 아니라 평양 기독교 연합운동의 중심이 되는 것이다. 평양 YMCA 사무실은 그 후 물산장려운동을 비롯한 수많은 시민운동의 본부가 되었다.

12) 고당 조만식기념사업회, 『고당 조만식 전기』(서울: 기파랑, 2010), 171.

3.

3 · 1운동 이후 조만식의 애국계몽활동

조만식은 해외에 가서 독립운동을 하기를 원했다. 하지만 그것은 좌절되고 말았다. 그러나 조만식은 가만히 있지는 않았다. 국내에 있으면서 나라의 독립을 위해서 일했다. 일제시기 한국의 독립운동은 크게 해외의 독립운동과 국내의 독립운동으로 나눌 수가 있다. 해외의 독립운동은 근본적으로 일본과 대립해서 독립운동을 할 수 있다. 하지만 국내의 독립운동은 일제의 체재 아래서 독립운동을 해야 하는 것이다. 그렇다면 국내의 독립운동은 당시 일본의 식민지정책이 무엇인지를 알지 못하고서는 이해할 수 없는 것이다.

우리가 알다시피 3 · 1운동은 일제의 식민지 지배정책에 엄청난 변화를 가져왔다. 일본은 1910년 한일합병과 더불어서 일본식 법률제도를 도입하였다. 기본적으로 조선은 일본과 같은 법의 지배를 받고 있다. 이런 점에서 조선에는 서양식의 법제도가 도입되었다고 말할 수 있다. 하지만 일본은 한국에 일본법을 그대로 적용하지 않았다. 그래서 수많은 특별법을 만들었다. 윤철홍 교수는 이 특별법은 거의가 예외 없이 다 조선인을 차별하는 법이라고 말하고 있다.[13] 1910년 강제병합 이후 많은 특별법을 만들었다. 그중의 대표적인 것이 집회시위법을 만들어서 모든 모임을 통제하였고, 종교단체법을 만들어서 종교를 공인하는 제도를 만들었고, 회사령을 만들어서 조선인의 회사설립을 규제했고, 사립학교 규칙을 만들어서 사립학교의 진출을 제약했다. 3 · 1운동의 원인 가운데는 이런 차별법을 개정해 달라는 요구가 많았다.

3 · 1운동 이후 이같은 특별법이 많이 완화되었다. 소위 사이토 내각의 문화통치가 시작된 것이다. 그래서 종교단체법을 개정하여 교회설립을 허가제에서 신고제로 바꾸었고, 사립학교령을 개정해서 미션 스쿨에서 성경교육을 허가했으며, 종교재단의 재산등록을 가능하게 만들어 주었다. 이것은 경제와 교육의 영역에서도 이루어졌다. 즉 한국인들의 회사설립이 과거보다 용이하게 되었고, 또한 한국인들도 고등교육을 실시할 수 있도록 만들었다, 여기에서 조만식이 할 수 있는 몇 가지 새로운 일이 생겼다.

조만식의 경제개혁운동은 크게 물산장려운동과 기독교농촌연구회 활동을 들 수 있을 것이다. 조만식의 물산장려운동은 3 · 1운동 직후 총독부가 회사령을 폐지한 데서부터 시작되었다. 1910년 12월에 만들어진 회사령은 조선사람들의 회사 설치를 여러 가지 명목으로 제한한 것이었다. 회사 설립은 총독부의 허가사항이기 때문에 일본인들에게는 유리하고, 조선사람들에게는 불리하였다. 따라서 2 · 8독립선언서에도 일본에게 기업의 자유를 요구하였다. 총독부는 이런 요구를 받아들여 회

---

13) 윤철홍, 『고당 조만식의 사상』, 69.

사령을 폐지하였다. 그리하여 조선사람들은 회사를 설립하여 경제활동을 할 수 있게 된 것이다.

이런 상황에서 조만식이 시작한 것이 물산장려운동이다. 우선 일본에서 독립하려면 경제적인 자립이 있어야 하고, 그러려면 민족자본이 상당하게 성숙되어져야 한다. 당시 일본은 막강한 자본과 기술을 갖고 있음으로 조선회사가 여기에 대항하기는 매우 어려웠다. 이런 상황에서 조만식은 애국심에 호소하여 조선기업을 살리자는 운동을 한 것이다. 조만식은 이 운동을 서울의 다른 애국자들과 함께 진행하였지만 그러나 평양에서는 상당히 독자적으로 이 운동을 전개하였다.

평양의 물산장려운동은 1920년에 시작은 되었지만 이것이 본격적으로 시작된 것은 1922년 평양 YMCA에서 발기인 총회를 함으로써 본격적으로 출발되었다. 당시 조만식은 산정현교회 장로이며, YMCA 총무였기 때문에 이 기독교 인맥을 이 운동에 적극적으로 참여시켰다. 아울러서 조만식은 이미 소년 시절부터 평양의 상인들과 깊은 관계를 맺고 있었고, 자신이 상업의 경험을 갖고 있었기 때문에 경제운동이 적극적으로 나설 수 있었다. 다시 말하면 조만식은 평양의 기독교와 상인들을 배경으로 물산장려운동을 한 것이다. 대부분의 경우에 기독교인과 상인이 다른 사람이 아니었다. 평양의 기독교인들 가운데 상업에 종사하는 사람들이 많았고, 이들은 교회의 중직이자 YMCA의 임원들이었다. 김동원, 오윤선과 같은 이들이 대표적이다.

우선 조선인 기업이 살려면 조선의 물산에 대한 새로운 이해가 있어야 했다. 조만식은 물산장려운동의 취지문에서 우선 조선의 사농공상의 잘못된 구조를 비판하면서 이것이 조선 빈약의 근본적인 원인이라고 보았다. 즉 기업을 존중해야 한다는 것이다. 아울러서 필요한 것은 조선의 물산을 사랑하는 소비자운동이 일어나야 한다는 것이다. 이렇게 해서 경제가 나아지면 실업자가 구제되고, 독립이 가능해 진다는 것이다.[14] 조만식은 경제를 독립운동의 중심에 놓았다. 이점이 정치나 외교만을 중심으로하는 다른 애국운동과는 다른 점이다.

그러나 결국 조선인의 물산장려운동이 성공하려면 회사를 세워야 하고, 그렇게 하려면 막대한 자본이 있어야 한다. 조만식은 일을 위하여 장감연합저축조합을 만들었고, 이렇게 해서 3년을 모은 다음에 이 자본을 기초로해서 평양의 양말공장을 지원하였다. 이것은 조선의 양말공장의 출발이었고, 그 후 메리야스와 고무신 산업이 발전하여 이 분야에서는 일본회사를 압도적으로 이기게 되었다.[15] 조만식은 이런 운동을 통하여 기업인을 양성하였고, 이들은 평양의 기독교와 시민사회의 중심이 되었다. 평양은 호남의 방직산업과 더불어서 민족산업의 중심지였다.

하지만 이런 물산장려운동은 공산주의자들의 강력한 반대에 부딪혔다. 1920년대 초부터 강력하게 퍼지기 시작한 공산주의는 물산장려운동을 근본적으로 계급주의적인 부르주아 운동이라고 보았다. 결국 물산장려운동은 자본가들만 살찌우는 운동이라고 비판하였다.[16] 하지만 조만식은 일제에 대항하기 위하여는 민족자본이 축적되어야 한다는 민족주의적인 입장에서 보았고, 이런 자본은 결국은 자신들의 이익이 아니라 민족 전체의 이익으로 전환되어야 한다는 것이다. 여기에서 조만

14) 「동아일보」(1920. 8. 23).

15) 고당 조만식기념사업회, 『고당 조만식 전기』, 148.

16) 여기에 대한 논쟁은 전상숙, 『한국 근대민족주의와 변혁이념, 민주공화주의』(신서원, 2018), 184-189.

식은 자본가의 경제적인 책임을 언급하는 것이다. 조만식의 이런 입장을 평양의 기업인들로 하여금 다양한 공익사업에 참여하게 만들었고, 이것은 평양시민사회의 기초가 되는 것이었다.

조만식이 경제적인 개선 못지않게 중요하게 생각한 것은 교육운동이었다. 3 · 1운동 이후 총독부는 기존의 교육령을 완화하였다. 1922년 새롭게 발표된 교육령에 의하면 과거 일본화교육을 약간 완화하였고, 외국어 교육과 인문교육을 강화했으며, 보통학교를 6년제, 고등보통학교를 5년제로 하여 일본과 같은 제도를 갖게 만들었다. 아울러서 대학도 설치할 수 있게 만들었다. 이런 새로운 교육령에 따라 한국의 교육계는 재편되어야 했다. 조만식의 교육운동도 이와 깊은 관련이 있었다.[17)]

원래 오산학교에서 많은 인재를 길러낸 조만식은 3 · 1운동 이후에도 교육운동에 깊은 관심을 가졌다. 원래 3 · 1운동 직후 그는 오산학교 교장으로 가려고 했으나 일본이 방해해서 결국 평양으로 돌아왔으며, 1925년 다시 오산학교의 교장으로 재취임했으나 이듬해인 1926년 일본의 반대로 다시금 사임을 하였다. 당시 오산학교는 고등보통학교로 인가받는 문제를 놓고 고민하였지만 인가를 받으면 일본의 압력이 더 커지지만 인가가 없으면 학생들의 진학과 취업에 많은 문제가 있었음으로 오산학교도 새로운 교육령에 의해서 고등보통학교로 인가를 받게 되었으며, 일제는 인가조건 가운데 조만식의 교장 퇴임을 내세웠다. 학생들은 이 문제를 알고 조만식 교장 퇴임을 반대하는 운동을 벌였지만 조만식은 학생들을 위해서 사임하였다.

다시 평양으로 돌아온 조만식은 평양의 숭인중학교 교장으로 취임

---

17) 『두산백과』, "조선교육령" 항목 참조.

했으나 일본이 인가를 내주지 않아 일년 만에 사임하고 말았다. 이때 조만식에게는 새로운 도전이 생겼다. 그것은 상업학교의 설립이었다. 조만식은 아예 새로운 학교를 만들기를 원했고, 그것도 기존의 인문계 학교가 아니라 상업학교였다. 조만식은 자신이 다니는 교회의 장로인 오윤선, 김동원과 변인서 목사를 중심으로 이사회를 구성하였고, 1926년에 학교를 설립하였고, 1928년에는 재단의 기금을 마련하여 숭인상업학교로 정식으로 인가를 받았다. 여기에 가장 앞장서서 도왔던 인물들이 바로 산정현교회를 중심으로 기독교실업가들이었다. 이들은 조만식의 물산장려운동으로 많은 혜택을 받았고, 조만식의 일을 적극적으로 도왔다. 그러나 일본이 조만식의 교장 취임에 반대했기 때문에 결국은 그의 충실한 제자 김항복을 교장으로 초빙하고, 자신은 이사장으로 물러앉았다. 숭인상업학교는 경제를 통한 민족구원이라는 그의 독립운동의 한 부분이었다.

조선교육령은 한국 민족운동에 새로운 가능성을 열어 주었다. 그것은 대학설치의 가능성이었다. 3 · 1운동 이후 한국지도자들은 실력양성이 필수적이라고 보고, 이것을 위해서는 대학설립이 중요하다고 생각하였다. 그리해서 서울을 중심으로 윤치호, 이상재, 이승훈, 송진우등이 중심이 되어 소위 민립대학설립운동을 전개하였다. 여기에 조만식도 함께 참여하여 민립대학 설립운동을 전개하였다. 이것은 그의 실력양성운동의 일환이기도 하지만 조만식은 이 운동을 통하여 서울을 중심으로 기호의 민족주의 운동가들과도 깊은 교류를 하였다. 이것은 YMCA운동과 물산장려운동과 더불어 조만식이 지역을 넘어서서 활동한 독립운동이라고 말할 수 있다.

4.
30년대 전후의 한국 상황과 조만식의 독립운동

1920년대 후반에서 1930년대 초까지 많은 사람들이 관심을 가졌던 것은 바로 신간회 운동이었다. 신간회는 여러 측면에서 볼 수 있다. 첫째는 일본은 조선인들이 식민지 체재를 부정하지 않는 한, 그들의 활동을 인정하려는 정책을 실시하였다. 조선인의 활동을 합법적인 범주 내에서 진행시키려 하는 것이다. 둘째는 당시 조선 내에서는 좌우가 갈라져서 투쟁하고 있는데, 이것을 넘어서서 민족을 하나로 묶는 유일당을 만들자는 흐름이 있었다. 이것은 중국에서 국민당이 국공합작을 하는 것을 보면서 만들어진 것이다. 이런 요소들이 합하여 일제 강점기 동안에 가장 큰 규모의 민족운동인 신간회가 만들어진 것이다.

1920년대 중반에 들어서면서 한국사회에는 본격적으로 공산주의가 등장하기 시작하였다. 이런 가운데 일어난 이 공산주의 운동은 1920년대 후반에 들어서면서 기존의 민족주의운동과 협력하여 일본의 법률

이 허락하는 범주 안에서 유일당을 만들어서 한국의 제 문제를 해결하고자 한 것이다. 이렇게 해서 1927년 2월 종로 YMCA에서 한편으로는 타협주의적인 자치주의를 반대하며, 다른 한편으로는 일본 당국과의 격렬한 마찰을 피하면서 한국의 제 문제를 해결하기 위한 신간회를 탄생시킨 것이다. 여기에 초대 회장은 민족주의자인 이상재가 선출되었다. 신간회는 전국적인 지부를 만들어 갔는데, 이런 과정에서 민족주의자들이 다수를 차지하게 되었다. 이렇게 되자 사회주의자들은 신간회 조직 자체를 부정하고 신간회 해소를 주장하게 되었다. 결국은 좌파들의 주장으로 신간회는 1931년에 해소되고 말았다.

조만식은 물산장려운동을 진행하면서 좌익들의 공격을 많이 받았다. 그들의 관점에서 보면 물산장려운동은 부르주아를 위한 운동이기 때문에 결국에 가서는 사회주의와는 대립되는 운동이라는 것이다. 조만식과 다른 민족주의자들은 민족보다 계급을 강조하는 것을 반대했지만 좌익들은 민족보다 계급을 앞세운 것이다. 하지만 이런 갈등을 넘어서가 조만식은 평양을 중심으로 신간회 활동을 활발하게 진행하였다.

조만식은 신간회의 중앙집행위원으로 활동하는 한편 평양지회장으로서 평양의 기독교인들을 묶어 신간회가 추구하는 활동을 하였다. 이런 조만식의 활동은 사회주의자들에 의해서 반계급적인 운동으로 폄하되었고, 조만식은 이들에게 신간회를 계급운동으로 전락시키지 말 것을 요구하였다. 조만식은 신간회가 민족적인 차원에서 지속적으로 활동하기를 원했지만 결국 좌익들의 해소론에 밀려 신간회는 해산되고 말았다. 이런 신간회 논쟁을 통해서 조만식의 위치는 분명해졌다. 그것은 조만식의 사회운동은 민주에 근거한 민족주의 운동이라는 것이다.

조만식의 경제개혁운동을 대표하는 것이 물산장려운동이지만 그의 농촌에 대한 관심도 대단하였다. 사실 1920년대 아직 까지 조선 인구의 대부분은 농민이었고, 농촌개혁이 없이는 조선의 개혁은 존재할 수 없었다. 특별히 일본 총독부의 농지정책으로 많은 사람들이 농촌을 떠나 도시나 만주로 이주하고 있었다. 이런 상황에서 조만식은 농총운동을 통하여 다시금 농촌이 사람이 살 수 있는 지역으로 만들고자 한 것이다.

사실 이같은 농촌문제를 한국 기독교는 매우 심각하게 느끼고 있었다. 그리해서 장로교에서는 총회에 농촌부를 만들어서 농촌개혁운동을 하였고, 숭실전문학교에 농과를 설치하여 농촌지도자를 양성하고자 하였다. 또한 YMCA도 농촌부를 신설하여 이 문제를 전담할 선교사를 파견하여 본격적으로 농촌계몽운동을 벌였다. 조만식은 한편으로는 숭실학교 출신으로 장로교 장로였으며, 다른 한편으로는 평양 YMCA 총무로서 YMCA 인물이었다. 조만식은 이 두 단체와 연결하여 농촌 운동을 하였다.

조만식의 농촌운동은 첫째로 농촌문제를 제대로 연구하는 기독교 농촌연구회로 나타났다. 이 운동은 1924년부터 시작되었지만 본격적으로 단체를 조직한 것은 1929년이었다. 조만식은 숭실전문학교 학생들을 중심으로 이 단체를 만들어서 많은 인재를 양성하였다. 그 대표적인 인물이 배민수, 유재기, 최문식 등이었다. 이들의 일부는 후에 좌익으로 넘어갔지만 대부분은 기독교적인 정신으로 농촌운동을 지속하였다.

둘째로 조만식은 이상촌운동을 추진하였다. 조만식은 실지로 사람들에게 이상적인 농촌을 보여 주어 실질적으로 농민들에게 희망을 주어야 한다고 생각했다. 그리해서 실질적으로 농촌을 개량하여 삶의 질을 높여야 한다고 보았다. 여기에서 등장하는 것은 협동조합 운동이다. 이것을 통해서 농업기술을 보급하고, 농기구를 저렴하게 구입하며, 판로를 개척하려고 하였다. 이것은 당시 일본의 법률 안에서 할 수 있는 합법적인 투쟁이었다. 또한 이것은 농민의 권리만을 주장하는 소작쟁의와는 구별되는 농촌 개혁운동이었다. 조만식이 실지로 이상촌을 건설하지는 못했지만 그가 얼마나 당시 농촌문제를 염려했는지를 알 수 있다.

조만식의 농촌운동은 그로 하여금 넓은 시야를 갖게 만들었다. 이런 과정에서 조만식은 당시 YMCA에 와서 농촌운동을 하던 번스(Arthur C. Bunce)와 같은 선교사를 만났고, 이들을 통해서 기독교사회주의를 접하게 되었다. 이들은 지주의 횡포를 반대하고, 농민의 권익을 보호해 주려고 하였다. 조만식은 해방 이후 현실정치에 참여하게 되었을 때에 지주의 소유권을 보장하지만 소작농의 소작료를 인상할 것을 요구하였다.

조만식이 많은 노력을 기울였던 것은 조선기독교절제회 운동이다. 한국 기독교는 초기부터 절제운동을 하였다. 특히 중국에서 영국이 아편을 판매해서 지탄을 받은 것은 기억하는 선교사들은 조선에서 마약류를 철저하게 금하였다. 일반적으로 개화 하면 개방을 뜻하고, 이것이 전통적인 윤리를 무시하는 것이라 이해하기 쉽다. 하지만 한국 기독교는 초기부터 엄격한 윤리와 생활의 절제를 강조하였다. 축첩제도의 폐지, 금주 금연운동, 사치를 반대하고 검소를 강조하는 운동을 추진하였다. 특별히 일제 시대 미국에서 유행하던 이 절제운동이 한국에 들어오게 되었고, 이것이 평양에 와서 1932년 5월에 조만식을 중심으로 한국기독교절제회가 만들어지게 되었다. 이것은 일본식 퇴폐주의와 대결하여 민족운동의 성격을 갖기도 하였다.

절제운동은 음주를 금하여 건강과 가정을 보존하고, 가난을 극복하고, 국가경제를 부흥시켜 결과적으로 나라를 살리자는 운동이다. 따라서 금주와 금연은 나라를 사랑하는 일이며, 이것은 독립운동과 버금가는 운동이다. 이같은 절제운동은 조만식의 삶과 가장 잘 어울린다. 그는 한국에 온 서양선교사들이 전해 준 청교도적인 삶을 실지로 실천했으며, 이것은 많은 사람들로 하여금 조만식을 존경하게 만들었다, 그의 검소한 절제 생활은 그의 생활을 깨끗하게 만들었으며, 결국 수많은 독립운동가들 가운데서 가장 모범적인 인물로 평가받게 되는 중요한 요소가 되었다.

5.
일제 말의 신사참배 거부 운동과 조만식

1937년 일본은 드디어 중일전쟁을 선포하였다. 1931년 만주 침략에 이어 1937년에는 중일전쟁을 일으켰고, 1941년에는 소위 태평양전쟁을 일으켰다. 이런 가운데 일본은 한인을 일본인으로 만드는 내선일체를 강조하여 일본과 함께 대동아공영권을 이끌어 가게 하려는 것이었다. 그러면 어떻게 해야 한국인을 일본인으로 만들 수 있는가? 여기에서 가장 중요한 것은 한국인으로 하여금 일본의 종교를 받아들이게 하는 것이다.

일본은 이미 한일병합 때부터 신도(神道)를 조선인에게 전파하였다. 사실 불교에는 신도가 상당한 부분 이미 침투해 있었다. 1920년대 중반에 다시금 일본은 신도를 강조하기 시작하였다. 그러나 강경성결교회에서 일어난 학생들의 반대운동은 더 이상 이것을 추진하지 못하게 하였다. 일본은 조선에서 신사참배 반대가 강력하다는 것을 알았다. 하지만 일본의 만주 침략이 있고, 더 나아가서 중일전쟁을 진행하면서 일본은 본격적으로 신사참배를 강요하였다.

대부분의 한국인들은 신사참배가 종교가 아니라 국민의례라는 명목으로 참여하였다. 하지만 장로교는 여기에 대해서 가장 강력하게 반항하였다. 특별히 평양을 거점으로하는 북장로교선교부와 전라도에 선교하는 남장로교선교부가 이것을 강력하게 반대하였다. 그러나 일본은 끈질기게 이것을 강요하였고, 1938년 드디어 장로교 총회는 일제의 강압에 못이겨 여기에 굴복하고 말았다. 한국 장로교회의 치욕의 순간이었다.

하지만 이런 가운데서 여기에 굴복하지 않은 사람이 있었는데, 그가 바로 주기철 목사였다. 주기철은 조만식의 오산학교 제자로서 조만식이 산정현교회에 추천하여 평양으로 모셔왔다. 자기의 제자를 담임목사로 모신 것이다. 주기철 목사가 감옥에 가 있는 동안 교회는 변하설 선교사가 담임하였다. 변하설 목사 역시 엄격한 보수주의자였다.

이때 주기철 목사와 더불어서 산정현교회를 지켰던 장로들이 바로 조만식을 중심으로하는 평양의 유지들이었다. 조만식, 김동원, 오윤선과 같은 사람들이 그들이다. 일본 경찰은 주기철이 감옥에 있는 동안 신자들을 회유했지만 조만식을 중심으로하는 산정현교회 장로들은 여기에 굴하지 않고 신사참배를 반대하였다. 결국 교회는 폐쇄되고 말았지만 주기철과 산정현교회는 신앙의 지조를 지킨 것이다.

일제는 조만식을 일본의 대동아정책에 활용하려고 노력하였다. 그러나 조만식은 일제의 요청에 응하지 않았다. 조만식은 산정현교회 장로들과 함께 창씨 개명을 거부하였다. 일제는 조선사람들에게 신사참배를 강요하였다. 그러나 조만식은 일제 말 공시적인 행사에 나가지 않음으로 신사참배를 거부하였다. 일본은 당시 조만식에게 당시 보성전문학교 학생이었던그의 둘째 아들을 태평양전쟁에 보낼 것을 요청하였다. 그러나 조만식은 이것을 단호히 거부하였다. 그럼에도 불구하고 일본은 그의 아들을 강제로 징집하였다.

일본은 조선의 모든 역량을 전쟁에 동원하려고 국민총력동맹을 만들고, 조만식에게 평남 지역의 고문을 맡아 달라고 요청하였다. 여기에 대해서 조만식은 일본 당국에게 만일 내가 일본의 요청을 받아들이면 조선사람들에게 친일파라고 비판을 받을 뿐만이 아니라 다른 조선사람들도 내가 진심으로 하는 말이 아니라고 생각할 터이니 아무에게도 도움이 되지 않는다며 이것을 거절하였다. 이것을 과연 조만식다운 어법이라고 생각한다.

일제 말 조만식의 일제에 대한 반감은 깊어만 갔다. 일본은 전시체재를 위해서 물자헌납을 강요하였고, 조만식의 아내는 일본의 강요에 못이겨 집안에 있는 그릇을 몇 개 내주었다. 일본은 이것을 조만식이 전향했다고 선전하였다. 이울러서 일본은 그에게 일본을 지지하는 시국강연을 할 것을 강요하였다. 그래서 1944년 그는 자신의 모든 것을 정리하고, 평양을 떠나 자신의 고향인 강서군 반석면으로 귀향하였다. 이곳에서 조만식은 아내에게 "내가 죽으면 비석에 내 눈 하나를 하나 새겨두시오. 죽은 뒤라도 일본이 망하는 것을 볼 작정이요."[18]라고 말했다. 그러나 조만식은 죽기 전에 일본의 패망을 보게 되었다.

18) 김병연,『고당 조만식』(서울: 평민일보, 1966), 162.

Ⅱ 평남 건국준비위원회와 조만식

II

1.
해방과 평안남도 건국준비위원회의 창설과정

1945년 8월 15일은 한반도의 모든 사람에게 잊지 못할 날이다. 이것은 평양에서도 마찬가지였다. 8월 15일 정오 일본 천황은 항복방송을 했고, 이것은 20세기 동아시아 역사의 전환점이었다. 미국은 8월 6일 히로시마에, 8월 9일 나가사키에 원자폭탄을 투하했고, 일본 천황은 8월 10일 무조건 항복 의사를 밝혔다. 소련은 8월 8일 일본에 개전을 선포했고, 8월 9일 이미 소련군은 함경북도에 들어오고 있었으며, 사람들은 북쪽에서 남쪽으로 밀려오고 있었다. 해방 당일 당시 평안남도 지사 후루가와(古天)[1]는 패전 이후 사태를 수습하기 위해 일본군 사령관과 이 지역의 유력자인 김동원, 최정묵(崔鼎默), 김항복에게 상의했다.[2] 김

---

1) 한근조, 『고당 조만식』(서울: 태극출판사, 1979)에는 일본인 지사의 이름이 니시가와(西川)로 나오는데 이것은 오기인 것 같다. 대부분의 책에는 후루가와로 기록되고 있다. 참고: 森田芳夫, 『朝鮮終戰の記錄』(東京: 嚴南堂書店, 1964), 182.

2) 오영진, 『소 군정하의 북한 — 하나의 증언』(부산: 국민사상지도원, 1952), 10.

동원은 산정현교회의 장로로, 평양 대부호인 김대윤의 맏아들로서 유명한 소설가 김동리의 형이다. 그는 105인 사건에 참여하여 옥고를 치른 다음 1924년 평안고무공업사를 만들어 일제하 산업자본가로 활동했다. 안창호의 수양동우회에서 적극적으로 활동했고, 일제 강점기 말에는 황도학회와 임전보국단에 가담하기도 했다.[3] 최정묵은 일제 강점기 말 조선총독부 참의로서 대표적인 친일파 인사였고,[4] 김항복은 조만식의 제자로서 평양의 기독교인들이 세운 숭인학교 교장을 12년이나 지낸 기독교민족주의자이다.[5]

패전에 임박하여 총독부는 친일적이며, 자기들의 이야기를 들을 수 있는 사람을 중재로 내세워 조만식에게 접근하려 했던 것 같다. 조만식의 측근이었던 한근조의 증언에 의하면 8월 15일 아침에 김동원은 한근조에게 사람을 보내어 일본이 망하게 되었으니 빨리 평양으로 올라오라고 연락했다는 것이다.[6] 아마도 평남도지사는 일본의 패망을 알고, 이 문제를 상의하기 위해 조선인들을 만났던 것 같다. 이들은 해방 후 혼란을 피하고, 질서를 유지하기 위해서는 평양 기독교민족주의의 대표자인 조만식과 오윤선을 초빙하는 길밖에 없다고 결론을 내렸다. 그래서 이들은 8월 15일 오전 10시경 조만식의 제자인 김항복과 도지사의 자동차를 보내 양인을 모셔오도록 했다.

---

3) 『두산백과사전』, '김동원' 해당 항목.

4) 『민족대백과사전』, '최정묵' 해당 항목; 친일반민족행위진상규명위원회 '최정묵', 『친일반민족행위진상규명 보고서 IV-18』(2009), 273-295.

5) 민경배, 『한국민족주의 형성사론』, 302. 후에 월남하여 독립문메리야스라는 회사를 만들었다.

6) 한근조, "조만식 선생의 해방 직후 3개월", 『고당 조만식 회상록』, 223. 김동원은 8월 17일 대동강 상류 홍부촌에 피신해 있던 장이욱에게도 평양으로 들어오라고 요청했다. 장이욱, 『나의 회고록』(서울: 샘터사 출판부, 1975), 203.

당시 두 지도자는 평양에 있지 않았다. 조만식은 일제 강점기 평양의 대표적인 기독교민족주의자였다. 그는 독실한 기독교인으로서 산정현교회의 장로였다. 그는 일제 강점기 동안 조선물산장려운동, 신간회, 기독교농민운동을 중심으로 일찍이 민족의 독립을 위해 노력했다. 조만식은 평소 대동단결을 주장하여 사회주의자들을 포함하려고 했지만, 민족주의를 개량주의라고 비판하며 계급투쟁을 강조하는 공산주의와는 거리를 두었다. 이것은 조만식이 신간회 해소파에 반대했다는 사실에서도 잘 찾아볼 수 있다.[7] 조만식은 민족정신을 새롭게 하고, 실력을 양성하여 민족의 독립을 준비하자는 실력양성론자였다. 중일전쟁 이후 일본은 조만식에게 일본에 협조할 것을 요청했고, 전쟁 말기에는 조만식에게 조선인의 참전을 독려할 것을 요청했다. 그래서 조만식은 일제의 압박을 피하기 위해 1945년 4월 평양을 떠나 고향인 강서군 반석면으로 들어갔다.[8] 이것은 오윤선도 마찬가지였다. 그 역시 평양 산정현교회의 장로로서 조만식과 더불어 조선물산장려운동을 주도한 민족주의자였고, 일제 말에는 총독부와 마찰을 피하여 대동군 고평면 사천동으로 피신했다.[9]

김동원과 가까운 사이이며, 해방 후 조만식과 함께 활동했던 장이욱에 의하면 종전에 임박하여 평남지사가 고당을 만났다는 것이다. 1945년 봄부터 미군 폭격기 B-29가 평양에 나타나기 시작했고, 공습이 시작되었다. 이것을 보며 사람들은 일본이 언젠가는 망하겠다는 생각

---

7) 조만식, "신간회 해소 반대론", 『삼천리』(1932. 2. 5); 『고당 조만식 회상록』, 376.

8) 한근조, 『고당 조만식』, 364. 한근조는 1944년에 낙향했다고 하나 1945년이 맞는 것 같다. 『고당 조만식 회상록』, 부록 연표 450쪽 참조.

9) 오영진, 『소 군정하의 북한』, 16.

을 하게 되었다. "그 즈음의 일이라고 생각된다. 평안남도 지사 후루가와가 조만식 선생을 비롯하여 서너 사람을 관사로 초청하여 저녁을 냈는데 그 자리에 나도 초청되었다. 그 목적은 앞으로 시국이 달라질 것을 내다보고 혹시 민중의 폭동 같은 사태가 일어나지 않도록 협조해 달라는 뜻에서였다. 마침내 정세는 그렇게까지 바뀌고 만 것이다."[10)]

이것을 보면 총독부는 자신들의 패망을 미리 알고 있었고, 이것을 대비하기 위해 조만식 등과 상의했다는 것을 알 수 있다. 총독부는 샌프란시스코 단파방송을 통해 이미 패전이 다가오고 있음을 알고 있었던 것 같다. 『조선 종전의 기록』에 의하면 "평안남도 도청에서는 단파로 샌프란시스코 방송을 듣고 있었기 때문에 12일 밤 종전을 알았고, 그날 밤부터 후루가와 지사를 중심으로 대책을 세웠다. 13일 이른 아침에 후루가와 지사는 당시 강서에 있던 조만식에게 심부름꾼을 보내 비상사태의 도정에 적극 협력을 요청했다."고 기록되어 있다.[11)] 조만식의 부인인 전선애는 해방 당시 조만식의 모습을 이렇게 증언한다. "'이제 일본은 곧 망할 거요.' 하나님께 기도하듯, 누구에게랄 것 없이 이렇게 혼자 말씀으로 하시기 시작한 것이 벌써 몇 달 전부터였습니다. 그렇게 예언하시고, 기원하시던 해방이 온 것입니다."[12)] 아마도 조만식은 일본이 곧 망할 것임을 알고 있었던 것 같다.

조만식이 해방 소식을 들은 것은 1945년 8월 15일 오후 그의 장남 조연명으로부터였다. 조연명은 당시 평양에 살고 있었는데, 해방 전날

10) 장이욱, 『나의 회고록』, 202-203.

11) 森田芳夫, 『朝鮮終戰の記錄』(東京: 巖南堂書店, 1964), 182. 하지만 이 날짜가 정확한 것인지는 의문의 여지가 있다. 이 책은 상당 부분 날짜를 혼동하고 있다.

12) 전선애, "그 어른, 조선생님을 기다린 50년", 『고당 조만식 회상록』, 322-323.

아버지를 뵙기 위해 반석면 안골을 찾았다가 8월 15일 다시 평양으로 돌아가는 중, 오전 12시에 태평면사무소 앞에서 라디오방송을 들었다. 그것은 일본 천황의 항복이었다. 그는 타고 가던 자전거를 돌려 다시 아버지 조만식에게 가서 해방의 소식을 전했다. 조만식은 "그래."라고 대답하면서 방송 내용을 몇 가지 묻고 여느 때처럼 뒷산으로 산책을 했고 저녁까지 내려오지 않았다.[13] 아마도 그는 앞으로 조국에 펼쳐질 여러 가지 일을 구상했을 것이다. 그는 저녁에 식구들에게 "일본은 결국 끝이 났는데, 잘만 하면 우리 민족에게도 앞으로 꽃이 만발할 장면이 다가오긴 할 거야."라고 희망찬 이야기를 했다.[14]

8월 15일 오후 김항복은 일본 도지사의 차를 타고 강서면 반석의 조만식을 찾았다. 이곳은 자동차도 다닐 수 없는 시골이었다. 그래서 조만식이 이곳으로 낙향할 때 소 달구지에 짐을 싣고 갔던 것이다. 김항복은 "아무래도 이북에서는 고당이 주인이니 업무를 인수해 달라."는 도지사의 말을 전했다. 그러나 조만식은 이것을 거부했다. 여기에 대해 조만식의 아들 조연명에 따르면 조만식은 "일본 지사가 타던 차를 내가 탈 수 있겠는가? 조만식이를 그렇게밖에 보지 않았느냐?"고 나무라며 "나는 인수받을 수 있는 사람이 아니다."라고 김항복을 그냥 돌려보냈다고 한다.[15] 조만식은 조선총독부의 요청을 거부하고, 도지사의 차를

13) 조연명, "민족해방과 아버님", 『고당 조만식 회상록』, 197.

14) 전선애, "그 어른, 조선생님을 기다린 50년", 『고당 조만식 회상록』, 323.

15) 조연명, "민족해방과 아버님", 『고당 조만식 회상록』, 198. 조연명은 김항복이 온 것은 16일이고, 오영진은 김항복이 조만식을 방문한 것은 15일이라고 하는데, 오영진의 주장이 맞는 것 같다. 조연명은 김항복 다음에 송호경이 방문한 것을 17일이라고 주장하는데, 이것은 16일이 맞다. 참조: 오영진, 『소 군정하의 북한』, 10, 16. 박재창은 조만식이 도지사의 초청을 거절한 또 다른 이유는 도지사의 차를 타고 갔던 인물이 친일파 김모 씨였기 때문인 것 같다고 말한다. 박재창, "평남건준위원회의 결성과 고당 조만식", 『북한』 1985. 8: 45.

그냥 돌려보낸 것이다.

하는 수 없이 김항복은 대동군으로 가서 평양의 또 다른 민족주의자 오윤선을 태우고 8월 15일 저녁 9시에 평양으로 돌아왔다. 오윤선은 평양에 도착하여 그의 집에 모였던 사람들과 함께 하나씩 문제를 해결했다. 아마도 이들은 처음에 자신들의 이름을 평안남도 치안유지위원회라고 부른 것 같다.[16] 먼저 중요한 것은 치안 문제였다. 평양 숭실전문학교의 체육교수였던 최능진을 중심으로 학생들을 동원하여 치안을 담당하게 할 것과 태극기를 만들어 학교와 단체에 배포할 것, 그리고 무엇보다도 민족의 이름으로 조만식 장로를 모셔오는 것을 의논했다.[17] 최능진은 수양동우회사건으로 2년 동안 옥고를 치른 인물로서 나중에 평남건국위원회의 치안부장을 맡았다. 이날 밤 평양의 일본 신사는 불탔고, 세상은 새롭게 변하고 있었다.

당시 오윤선의 사랑방은 자연스럽게 새로운 건국운동의 중심에 있었다. 오윤선의 사랑방은 일제 강점기에 민족운동의 본거지였다. 여기에서 도산 안창호가 머물렀고, 주기철 목사의 신사참배 반대가 논의되었다. 이 모임의 중심에는 조만식이 있었고, 여기에 오윤선과 김동원이 배석하여 당시 평양을 중심으로 한 민족의 문제를 상의했다.[18] 이런 장소에서 다시금 건국에 대해 논의되고 있었던 것이다.

---

16) 일본 측 문서에는 초기 명칭을 '치안유지위원회'라고 불렀는데, 곧이어 건국준비위원회로 이름을 바꾸었다고 주장한다. 이것을 스칼피노와 이정식은 그대로 따르고, 최근에는 암스트롱도 이것을 그대로 반복한다. 森田芳夫, 『朝鮮終戰の記錄』, 182; Scalapino and Lee, *Communism in Korea*, 313-314; 찰스 암스트롱, 『북조선의 탄생』(경기도: 서해문집, 2006), 93. 그러나 사실 명칭은 초기 건준의 주요 논쟁점 가운데 하나였다.

17) 오영진, 『소 군정하의 북한』, 16.

18) 박재창, "평남건준위원회의 결성과 고당 조만식", 46.

서울에서는 해방 당일에 이미 건국준비위원회가 구성되고, 8월 16일 오전 안재홍의 목소리로 건국 담화가 발표되었다. 이것은 평양에 있는 사람들의 마음을 조급하게 만들었다. 하지만 가장 중요한 일은 무엇보다도 조만식을 초청하는 일이었다. 이미 총독부 도지사의 초청을 거부한 조만식을 모셔오기 위해서는 여기에 합당한 절차가 있어야 했다. 그것은 해방된 조국에서 일본이 아닌 조선 사람들의 민의(民意)였던 것이다. 그래서 김항복과 김동원은 조만식과 가장 가까운 친구인 오윤선의 친서를 갖고 반석으로 가도록 했다. 오윤선의 친서는 "이 기회에 선생의 지도를 바라는 민중의 기대가 간절하니 이 여망을 버리지 마시오."라는 것이었다. 오윤선은 자신이 차를 준비하여 조만식의 집 근처에 사는 송호경을 보내 조만식을 모시러 갔다. 이것이 8월 16일 오전 11시였다.[19]

8월 16일 평양은 매우 바빴다. 당시 가장 중요한 것은 치안이었는데, 일제 말에 총독부가 지방의 치안유지를 위해 조직했던 경방단이 치안을 맡겠다고 나섰다. 16일 오후부터 경방단이 '자위단'이라는 이름으로 명칭을 바꾸어서 치안을 맡았다. 자위단의 책임자는 일제 강점기 경방단의 단장으로 있으면서 「매일신보」 평양지국장이었던 고영한이었다. 고영한은 일제 말에 조만식의 이름으로 친일 논설을 신문에 기고하여 많은 비판을 받은 사람이다. 이들은 16일 저녁부터 시내를 돌며 경비를 강화했다.[20] 8월 17일, 오랫동안 평양의 민족주의자들의 집결지였

19) 오영진, 『소 군정하의 북한』, 20; 한근조, 『고당 조만식』, 369. 송호경은 뒤에 조만식의 공식 비서로 활동했다.

20) 오영진, 『소 군정하의 북한』, 20. 오영진은 이들을 바라보면서 속으로 경멸했다. "나는 속으로 그들을 경멸했다. 댁으로 돌아가 자중하시죠. 당신들 때문에 올 사람도 못 옵니다." 같은

던 백선행기념관은 건국준비위원회가 들어섰고, 그 옆에 있던 경방단 본부는 최능진이 책임자로 있던 건준의 치안부가 인수하여 평양 치안의 중심지가 되었다.[21]

16일 저녁 7시에 오윤선 장로는 평양방송국을 통해 시민에게 냉정과 침착함을 호소했다. 오영진은 방송내용을 이와 같이 요약했다. "이미 곱게 우리 손으로 넘어온 모든 시설을 우리 손으로 파괴하는 우거(愚擧)를 말 것이다. 패망국가의 생명과 신흥 아(我) 민족의 생명을 바꾸지 말 것이다. 동포여, 경거망동으로 하나의 생명이라도 희생해서는 안 될 것이다. 우리의 한 사람은 그들의 열 사람보다도 할 일이 많지 않은가? 각자의 직장을 지키라."[22] 한마디로 치안을 유지해 달라는 것이었다.

사람들은 밤늦게까지 조만식 장로를 기다렸다. 그러나 그는 오지 않았다. 사람들은 각각 흩어졌다. 그가 오윤선의 집에 도착한 것은 17일 새벽 2시였다. 그를 모시러 갔던 송호경의 설명에 의하면 차가 반석에 도착한 것은 16일 오후 3시경이었는데, 부인에게 저녁을 준비하게 하고 조만식 장로는 혼자 뒷산을 거닐었고, 저녁 후에는 조용히 좁은 방으로 들어갔다가 자정이 되어 나왔다는 것이다. 아마도 그는 자신이 믿는 하나님께 기도하며, 미래를 구상했을 것이다. 그리고 차에 올라 평양으로 왔다. 우선 조만식은 민족주의자 김동원과 대화를 나누고 취침했다. 김

책, 21. 아마도 이 사건 때문에 최능진의 친일파에 대한 증오가 시작되었는지 모른다. 그 후 최능진은 월남하여 미 군정 경찰의 고위간부가 되었고, 노덕술 같은 인물이 경찰로 활약하는 것을 보고 친일파 척결에 앞장섰다. 여기에 대해서는 안진, 『미 군정과 한국의 민주주의』 (서울: 한울아카데미, 2005), 299 참조.

21) 오영진, 『소 군정하의 북한』, 27. 일본은 일제 말 백선행기념관을 차지하여 경방단 건물로 사용하려고 했지만 오윤선의 반대로 뜻을 이루지 못하자, 그 옆에 건물을 짓고 경방단의 본부로 삼았다.

22) 오영진, 『소 군정하의 북한』, 20.

동원은 평안지사로부터 해방 이후 시국에 대해 상의했던 인물이다.

날이 밝아오자 오윤선 장로의 사랑방은 건국 준비를 위해 매우 바빠졌다. 조만식이 평양에 왔다는 소식을 들은 사람들이 오윤선의 사랑방으로 몰려들기 시작했다. 조만식은 17일 오전부터 해방 이후 사태수습을 위해 노력했다. 먼저 총독부 평남도청에서 나온 고위관료 김 농상국장과 한 산업과장을 만났다. 이들은 일본인 관리들과 한국인 하위직 관리들 사이의 분위기를 설명하고, 이 틈에 끼인 자신의 위치를 호소했다. 조만식은 일본인과 마찰을 피할 것, 물자와 서류를 잘 보관할 것, 그리고 일상 업무를 지속할 것을 지시했다.[23] 하지만 이것은 어디까지나 개인적인 것일 뿐 총독부와 조만식 사이의 공식적인 합의는 아닌 것 같다.

조만식은 오전 11시 자신의 동료들과 모여 건국방안에 대해 상의했다. 이때 모인 사람은 조만식, 오윤선, 김병연, 한근조, 석창윤, 노진설, 장이욱, 이윤영, 지창규, 이주연 등이었다.[24] 이들은 거의 조만식이 신간회를 할 때 함께 일하던 사람들이었다. 조만식은 이주연을 중요하게 생각했다. 이주연이 오는 것을 기다렸다가 회의를 시작했다.[25] 아마도 좌익성향의 이주연을 포함시킴으로써 대동단결이라는 자신의 입장을 표명하려는 것 같았다. 이들이 준비위원이 되어 앞으로 전개될 여러 상황을 토의했다. 그래서 내린 결론은 “평남 건준은 지방정권이 아니고 정당도 아니다. 중앙정권이 확립되고, 중앙정부가 수립되는 대로 모든

23) 오영진, 『소 군정하의 북한』, 23.

24) 한근조, “조만식 선생의 해방 직후 3개월”, 『고당 조만식 회상록』, 고당기념사업회 편(서울: 조광인쇄출판사, 1995), 224.

25) 한근조, 『고당 조만식』, 370-371.

권리와 사무를 무조건으로 이양하고, 이양을 위한 과도적이고 순 민간적인 애국단체에 불과하다."는 것이었다.[26)]

조만식의 이러한 결정은 단순히 혼자 내린 것이 아니었다. 그는 중앙의 지도자들과 밀접하게 상의했다. 먼저 조만식은 당시 서울에서 일어나고 있던 건준의 준비를 알고 있었다. 서울에서는 해방 당일 이미 여운형을 중심으로 건국준비위원회가 만들어졌고, 그 다음 날 안재홍이 건준의 이름으로 성명을 발표했다. 하지만 송진우를 비롯한 민족주의자들은 여운형 주도의 건국준비위원회에 참여하지 않고 있었다. 아마도 중앙의 인사들은 조만식이 어떤 입장을 취하는가를 주시하고 있었던 것 같다.

제일 처음 문제가 되었던 것은 명칭인 것 같았다. 아마도 처음부터 사용하던 '치안유지위원회'라는 명칭과 '건국준비위원회'라는 두 개의 명칭 사이에서 논란이 있었던 것 같다. 조만식의 측근이었던 한근조에 의하면 여운형은 조만식에게 장거리 전화를 통해, 그리고 직접 사람을 보내 건국위원회를 조직하고, 자신들과 연락하자고 접근했다. 여기에 대해 조만식은 "중경에 우리 정부가 있는데 새삼스럽게 건국준비위원회라는 것은 그리 좋은 것이 못 되지. …… 그러나 명칭이야 어쨌든지 그것을 가지고 다툴 것이야 있나. ……"라고 말하여 건국준비위원회라는 명칭을 좋아한 것은 아니지만 여기에 포용적인 입장을 취했다. 결국 건국준비위원회라는 이름을 택한 것이었다.[27)]

그러나 여기에 또 다른 증언이 있다. 송진우의 측근인사였던 김준

26) 오영진, 『소 군정하의 북한』, 23-24.

27) 한근조, "조만식 선생의 해방 직후 3개월", 『고당 조만식 회상록』, 224-225.

연에 의하면 17일 오전 조만식은 송진우에게 전화를 하여 "지금 조만식, 오윤선, 김동원 세 사람이 모여서 전화를 한다. 그런데 [평남]지사로부터 시국 담당의 교섭이 있으니 어찌하면 좋을까?"라고 물었다. 여기에 대해 송진우는 "민중대회를 열고 민중으로부터 [권한을] 받아야 하며, 치안유지 정도로 하는 것이 좋겠다."고 대답했다.[28] 여기에는 건준에 대한 송진우의 입장이 분명하게 밝혀져 있다. 그것은 권력이 민중으로부터 나와야 하는 것이며, 당시 모임이 해야 할 일은 건국이 아니라 치안이라는 것이다. 송진우는 건국준비위원회를 만드는 것을 반대하고, 임시정부를 기다려야 한다는 입장이었다. 조만식은 명칭은 여운형과 뜻을 같이하면서도 성격은 다른 민족주의자들과 함께하는 입장을 보인 것이다.

우리는 여기에서 당시 한국 정계에서 조만식의 위치를 추적해볼 필요가 있다. 먼저 여운형은 조만식을 자기편으로 생각했다. 여운형은 해방 직후에 송진우, 안재홍, 조만식, 박헌영, 허헌 등의 지도층 인사와 협력하려고 했고, 이 중 안재홍, 조만식, 박헌영, 허헌과는 잘 통하는 인물로 생각했다. 또한 여운형은 조만식에게 "인민공화국 조직 전에 평양에 사람을 보내 경성으로 오라고 권했던 바 '평양의 일이 중대하여 떠날 수 없고, 형이 하는 일을 전면적으로 협력하겠다.'고 회답을 받았다."고 기록하고 있다.[29]

---

28) 김준연, 『독립로선』, 7; 고하선생전기편찬위원회, 『독립을 향한 집념: 고하 송진우 전기』(서울: 동아일보사, 1990), 440쪽에는 여기에서 언급한 세 사람 외에 안동원이 언급되어 있다. 같은 책 441쪽에는 뒤이어 광주, 대구, 부산에서도 조만식과 같은 문의가 있었는데, 송진우는 같은 대답을 했다고 기록되어 있다.

29) 이만규, 『여운형선생 투쟁사』 203-204; 여운홍, 『몽양 여운형』, 145. 조만식과 여운형의 관계는 오래전부터 있어왔다. 하지만 조만식 측의 증언은 여운형에게 호의적이지 않았다. 조만식이 창당한 조선민주당의 중앙상무위원 33인 가운데 하나였던 전영택에 의하면 일제 말 여운형이 평양의 조만식을 찾아왔다. "한 번은 이런 일이 있었다. 태평양전쟁도 마지막 고비

하지만 조만식 측의 이야기는 다르다. 조만식의 측근인 한근조에 의하면 조만식이 여운형이나 송진우와 관계를 갖고 있었다는 것은 부정하지 않으면서도 조만식과 여운형의 관계에 대해 긍정적으로 보고 있지 않다. 그는 "평소 고당과 몽양과의 관계로 보아 평양에서 같은 칭호를 선택한 것은 중앙의 그들과 관계가 있었던 것이 아니고 이제부터 민족의 자주독립국가 수립의 준비가 요청되기 때문이었다."고 설명한다.[30] 건국준비위원회라는 명칭이 여운형의 영향 때문이 아니라는 것이다. 실제로 해방 전에 여운형이 조직한 건국동맹의 평양책임자였던

에 접어든 1944년 어느 날 서울로부터 여운형 씨가 고당 선생을 찾아왔다. 여 씨는 일어신문인 평양매일신문사의 한국인 간부와 사진반 기자를 데리고 와서 다음과 같은 요지의 말을 했다. 일본이 패망의 최후 단계에 이르러 김성수, 송진우, 조만식, 여운형 같은 한국의 지도급 인물에게 한국을 다스릴 권한을 맡길 터이니 그리 알라는 말이 있었다는 것이다. 고당 선생은 뜰에서 그를 맞이한 채 더 자세한 이야기는 듣지 않고 손을 들어 사진기의 렌즈를 가리면서 여 씨의 제의를 거절했다. 일본이 패망하게 되자 어찌할 수 없으니까 허울 좋은 말로 한국 국민의 감정을 무마시켜보려는 간악한 수단에 넘어갈 고당 선생이 아니었다." 전영택, "고당 조만식 선생", 『빛을 남긴 위인들』(서울: 대한기독교서회, 1970), 197.

이것은 송진우와 비슷한 입장이다. 송진우도 일제가 망할 때 총독부로부터 자치를 허락한다는 유혹이 있을 것이라고 말하며, 여기에 넘어가서는 안 될 것이라고 김준연에게 수백 번 같은 말을 반복했다고 한다. 김준연, 『독립로선』, 5. 그렇다면 조만식과 송진우는 다 같이 일제 말 패전이 가까웠을 때 총독부의 제의를 거절해야 한다는 점에서 의견의 일치를 보고 있었다고 추측할 수 있다.

일제 강점기에 카프문학을 주도했고, 일제 말에 친일파로 넘어간 김팔봉에 의하면 총독부 일각에서는 김팔봉의 제안과 총독부의 친일파 고위인사인 김영돈의 주선으로 조선인 단체를 만들어 패전을 맞이하려고 했다고 한다. 이 제안은 1944년 여름 일제 말 전세가 불리해짐에 따라 조선인 민족단체를 모아 자치권을 넘기는 방안이었다. 이런 김팔봉의 제안에 여운형은 동의했고, 실무는 김팔봉과 고경흠이 맡아 진행했다. 회장에 여운형, 부회장에는 조만식과 안재홍, 사무국장에는 장덕수가 추천되었다. 하지만 이것은 일각의 논의로 끝났다. 조만식은 이런 제안에 동의하지 않은 것 같다. 김팔봉, "우리가 겪어온 길: 문인이 겪은 해방, 건국, 동란", 「동아일보」(1958. 8. 15).

30) 한근조, 『고당 조만식』, 372. 한근조는 당시 평양에서는 여운형이 "확고한 주관이 없는 사람"이라는 평을 받고 있었다고 기록한다. 한근조, "조만식 선생의 해방 직후 3개월", 『고당 조만식 회상록』, 224.

김유창은 건준에 참여하지 않았다.[31] 아마도 조만식이 그를 신임하지 않은 것 같다.

이렇게 하여 당시 모임의 성격이 결정되었다. 첫째, 평남 건준은 일본 총독부로부터 권력을 이양받지 않았다. 해방 당시 송진우는 총독부로부터 치안유지를 위한 권력이양을 제안받았지만 거부했다. 그 이유는 첫째, 권력이양은 전쟁에 이긴 연합국으로부터 받아야 하며, 둘째 민주주의의 권력이란 대중의 동의에서 나와야 한다는 것이다. 실제로 미국이 임시정부를 인정하지 않은 이유는 임시정부가 조선사람의 의사를 대표한다는 것을 입증할 수 없었기 때문이다.[32] 여기에 반하여 여운형은 총독부의 제안을 받아들였다. 그래서 건국준비위원회를 발족시킨 것이다. 서울에서 이 문제는 건국준비위원회가 조직된 후에도 계속 제기되었다. 김준연의 기록에 의하면 "20일경에 김병로, 백관수 씨 등은 건국준비위원회를 방문하고 '정권을 정무총감에게서 받는 형식을 버리고, 각계 유지를 총망라하여 그 자리에서 공론하여 치안을 유지하는 정도로 하여 명칭도 치안유지회 같은 것을 채용하라.'고 요청했다."고 한다.[33] 하지만 여운형은 이것을 거절했다.

아마도 일제의 패망을 알고 있었던 조만식은 송진우의 입장을 알

---

31) 송남헌, 『한국현대정치사』 1(서울: 성문각, 1980), 43. 후에 김유창은 평남 인민정치위원회에 공산당 측 인사로 참여했다. 서중석은 조만식이 건국동맹에 협조하기로 했다고 밝히고 있으나 그 근거가 분명하지 않다[서중석, 『한국현대민족운동연구』 1(서울: 역사비평사, 1991), 107]. 그가 인용한 여운홍의 『몽양 여운형』 131쪽, 이만규의 『여운형선생투쟁사』 173쪽에도 조만식이 여운형의 건국동맹에 참여하거나 협조했다는 기록은 없다. 이승현은 서중석의 입장을 따르고 있다. 이승현, "해방 직후 북한 우익의 노선과 활동", 『국사관논총』 54(1994), 180. 이승현의 논문은 해방 직후 북한의 우익에 대한 전반적인 개괄을 하고 있다.

32) 차상철, "미국의 대한정책, 1945~1948", 『한국사시민강좌』, 38(2006), 4.

33) 김준연, 『독립로선』, 7.

고 있었을 것이다. 어쨌든 조만식은 평남도지사의 면담요청을 거부하고, 그의 차를 돌려보내고, 나중에 평양에 와서도 도지사를 만나지 않았다.[34] 그리고 오히려 그는 오윤선의 사랑방에 모인 평양지역의 유지들로 이루어진 모임에서 위원장으로 추대되었다. 따라서 그의 치안권은 총독부에서 나온 것이 아니고, 일반 민의에서 나온 것이다. 이런 점에서 조만식은 송진우와 같은 길을 걷고 있었던 것이다. 이 점은 8월 17일 조만식과 송진우와의 통화에서도 나오는 이야기이다.

둘째, 그럼에도 불구하고 조만식은 여운형의 건국준비위원회라는 명칭을 받아들였다. 사실 처음부터 명칭에 관한 논란이 있었다. 『조선종전의 기록』에 의하면 아마도 처음에는 '치안유지회'라는 명칭을 사용한 것 같다. 이것은 일본이 원하는 것이었다. 일본은 조선사람에게 치안을 유지해 달라고 했지 건국을 준비하라고 하지는 않았다. 그러나 좌파의 생각은 달랐다. 이들은 해방정국을 통해 인민이 지배하는 새로운 세상을 만들고자 했던 것이다. 그래서 이주연을 중심으로 한 좌파에서는 '건국준비위원회'라는 명칭을 고수했고, 여기에 대해 민족주의 계열에서는 별다른 의견이 없었던 것 같다. 조만식은 여운형과 좌파 계열의 입장을 고려하여 건국준비위원회라는 명칭을 받아들인 것 같다. 『조선종전의 기록』은 치안유지회에서 건국준비위원회로 명칭을 바꾸었다고 지적한다.

셋째, 조만식은 새로운 나라의 주체를 중경의 임시정부라고 생각했다. 당시 조만식과 함께 건국준비위원회를 조직한 사람들은 다 같이

34) 森田芳夫, 『朝鮮終戰の記錄』, 182쪽에 의하면 조만식은 평양으로 돌아온 다음에 지사를 만나지 않고 바로 오윤선의 집으로 갔다고 기록되어 있다.

건국준비위원회는 실제로 정부를 조직하기 위한 모임이 아니라 단지 치안을 유지하기 위한 조직이라고 주장하고 있다. 8월 17일 건준을 조직하고 처음 발표한 성명에서 "건국준비위원회의 본질과 사명에 대해 간단하게 설명한다."고 언급하면서 먼저 "소련과 미-영군이 상륙하는 동시에 해외 정부가 들어오게 되는바"라고 언급하여 임시정부의 귀국을 당연하게 전제하고 있다. "그러므로 이때에 치안유지를 주안적(主眼的) 사명으로 하려는 것으로 건국준비위원회라니까 무슨 조각이나 하고 방금 정부가 되는 것 같이 해석하려는 경향이 있을지 모르나 결코 그런 것이 아니고, 주로 치안유지를 목표로 하는 기관인 것이다."[35] 따라서 평양 건준의 명칭은 여운형의 건준과 같지만, 내용에서는 서울의 민족주의자들과 맥을 같이하고 있는 것을 알 수 있다. 즉 중경 임시정부의 정통성을 인정하고, 그들이 입국하기까지 치안을 유지하는 일을 주 사명으로 한다는 것이다. 이것은 매우 중요한 것이다. 여운형은 일제 말의 지하운동을 했던 사람들이 건국의 주체가 되어야 한다고 주장한 반면에 조만식은 임시정부가 주체가 되어야 한다고 생각했다.

많은 사람들은 '조만식의 건준과 서울의 건준이 밀접한 관계를 갖고 있지 않은가?'라고 오해했다. 사실 초기 서울 건준의 성격은 잘 드러나지 않았다. 그래서 새로운 나라를 건설하자는 의미로 중앙과 통일성을 갖는다는 의미로 순진하게 건준의 이름을 사용했지만, 시간이 흐름에 따라 서울 건준이 좌익으로 흐르는 경향이 드러나자 사람들이 평양 건준 내에서는 명칭을 바꾸어야 한다는 소리가 나왔다.[36] 하지만 이런

35) 「평양매일신문」(1945. 8. 18. 호외); 박재창, "평안 건국준비위원회 결성과 고당 조만식", 『북한』 1985. 8: 47-48.

36) 북한연감위원회, 『북한총람: 45-68』(서울: 공산권문제연구소, 1968), 60. 민족주의자 김병

본격적인 논의가 되기도 전인 8월 26일 소련군이 평양에 진주했다.

하지만 평남 건준의 조직은 하나의 시작일 뿐이었다. 남한의 민족주의자들과 어떻게 관계할 것인지, 아직도 북한에서 존재하고 있는 일본 행정당국과의 관계는 무엇인지, 앞으로 등장할 소련과 공산주의는 어떻게 다루어야 할 것인지 하나하나가 평양 건준으로서는 다루기 어려운 일이었을 것이다.

연은 아예 이들이 건준이라는 명칭을 사용한 것은 우연의 일치일 뿐이라고 주장한다. "당시 서울에서는 여운형, 안재홍 등이 조선건국준비위원회를 조직했는데 평양의 건준과는 조직적으로나 사상적으로 아무런 관계가 없고, 오히려 명칭이 우연히 일치했던 것이다. 양자의 정치노선은 오히려 대립적 성격을 갖고 있었다. 서울의 건준은 민족진영 중심이었으며, 서울의 김성수, 송진우 등과 연락을 취하고 있었다." 김내영, 『조국을 구원할 자는 오직 너와 나로다: 애국지사 김병연의 삶』(서울: 쿰란, 2003), 176.

2.
평안남도 건국준비위원회의 조직과 구성원의 성격

다음으로 중요한 것은 조직의 내용이다. 조만식은 김병연과 이주연에게 이 일을 맡겼다. 이 두 사람은 다 같이 일제 말 검거되었다가 해방 직후인 16일 석방되었고, 곧바로 건준에 참여했다. 다 같이 조만식의 신임을 받았다. 김병연은 평양 채관리감리교회의 열성적인 신자로서 수양동우회사건으로 여러 해 동안 수감되었던 민족주의자이며, 해방 직전에도 일제에 검거되어 감옥에서 해방을 맞이했고 16일 출옥했다.[37] 이주연은 위에서 언급한 대로 함남 출신으로 중학생 때 공산주의에 심취했으며, 신간회 활동에도 좌익으로 참가했다. 그 후 일제와 협력하여 사업을 하는 한편 만주의 독립운동가에게 자금을 대기도 했던 친일파 공산주의자였다. 이주연도 김병준과 같이 일제 말 일제의 검속으로 감

37) 김내영, 『조국을 구원할 자는 오직 너와 나로다: 애국지사 김병연의 삶』, 538-546.

옥에 있다가 8월 16일 출옥했다.[38] 하지만 해방 당시에 많은 사람들은 이주연을 민족주의자로 인식하기도 했다. 이 두 사람은 양 진영을 대표하여 인선작업을 진행했다.[39]

이 두 사람의 기초 작업 위에 다른 준비위원들의 의견을 모아 17일 오후 2시에 드디어 평남 건국준비위원회가 조직되었다. 당시 오윤선의 집 앞에는 많은 사람들이 발표를 기다리고 있었다. 이주연이 마이크를 잡고 그 결과를 발표했다. 그 내용은 다음 〈표 1〉과 같다.

〈표 1〉 평안남도 건국준비위원회 조직 및 위원

직책	이름	학력	종교	일제 강점기의 주요 행적	해방 이후
위원장	조만식 (민)	숭실중학/ 명치대학 법학부	숭실중학 시 기독교 입교/ 동경유학 시 조선인교회 설립/ 산정현교회 장로	오산학교 교장/조선물산장려회 회장/신간회 평양지부장/조선일보 사장	평남 인민정치위원장/조선민주당 당수/1950년 피살
부위원장	오윤선 (민)	숭실학교	산정현교회 장로	조선물산장려운동 참여/ 숭인상업학교 설립자/ 광신상회 운영	1950년 북한에서 사망
총무부장	이주연 (좌)	중학교		신간회 단천부 대표위원 및 중앙상무집행위원/일제 말 고무공장 사무원(공산당 활동 중지)	인민위원회 총무부장/평남 인민위원장/중국주재 북한대사/부수상

38) '이주연,' 『민족문화대백과사전』; 김준엽 · 김창순, 『한국공산주의운동사』 3(서울: 고려대학교 아세아문제연구소, 1973); 오영진, 『소 군정하의 북한』, 24.

39) 한근조는 같은 해 11월 2일 남한으로 월남하면서 미군과의 인터뷰에서 평남 건준에 좌파들이 참여하게 된 것은 공산주의자들의 요청 때문이라고 주장했다. "Report on the Situation in Russian Occupied Korea", 1. 이 자료는 HQ, USAFIK G-2 Weekly Summary (13 Nov. 45)의 첨부자료로 첨가되었다. 이 문서들은 한림대학교 아시아문제연구소 자료 총서 5, HQ, USAFIK G-2 Weekly Summary (1945. 9. 9~1946. 6. 9)『주한미군주간 정보요약』 제1권(1990)에 수록되었다. 이 자료는 최초로 공개되는 것이며, 당시 북한의 정부, 치안, 재정, 식량, 산업, 교통, 교육, 정치의 제반적인 사정에 대해 상당한 자료를 제공해주고 있다.

직책	이름	학력	종교	일제 강점기의 주요 행적	해방 이후
치안부장	최능진 (민)	스프링필드대 듀크대학원	기독교	숭실전문 체육과 교수/수양동우회사건으로 구속	미 군정 경무국 수사국장(남)/동대문구에서 이승만과 국회의원 대결
선전부장	한재덕 (좌)	평양고보 조도전 중퇴		임화와 함께 『집단』 편집 투옥/평양매일신문사 기자	평양민보사 편집국장/귀순(1959)/내외문제연구소장(남)
교육부장	홍기주 (민) [후에 공산주의자가 됨]	평양신학교	감리교목사/엡웟청년회연합회 서기	신간회 남포지역 간사/김춘수의 친일 감리교단에 반대하여 목사 면직/강양욱과 조선기독교연맹 창립 협조	조선공산당 북부 5도당 책임자 및 열성자대회 부위원장/평남인민위원장/북조선인민위원회 부위원장/최고인민위원회 상임위원회 부위원장
산업부장	홍정모 (민)	광성고보/경성고공	기독교		고려방직공사 이사장(남)/삼광직물 사장(남)/ 광성중고등학교 이사장(남)
재정부장	박승환 (민)		기독교	세창양말공장 사장	조선민주당 간부
생활부장	이종현 (민)	신의주중학교/ 대학 경제학과 (일본)		3 · 1운동 참가	인민위원회 운수부장/독립촉성회 총무부장(남)/강원도지사(남)/ 농림부장관(남)/2대 국회의원(남)
지방부장	이윤영 (민)	평양숭실사범학교/ 감리교신학교	감리교 목사/평양 남산현교회 담임/감리사	3 · 운동 참여 2년 2개월 옥고/1940년 한일 기독교 통합 반대로 인한 목사 면직	인민정치위원회 부위원장/조선민주당 부당수/제헌국회의원(남)/국무총리서리(남)/무임소장관(남)
외교부장	정기수 (민)		기독교	오산고보 교장/평남도회의원	제천농고 교장(남)
무임소 (민족주의)	김병연 (민)	대성학교/ 보성학교 중퇴	채관리감리교회 권사	3 · 1운동 직후 철혈청년단 조직 및 1년간 투옥/조선일보 평양지국장/수양동우회 사건으로 투옥/일제 말 금광업 및 고무공업 종사	평남 인민정치위원회 재정부장/초대 총무처장(남)/평안도지사(남)/광성중고등학교 이사장(남)

직책	이름	학력	종교	일제 강점기의 주요 행적	해방 이후
무임소 (법조계)	한근조 (민)	수원고등농림학교/ 메이지대 법과	기독교	일본 변호사시험 합격/독립운동가 변호/조선물산장려회 부회장/신간회 평양부회장	평양시장/군정청 사법부 차장(남)/ 국회의원(남)
무임소 (법조계)	김익진			평양복심법원 판사/ 변호사 개업	인민정치위원회 치안부장/검찰총장(남)
무임소 (천주교)	김필현 (민)	동성상업학교/ 로마 우리바노대학	천주교 평양교구부 감목/관후리성당 주임		1949년 6월 10일 강제연행 후 실종
무임소 (유림)	지창규 (민)		유교	신간회 참여	
여성부장 (원래는 무임소였음)	박현숙 (민)	평양숭의여학교	기독교(감리교)/남편 김성업 목사	전주기전여학교 교사/3 · 1 운동 참여 옥고/대한애국부인회 설립/근우회 중앙집행위원	인민위원회 위원/여자국민당 총무부장(남)/무임소 장관(남)/MRA 한국대표(남)/국회의원(남)/숭의여자고등학교 이사장(남)
무임소 (의학)	김병서				
무임소 (민족주의)	김동원 (민)	일본 유학	산정현교회 장로/장로교총회 부회계	신민회 참여/105인사건 참여/ 평양고무공업사 창업/수양동우회의 대표적 인물/1935년 노조갈등 이후 총독부와 유대강화/일제 말 황도학회 · 조선임전보국단 활동	한민당 총무(남)/제헌의원(남)/국회부의장(남)
무임소 (법조계)	노진설 (민)	평양고보/ 메이지대학	기독교	수양동우회 회원	대법관(남)/선거관리위원장(남)/감찰위원장(남)
무임소	김광진 (좌)	동경상과대학		보성전문 교수/ 고무공장 경영	인민정치위원회 광공부장/김일성대학교 교수

자료 출처: 『한국민족대백과사전』, 『위키백과』, 『두산백과사전』, 『기독교백과사전』, 『한국가톨릭대사전』, 『친일인명사전』, 김상태, "근현대 평안도 출신 사회지도층 연구"(서울대학교 대학원 국사학과 박사학위논문, 2002), 김내영, 『조국을 구원할 자는 오직 너와 나로다: 애국지사 김병연의 삶』, 기타 각종 전기류

다음의 명단은 관련된 자료를 모두 합하여 작성한 것이다. 자료마

다 약간의 차이가 있다. 아마도 처음에 임명된 위원에 새로운 위원이 첨가되어 차이가 생긴 것 같다. 그리하여 총 21명이며,[40] 이 중 신원이 전혀 파악되지 못한 사람은 무임소(의약계) 김병서이며, 이들을 제외한 초기 평남 건준의 성격은 다음과 같다.

첫째, 평남 건준은 민족주의자의 주도 아래 좌익인사를 포함했다. 평남의 건준은 절대적으로 민족주의자들이 우세한 조직이었다. 위원장 조만식과 부위원장 오윤선은 말할 것도 없고, 대다수의 위원들이 민족주의자들이었다. 좌익으로 분류할 수 있는 사람은 총무부장 이주연, 선전부장 한재덕, 그리고 무임소의 김광진 정도였다. 이주연은 이미 위에서 설명했고, 한재덕은 와세다대학 시절부터 공산주의에 심취했으나 일제 말 옥고를 치르고 나서 전향하여 대화숙에 참여했다. 대화숙은 일제의 사상 감시단체로서 민족주의 및 공산주의를 감시하는 단체였다. 그러나 사실 이주연도 처음에는 민족주의자로 오인할 만큼 성격이 뚜렷하지 않았고, 한재덕은 입장이 더욱 모호했다. 유진오 등과 함께 보성전문학교 교수였던 김광진 역시 원래는 마르크스주의자였지만 일제 말에는 평양에서 고무공장을 운영했다.[41]

당시 건준의 선전부장을 지냈던 한재덕은 다음과 같이 증언하고 있다. "20여 명의 위원 중에 거의 전부가 민족진영이고, 좌익진영 측 위원으로 이주연은 총무부장, 나는 선전부장이었다. 그나마 이 두 사람조차 좌익진영이라고 하나 기실 당시로서는 색깔이 분홍색도 채 못 되는 애매한 존재들이었다. 이주연은 처음에 많은 인사들이 민족진영 사람으

40) 이 명단은 북한연구소에서 발행한 『북한민주 통일운동사』(서울: 북한연구소, 1990), 203쪽에 나와 있는 것과 일치한다.

41) 오영진, 『소 군정하의 북한』, 33, 81-82; 『한국민족문화대백과사전』 '김광진(金光鎭)' 참조.

로 오산했을 정도이었고, 나[한재덕]는 그보다도 좀 더 두리뭉실한 존재였다."[42] 하지만 좌익에서는 아무런 불평을 하지 못했다. 그것은 평양에서 민족주의의 세력이 워낙 컸고, 조만식의 위치가 대단했기 때문이다. "이와 같이 민족진영이 압도적으로 우세한 건국준비위원회의 조직 발족이었으나 좌익진영에서도 아무 불평이 없었다. 있으려야 있을 수 없었다. 그만큼 조만식 선생의 신망은 말할 것도 없었거니와 이 지방에서 민족주의 진영의 세력이란 비교할 나위도 없을 만큼 절대적으로 우세했던 것이다."[43] 이것은 평양의 해방정국에서 민족주의 진영이 절대적으로 우세한 것을 증명해주고 있다.

그러나 조만식은 건준이 비록 민족주의가 주도한다고 할지라도 좌익을 포함하여 범민족적인 성격을 갖기를 원했던 것 같다. 이 같은 범민족적인 입장은 조만식이 신간회 활동을 할 때부터 보여온 태도였다. 조만식은 민족주의 입장에 있으면서도 좌익을 포함한 신간회 평양지부를 이끌었다. 이것은 조만식의 평소의 원칙인 대동단결과도 맥을 같이하는 것이다. 오영진에 의하면 조만식은 이주연을 매우 귀하게 생각했다.[44] 그리하여 건준의 총 살림을 맡는 총무부장을 시킨 것이다. 그러나 그는 후에 조만식을 배반했다.

평남 건준의 이 같은 구조를 서울 건준과 비교해볼 필요가 있다. 서울의 건준은 좌파의 주도에 우파가 참여하는 형국이었다. 여기에 비해 평남의 건준은 우익 우세에 좌익이 참여하는 구조였다. 사실 해방 당시

42) 한재덕, 『김일성을 고발한다』(서울: 공산권문제연구소, 1982), 50.

43) 한재덕, 『김일성을 고발한다』, 50. 이것은 많은 사람들이 공통으로 증거하는 것이다. 오영진, 『소 군정하의 북한: 하나의 증언』, 25.

44) 오영진, 『소 군정하의 북한』, 24.

의 한국사회는 좌익이 주도하는 상황은 아니었다. 서울에서 좌익이 주도하게 된 것은 송진우가 총독부로부터 치리권을 이양받기를 거부하여 여운형에게 리더십이 넘어갔기 때문이다.[45] 이것은 당시 서울의 상황이 대한민국을 대표하지 못하는 상황으로 만드는 중요한 계기가 되었다.

둘째, 평양의 민족주의자들은 대부분 기독교인들이었다. 평양은 한국 기독교의 역사에서 가장 기독교가 활발한 지역이다. 이곳에는 청일전쟁 직후부터 기독교가 본격적으로 들어오기 시작하여 1907년 대부흥운동을 거치면서 한국 기독교의 중심지로 변모했다. 특히 이곳에는 한국 기독교의 최대 교파인 장로교선교부가 존재했고, 평양신학교가 위치해 있었으며, 그 가운데 평양 산정현장로교회가 자리 잡고 있었다. 평양 건준의 중심에는 바로 산정현교회의 신자들이 자리 잡고 있었다. 위원장 조만식, 부위원장 오윤선, 그리고 무임소의 김동원이 유명한 산정현교회의 세 장로였던 것이다. 이들은 평양 기독교청년회를 중심으로 활동했다.

장로교 못지않게 평양에서는 감리교도 활발했다. 평양 건준에는 평양 남산현감리교회의 담임목사이며, 이 지역 감리교의 감리사를 지낸 이윤영 목사가 참가했다. 그는 해방 이후 평양 감리교의 대표적인 인물이었다. 감리교 김성업 목사의 부인이며 평양의 여성 기독교지도자인 박현숙, 조만식의 제자이며 오랫동안 숭인상업학교의 교장을 지낸 감리교의 김병연도 독실한 신자였다. 감리교 목사 홍기주도 교육부장으로 참여하고 있었다. 홍기주는 원래 감리교도였으나 평양신학교를 졸업하

---

45) 여기에 대한 자세한 논의는 박명수, "해방 후 건국준비위원회와 기독교의 역할", 『대한민국 건국과 기독교』(서울: 북코리아, 2014) 참조.

고, 다시 감리교 목사가 되었다. 하지만 일제 말 정춘수의 친일감리교단에 반대하다가 목사 면직처분을 받았다가 후에 공산주의자가 되었다.[46] 사실 공산주의자와 타 종교인을 제외하고는 거의 기독교인이라고 해도 좋을 것이다. 그만큼 평남 건준에서 기독교는 주류였던 것이다.

평남 건준은 우익이 주도하지만 좌익을 포함한 것처럼 기독교세력이 주도하지만 다른 종교도 포함시키려 했다. 그래서 천주교의 김주교와 유림의 지창규를 포함시켰다. 천주교의 김주교가 누구인지는 확인되지 않고 있으나 당시 평양교구에는 홍용호 주교가 있었으며, 그 밑에 김필현 신부가 부감목(부주교)으로 활동하고 있었기 때문에 김주교는 김필현을 말하는 것으로 볼 수 있다. 뒤에 언급하겠지만 조만식과 천주교의 관계는 원만하고 좋았다.[47] 동시에 유림의 지창규는 조만식과 함께 일제 강점기에 신간회 평양지부에서 활동했다.[48]

셋째, 평남 건준의 주요 위원들은 일제 강점기에 실력양성론자들로서 온건한 독립운동을 한 사람들이었다. 해방 이후에는 일제 강점기에 어떤 행동을 했는가가 매우 중요하다. 한마디로 말하면 건준의 멤버는 대부분 일본과의 투쟁경력을 갖고 있다. 많은 사람들이 신민회, 3 · 1운동, 조선물산장려운동, 신간회, 수양동우회사건 등과 관련하여 옥고를 치렀다. 예를 들면 김동원은 신민회와 105인사건에 연루되었고, 이윤영은 3 · 1운동에, 조만식과 오윤선, 김동원, 김병연, 한근조 등은 조선물산장려운동에, 조만식, 한근조, 이주연, 홍기주, 지창규는 신간

46) 『한국기독교대백과사전』 '홍기주' 항목 참조.

47) 평양교구사 편찬위원회 편, 『천주교평양교구사』(서울: 분도출판사, 1981), 181, 311-312.

48) 이균영, 『신간회연구』(서울: 역사비평사, 1993), 301, 306.

회, 김동원과 최능진은 수양동우회사건에 각각 관련되어 옥고를 치르거나 어려움을 겪었다. 또 이윤영과 홍기주는 다 같이 친일 기독교에 반대하여 목사직을 면직당했다.

하지만 이들은 무력으로 일본과 투쟁하는 것에는 한계를 느끼고, 실력을 양성하여 조선의 독립을 도모하자는 생각을 가졌다. 그래서 이들은 학교사업, 물산장려운동, 절제운동, 농촌계몽운동, 신사참배 거부운동 등을 주도해나갔다. 그러나 일본은 이와 같은 온건한 실력양성론도 수용할 수 없었다. 결국 일제 말에 많은 사람들이 일본에 의해 감옥에 갇히게 되었다.

이런 투쟁 경력은 이들로 하여금 해방 직후에 활동하는 데 큰 도움이 되었다. 해방 당시 조만식과 오윤선은 일제에 협력하기를 거부하고 낙향했으며, 이주연과 김병연은 일제 말 검속이 되기도 했다. 하지만 상당수는 일제 강점기 말기에 일제와 협력한 경력도 있었다. 대표적 민족주의자 김동원의 경우 일제 말에 사업을 위해 일제와 유대관계를 강화하고 황도학회와 조선임전보국단에서 활동했다. 이것은 좌익의 경우도 마찬가지였다. 이주연의 경우 사업을 하면서 일본과 협력했으며, 한재덕의 경우에는 친일단체인 대화숙에 가담하기도 했다.

넷째, 평남 건준의 주요 멤버들은 부유층이었으나 그와 동시에 지역사회에서 책임 있는 유지들이었다. 평양은 기독교의 중심지였을 뿐만 아니라 민족 자본의 중심지이기도 했다. 평양에는 일찍이 양말공장과 고무공장이 유명했는데, 그 핵심에는 기독교인들이 있었다.[49] 김동원은

---

49) 조기준, 『한국자본주의 성립사론』(서울: 대왕사, 1977), 507-521; 장규식, 『일제하 한국기독교민족주의 연구』(서울: 혜안, 2001), 266.

평양의 대표적인 고무회사인 평안고무공업사의 창립자이며, 오윤선도 광신상회라는 상점을 운영하고 있었다. 조만식은 이런 민족산업을 애국운동과 연결시켰다. 조만식은 물산장려운동을 벌여 국산품 애용운동을 일으켰다. 이것은 평양을 중심으로 한 기독교 실업인들과 상호 협력관계를 갖게 만들었다. 조선물산장려운동은 일제하 대표적인 자강운동의 하나였다.

이들은 기독교 정신으로 어려운 사람들을 돕고, 지역사회의 공공복지를 위해 일했다. 먼저 조만식은 100섬지기 중소지주의 아들이었으나 소작인을 인격적으로 대우했고, 무슨 일을 하든지 월급을 받지 않고 자비량으로 일했으며, 검소한 사람으로 유명했다.[50] 이것은 마르크시즘이 말하는 계급투쟁과는 다른 것이다. 조만식은 기독교의 사랑으로 어려운 사람들을 돕기 원했다. 또한 조만식을 포함한 평양의 기독교 유지들은 이 지역에 학교, 공회당, 고아원, 도서관을 설립하여 실질적으로 평양을 살기 좋은 도시로 만들기 위해 노력했다. 이런 그들의 노력으로 해방 이후 혼란한 사회를 질서 있게 유지할 수 있었던 것이다.

이상으로 평양 건준을 구성하고 있는 인물들이 민족주의적이며, 기독교적이고, 실력양성을 주장하며, 지역사회의 책임 있는 유지들이라는 것을 알 수 있다. "이 구성에 있어 좌익 대 우익의 비는 20 : 2 내지 3 정도였다. 그만큼 조만식을 중심으로 한 민족진영의 세력과 신뢰도가 공산진영보다 높았다."[51] 당시 평양사회에서는 여기에 대해 별다른 의견이 없었다. 이것은 평양에서 민족주의 세력이 갖는 위상에서 볼 때 당

---

50) 장규식, 『조선의 간디』(서울: 역사공간, 2007), 14.

51) 북한연감위원회, 『북한총람: 45-68』, 59.

연한 일이었다. 그만큼 평양사회가 이들을 대표로 인정하고 있다는 것을 의미한다.

동시에 조만식은 좌익과 타 종교를 고려하고, 젊은 사람들도 참여시키려고 노력했다. 조직을 지켜본 오영진은 다음과 같이 말하고 있다. “조직발표를 들으러 종로거리에 모인 군중은 비편파적이고, 친일주구를 제외한 인사를 환호하고, 신뢰와 안도감을 느낀 것이다. 기독교장로이며, 순수한 민족자결주의자인 조 선생의 과거 경력으로 보아 혹은 한편에 치우친 결과가 되지 않을까 일부 청년지식층에서 위구(危懼)하는 바도 없지 않으나 창졸간의 약간의 불만도 없지 않되, 그 인적 구성에 민족의 총 역량을 집결하려는 노력이 보였고, 또 부정수의 무임소의 의석은 널리 야현(野賢)과 신진을 위해 문호를 개방하여 세대적으로나 사상적으로나 대동단결하려는 위대한 포부의 편린을 엿볼 수 있었던 것이다.”[52] 하지만 건준에는 조직을 더욱 확대하여 각계각층을 포함해야 한다는 주장이 제기되었고, 이에 따라 8월 23일과 24일에 참여제를 채용하게 되었다. 그리하여 약 70여 명에 이르는 참여인사를 포함하여 적극적인 협력을 요청하게 되었다. 여기에서 중요한 역할을 한 것이 김병연이었다.[53]

52) 오영진, 『소 군정하의 북한』, 25-26.

53) 김병연 편, 『평양지』(서울: 평남민보사, 1964), 48; 김내영, 『조국을 구원할 자는 오직 너와 나로다: 애국지사 김병연의 삶』, 174.

3.
평안남도 건국준비위원회의 활동

오윤선의 사랑방에서 조직되고 이제 평남의 중심자로서 그 역할을 해야 할 시점에서 건준은 장소를 백선행기념관으로 옮기게 되었다. 백선행기념관은 1929년 백선행 여사의 헌금으로 1,200명을 수용할 수 있는 3층 건물로, 평양의 민족주의와 자유예술가의 전당이었다. 이것은 당시 평양의 일본인 시가지와 견줄 수 있는 유일한 민족사회의 본거지였다. 일제 말 일본은 이곳을 경방단 사무실로 사용하려고 했으나 민족주의자들의 반대로 뜻을 이루지 못했다. 그런데 이곳에 평남 건국준비위원회 사무실이 들어선 것이다.

사무실이 마련되고 이제 본격적인 활동에 들어가기 시작했다. 하지만 출발부터 한계를 갖고 있었다. 그것은 총독부와의 관계였다. 총독부에서는 원래 종전 후 일본인의 안전을 목적으로 치안권 이양을 이야기했다. 하지만 8월 16일 서울의 중앙 건준은 치안을 넘어서서 건국에 대한 전반적인 내용을 발표했다. 건준 부위원장 안재홍은 양 진영의 충돌을 방지하기 위한 치안과 더불어 정규군의 편성, 식량 확보와 배급유지, 식량 확보와 배급체제, 통화와 물가 등 정부가 할 수 있는 모든 일을 여기에 포함했다.[54] 여기에 대해 총독부는 강력하게 반발했고, 건준의 활동을 치안유지에 국한시켜줄 것을 요청했다. 하지만 서울 건준은 여기에 응하지 않았다.

이러한 상황 가운데 평남 건준은 자신들의 임무를 치안에 국한시키고 활동을 시작했다. 그래서 위에서 지적한 대로 8월 17일 건준 설립 직후 발표한 성명에 자신들의 임무가 치안에 있다는 것을 분명하게 밝히고, 자신들은 민간단체임을 천명했다. 아마도 이것은 당시 총독부의 방침을 수용한 것이라고 할 수 있다. 당시 일본 정부는 조선 총독부에게 행정에 대한 전반적인 인수는 승전국인 연합국이 해야 한다고 생각하고 정권 인수를 미루라고 지시했다. 여기에 따라 조선총독부는 정권을 건준에게 인수하지 않았고, 평남지사도 평남 건준에 정권을 인수하지 않은 것이며, 평남 건준은 이런 맥락에서 자신들의 입장을 정리한 것이다.

평남 건준은 17일 위원장 조만식의 이름으로 성명을 내고, 이것은 18일자 「평양매일신문」에 호외로 발표되었다. 이 성명은 첫째, 건준은 패전한 일본인에 관해 관용을 베풀 것을 강력하게 요청했다. "이때에 가장 크게 문제될 점은 서로 마찰할 위험성이 가장 많게 되었다."는 것이라고 지적하면서 "일본인에게 위해를 가하는 등의 일은 절대로 금해야 되겠다는 것이다. 여기서 말하는 가해라는 것은 반드시 육체적인 것만 의미하는 것이 아니고 정신적으로 상대의 인격이나 자존심을 상하게 하는 것도 의미하는 것이다." 그는 생각하면 과거 원통한 일도 많았지

54) 「매일신보」(1945. 8. 17); 송남헌, 『한국현대정치사』 I; 63-64.

만 지금은 과거의 구구한 일을 추궁할 때가 아니라 큰일을 할 때라는 것이다. 만일 우리가 일본인에게 복수하면 일본에 가 있는 700만 동포는 어떻게 되겠는가? 아울러 우리가 자기 땅에 있는 다른 동포를 해한다면 만주에 가 있는 200~300만 우리 동포는 어떻게 될 것인가? 따라서 생명만이 아니고 "신궁불각, 사원 건물, 은행, 회사 및 점포, 선박, 교량 등 일반 시설에 관해서도 절대로 소각하거나 파괴하는 일이 없도록 하자."고 주장하고 있다.[55] 조만식은 일본에 대한 복수를 금지했다.

조만식 위원장이 두 번째로 강조한 것은 조선인 동포끼리 서로 가해하지 말아야 한다는 것이다. "가령 관공직 기타 직에 있을 때, 단체적 또는 개인적으로 쌓인 원한을 위 유사지시(有事之時)에 보복하겠다는 심리가 생기기 쉬우나 전 동포가 힘을 합하여 손을 맞잡고 큰일을 달성해야 하는 이때에 동포가 서로 해하는 일이 있어서는 아니 되겠다. 자유와 광명이 스스로 우리에게 오는 때 무슨 까닭으로 그런 소소한 일에 매여 큰일을 잊어서 좋으랴."[56] 이것은 조만식이 일제 강점기 친일인사들에 대한 보복이 있어서는 안 되겠다는 것을 천명한 것이다. 그의 모토는 항상 대동단결이었다.

해방 당시 한국사회에는 일본인뿐만 아니라 친일파 한국 인사들에 대한 폭력이 일어날 가능성이 매우 농후했다. 일제 강점기 한국인은 일본인뿐만 아니라 일제의 앞잡이 노릇을 한 친일파들로 인해 고통을 받았다. 이들에 대한 응징은 자연스러운 것일 수도 있다. 실제로 〈표 2〉에서 보는 것처럼 해방 직후 조선 내의 국적별 사고발생 건수를 보면 조선

55) 박재창, "평안 건국준비위원회 결성과 고당 조만식", 48.

56) 박재창, "평안 건국준비위원회 결성과 고당 조만식", 48.

인 피해자가 일본인보다 많으며, 일본인 피해는 타살보다는 자살이 많다. 따라서 총독부는 이런 상황에 대해 "일본인이 조선인으로부터 살상을 당한 것도 있지만, 이것은 민족적 사건이 아니라 개인적인 원한관계에 의한 것으로 조선인에 의한 조선인 살상에 비하면 미약하다."고 지적한다.[57] 이 같은 상황에서 조만식의 성명은 적절한 것이었다고 할 수 있다.

〈표 2〉 조선 내 국적별 사고발생 건수(8. 16~25)

	살해	자살	상해	폭행	계
일본인	6	25	8	21	60
조선인	21		67	118	206
중국인	1				1
계	28	25	75	139	267

자료 출처: 이규태, "해방 직후 건국준비위원회의 활동과 통일국가의 모색", 『한국 근대사 연구』 2006년 봄(36), 17; 森田芳夫 外 編, 『朝鮮終戰の記錄: 資料編』, 第1卷(東京: 嚴南堂, 1979), 13-14 참조.

해방 당시 일본은 평양의 치안을 자신들에게 유리한 측면으로 유지하기를 원한 것 같다. 해방되자마자 평남지사는 당시 평양의 3개 경찰서장 가운데 2개를 친일파에게 맡겼다. 일본은 평양경찰서 보안과장이었던 노덕술을 평양경찰서장으로, 평남 영원경찰서장이었던 김호우를 대동경찰서장으로 임명하여 해방 후의 혼란을 잠재우려고 했다. 하지만 이런 일본의 계략은 오래가지 못했다. 평남 건준의 치안부장이었

57) 이규태, "해방 직후 건국준비위원회의 활동과 통일국가의 모색", 17; 森田芳夫 外 編, 『朝鮮終戰の記錄: 資料編』, 第1卷, 17.

던 최능진은 자위대를 조직하여 2, 3일 만에 이들을 무장해제 시키고 일본 경찰을 집단 수용했다. 그리하여 자위대를 중심으로 새로운 질서를 확립했다. 당시 남한에서는 아직도 일본 경찰복을 그대로 유지했지만, 평양에서는 일경의 복장은 사라졌다. 평양에서 쫓겨난 일본 경찰은 나중에 서울로 와서 다시 미 군정하에서 경찰이 됐다. 그 대표적인 인물이 바로 노덕술이었다. 그는 수도경찰청 수사과장이 되었다.[58]

이런 상황에서 실질적으로 평양의 치안을 담당했던 것은 바로 학생들로 구성된 자위대였다. 이들은 보국대에서 풀려나왔고, 일부는 고향에서 평양으로 올라온 사람들도 있었다. 약 300명에서 400명가량으로 조직된 이들은 치안부장 최능진의 지휘하에 시가로 나와 교통을 정리했다.[59] 특별히 평양의 기독교가 세우고, 한때 조만식이 교장으로 있던 숭인학교 학생들이 중요한 역할을 했다. 이들 가운데 김세준과 라병

58) "비화 한세대(96), 군정경찰(27) 평양치안대", 「경향신문」(1977. 3. 25). 『민족문화대백과사전』의 '인민자위대' 항목에서 해방 직후 자위대는 조만식 계열의 민족주의가, 치안대는 국내파 공산당이, 적위대는 소련군이 각 도에 만들었고, 결국 10월 12일 이후 소련 군정은 모두를 해산시켜 보안대로 통일했다고 설명한다. 당시 소련군 통역이었던 박길용의 증언에 따르면 1945년 10월 조만식이 찾아와서 민정사령부의 10개 행정국 중 경찰국이라는 용어를 단호히 반대한다고 주장했다. 그는 '경찰'은 일본 경찰을 연상시키며 이 단어는 한국인에게 가장 큰 증오심을 불러일으킨다고 지적했다. 하지만 소련 측은 경찰이라는 단어를 계속 고집했는데, 조만식은 다음 날 찾아와서 고려인 통역관에게 '경찰국'이라는 소련어에 '보안국' 또는 '내무국이라는 뜻은 없는지 물었고, 통역관들이 그런 뜻이 있다고 하자 로마넨코 사령관을 찾아가 내무국으로 명칭을 바꾸어줄 것을 요청하여 관철시켰다고 한다[김국후, 『평양의 카레이스키 엘리트들』(서울: 한울, 2013), p. 41] 오영진은 해방 직후의 평양을 설명하면서 자위대라는 명칭을 쓰고 있지만(『소 군정하의 북한』, 27, 31) 경향신문은 치안대라는 명칭을 쓰고 있다. 실제로 해방 직후에 전국의 건국준비위원회에서는 치안대 혹은 학도치안대라는 말을 많이 사용했다. 필자는 평양에서는 자위대라는 말을 사용하고, 기타 지역에서는 치안대라는 명칭이 사용된 것이 아닌가 생각한다.

59) 안진, 『미 군정과 한국의 민주주의』, 299. 최능진과 함께 월남한 라병덕은 최능진의 치안대가 일본경찰을 무장해제 한 다음에 치안부 건물 옥상에 그들을 집단 수용하기도 했다고 증언하고 있다.

덕은 나중에 최능진과 함께 남한에 와서 중요한 역할을 감당했다. 이들은 주요 건물과 창고를 경비했고, 악질 모리배들이 산적한 군수물자를 횡령하는 것을 감시했다. 해방 직후 이들의 노력으로 평양의 질서는 별일 없이 유지되고 있었다.

해방 직후 치안 문제와 더불어 중요했던 것은 해외에 나가 있던 동포들이 돌아왔기 때문에 이들이 살아갈 수 있도록 도와주는 것이다. 서울에서 이 일은 주로 기독교인들이 중심이 되어 담당했다.[60] 평양에서도 마찬가지였다. 평양에서 이들은 '민호단(民護團)'이라는 단체를 만들었다. 민호단은 조만식이 인도하는 건국준비위원회 산하단체로서 여기에는 의학생, 신학생, 교회지도자 등 젊은 애국 청년들이 중심이 되었고, 여기에서 주도적으로 활동한 사람은 안창호의 8촌 동생인 안기석과 조만식의 질녀인 김신옥이었다. 이들은 조만식의 도움으로 일제의 적산 7채를 불하받아 난민수요시설로 만들었고, 조만식이 마련해준 백미 2천 석을 풀어서 이들로 하여금 굶지 않도록 했다. 그러나 이들은 단지 구호활동만 한 것이 아니었다. 이들은 기독교신앙으로 우리 민족에게 희망을 주어야 한다고 생각하여 교회를 세우기도 했다.[61]

해방 후 가장 큰 염려는 일본인과의 마찰 가능성이었다. 일본인 시

---

60) 서울에서는 1945년 8월 31일 조선재외전재동포구제회를 만들었으며, 여기에 회장 유억겸 그리고 이용설, 김활란, 김관식, 양주삼 같은 기독교인들이 참여했다. "조선재외전재동포구제회 창립총회", 「매일신보」(1945. 9. 2). 여기에 대한 보다 학문적인 연구로는 황병주, "미군정기 전재민구호운동과 '민족담론'", 『역사와 현실』 35(2000): 76-113 참조.

61) 김신옥, 『행함으로 믿음을 온전케 하라: 김신옥의 삶 이야기』(대전: 대장간, 2010), 103-106. 김신옥은 김일성의 동생인 김형주도 민호단에 참여했다고 기억한다(106). 안기석과 김신옥은 그 후 월남하여 결혼하고, 대전에서 대성학원과 복음교회를 창립하여 교육계와 종교계에서 활동했다. 해방 직후 평양에 있었던 소설가 황순원은 자신의 장편소설 『별과 같이 살다』(서울: 정음사, 1950)에서 주인동 곰녀가 일제 말 기구한 인생을 살다가 해방 후 민호단에 들어가 새로운 인생을 산다는 내용을 전하고 있다.

가지는 무시무시한 침묵이 흘렀고, 일본 군인들이 삼엄하게 지키고 있었다. 평양시내에서는 조선인과 일본인 사이의 긴장이 감돌 수밖에 없었다. 그러던 어느 날, 당시 평양에 일본군들이 자정을 기해 모든 조선인들을 대습격한다는 소문이 돌았다. 건준의 최능진 치안부장은 시내 각 동의 자위단에게 외출을 금하고, 집안을 단속하라는 지시를 내렸다. 그리고 오영진은 조만식이 머물고 있던 기독병원으로 가서 밤새 경계했다. 하지만 소문은 실제로 이루어지지는 않았다.[62] 그러나 우리는 이것으로 당시 평양에 일본인과 조선인 사이에 상당한 긴장이 있었다는 사실을 알 수 있다.

실제로 평양시내에서 일본인에 대한 가해는 없었다. 8월 15일 저녁 일본 신사가 불태워진 것을 제외하고는 소련군이 진주할 때까지 별다른 큰 사고는 없었다. "그 밖의 일본인에 대한 폭행 시비, 물건 약탈 등 일절 아무 사고도 일어나지 않았다. 일본인도 비로소 조선인이 이렇게 평화스럽고 관용한 민족임을 톡톡히 알았을 것이다."라고 『평양지』는 스스로 평가하고 있다.[63]

평양의 질서는 잘 유지되었다. 역시 조만식은 평화를 사랑했고, 종전의 난국에 별다른 사고가 없었다. 조만식과 평양의 민족주의 인사들은 힘을 다해 평화를 유지했다. 비록 소련의 진주로 평양 건준 기간이 10일밖에 되지 않았지만, 많은 민족주의자들에게는 이 기간이 진정한 민족해방의 기간으로 기억되고 있다. "평남 건준은 국민의 자발적인 협력을 얻어 비록 10일간의 짧은 사이나마 한국사람으로서의 자치 능력

62) 오영진, 『소 군정하의 북한』, 30-32.

63) 김병연 편, 『평양지』(서울: 평남민보사, 1964), 47.

을 과시했다."[64] 건준의 선전부장으로 있다가 나중에 공산당으로 활동하다가 월남한 한재덕은 당시를 "일제 군경의 기능은 마비되었어도 치안은 오히려 그전보다 더 안정되고, 모든 사람들은 마음껏 해방의 감격을 노래하고 자유를 즐기며, 오로지 되찾은 조국의 민주 창건에 헌신할 의욕에 불타고 있었다. 그것은 비록 짧은 기간이었으나 일종의 '무법낙원' 시대로서 우리 민족의 애국 의욕과 자치능력을 과시한 귀중한 몇 날이었다. 그러나 이 감격의 날은 길지 못했다. 실로 북한에서 진정으로 해방의 날은 겨우 10일에 불과했다."고 평가한다.[65]

해방정국에서 조만식과 평남 건준이 보여준 태도는 공산주의 인사들이 갖는 태도와는 다른 것이었다. 그들은 일제청산을 내세우면서 일본인의 재산을 약탈했고, 일본 행정기관에서 일했던 조선인을 적으로 생각했다. 조만식도 일제 청산을 강조했지만 이것을 빌미로 하여 일본인의 재산을 약탈하고, 동족을 친일파로 공격하는 것에 반대했다. 조만식에게 있어 해방 후 우리에게 주어진 가장 큰 과제는 과거 문제가 아니라 어떻게 새로운 나라를 건설할 수 있는가 하는 것이었다.

그러나 아쉬움도 많았다. 먼저 정식으로 행정권을 이양받지 못했으므로 마음껏 뜻을 펼칠 수 없었다. 건준과 총독부 평남도청 사이에 공식적인 접촉은 없었다. 하지만 평남도청에서 한국인 고위 직원이 건준을 방문하여 인사를 나눈 적은 있다. 건준은 건준대로 자신들이 해야 할 일을 했다. 우선 산업부는 물자의 재고를 조사했으며, 교육부에서는 언제든지 학교를 인수할 수 있도록 준비했고, 지방부는 건준의 조직을 확

64) 북한연감위원회, 『북한총람: 45-68』, 60.

65) 한재덕, 『김일성을 고발한다』, 51.

대하기 위해 노력했다. 그리하여 지방 자치회가 설립되기도 했다. 평남선 강선동역 부근에 있던 조선제강주식회사는 종업원 사이에 갈등이 있다는 소식을 듣고 달려가 사태를 해결하기도 했다.[66)]

박현숙은 원래 무임소위원이었으나 얼마 가지 않아 여성부를 신설하고 부장으로 임명되었다. 일제 강점기부터 평양을 중심으로 열심히 활동한 박현숙은 해방 후에도 새로운 나라에 여성이 기여할 수 있는 부분을 찾아서 일했다. 8월 22일에 열린 제2차 평남 건준의 회의록에 의하면 "늦게 조직했으나 현재 부원이 42명이고, 부의 조직은 서무, 교풍, 사교, 음악의 각 과를 나누었다. 새 출발에 조선 여성들이 새로운 마음으로 새 독립국민의 긍지를 가지게 하려는 교풍과를 설치했다. 여성다운 의복을 장려하기 위해 전투복인 '몸뻬'를 사용하지 않음이 가하겠다는 의견을 표시하고, 사교과에서는 식사계를 두었다고 한다."라고 보고되고 있다.[67)]

그러나 해방의 기쁨을 축제로 승화시켜 민족의 열기를 모을 기회를 갖지 못했다. 조만식의 비공식 비서이자 극작가였던 오영진은 해방 공간에서 우리 민족에게 필요한 것은 마음껏 해방을 축하할 수 있는 분위기였다고 지적한다. "오랜 억압에서 해방된 민족에게는 우선 정신적인 대향연이 필요한 것이다. 특히 우리 민족은 신라 때부터 집단적 축제를 즐기지 않았던가? 계속적으로 숨 쉴 사이도 없이 제시되는 화려한 레퍼토리 — 대규모적인 행사 브라스 밴드, 꽃다발, 열광적인 연설 — 와 민중의 피를 더 한층 끓게 하는 선전, 한 자리에 모여 해방의 기쁨

---

66) 한근조, 『고당 조만식』, 375.

67) 박찬일, 『심은 대로: 청해 박현숙선생의 걸어온 길』(서울: 숭의여자중고등학교, 1968), 242에서 재인용. 이 책의 246쪽에는 평남 건준의 회의록을 찍은 사진이 수록되었다.

을 노래하자. 밤이 새도록! 건준은 이런 모든 면에서 민심의 요구, 그들의 정신적인 요구와 기갈에 대해 무관심했고, 소극적이었다. 건준은 민중이 만족하도록 정신적 사치를 용서하고, 오히려 이것을 북돋아주어야 했을 것이다."[68] 당시 건준은 치안 유지를 너무 강조했기 때문에 해방의 축제가 이루어지지 못했다는 것이다.

68) 오영진, 『소 군정하의 북한』, 34.

Ⅲ 평남 인민정치위원회와 조만식

1.
평남 인민정치위원회의 성격

8월 26일 오후 소련 극동군 25군 사령관 치스차코프(I. Chistiakov) 대장은 평양에 진주했다. 이미 8월 9일 일본에 선전포고한 소련은 함경북도와 함경남도를 거쳐 평양에 온 것이다. 치스차코프는 철도호텔에서 이 지역의 일본군 사령관을 만나 무장해제 절차를 이야기한 뒤에 조만식과 건국준비위원회를 호텔로 초청했다. 이때 현준혁을 비롯한 공산당원도 함께 참석했다.[1] 이 자리에서 치스차코프는 "신정권을 각 도에서 성립한 뒤 통일된 정부를 세운다. 그러나 신정부의 소재지는 경성에 한하지 않는다."고 말했다.[2] 이것은 소련이 처음부터 북한에 단독정권을 세우려는 의도를 갖고 있었음을 암시한다.[3] 조만식은 소련이 북한에 단

1) 김국후, 『평양의 소군정』(서울: 도서출판 한울, 2008), 40-41.

2) 森田芳夫, 『朝鮮終戰の記錄』, 184-185; 이 부분에 대한 번역문은 森田芳夫/정도영 옮김 "소련군의 북한진주와 인민위원회의 결성", 『한국사회연구』 5(1897. 8)에 실려 있다. 해당 쪽은 393.

3) 박명림, 『한국전쟁의 발발과 기원』(서울: 나남출판사, 1996) II: 63-64.

독정부를 세우려고 하지 않을까 염려했다. 이미 소련은 개성으로 내려가 38선 경계를 강화했고, 조만식은 이런 소련의 행동을 의심스럽게 지켜보았다.

아마도 첫날부터 소련군과 조만식 사이에는 긴장감이 감돌았던 것 같다. 소련군이 함흥에서는 별 장애가 없었는데, 여기에서는 치스차코프 혼자서는 해결할 수 없는 일들이 일어나고 있는 것 같았다.[4] 조만식은 대담이 시작되자마자 치스차코프에게 "소련군은 해방군인가? 아니면 점령군인가?"를 물었다. 당시 소련군은 진주과정에서 여자들을 강간하고, 식량을 빼앗는 일들이 많았다. 이 질문에 당황한 치스차코프는 "나는 전투밖에 모르는 순수한 군인이니 정치 문제는 곧 평양에 올 전문가 레베데프 장군에게 물어보라."고 대답을 미뤘다.[5] 치스차코프는 29일 정식회담을 하자고 제안했다.[6] 당시 연길에 있던 25군 군사위원인 레베데프 소장이 28일 평양에 와서 치스차코프와 함께 건국준비위원회 문제를 상의했다. 그 결과 함흥에서 사용한 1 : 1 방법, 즉 건준과 공산당을 동수로 하여 새로운 인민위원회를 구성하는 데 합의한 것 같다.[7]

8월 29일 평양의 철도호텔에는 소련 측의 치스차코프와 레베데프

---

4) 와다 하루키, "소련의 대북한 정책", 『분단 전후의 현대사』, 브루스 커밍스 외(서울: 일월서각, 1983), 255.

5) 김국후, 『평양의 소군정』, 41. 이것은 김국후(중앙일보 기자)가 1991년 10월 18일 모스크바에서 레베데프와 인터뷰한 내용이다.

6) 한근조와 한재덕 같은 많은 증인들이 27일 정식회담을 한 것으로 설명하고 있지만, 최근에 공개된 소련 측 레베데프와 일본 측 문서, 그리고 오영진의 증언에 의하면 29일로 설명하고 있다. 필자는 29일설을 지지한다.

7) 와다 하루키, "소련의 대북한 정책", 256.

(정치사령관), 로마넨코(후에 민정사령관), 그리고 건준 측 위원과 공산당원이 자리를 잡았다. 치스차코프는 건준 측을 향해 "이제부터는 도의 모든 행정에 있어 공산당의 지도를 받으라."고 명령조로 말했다. 여기에 대해 민족진영은 "우리는 그럴 수 없습니다."라고 응답했고, 즉석에서 전원이 사의를 표명했다. 최초의 공식적인 만남은 매우 냉랭했다. 상황이 긴박하게 돌아가는 것을 본 치스차코프는 자신의 발언이 오해를 만들었다고 밝히면서 "공산당과 협력하라."며 내용을 수정했다.[8] 소련은 조만식을 비롯한 민족주의자들의 협력 없이는 정국을 운영할 수 없다는 것을 잘 알았다.

전날 치스차코프로부터 조만식과의 대화를 들은 레베데프는 치스차코프 대장이 정치를 잘 몰라 시원한 대답을 하지 못한 것을 이해해 달라고 양해를 요청하면서 회의를 시작했다. 조만식은 단도직입적으로 "소련군대가 온 목적이 무엇인가?"를 질문했다. 여기에 대해 레베데프는 "소련군대는 조선 해방을 위해 왔다. 영토 확장에 목적을 두지 않는다. 조선인민이 자유롭고 인간답게 살기를 바랄 뿐이다."라고 대답했다. 그는 조만식에게 북조선의 전반적인 상황에 대해 설명해줄 것을 요청했는데, 그는 "친일파의 준동, 산업활동의 중단, 식량부족, 토지제도 미비, 그리고 문맹자 문제 등이 산적해 있다."고 대답했다. 조만식은 "기본 정치노선은 민주주의적이어야 하고, 자본주의에 입각한 경제제도를 채택해야 하며, 교육을 통해 인민을 깨우쳐야 하고, 피압박민족의 한을 자주독립국가로 풀어야 한다. 그리고 모든 것을 위해 종교, 언론,

8) 오영진, 『소 군정하의 북한』, 73. 와다 하루키는 이것이 아마도 사실이 아닐 것이라고 주장하지만(와다 하루키, "소련의 대북한 정책", 256), 필자는 레베데프의 증언을 통해 이런 갈등이 사실일지도 모른다고 생각한다.

집회, 결사의 자유 등이 보장되어야 한다."고 강조했다.[9] 여기에서 우리는 조만식이 구상하는 나라는 공산주의가 아니라 민주주의, 곧 자유민주주의라는 것을 분명하게 알 수 있다. 조만식은 이것을 이후에도 계속 주장했다.

이 모임에서 우선 명칭이 중요한 이슈였다. 소련 측에서는 '인민위원회'라는 용어를 원했고, 건준 측에서는 '정치위원회'를 주장했다. 원래 인민은 백성을 뜻하는 보편적인 용어였지만 1930년대 이후 공산주의의 등장과 함께 노동자, 농민, 소시민, 소자본가를 뜻하는 계급적인 의미로 사용했다. 인민위원회란 바로 이들이 주도하는 위원회로서 공산 측에서 사용하는 정치조직 명칭이다. 소련에서 내무인민위원회는 오늘날의 내무부 같은 역할을 하는 기구이며, 반동분자를 숙청하고, 공산체제를 강화하는 역할을 했다. 소련군은 동구의 공산화 과정에서 인민위원회라는 명칭을 사용했고,[10] 북한에서도 인민위원회라는 기구를 만들어 북한을 통치하기를 원했다.[11] 따라서 인민위원회라는 명칭을 사용할 것을 강요하는 것은 바로 공산정권을 받아들이라는 것을 의미하는 것이다.

건준 측은 이것을 잘 알고 이 명칭에 반대했다. 한근조에 의하면

---

9) 『비록 조선민주주의인민공화국』, 92. 레베데프는 이 증언을 자신의 메모에 의존하여 진행했다.

10) 동구권에서 가장 비슷한 사례는 체코슬로바키아이다. 여기서는 인민위원회가 세워지고, 그다음 공산당에 권력이 양도되었다. Zbigniev Brezinski, *The Soviet Bloc: Unity and Conflict* (Cambridge: Harvard University Press, 1960), 19; 찰스 암스트롱, 『북조선의 탄생』(서울: 서해문집, 2006), 96, 주 74 참조.

11) Department of State, *North Korea: A Case Study in the Techniques of Takeover* (1961), 2. 여기에 의하면 인민공화국은 통치기구로서 인민위원회, 협력기관으로서 각종 사회단체, 그리고 모든 것에 대한 전권기구로서 공산당으로 구성된다고 한다. 그러므로 인민위원회는 인민공화국을 만들기 위한 단계인 것이다.

자신은 '인민'이라는 말을 삭제하기를 원했고, 조만식도 여기에 동의했다. 해방 직후 많은 지역에서 인민위원회라는 명칭에 대해 반대하고, 이 명칭을 거부한 것도 이런 이유에서이다.[12] 결국 이 문제를 갖고 투표에 들어갔다. 하지만 투표에서 다수를 점령하고 있는 공산 측의 주장이 받아들여졌다.[13] 그리하여 인민정치위원회라는 명칭을 사용하기로 했다. 사실 이것은 매우 예외에 속하는 것이다. 대부분의 지역에서는 소련이 요구하는 인민위원회라는 명칭을 받아들였지만, 평남만이 인민정치위원회라는 용어를 사용했다.[14] 하지만 얼마가지 않아 북한 5도의 자치위원회 명칭은 모두 인민위원회로 통일했다.

최근 학계에서는 인민위원회가 소련체제의 이식이라는 전통적인 입장과 조선사람들의 자발적인 조직이라는 수정주의적인 주장이 큰 논란을 일으키고 있다.[15] 해방 이후 많은 학자들이 인민위원회를 소련체제의 이식이라는 관점에서 보았다. 이런 입장을 대표하는 학자가 양호민이다. 그는 "소련군 사령부의 정책 방향은 처음부터 뚜렷했고, 그 방

12) 강원도 원주에서는 원래 인민위원회가 조직되었는데, 사람들이 이 단체의 좌익적인 냄새를 비판하고, 자치위원회로 이름을 바꾸었다. 장영민, "해방지구 원주지역의 좌우의 대립", 『한국 근현대사 연구』 12집(2000년 봄), 119-131.

13) "Report on the Situation in Russian Occupied Korea," 1. 이윤영, 『백사 이윤영 회고록』, 105 참조.

14) 많은 월남자들은 평남만이 인민정치위원회라는 용어를 사용했다고 한다. 박재창, "내가 만난 조만식", 『고당 조만식 회상록』, 212-213; 김창순, 『북한민주통일운동사: 평안남도 편』(서울: 사단법인 북한연구소, 1990), 210. 해방 후 평북의 지도자였던 이유필의 전기에도 임시인민위원회라는 용어를 사용하고 있다. 이현희, 『천산 이유필 연구』(서울: 동방도서주식회사, 1994), 91-92. 하지만 김용복은 평남뿐만 아니라 평북, 황해도도 인민정치위원회라는 용어를 사용했다고 본다. 김용복, "해방 직후 북한인민위원회의 조직과 활동", 『해방 전후사의 인식』 5(서울: 한길사, 1989), 210-214.

15) 이 문제에 대한 최근의 논의를 위해서는 이철순, "소련의 북한정치세력에 대한 정책", 『21세기 정치학회보』 제20집 1호(2010. 5), 123-143 참고.

식으로서는 소련 점령하의 동유럽을 소비에트화 또는 위성국화하는 도식을 그대로 사용했다. 먼저 착수한 것은 각 도에 인민위원회를 조직하는 일이었다."고 주장한다.[16] 이런 전통적인 입장에 대해 반박한 사람이 브루스 커밍스이다. 그는 해방 직후 북한 전역에 자발적으로 인민위원회가 조직되었으며, 소련은 인민위원회를 발견하자마자 이들에게 권력을 넘겨주었다는 것이다. 예를 들면 "소련이 함흥 인민위원회의 존재를 발견하자마자, 즉시 일본인을 축출하고 행정을 [인민]위원회에 넘겨주었다."고 주장한다.[17]

양호민은 과거 월남자들의 증언을 근거로 자신의 주장을 전개한 데 비해 브루스 커밍스는 공산주의자들의 주장을 근거로 자신의 주장을 전개하고 있다. 양호민은 오영진, 한근조, 한재덕 등의 자료를 참조하고 있으며, 여기에 비해 커밍스는 민주주의 민족전선의 『조선해방 1년사』나 공산주의 자료에 많이 의존하고 있다. 『조선해방 1년사』는 "인민위원회는 조선인민의 손으로 조선인민의 이익을 위한 조선인민 자신의 주권을 세우려는 혁명적 정부 기관이었다."[18]고 주장한다. 우리는 양측의 주장을 좀 더 포괄적으로 살펴볼 필요가 있다.

원래 국제공산당, 즉 코민테른은 종전이 되면 어떻게 공산국가를 건설할 것인가에 대한 분명한 계획을 갖고 있었다. 그것은 지하혁명가들을 중심으로 기타 세력을 연합해서 인민위원회를 만들고, 이것을 통해 인민공화국을 수립해야 한다는 것이다. 이런 국제공산당의 지령에

16) 양호민 외, 『한반도 분단의 재인식』(서울: 도서출판 나남, 1993), 33.

17) 브루스 커밍스, 『한국전쟁의 기원』, 480. 오늘날에도 많은 인터넷 매체는 인민위원회를 해방 이후 자발적으로 생겨난 민간기구라고 설명하고 있다.

18) 『조선해방 1년사』, 90.

의해 각국의 공산주의자들은 각 지역에서 행동에 옮긴 것이다. 한국에서도 일제 말 경성콤그룹을 중심으로 한 공산주의자들과 좌파 성향의 여운형이 만나서 인민전선과 인민위원회 건설을 논의했다.[19] 따라서 인민위원회의 수립은 국제공산당의 계획에 의한 것이다.[20]

하지만 해방 이후 북한사회의 공산주의자들은 강력한 인민위원회를 조직할 정도의 역량이 되지 못했다. 오히려 평양에서는 민족주의자 중심의 건국준비위운회가 만들어졌다.[21] 그러나 북한에 소련군이 진주하자 소련군과 국내의 공산주의자들은 협력하여 건국준비위원회를 공산주의자들이 주도할 수 있는 인민위원회로 전환시켰다. 북한에서 만들어진 인민위원회는 소련군의 강력한 도움 없이는 만들어지기 매우 어려웠을 것이다.

우선 우리는 소련군의 진주과정을 살펴보아야 할 것이다. 소련군의 증언에 의하면 소련군이 처음 진주했을 때, 소련군은 점령군 사령부(Komendatura)를 세우고, 점령군 사령부를 통해 점령지역을 통치하게 된다. 점령군이 해야 할 첫 번째 과제는 "구체제에서 박해받은 자, 구체제와 협력하지 않은 민주적 활동가, 붉은 군대의 투쟁에서 적극 협력한 빨치산 등으로 열성분자를 선발하는 일"이었다.[22] 그다음에 이 지역의 노

19) 김태준, "연안행", 『문학』(1946) 창간호; 보고사 편집부, 『김태준 전집 3』(보고사, 1998), 437.

20) 이애숙, "일제 말 반파시즘 인민전선론: 경성콤그룹을 중심으로", 『한국사 연구』 126(2004), 203-238; 박명수, 『건국투쟁: 민주공화국인가, 인민공화국인가?』(서울: 백년동안, 2005), 29-30.

21) 여기에 대한 자세한 연구는 박명수, "해방 후 건국준비위원회와 기독교의 역할", 『대한민국 건국과 기독교』, 박명수 · 안교성 · 김권정 엮음(서울: 북코리아, 2014) 참조.

22) 기광서, "소련의 북한 진주와 '부르주아 민주주의' 노선", 『통일문제연구』, 20-1(2005), 76. 기광서는 이 내용을 "군 경무사령관을 위한 간략한 안내"에서 인용하고 있다.

동자들에게 노동자대회를 열게 하고, 이들로 인민경찰을 조직하게 하여 치안을 담당하도록 한다. 많은 경우에 있어서 소련군이 진주했을 때 노동자 그룹들이 소련군에 접근하여 소련군의 이런 작업을 용이하게 만든다. 이것은 조선에서도 마찬가지였다. 특별히 처음 소련군이 진주했던 함경도 지역은 공산주의자들이 강한 지역이었다. 그리고 이어서 이 지역의 사람들로 하여금 자치조직의 형식을 갖춘 인민위원회를 조직하도록 만들어 이 기구를 통해 통치한다. 우선적으로 해야 할 일은 해방군 소련에게 감사하는 대규모의 대회를 여는 것이다. 인민위원회의 구성은 상황에 따라 다르다. 소련군이 점령했을 때 노동자들이 많을 경우에는 주로 노동자들로 구성된 인민위원회를 만들고, 이미 평양과 같이 건국준비위원회가 있어서 민족주의자들이 다수를 차지하고 있을 경우에는 조직을 공산당과 민족주의자들을 1 : 1로 만들도록 지도한다. 어떤 경우에든지 공산주의자들이 주도할 수 있도록 만든다. 소련군은 점령지역에서 이 같은 일관된 정책으로 점령지역을 다스렸다.[23]

소련 측의 자료를 철저하게 연구했다는 평가를 받고 있는 반 리(Erik van Ree)에 의하면 "소련군의 증언을 종합해보면 소련군이 일본군을 격퇴시키면서 점령한 곳에서는 차례로 노동자대회나 인민경찰과 함께 자치조직[인민위원회]이 조직되었으며, 이것은 소련의 점령 정책이었다."는 것

23) Erik van Ree, *Socialism in One Zone: Stalin's Policy in Korea, 1945~1947* (Oxford: Berg, 1989), Ch 5. 때때로 소련군이 인민위원회를 조직한 다음에 서울에서 공산당이 인민위원회를 조직하겠다고 나서는 경우도 있다. 웅기의 경우 인민위원회가 조직된 다음에 서울에서 인민위원회의 조직을 위임받았다는 사람들이 나타났다. 그러나 소련은 서울에서 온 사람들을 신임하지 않고, 이들을 체포해버렸다. 또한 청진의 경우에는 인민위원회의 대부분이 노동자로 구성되었다. Erik van Ree, *Socialism in One Zone: Stalin's Policy in Korea, 1945~1947* (Oxford: Berg, 1989), 88.

이다.[24] 실제로 인민위원회는 소련의 북한 진주 직후 소련의 개입으로 조직되었다. 예를 들면 청진은 8월 16일 소련에 의해 점령되었고, 곧이어 인민위원회가 조직되었다. 이것은 일반적으로 함경북도 항구도시들에 적용되었다. 반 리에 의하면 이것은 소련군 극동군 최고사령관 바실레프스키(A. M. Vasilevskii) 원수의 직접적인 지시였다는 것이다. 실제로 바실레프스키는 점령지역에 정치장교를 보내 이 같은 점령과정을 잘 수행하도록 도왔다.[25]

최초로 북한의 인민위원회를 연구한 김용복도 "소련군인의 회고록에 나타난 인민위원회의 결성과정을 살펴보면, 먼저 소련군은 지방자치기관 설립에 적극적인 영향력을 행사했다. …… 또한 인민위원회 구성에도 적극적으로 간여했다."고 밝히고 있다.[26] 이것은 1945년 12월 25일 소련군 총정치국장 쉬킨이 소련의 외무인민위원인 몰로토프에게 보낸 "소련 군정 4개월"에 대한 보고서에도 분명하게 기술되어 있다. "인민위원회: 소련 군정 사령부는 북조선의 일체 정치 · 경제생활에 대한 지도를 지방자치기관을 통해 실시한다. 즉, 마을에는 촌장, 면 · 군 · 시 · 도에는 자치기관인 인민위원회가 있다. 인민위원회의 창설은 민주그룹 간의 합의에 따라 진행된다. 전체 6개 도 인민위원회 위원은 선출된 것이 아니라 소련 군정 사령부가 임명했다."[27] 소련은 도 단위 인민위원회의 조직에는 직접적으로 간섭했다. 뒤에서 보게 되겠지만, 도인

24) Erik van Ree, *Socialism in One Zone: Stalin's Policy in Korea, 1945~1947*, 89. 유길재, "북한정권의 형성과정: 인민위원회의 조직과 활동에 관한 연구", 『북한체제 수립과정』(경남대 극동문제연구소, 1991), 49, 주 18 참조.

25) 유길재, "북한정권의 형성과정: 인민위원회의 조직과 활동에 관한 연구", 50.

26) 김용복, "해방 직후 북한 인민위원회의 조직과 활동", 『해방 전후사의 인식』 5: 207.

27) 김국후, 『평양의 소군정』, 129.

민위원회는 소련 측의 의도대로 공산당이 주도했으나 적어도 1945년 말까지 지역 단위에서는 공산당이 장악하지 못했다. 이것은 공산당보다는 조선민주당의 인기가 높았기 때문이다.

인민위원회의 창설과정에서 또 하나 중요한 것은 건국준비위원회를 어떻게 해석할 것인가 하는 점이다. 우리가 아는 바와 같이 평남에는 이미 조만식을 중심으로 한 강력한 민간자치 기구가 있었다. 하지만 소련은 이 조직이 자신들의 통치에 적합하지 않다고 생각했고, 그리하여 처음 시작한 것이 조직을 자신들이 통치하기 좋은 통치기구로 바꾸는 일이었다. 소련 군정은 우선 건준을 평남지역을 관할하는 정권기구가 아니라 단지 하나의 정당으로 간주했다. 사실 평남 건준은 우익이 주도하기는 했지만 좌익도 포함하는 일종의 지방 연립정부였다. 그러나 소련은 이것을 인정하지 않았다. "건준이 당초의 정권 기관적인 지위에서 민족진영을 대표하는 일개 정치결사적 지위로 전락하여 그 성격에서부터 근본적인 변화가 생겼다."[28] 이것은 후에 남한에 진주한 미군의 조선인민공화국에 대한 입장과 약간 비슷하다. 미군은 남한에 진주하면서 남한에서 조직된 여운형과 박헌영의 조선인민공화국을 인정하지 않고, 단지 하나의 정치결사로서 수용할 수 있다고 주장했다. 미군은 미 군정만이 남한의 합법적인 정부이기 때문에 특별히 공화국이라는 명칭을 사용하는 것을 금했다.

이렇게 임명된 인민위원회는 실제로 행정능력이 없는 사람들이었다. 소련은 이들을 지도 감독했다. 레베데프는 "이들 인민위원회는 절

---

28) 김병연, 『고당 조만식』, 183. 이것은 계속 조만식 계열이 주장하는 내용이다. 한근조, 『고당 조만식』, 379; 고당기념사업회, 『고당 조만식 전기』, 2010.

대다수가 이전에 행정기관에서 일해본 경험이 전혀 없으며, 아무런 지식도 경험도 없는 사람들로 구성되었다. …… 이러한 조건에서 인민위원회의 일꾼들은 우리[소련군위수사령부]에게 조언과 원조를 호소해왔다." 고 말한다.[29] 소련은 경험 없는 사람들로 인민위원회를 구성하고 이들로 하여금 자신들에게 의존하도록 했던 것이다. 레베데프는 소련군이 인민위원회를 도왔다고 말하고 있지만 소련 치하에서 살다가 월남한 오영진은 인민위원회는 단지 소련군의 명령을 전달하는 역할밖에 하지 못했다고 주장한다. 실제로 소련은 인민위원회의 모든 부서에 고문관을 파송했고, 이들은 자신들의 소련군의 지시가 잘 전달되는가를 감시했다. 그래서 오영진은 이 시기를 "소 군정하의 북한"이라고 명명했던 것이다.

이것을 통해 우리는 소련이 적극적으로 북한의 공산화를 주도했으며, 여기에 기존 북한지역에 있었던 공산주의자들이 적극적으로 호응했다고 볼 수 있다. 설혹 어떤 경우에는 한국 내의 공산주의자들이 자발적으로 인민위원회의 구성에 나섰다고 할지라도 소련군의 도움이 없었더라면 공산주의의 우위는 보증될 수 없었을 것이다. 이런 점에서 스탈린이 1945년 4월 한 인터뷰에서 "어떤 지역을 점령하는 사람은 누구든지 그 자신의 사회조직을 강요한다. 누구나 그의 군대가 지배하는 범주 내에서 그 자신의 체제를 강요한다. 다른 경우란 존재할 수 없다."고 말한 것은 사실에 부합하는 것이다.[30] 따라서 인민위원회는 자치기관의 형식

29) 소련과학아카데미 편, 『레닌그라드로부터 평양까지: 조선해방에 있어 소련장성 11인 회고록』(서울: 함성, 1989), 94.

30) Milovan Djilas, *Conversations with Stalin* (New York: Harcourt, Brace & World, 1962), 114; In Ho Lee, "The Soviet Military Government in North Korea", *Korea Observer* 23 (Winter, 1992), 524-

을 빌렸지만 실질적으로는 소련의 통치수단이었다.

이런 점에서 지금까지 소련과 북한이 주장해온 인민위원회가 자발적으로 조직되었다는 주장은 허구라는 점을 분명하게 밝혀야 할 것이다. 소련은 11월 말경에 평양의 대극장에서 열린 군중대회에서 사람들은 자신들을 공산주의라고 말하지만 자신들은 진보적인 공산주의자이며, 이것은 거의 민주주의와 같은 개념이라고 설명하면서 소련군은 모든 행정권을 인민이 스스로 구성한 인민위원회에 맡기고 간섭하지 않지만 미군은 모든 것에 간여한다고 비판했다. 소련체제의 우월성을 강조하는 것이다.[31] 이것은 1946년 3월 미소공동위원회에서 행한 스티코프의 연설에서도 나타난다. 소련은 인민위원회의 자치성을 강조함으로써 자신들의 정통성을 주장하려고 한 것이다. 같은 시점에서 남한의 박헌영도 인민위원회는 해방 이후 민족적 창의로서 정치의 완전한 형태가 탄생한 것이라고 주장하며, 새로 조직되어야 할 정부는 인민위원회의 형태가 되어야 한다고 주장했다.[32]

이것은 1948년 4월 19일부터 평양 모란봉극장에서 열린 남북조선 제정당 · 사회단체연석회의에서 행한 김일성의 연설에서도 그대로 반복되고 있다. 김일성의 연설은 다음과 같다.[33]

525에서 재인용.

31) G-2 Periodic Report (11 Dec. 45).

32) 「해방일보」(1946. 3. 23); 심지연, "박헌영의 부르주아 민주주의 혁명론과 프롤레타리아 독재국가 건설운동", 『한국사 시민강좌』 제17집(1995), 56.

33) 김일성, "북조선 정세보고: 전조선제정당 · 사회단체 대표자 연석회의에서 진술한 보고(1948. 4. 19)", 『북한관계사료집』 VI(서울: 국사편찬위원회, 1988), 12(밑줄은 필자의 것임). 김일성은 이 연설에서 남한에서는 인민위원회가 해산되었고, 북한에서는 인민위원회가 계승되어 발전했다고 주장한다. 같은 자료 13쪽 참조.

일본제국주의의 식민지통치에서 우리 조국이 해방된 직후에 남북조선에서는 방방곡곡에서 인민위원회가 창설되기 시작했습니다. 인민위원회들은 인민의 창의에 의해 다수 경우에 있어 자연발생적으로 수립되었습니다. 이것은 해방된 조국의 자치기관은 자기의 손으로 조직하여 해방된 조국에 인민생활의 안정과 질서를 신속히 수립하려는 인민의 당연한 요구의 표현이었습니다.

이 같은 김일성의 진술은 몇 가지 점에서 사실을 왜곡한 것이다. 첫째, 김일성은 해방 직후에 인민위원회가 아니라 건국준비위원회가 조직된 것을 무시하고 있다. 해방 직후에 자발적으로 만들어진 것은 건국준비위원회였다. 둘째, 북한에 있어 인민위원회의 경우에는 자발적으로 만들어진 것이 아니라 소련의 강요에 의해 만들어진 것이다. 우리가 살펴본 대로 소련은 인민위원회를 구성할 것을 강요했고, 이 위원회를 구성함에 있어서 당시 평양의 민심과는 다르게 공산주의자들에게 유리하도록 만들었다. 이런 측면에서 김일성의 연설은 사실을 왜곡한 것이다.[34)]

---

34) 미국 국무성은 소련이 어떻게 북한을 위성국가로 만들었는가를 연구했다. 그 결론은 소련이 한편으로는 철저하게 위성세력으로 만들어 자신들에게 충성을 맹세하도록 했지만, 동시에 소련은 북한의 각종 단체들에게 자율적인 권한을 주었다는 것이다. 이러한 상호모순은 소련이 소수의 충성자들에게 자신의 권력을 위임함으로써 외형적으로는 자율을 보장하는 것 같지만 내부적으로는 철저하게 통제하는 방법을 택했다는 것이다(Department of State, *North Korea: A Case Study in the Techniques of Takeover*, 2). 이런 점에서 인민위원회의 인민위원 선출은 소련 통치의 핵심에 해당하는 것이다.

2.
소련 군정의 정책과 조만식의 갈등

우리는 이런 것을 감안하여 평양에서 조만식과 소련군의 만남을 이해해야 할 것이다. 평양에는 조만식을 중심으로 하여 이미 강력한 민간자치기구가 있었다. 하지만 소련 군사당국은 이 조직이 자신들의 통치에 적합하지 않다고 생각했다. 그리하여 처음 시작한 것이 조직을 자신들이 통치하기 좋은 인민위원회로 바꾸는 것이었다. 이것은 소련이 지배하는 다른 지역에서도 마찬가지 현상이 있었다. 물론 여기에 적절한 파트너는 해당 지역의 공산당이었다. 소련은 해당 지역의 공산당을 내세워 기존의 민간 자치조직을 자신들에게 합당한 조직으로 개편하려고 했던 것이다. 평양에서 건준이 인민정치위원회로 바뀌는 것은 바로 이런 과정에서 일어난 일이다. 따라서 인민위원회는 북한 주민의 의사에 따른 자연발생적인 것이 아니라 소련의 강요에 의해 건준을 해체하고 만들어진 소련 군정의 산물인 것이다.[35]

35) 소련 측은 "처음에 인민위원회는 국가권력의 지방기관으로서 …… 자연발생적으로 생겼

사실 해방 당시 평양의 공산당들은 자신들이 정치의 주역이 될 만한 위치를 갖지 못했다. 대중의 지지도 약했을 뿐만 아니라 숫자도 얼마 되지 않았다. 그래서 소련군이 진주하기 전의 공산세력이라는 것은 미미한 존재였다. 이것은 특히 평양에서 분명했다. 평양은 기독교 민족세력이 강한 지역이었고, 사회주의 세력은 크게 부각되지 못했다. 그러므로 건국준비위원회가 민족주의계열로 세워졌을 때 좌익에서도 별 문제를 삼지 못했다.[36] 하지만 이들에게 힘을 실어준 것이 바로 소련군의 진주였다. 소련군이 진주하자 상황이 달라졌다. 소련군은 공산주의자들을 의도적으로 키워주었고, 이들은 당장 평양사회의 중심부로 진입할 수 있었다.

해방 직후 평양에 건준이 조직되면서 공산당도 조직되었다. 당시 북한에는 남한에서의 박헌영 같은 이렇다 할 공산주의지도자가 없었다. 해방 당시 북한에서 그래도 이름이 있는 공산당원은 함경남도와 강원 북부에서 활동하던 오기섭과 주영하 등 지역의 리더였다. 그나마 평양에는 이런 정도의 인물도 없었다. 하지만 해방과 함께 감옥에서 나온 현준혁이 8월 17일 평양으로 왔으며, 그와 함께 이 지역에 있던 몇몇 사람

다."고 주장하지만(소련과학아카데미 편, 『레닌그라드로부터 평양까지: 조선해방에 있어 소련장성 11인의 회고록』(서울: 도서출판 함성, 1989), 223), 월남 평양인은 "북한 당국은 북한 역사와 그 밖의 선전 책자에서 8 · 15 해방이 되자 전체 인민의 창의에 의해 인민위원회가 자연발생적으로 조직되었다고 허위선전하고, 주장했다."고 주장한다(김창순, 『북한민주통일운동사: 평안남도 편』, 210).

36) 원래 1950년에 작성된 미 국무성의 보고서에는 해방 직후의 북한에 대해 "북한 내에는 작고, 정치적으로 별 영향이 없는 구 공산당혁명그룹과 보다 영향력 있는 민족주의 단체인 건국준비위원회(National Foundation Association)가 있는데, 건국준비위원회는 1945년 8월 당시 이 지역에서 가장 강력한 정치적인 추종자들을 갖고 있는 보수적인 반일운동 지도자 조만식이 세웠다."고 표현하고 있다. Department of State, *North Korea: A Case Study in the Techniques of Takeover*, 13.

이 공산당을 조직했다. 당시 현준혁은 평남 출신으로 경성제대를 나온 인텔리 공산주의자였고, 그와 함께 몇몇 공산주의자들이 있었다. 보성전문학교 교수 출신의 김광진, 사진사 김유창, 평양제화조합 이사장 장시우, 소련에서 파송된 김용범과 그의 부인인 소련 한인 2세 박정애 등이다. 하지만 이들이 조만식을 중심으로 한 민족주의자들과 힘을 겨루기엔 너무나 부족했다. 오영진은 "8월 26일 소련군이 평양에 진주하기까지 그들에게는 머리도 없었고, 돈도 없었고, 또한 힘도 없었다."고 냉소적으로 말하고 있다.[37)]

하지만 소련군이 들어오면서 이들의 위상은 달라졌다. 소련군은 29일 조만식과 건국준비위원회에 건준과 공산당을 1 : 1의 구도로 하여 인민정치위원회를 조직할 것을 요청했다. 이 자리에서 로마넨코 소장은 "지금은 소자산계급성 민주주의 혁명단계이니 좌·우익 할 것 없이 모두 힘을 합하여 민주주의 완전 독립국가를 건설하도록 해야 한다. 지금의 평남 건준은 우익인사들로만 조직되었으므로 이를 해체하고, 공산당과 같은 비중으로 자치기구를 만들어야 한다."고 압력을 가했다.[38)] 소련군은 이미 평양에 조직된 공산당과 교류했고, 이들 가운데 인민정치위원회에 참여할 명단을 작성하여 임명했다. 그리하여 건준 측과 공산당 측은 각각 명단을 제출했고, 위원장에는 조만식, 부위원장에는 현준혁(공산당)과 오윤선(건준)이 선임되었으며, 위원은 양측이 16명이었다. 원래는 각각 15명으로 하기로 했으나 여성대표를 넣는 것이 좋다고 하여 각각 16명(건준 측: 박현숙, 공산 측: 박정애)이 되었다. 여기에 정책적이라고 하

37) 오영진, 『소 군정하의 북한』, 33.

38) 김창순, 『북한민주통일운동사: 평안남도 편』, 210.

여 건준 측에 김광진을 포함하여 공산당 2명을 추가시켜주어 전체 구성은 18 : 14로 공산당이 유리했다. 이렇게 하여 공산주의는 소련군의 힘에 의해 갑자기 평양사회의 중심에 서게 되었다.[39] 그 명단은 다음과 같다.[40]

건준 측 위원: 조만식, 오윤선, 이윤영, 김병연, 노진설, 김익진, 이종현, 김병서, 한근조, 박현숙, 조명식, 장이욱, 정기수, 최아립, 홍기주, 김광진

조공 측 위원: 현준혁, 김유창, 김용범, 송창렴, 장시우, 이주연, 장종식, 문태영, 이관엽, 최윤옥, 이성진, 허의순, 한재덕, 박정애 외 2명

우리는 여기에서 소위 프롤레타리아 헤게모니 전취론에 대해 살펴보아야 할 것이다. 공산주의자들은 항상 모든 모임에서 프롤레타리아 영도권을 확립해야 한다고 생각했다. 다시 말하면 자신들의 입장을 관철시킬 수 있도록 구조를 만들어야 한다는 것이다.[41] 이 원칙에 의하여 소련은 평남 인민정치위원회를 구성하는 데 있어서 공산주의자들이 유리하도록 만든 것이다. 소련은 겉으로는 일대일 구조라고 해놓고 정치

39) 건준 축에 정책적으로 두 명을 추가했다는 것은 한근조와 이윤영이 공통적으로 증언하고 있다. "Report on the Situation in Russian Occupied Korea," 1; 이윤영, 『백사 이윤영 회고록』, 105.

40) 한근조, 『고당 조만식』, 378-379 참조. "Report on the Situation in Russian Occupied Korea," 5.

41) 박헌영, "8월 테제: 현 정세와 우리의 임무", 박갑동 『박헌영』(인간사, 1983), 304-305; 박명수, 『건국투쟁: 민주공화국인가 인민공화국인가?』, 66-67.

적으로 건준 측에 자신들의 입장을 지지할 수 있는 사람을 두 명 더 배치함으로써 이 같은 프롤레타리아 영도권 확립이라는 공산주의 기본전략을 확립한 것이다. 조만식은 아마도 이 같은 공산주의의 전략을 알고서도 소련군의 억압에 의해 어쩔 수 없이 이런 상황을 받아들였겠지만, 이후부터 조만식과 민족주의자들은 인민정치위원회에서 계속 공산주의 세력에게 밀려나는 상황을 맞이한 것이다.

이어서 평남 인민정치위원회 부서를 조직했다. 소련은 공산주의 과격파들의 불만을 꺾고 조만식을 위원장으로 선임하게 했으며, 부위원장으로 공산당 평남 위원장인 현준혁과 건준 측의 오윤선이 선임되었다. 그러나 총무, 사법, 치안 같은 핵심적인 부서에 자기 사람을 앉혔다. 당시의 주요 조직은 다음과 같다.

위원장: 조만식(건) 부위원장: 현준혁(공), 오윤선(건)
내무위원: 이주연(공) 치안위원: 김익진(건)
사법위원: 장시우(공) 광공위원: 김광진(공)
농림위원: 정기수(공) 재정위원: 김병연(건)
교육위원: 장종식(공) 운수위원: 이종현(건)
인사위원: 이윤영(건) 평양시장: 한근조(건)
평양부시장: 허의순(공) 평양치안서장: 송창렴(공)
서평양서장: 윤무순(건) 동평양서장: 노기선(건)
대동군인민위원장: 홍기주(건)

그러면 어떻게 조만식의 민족진영이 공산진영과 협력하여 활동할 수 있었는가? 여기에서 가장 중요한 개념이 바로 부르주아 민주주의이다. 이미 카이로회담에서는 전후 한국을 자유롭고 독립된 나라로 만들겠다고 약속했고, 1945년 2월 얄타회담에서는 새로 건설될 정부는 모든 민주주의 단체들이 참여하여 만들어질 것이라고 밝혔다. 따라서 미소는 이미 전후의 질서를 민주주의 질서로 합의한 것이다. 문제는 민주주의의 개념이다. 뒤에서 다시 이 문제를 다루겠지만 소련은 처음부터 프롤레타리아트 혁명을 내세우지 않고, 부르주아 민주주의를 표방했다. 평양에 입성한 치스차코프는 포고령 1호를 발표했다. 여기에 의하면 치츠차고프는 다음과 같이 선언하고 있다.[42]

> 조선사람들이여 기억하라. 행복은 당신들 손안에 있다. 당신들은 자유와 독립을 찾았다. 이제는 모든 것이 죄다 당신들에게 달렸다. 붉은 군대는 조선인민이 자유롭게 창작적 노력에 착수할 만한 모든 조건을 마련했다. …… 공장과 제조소 주인, 상업가, 기업가들이여! 왜놈들이 파괴한 공장과 제조소를 회복시켜라. …… 붉은 군대 사령부는 모든 조선 기업소들의 재산보호를 담보하며, 그 기업소들의 정상적인 작업을 보장하기 위해 백방으로 노력할 것이다.

여기에는 조만식이 추구하는 가치가 그대로 담겨 있다. 그는 민족의 자유와 독립을 추구했을 뿐만 아니라 책임 있는 사회를 만들기 위해 실력을 양성해야 한다고 생각했다. 따라서 그는 물산장려운동을 통해 실력을 양성하려고 했다. 그런데 소련은 기업을 살리며, 더 나아가서 그

---

42) 김국후, 『평양의 소군정』, 50에서 재인용.

기업의 재산을 보호하겠다고 밝히고 있지 않은가? 이것은 조만식이 평생 강조했던 실력양성을 통한 국가건설과 맥을 같이하는 것이다.[43)]

조만식의 개인비서였던 오영진은 이런 소련의 태도와 평양의 정서를 연결시키고 있다. 평양은 건전한 소자산가층의 민주주의가 이미 자리를 잡고 있다는 것이다. 우선 평양은 "관료주의와 관존민비의 전통도 없고, 양반상인의 봉건적인 계급도 일찍이 타파되고, 빈부의 현격한 차이도 없이 살아왔다. 농노와 빈농이 없고, 따라서 봉건적인 대지주도 존재하지 않는 실로 서민적이며, 자유주의적인 고장이다." 사실 이것은 이곳이 "가장 먼저 해외 미국을 인식"했기 때문이며, "기독교가 널리 유포하여 깊은 뿌리를" 내렸기 때문이다. 실로 공산주의가 원하는 봉건타파와 계급타파가 이미 어느 정도 이루어졌던 조선에서 가장 서민적인 지역이라는 것이다.[44)] 그런데 평양사람들은 해방이 오히려 "다시 봉건적이고, 자본주의적인 사회가 되지 않을까?"라고 고민했고, 따라서 어느 정도 "주요 부분에서 강력한 사회주의적인 시책과 중점적인 국가관리가 요청됨"을 느끼고 있었다. 문제는 "그들의 생각이 과연 공산당원과 합작함으로써 현실화할 수 있을까?"였다. 조만식과 그의 동료들은 의심이 들었지만 한번 시도해보지 않을 수 없었다.

한근조에 의하면 처음부터 평남 정치인민위원회 내에서는 새로 세워질 정부의 성격에 대해 논란이 많았다. 북한의 공산당원들은 처음부터 북한에 공산정권을 세우기를 원했다. 그러나 조만식과 민족주의자들은 민주정권을 세우기를 원했다. 한 공산당원은 서울은 이미 공산정권

43) 여기에 대해서는 장규식, 『일제하 한국기독교민족주의 연구』(서울: 혜안, 2001) 참조.

44) 오영진, 『소 군정하의 북한』, 74.

아래 있다고 주장했다. 이것은 여운형과 박헌영이 세운 조선인민공화국을 말하는 것이다. 그러나 한근조는 여기에 대해 반박하면서 "소작제도에 관해 미국과 소련은 이미 해방된 나라들은 민주정부 아래 있을 것이라는 데 동의했다."고 주장했다. 이것은 카이로, 얄타 그리고 포츠담선언에 나타난 민주주의 원칙을 염두에 두고 하는 말이다. 하지만 한근조는 공개적으로 싸우기보다는 개인적으로 자신의 생각을 받아들이도록 로비했다. 소련은 겉으로는 자율에 맡긴다고 했지만 실질적으로는 모든 중요한 요직에는 공산당을 앉혀놓았고, 결국에는 뒤에서 모든 것을 조종했다. 그러나 당시만 해도 소련군 정치장교 레베데프 소장은 어느 정도 민주정부의 설립을 허용해야 하고, 자본주의는 방해받지 말아야 한다고 주장했다. 여기에 고무된 위원장 조만식은 공산당원들에게 레베데프의 주장을 따라야 한다고 강조했다. 그러나 실제로는 이런 정책이 받아들여지지 않았다.[45)]

처음에 조만식의 이런 소망이 전혀 무의미한 것처럼 보이지는 않았다. 8월 30일 평남 인민정치위원회 주최로 평양 숭실학교 운동장에서 열린 소련군환영대회에서 소련군 정치장교 레베데프는 공개적으로 소련은 (부르주아) 민주정부를 세울 계획이라고 주장했으며, 환영대회의 연사였던 조만식은 소련군의 주장은 옳지만 아직 그런 민주적인 정부는 수립되지 않았다고 말했다. 조만식은 사람들에게 민주주의를 지지하며, 자본주의 체제를 유지해야 한다고 강조했다. 대다수의 청중은 시민의 자유와 재산권의 보호를 주장하는 민주주의를 지지했다.[46)]

45) "Report on the Situation in Russian Occupied Korea," 1.

46) "Report on the Situation in Russian Occupied Korea," 2. 백학순, 『북한권력의 역사』(서울: 한울, 2010), 84. 고당기념사업회 엮음, 『민족의 영원한 스승, 고당 조만식 전기』(서울: 기파랑,

그러면 북한에서 조만식과 함께 이런 소련의 정책을 이해하고 수행할 사람은 누구인가? 아마도 초기 평남공산당 위원장이며, 평남 인민정치위원회 부위원장을 맡은 현준혁일 것이다. 현준혁은 공산주의자이지만 동시에 민족주의적인 성향을 가졌다. 경성제국대학 출신이며, 원래 지주의 자녀였던 현준혁은 반제국주의 운동에서 출발했기 때문에 공산주의자들 가운데서 민족주의적인 성향이 강했다. 그의 정치적 입장은 박헌영과 같이 부르주아 민주주의였다. 현준혁은 "해방된 한국은 이 단계에서 민족문제 해결과 독립국가 창건에 유용한 식견과 경륜을 가진 인사들에 의해 계급과 당파를 초월하여 정치세력을 형성하자."고 주장했다.[47] 이런 측면에서 현준혁은 조만식과 함께 호흡을 맞출 수 있게 되었다. 많은 사람들은 현준혁이 조만식을 존경하고, 이 두 사람은 서로 협력했다고 말한다. 특히 소련군의 횡포에 대해 현준혁은 조만식과 함께 분노했다.

조만식의 모토는 대동단결이었고, 공산주의자들은 통일전선을 주장했다. 조만식의 대동단결은 같은 민족이라는 공통분모에 근거하고 있는 반면에 공산주의의 통일전선은 전략적이라는 데 차이가 있다. 하지만 초기 평남 인민정치위원회에서 조만식과 현준혁은 서로 잘 협조했다. 조만식 측의 증언에 의하면 현준혁은 조만식의 인격을 보고 존경하게 되었다고 하고, 조만식도 현준혁을 포용했다. 오영준에 의하면 "선생의 곤경을 가장 잘 이해한 사람으로서 기본 동지 이외에 부위원장인 현준혁을 꼽아도 무방할 듯싶다. 비록 노선은 달랐으나 현준혁은 선생

2010), 286. 이 전기에는 환영대회가 8월 31일이라고 기록되어 있다.

47) 김창순, 『북한민주통일운동사: 평안남도 편』(서울: 북한문제연구소, 1990), 220.

의 고결한 인격과 강직한 의지, 치밀한 두뇌, 열렬한 애국심을 존경했고, 선생은 현의 성품과 그의 깊은 교양을 아까워했다."[48] 한재덕에 의하면 현준혁은 우선은 봉건제도 타파를 위해 부르주아혁명에 매진해야 하고, 다음 단계도 진정한 공산주의의 실천을 통해 민주적으로 성취되어야 한다고 생각했다는 것이다.[49] 하지만 평양의 공산당 지도자 가운데 한 사람인 장시우는 현준혁이 "민족주의자의 앞잡이이며, 공산주의의 반역자라고 비판했다."[50] 아마도 현준혁은 민족주의 운동의 일환으로서 공산주의자가 되었던 것 같다. 따라서 민족을 중시하는 조만식과는 생각이 같을 수 있다.[51]

이렇게 조만식과 현준혁이 민족을 위해 온건한 개혁을 추구하고 있을 때 현준혁이 암살당하는 사건이 발생했다. 평남 인민정치위원회가 수립되고 나서 얼마 후인 9월 3일, 현준혁은 소련군 사령부에 가서 군의 횡포에 대해 항의하고 돌아오는 길에 흉탄을 맞고 쓰러져 곧 숨졌다. 현준혁의 사망에 대해서는 여러 가지 설이 있다.[52] 하지만 분명한 것은

48) 오영진, 『소 군정하의 북한』, 78.

49) 한재덕, 『김일성을 고발한다』, 124.

50) 한재덕, 『김일성을 고발한다』, 126.

51) 박병엽 구술, 유영규 · 정창현 엮음, 『조선민주주의인민공화국의 탄생』(서울: 선인, 2010), 100-101.

52) 현준혁의 암살에는 김일성, 국내 과격파 공산당, 우익 과격파의 3가지 설이 있다. 하지만 김일성은 9월 19일 북조선에 입국했기 때문에 사실이 아니라고 주장한다(박병엽 구술, 유영규 · 정창현 엮음, 『조선민주주의인민공화국의 탄생』 101-104). 그러나 일각에서는 김일성이 언제 북한에 입국했는지 그 시점이 정확하지 않다는 주장도 있다. 미 국무성은 김일성이 1945년 8월 이미 북한에 들어왔다고 말하고 있다(Department of State, *North Korea: A Case Study in the Techniques of Takeover*, 13). 대체적으로는 장시우 등 공산당 과격파가 암살했다는 주장을 많이 받아들인다(한재덕, 『김일성을 고발한다』, 127-130). 하지만 최근에는 우익테러단체에 의해 살해되었고, 이 단체는 후에 남한에서 '백의사'라는 우익 테러조직으로 발전했다고 한다(『두산백과』 해당 항목).

조만식이 현준혁과 함께 온건한 부르주아 민주주의를 건설하려는 계획에 큰 차질을 빚었다는 것이다.

현준혁이 사라진 다음 조만식은 정치적으로 더욱 어려운 상황에 처하게 되었다. 온건파 현준혁이 사라지자 조만식과 공산당 과격파의 갈등은 더욱 깊어갔다. 이것이 구체적으로 표현된 것이 9월 12일의 '격론'이었다. 당시 현준혁 다음으로 부위원장에 취임한 사람은 김유창이었는데, 그는 원래 여운형의 건국동맹에 참여한 사람으로서 특별한 자신의 주장 없이 당의 명령에 충실한 인사였다. 결국 조만식과 과격파는 격돌할 수밖에 없었다.

당시 평남 인민정치위원회의 급박한 일은 이 지역을 이끌어갈 정책을 발표하는 일이었다. 그 초안 작성은 공산당 이주연이 맡았다. 이주연은 공산당원이었지만 조만식과도 매우 가까운 사이였다. 그래서 건준의 총무부장을 맡겼다. 이주연은 '시정대강'이라는 표제가 붙은 정강 정책 20개조를 준비해왔는데, 이것은 공산당과 협의한 내용이었다. 그 주요 내용은 남한에서 수립한 조선인민공화국을 인정한다는 것과 "토지를 무상몰수하여 무상분배하되 그것이 실현될 때까지 3 : 7제 소작제를 시행한다."는 것이었다.[53]

원래 조만식은 임시정부를 지지했다. 조만식과 송진우는 다 같이 중경의 임시정부가 건국의 주체가 되어야 하며, 새로 세워지는 나라는 모든 국민이 주인이 되는 민주공화국이 되어야 한다고 생각했다. 여기에 비해 여운형과 박헌영은 국내에 있던 혁명세력이 건국의 주체가 되어야

53) 김병연, 『평양지』(서울: 평양민보사, 1964), 49; 한근소, 『고당 조만식』, 385-389; 오영진, 『소 군정하의 북한』, 79.

한다고 생각했고, 이들은 노동자와 농민이 주인이 되는 인민공화국을 만들려고 한 것이다.[54] 그러므로 조만식은 남한에서 여운형과 박헌영이 주도한 인민공화국을 지지할 수는 없었다. 또한 그는 무상몰수를 수용하여 소유권을 포기할 수 없었다. 개인의 소유권은 자본주의의 근간이며, 이것을 포기한다는 것은 부르주아 민주주의를 포기하는 것이다.

하지만 공산주의자들의 입장은 달랐다. 당시 장시우를 비롯한 공산당원은 박헌영과 관련된 국내파 공산당원이며, 이들에게 소유권의 부정은 공산주의자들로서는 당연한 것이었다. 결국 양측은 양보할 수 없는 상황에 이르렀다. 당시 이미 인민정치위원회 건준 측 위원이었던 장이욱은 월남했고, 몇몇 위원은 불참했으며, 수적으로 민족주의 진영이 열세였다. 여기에서 한근조와 김용범이 서로 논쟁을 벌였다. 한근조는 해방된 상황에서 분명한 명분도 없이 토지를 몰수한다는 것은 언어도단이요, 소련도 부르주아 민주주의를 하자고 하는 판인데, "우리도 재산권을 존중해 말 그대로 민주주의를 실현하도록" 하자고 말했다. 여기에 대해 김용범은 한근조에게 "아직도 친일의 잔재가 있어 그렇다."고 모욕적인 언사를 날렸다.[55] 거기다가 김용범은 권총을 책상 위에 올려놓고 노골적으로 위협했다.[56] 이런 상황을 지켜보고 있던 조만식은 대노하면서 "총이 아니라 대포를 갖다 들이대 보아라. 나는 무섭지 않다."고 외치면서 그 협박에 굴하지 않았다. 결국 회의는 흐지부지되었고, 조만식은 다음 날부터 회의에 나오지 않았다. 이런 과정에서 건준 측 부위원

54) 여기에 대한 자세한 논쟁은 박명수, 『건국투쟁』 참조.

55) 한근조, 『고당 조만식』, 387-388.

56) 김창순, 『북한민주통일운동사: 평안남도 편』, 211.

장이던 오윤선도 공산 측 주장의 과격성을 비판했지만 그들이 듣지 않자 사임하고 말았다.[57] 오윤선의 후임으로는 감리교 목사 이윤영이 선임되었다.

이 소식을 들은 소련당국은 장시우 등 과격파들을 불러 입장을 완화하라고 함과 동시에 인민공화국 지지나 토지 무상몰수 같은 주장을 취소하도록 했다. 그리고 소작료는 3 : 7제로 합의를 보았다.[58] 여기에 의하면 소유권을 인정하되 지주와 소작자의 상호권리를 존중하는 입장에서 정리한 것이다. 일제 강점기 당시 일반적으로 소작료가 5 : 5 또는 6 : 4였던 것에 비하면[59] 엄청난 혁명이었지만, 소유권 자체를 부정하는 전통적인 공산주의의 입장에서 보면 이것은 상당한 양보였을 것이다. 필자가 보기에 이것은 소련당국이 조만식의 입장을 지지해준 것이라고 볼 수 있다. 평남공산당의 과격파 지도자인 장시우는 조만식을 찾아가 "스탈린 원수가 선생님을 꼭 모시고 일하라고 하셨습니다."라며 사퇴를 만류했다.[60] 이것은 사실이었다. 스탈린은 해방 직후의 상황에서 조만식을 제외하고는 북한 정국을 헤쳐 나갈 수 없다고 판단했다. 결국 스탈린은 과격파를 잠재우고, 조만식의 편을 들어준 것이다.

이것은 소위 부르주아 민주주의 혁명이론에 따른 것이다. 공산주

57) 한근조, 『고당 조만식』, 385.

58) 어떻게 3 : 7제로 합의를 보았는가에 대해서는 주장이 엇갈린다. 오윤선(『소 군정하의 북한』, 79)은 무상몰수는 공산주의자들이, 3 : 7제는 민족주의 진영이 제안한 것으로 주장하고 있고, 한재덕(『고당 조만식』, 385-387)은 공산주의자들의 무상몰수만 언급하고 있다. 하지만 박병엽(『조선민주주의인민공화국의 탄생』 75)은 공산주의자는 2 : 8제, 민족주의자들은 4 : 6제를 주장했으나 결국은 3 : 7제로 합의되었다고 주장한다.

59) 김성보, 『남북한 경제구조의 기원과 전개』(서울: 역사비평사, 2000), 54-64.

60) 한근조, 『고당 조만식』, 389.

의의 정치학 사전에 의하면 부르주아 민주주의 혁명이란 "봉건세력을 반대하여 부르주아적인 사회정치적인 계획을 실현하려는 투쟁에 노동계급을 비롯한 근로대중이 자기의 독자적인 정치 경제적인 요구를 내걸고 적극적으로 참여하는 혁명투쟁, 부르주아혁명에 비해 봉건잔재를 철저히 청산하고 노동계급의 혁명투쟁을 더욱 발전시킬 조건을 조성하나 생산수단에 대한 사적 소유 일반을 폐지하는 것을 자기의 직접적인 목적으로 내세우지는 않는다."라고 정의하고 있다.[61] 여기에 의하면 부르주아 민주주의 단계에서는 공산주의자들은 일반 소유권을 폐지하는 것을 목적으로 하지 않으며, 따라서 민족부르주아를 배제하지 말아야 하는 것이다.[62] 소련은 장시우를 비롯한 급진적인 공산주의자들을 좌경맹동주의라고 비판하면서 조만식의 입장을 지지해준 것이다.

이렇게 하여 시정대강 20개 조항 가운데 첫 번째인 조선인민공화국을 지지한다는 항목은 삭제되고 19항이 통과되었다. 그리고 소유권 폐지에 관한 내용은 삭제되었다. 주목할 만한 것은 인민공화국이라는 단어가 등장하지 않는다는 것이다. 그 주요 내용은 다음과 같다.[63]

1) 인민대표회의를 소집하여 민주주의공화국 수립을 기함

2) 20세 이상의 남녀는 선거 및 피선거권이 유함

---

61) 『정치사전』(평양: 사회과학출판사, 1973), 481(밑줄은 필자가 한 것). 김남식, "박헌영과 8월 테제", 『해방 전후의 재인식』 전 6권(서울: 한길사, 2012, 초판 1985년), 132에서 재인용.

62) 심지연은 이런 점에서 사적 소유권을 부정하는 박헌영은 부르주아 민주주의를 주장하면서도 내용적으로는 프롤레타리아 혁명을 강조하는 모순을 갖고 있다고 주장한다. 심지연, "박헌영의 부르주아 민주주의 혁명론과 프롤레타리아 독재국가 건설운동", 52.

63) 이 내용은 「평양민보」 10월 16일자에 발표되었는데, 이 신문은 10월 15일에 창간됨(밑줄은 필자가 한 것). 참고: 민주조선사 편, 『해방 후 4년간의 국내외 중요 일지』(평양: 민주조선사, 1949), 11-12.

3) 인민은 언론, 출판, 집회, 및 신교의 자유가 유함

4) 소련 및 평화를 애호하는 민주주의의 국가와 친선하며, 제국주의적 재침략을 방지함

6) 일본제국주의자 및 친일분자가 소유한 토지, 회사, 금융기관, 공장, 광산, 탄광, 운수, 교통, 상업소, 기타 일체의 생산기관과 재산을 몰수하여 국유로 함

7) 소작료는 3 : 7제로 함

11) 8시간 노동제와 근로자의 생활보장을 기함

12) 국민개로의 철칙

13) 의무교육을 실시함

9월 12일의 대논쟁 이후에 9월 15일 조선공산당 평남위원회에서는 "정치노선에 관하여"라는 결의를 발표했다. 이 결의에는 우선 국제정세의 부정확한 이해가 비판되었다. 즉 소련뿐만 아니라 미국, 영국의 진보성을 인정해야 한다는 것이다. 이것은 종전 직후 아직 미소 간에 협력의 가능성을 인정하는 것이라고 볼 수 있다. 또한 일본제국주의와 맞서 싸우기 위해서는 다양한 세력을 포함하는 단일 민족통일전선이 유지되어야 한다는 것이다. 다시 말하면 "공산주의가 민족 내부의 통일을 방해하고 해를 끼친다는 반대진영의 역선전"에 빌미를 주어서는 안 된다는 것이다. 과거에는 대지주 일반의 토지몰수를 주장했지만 이제는 사유재산과 사적 토지를 존중하며, 토지 몰수는 친일분자의 토지에 한정한다는 것이다.[64)]

64) 이 결의는 「해방일보」 7호(1945. 10. 31)에 실렸다. 와다 하루키, "소련의 대북한 정책",

이 사건이 일어난 지 얼마 되지 않은 9월 20일, 스탈린은 극동군사령관을 비롯한 최고위인사들에게 특별명령을 내렸다. 이것은 북한정권의 성격을 잘 드러내는 것이라고 할 수 있다. "① 북조선 내에 소비에트 및 기타 소비에트 정권 기관을 수립하지 말고, 소비에트적 질서를 도입하지 말 것. ② 북조선에 반일적인 민주주의 정당·단체들의 광범위한 블록을 토대로 부르주아 민주주의 정권을 수립할 것"이라고 되어 있다.[65] 이것은 아마도 소련이 조만식에게 자신들이 처음부터 이야기한 것을 다시 한 번 주지시켜준 것이라고 할 수 있다. 즉, 개인의 소유권을 인정하는 부르주아 민주주의를 수립하겠다는 것이다.

하지만 이것보다 더욱 중요한 것은 소련이 처음부터 북한에 독자적인 정부를 세우려고 했다는 것이다. 이 두 항목은 최근까지 공개되지 않는 소련의 최고 비밀문서 조항이다. 이것을 보면 북한은 처음부터 북한에 자신들이 원하는 친소정권을 세우는 데 최선의 노력을 다하고 있었음을 알 수 있다. 우리는 여기에서 와다 하루키의 평가에 주목해보아야 한다. "남한을 점령한 미국은 자신의 정책목적에서 당초부터 전 한반도에 깊은 관심을 표명하고 있는 데 비해 소련은 처음부터 자신의 정책 목적에서 북한에만 관심을 집중시킨 것이 대조적이다."[66] 이런 노력의 결과로 1945년이 지나고 1946년 초가 되자 북한은 소련의 완전한 통치하에 들어가고 신탁통치 논쟁에서 소련은 우월한 입장을 갖게 되었다.

259-260에서 재인용. 참조: Chong-Sik Lee (ed.), *Materials on Korean Communism 1945~1947* (Honolulu: University of Hawaii Press, 1977), 42-44.

65) "9월 20일자 스탈린 지령문", 이인호·김영호·강규형 편, 『대한민국 건국의 재인식』, 87에서 재인용. 번역은 명지대학교 이지수 교수의 것임.

66) 와다 하루키, "소련의 대북한정책: 1945~1946", 263.

사실 이것은 스탈린이 명령하기 전부터 소련군이 인식하고 있던 것이다. 이에 대한 첫 번째 시도가 바로 38선의 고착화이다. 소련은 처음부터 북한에 자신의 정권을 만들기를 원했다. 그리고 곧이어 9월 초에 북한을 하나의 단위로 하는 중앙정부를 세우고자 했다. 하지만 당시 조만식과 북한사람들은 곧바로 서울에 중앙정부가 세워질 것이며, 북한 5도는 거기에 속해야 한다고 주장했다. 따라서 이 주장은 연기되었다.[67]

여기에서 우리는 중요한 두 가지를 주목해보아야 한다. 첫째는 소비에트식 질서를 도입하지 말 것과 둘째는 부르주아 민주정권을 수립하라는 것이다. 소련은 당시 북한의 상황이 프롤레타리아트 혁명을 하기에는 이르기 때문에 아직 소련식 제도를 받아들이기는 어렵다고 생각했다. 여기에서 말하는 소련식 제도란 프롤레타리아트가 주동이 되는 공산당 일당독재이며, 사유재산의 부정이며, 공산당이 인민위원회를 독점하는 인민전선 체제를 말한다. 소련은 아직 북조선이 이 같은 단계에 이르지 못했기 때문에 부르주아를 용인하고, 다당제를 통한 민족통일전선을 형성하며, 아울러 사유재산 부정은 유보해야 한다는 것이다. 아마도 소련이 이런 제도를 용인한 것은 아직 전쟁 직후라서 미소의 협조체제가 작동되고 있었기 때문이기도 할 것이다. 만일 소련이 북한에 소련식 제도를 강요하려고 한다면 미국은 소련을 의혹의 눈으로 볼 것이 틀림없다.[68] 해방 직후에는 아직 냉전체제가 본격적으로 시작되지 않았다.

---

67) "Intelligence Summary Northern Korea (1 December 1945)," 2. 이 자료는 한림대학교 아시아문제연구소 자료 총서 4, HQ, Intelligence Summary Northern Korea (1945. 12. 1~1947. 3. 31) — 주한미군 북한 정보요약 1(1988)에 수록되어 있다.

68) 해방 후 공산주의자들은 현 정세의 인식에서 해방은 프롤레타리아트 혁명으로 이루어진 것이 아니고, 사회주의 소련과 사본주의 미국이 파시스트들을 무너뜨림으로써 이루어졌다는 것을 강조했다. 조선산업노동조사소, 『옳은 로선을 위하야』(서울: 우리문화사, 1945),

하지만 우리가 주목해야 할 것은 이런 정책은 어디까지나 전략적이라는 데 있다.

소련군은 다른 지역에서도 건국준비위원회를 해체하여 인민위원회로 만들고, 이런 과정에서 공산당이 주도권을 확보하도록 했다. 단지 상황을 고려하여 민족주의자들과 통일전선을 유지하도록 한 것이다. 대략 9월 말에는 북한 전역에서 이런 기본적인 조직이 완료되었다. 하지만 소련군은 10월 3일 보다 효과적으로 북한을 통치하기 위해 '민정부'라고 불리는 군정기관을 만들고 로마넨코를 사령관에 임명했다.[69] 그리고 이어서 10월 7일부터 10일 사이에 북조선인민위원회 연합회의를 소집했다. 비록 평남 인민정치위원회가 북한지역에서 대표성을 갖고 있지만, 보다 구체적으로 5도의 위원회를 모아 북한 전역에 대한 보다 구체적인 행정이 필요했던 것이다. 그래서 5도 인민위원회와 행정 10국을 조직하려고 했다. 소련의 군정을 이런 중앙정부를 통해 시행하려는 것이었다. 이것은 실질적으로 북한을 독자적인 단위로 만들려는 하나의 시도였다.

소련은 스탈린의 지령에 따라 5도 인민위원회를 북한의 중앙정부로 만들려고 계획했고, 조만식에게 그 임무를 맡기려고 했다. 하지만 조

53 참조.

69) 일부 학자들은 민정부라는 명칭을 근거로 북한에는 남한처럼 군정이 실시되지 않았다고 주장한다. 사실 해방 직후 소련의 정치사령관이었던 레베데프는 소련 붕괴 이전인 1975년에 출판된 책에서 오랫동안 북한에는 군정이 존재하지 않았고, 민간자치기구에 통치를 위임했다고 주장했다[소련과학아카데미 편, 『레닌그라드로부터 평양까지: 조선 해방에 있어 소련 장성 11인의 회고록』(서울: 도서출판 함성, 1989; 최초 출판은 1975년), 90-91. 하지만 이는 사실과 다르다. 소련은 위수사령부, 민정부, 정치고문을 통해 북한을 지배했다. 단지 간접적으로 지배했을 뿐이다. 소련 붕괴 이후, 위에서 언급한 같은 저자(레베데프)는 북한이 실질적으로 소련의 통치 아래 있었다고 증언했다. 김국후, 『평양의 소군정』 118쪽 참조.

만식은 이를 거부했다. 그는 이런 조직은 통일에 장애가 된다고 생각했다. 그래서 소련군 사령관 치스차코프가 나서게 되었다.[70] 10월 8일 북조선 5도 위원회 개막연설에서 치스차코프 사령관은 "전 조선인민의 열망을 반영하는 부르주아 민주주의 권력, 즉 반일민주정당 및 조직의 광범위한 연합을 기초로 한 권력 창설을 도와줄 것"이라고 말했다.[71] 소련은 북한에 부르주아 민주정권을 세우려고 했던 것이다. 당시 많은 사람들은 이것이 통일에 장애가 되지 않을까 염려했다. 심지어 어떤 공산당원은 소련군 사령관에게 왜 중앙정부가 한국 전체를 상대로 조직되지 않고, 단지 북한만을 상대로 하는가라고 물어보았다. 여기에 대해 그는 "스탈린은 한국 전체를 상대로 하는 그런 정부를 세우라고 명령하지 않았다."고 대답했다. 결국 이 모임은 조만식의 반대로 인해 중앙정부를 세우지 못하고 폐막되었다.[72] 조만식은 이 같은 상황을 매우 우려했다. 오영진은 "총회가 진행되는 동안 조 선생은 한마디 발언도 하지 않았다. 나는 회의장을 나오며 적막한 공허감을 느꼈다. 군 당국은 남북의 통일에 관해서는 일언반구의 구체적인 방략도 암시하지 않았다."고 적고 있다.[73] 소련의 관심은 북한에 친소적인 정부를 세우는 데 있었을 뿐 한반도의 통일에 있었던 것이 아니다.

치스차코프 사령관이 말하는 부르주아 민주주의 권력이 소련과 조만식이 할 수 있는 공통분모였다. 하지만 조만식이 이것을 얼마만큼 신

---

70) "Report on the Situation in Russian Occupied Korea," 2.

71) "1945년 10월 8일 치스차코프 상장의 북조선도임시인민위원회 대표자 대회 개막연설문", 기광서, "해방후 북한 중앙정권기관의 형성과 변화(1945~1948)", 『평화연구』(2011년 가을), 338에서 재인용.

72) "Report on the Situation in Russian Occupied Korea," 2.

73) 오영진, 『소 군정하의 평양』, 87.

뢰했는지는 확실치 않다. 당시 5도 연합회에 참석했던 함석헌은 "내가 조만식 선생을 뵌 것은 그것이 마지막이었다. 아무 말씀도 아니하고 가만히 앉은 그 모습이 말할 수 없이 괴로워 보였다. 분과로 모여 토의도 했는데, 이제 그것을 하나도 기억할 수 없다. 한마디로 모든 것이 우리의 생각과는 어긋나는 것뿐이었다."[74] 겉으로 하는 말과 실제 진행되는 것은 달랐던 것이다.

이렇게 이북 5도 인민위원회를 조직해가던 10월 27일 소련은 다시금 조만식에게 위원장에 취임해 달라고 요청했다. 아직도 북한에서는 조만식의 명망이 필요했던 것이다. 하지만 조만식은 거절했다. 오영진에 따르면 조만식은 "나는 평남만으로도 벅찹니다."라고 대답하며 이 제의를 거부해버렸다.[75] 아마도 조만식은 5도 행정 10국의 조직과정을 보면서 자신의 위치가 단지 공산주의자들의 꼭두각시밖에 되지 않는다는 것을 알았기 때문이라고 생각된다. 한근조는 조만식이 사임을 시도했지만 받아들여지지는 않았다고 말한다.[76] 결과적으로 이 5도 행정국 조직은 어정쩡한 단체가 되고 말았다. 그래서 실질적으로 당시 북한에서 중앙정부의 역할은 로마넨코의 민정 사령부가 담당했다.

하지만 조만식이 소련의 제의를 거부한 보다 근본적인 문제는 따로 있었다. 소련이 5도 위원회를 소집할 때 많은 북한사람들은 이것이 조국 분단의 시초가 아닌가 생각했다. 만일 38선이 단지 일본군 무장해제를 위한 조치에 불과하다면 독자적인 5도 위원회를 만들 필요가 어디

74) 함석헌, "내가 겪은 신의주 학생사건", 『해방 후 북한교회사』, 378.

75) 오영진, 『소 군정하의 평양』, 89.

76) "Report on the Situation in Russian Occupied Korea," 2. Military Governor는 아마도 민정사령관을 말하는 것이 아닌가 생각한다.

있는가? 조만식이 5도 임시인민위원장직을 수락하기를 거부한 근본적인 이유는 바로 여기에 있다. 조만식은 "북조선에 독자적인 중앙기관을 만드는 것은 곤란하다. 정부수립의 때가 아니다. 남과 북이 합쳐진 다음에 중앙권력기관을 만들어도 늦지 않으며, 서울에 중앙정부가 서야 하지 않느냐?"고 주장했다. 여기에 대해 소련은 "5도 행정국은 정권 형태나 권력 형태가 아닌 잠정적인 연락기구, 협의기구, 5도 대표들이 협의하는 조절기구"라고 회유했으나 조만식은 자신의 주장을 굽히지 않았다.[77] 결국 소련이 원하는 임시인민위원회 조직은 이루어지지 않았다. 기광서는 "임시인위 창설의 무산은 전적으로 조만식의 거부 때문이었다."고 평가한다.[78] 결국 소련은 조만식의 반대로 임시인민위원회를 결성하지 못하고, 5도 행정 10국이 임시인민위원회를 대신하게 되었다. 1946년 2월 미군 정보보고서는 북한에서 5도 인민위원회는 명목상이고, 단지 로마넨코의 지도 아래 있는 소련 군정이 중앙정부의 역할을 하고 있다고 보고하고 있다.[79] 임시인민위원회가 다시 조직된 것은 1946년 2월이었고, 조만식 대신에 김일성이 위원장이 되었다.

여기에 대해 정치장교인 레베데프는 우리에게 약간 다른 정보를 주고 있다. 소련군의 제안을 받은 조만식은 우선 소련군과 협력할 용의가 있다고 말하고는 몇 가지 조건을 내세웠다. 그러나 아직 밝혀지지 않은 이 조건은 소련으로서는 도저히 받아들일 수 없는 것이었다. 레베데

77) 박병엽 구술, 유영규 · 정창현 엮음, 『조선민주주의인민공화국의 탄생』, 74. 박병엽은 조만식이 이 제의를 수락했다고 증언하지만 이것은 잘못된 것이다.

78) 기광서, "해방후 북한 중앙정권기관의 형성과 변화(1945~1948)", 338.

79) To the Secretary of State from Arthur B. Emmons (May 4 1946), Enclosure No. 2 (22 Feb. 1946); 『대한민국사 자료집』 19(서울: 국사편찬위원회, 1994), 192.

프는 그럼에도 불구하고 소련은 다른 대안이 없기 때문에 조만식과 타협해야 했다고 말하면서 공산당을 싫어하는 사람을 우두머리로 하는 이상한 조직이라고 언급했다.[80]

10월 28일에 북조선임시인민위원회 창설을 위한 모임을 갖게 되었다. 이 모임에서 치스차코프는 다시 한 번 이전의 주장을 반복했다. "모든 사유재산은 붉은 군대의 안정적 보호 아래 있고, 그렇기 때문에 두려워할 필요가 없다. 우리는 우리 정부의 원칙을 이 땅에서 강요하려고 하지 않는다. 우리는 민주정부를 세우지만 여러분은 여러분의 관점을 표현할 권리가 있다. 모든 조직은 종교의 자유를 보장해야 한다."[81] 이것은 분명히 조만식을 포함한 소련의 정책에 대해 의심하는 사람들을 회유하기 위한 것이었다. 하지만 이 중앙정부는 결국 조만식의 반대로 설립되지 못했다.

소련은 북한 5도의 원활한 행정을 위해 행정 10국을 조직했다. 그러나 행정 10국의 조직이 완성된 것은 오랜 시간이 지난 다음인 11월 19일이었다. 그 구성은 아래와 같다. 이 에 의하면 공산당 6명, 민주당 2명, 무소속 2명으로 되어 있다. 민주당 2명 가운데 최용건은 실제로 공산당원이기 때문에 민주당 소속은 한 명이고, 그것도 정치적인 영향력이 없는 보건국장이었다. 따라서 행정 5국은 완전히 공산주의 주도로 조직된 것이다.

---

80) 가브릴 코르트코프, 『스탈린과 김일성』(서울: 동아일보사, 1992), I: 216; 김학준, 『북한의 역사 1: 강대국 권력 정치 아래서의 한반도 분할과 소련의 북한 군정개시, 1863~1946. 1』(서울: 서울대학교 출판부, 2008), I: 844.

81) 암스트롱, 『북조선의 탄생』, 부록 B "5도당회의에서 치스차코프 사령관의 훈령 요약(1945. 11. 1)" 395쪽에서 재인용.

산업국장: 정준택(공)	농림국장: 이순근(공)
보건국장: 윤기영(민)	교통국장: 한희진(무)
교육국장: 장종식(공)	사법국장: 조승파(공)
상업국장: 조승파(공)	보안국장: 최용건(민)
재정국장: 이봉수(무)	체신국장: 조영일(공)[82]

우리는 여기에서 조만식과 민족주의자들의 세력이 어떻게 점진적으로 축소되어가는지 확인할 수 있다. 8월에 처음 평남 건국위원회가 조직되었을 때, 민족주의 계열과 공산주의자들의 비율은 18 : 2 정도로 민족주의자들이 절대적으로 우위였다. 8월 말, 평남 인민정치위원회의 경우에는 18 : 14로 공산주의자들이 우세했다. 그러나 11월 중순, 행정 10국의 구성원을 보면 민족주의자들은 거의 사라지고 말았다. 약 두 달 만에 북한의 지도부 내에서 민족주의는 소수로 전락하고 만 것이다. 일부 사람들은 조만식과 소련당국이 12월 말, 신탁통치 문제가 나오기 전까지는 좋은 관계였다고 주장한다. 하지만 조만식과 소련당국이 좋은 관계였다고 말하기는 힘들다. 조만식은 소련이 북한에 독자적인 정부를 세우려는 계획을 알고 있었고, 통일주의자인 조만식은 이것을 명백하게 거절했다. 그래서 결국 이 연합인민위원회는 제 기능을 발휘하지 못했다. 아울러 조만식은 소련의 폭정에 항의하며, 개인의 자유를 강조했다. 또한 토지제도의 개선은 강조했지만 개인의 사유권을 무시하는 공산당식의 토지개혁에 반대했다.

---

82) 10개 국장의 자세한 인적 사항은 기광서, "해방후 북한 중앙정권기관의 형성과 변화 (1945~1948)" 340쪽의 표 참조.

IV
조선민주당과 조만식

1. 조만식과 김일성: 대동단결과 민주주의 통일전선
2. 민족주의 통일전선과 조선민주당
3. 조선민주당의 창당과 민족주의의 반격

1.

조만식과 김일성: 대동단결과 민주주의 통일전선

해방 이후 조만식은 평남의 건국준비위원장과 인민정치위원장을 거치면서 이 지역의 지도자로서 역할을 함과 동시에 '조선민주당'이라는 정당을 창당하여 해방 직후 북한의 정치에서 중요한 역할을 했다. 조선민주당을 창당한 것은 해방 후 조만식이 한 일 가운데서 가장 중요한 일 중의 하나라고 할 수 있다. 오랫동안은 아니지만 조선민주당을 통해 조만식은 소련 군정과 공산주의자들과 정면으로 맞서 싸웠다.

아이러니하게도 조선민주당의 창당은 그의 정치적 적대자인 김일성에 기인했다. 사실 조만식은 일제 강점기부터 자신은 민족주의자이지만 주변에 온건한 사회주의적인 인사들을 포용했다. 조만식은 마르크시즘 가운데 가난한 자들에 대한 관심과 정의의 실현에 깊은 관심을 나타냈지만, 이런 이상을 폭력으로가 아닌 기독교와 민족정신으로 실현하려고 했다. 일부 학자는 조만식이 "사회주의자들의 유물론과 무신론에 대해서는 분명한 반대의 입장을 밝혔지만, 마르크스를 존경하는 사람의 하나로 꼽을 정도로 사회 정책 부문에서는 그들의 주장에 귀를 기울였다. 뿐만 아니라 기독교정신으로 하는 것이 더 나은지, 유물론으로 하는 것이 더 나은지 한번 경쟁해보자고 할 정도였다."고 주장한다.[1] 따라서 그는 평양의 민족주의자들 가운데서 공산주의와 대화할 수 있는 사람이었다.

김일성이 언제 북한에 들어왔는지에 대해서는 학자들 간에 의견이 엇갈린다. 과거에는 9월 초에 들어왔다고 주장했는데, 근래에는 9월 19일 평양에 들어왔다는 설을 유력하게 받아들이고 있다. 조만식의 전기를 쓴 조영암은 김일성이 귀국하기 전에 조만식에게 편지를 보냈다고 기록하고 있지만 확실하지 않고,[2] 조만식이 김일성을 처음 만난 것은 9월 30일이었다.[3] 소련군 사령부의 정치장교이자 '김일성 담당관'이라는 별명을 가진 메클레르 중좌의 소개로 로마넨코 소장, 레베데프 소장 등 주요 소련군 인사들이 있는 자리에서 조만식은 김일성을 소개받았다. 그날 저녁 메클레르 중좌의 주선으로 '화방'이라는 고급 요정에서 조만식과 김일성 그리고 메클레르는 첫 대화를 나누었다. 김일성은 조만식을 만나자마자 "선생님! 김일성입니다."라고 말하며 한국식으로 큰절을 했다. 조만식은 앉은 자리에서 약간 머리를 숙여 인사를 받았고,

---

1) 장규식, 『민중과 함께한 조선의 간디』(서울: 역사공간, 2007), 236.

2) 조만식의 전기를 쓴 조영암은 조만식이 김일성을 만나기 전에 만주에서 발신한 것으로 되어 있는 김일성의 편지를 받았다고 기록하고 있다. 이 편지는 김일성이 조만식에게 해방 초에 얼마나 수고가 많으신가에 대한 안부와 돌아가면 조만식의 지도와 편달을 받고 싶다는 내용이었다. 조영암, 『고당 조만식』(부산, 정치신문사, 1953), 60. 하지만 이것이 어느 정도 신빙성이 있는 사실인지는 확인할 수 없다. 아마도 조영암이 조만식의 측근들로부터 들은 내용을 기록한 것이라고 생각한다.

3) 김성보 · 기광서 · 이신철, 『북한현대사』(서울: 웅진닷컴, 2004), 21.

나중에 김일성이 생각보다 나이가 어리다고 말했다고 한다. 이 자리에서 메클레르는 조만식에게 "나는 주로 조만식에게 소련민정부와 제휴할 것을 부탁했으나 그는 '단일민족국가의 건설'을 도와줄 것을 요구했다."고 말했다고 회고한다.[4] 다시 말하면 소련의 관심은 북한에서 안정된 친소정권의 설립이었지만, 조만식의 가장 중요한 관심은 통일된 민족국가 건설이었다.

메클레르에 의하면 그와 김일성은 여러 차례 술을 권했지만 조만식은 자신은 기독교 장로라고 말하며, 술을 거절했다고 한다.[5] 이것은 매우 흥미로운 일이다. 조만식의 비서 역할을 했던 오영진에 의하면 조만식은 해방 이후 사람들과 소통하기 위해 술을 마셨다고 한다. 이것은 일제 강점기 그의 대명사가 절제운동가였고, 그 핵심은 금주였기 때문이다. 해방 이후 조만식은 이 원칙을 버렸다. 그래서 그는 "청년들과 비기독교인들에게는 손수 술과 담배를 권유하기도 했다."[6] 이것은 그가 폭넓게 많은 사람과 교류를 나누기 위함이었다. 하지만 그는 소련군과 김일성 앞에서 다시금 자신이 기독교인임을 명시한 것이다. 이것은 조만식이 메클레르를 경계하고 있다는 것을 보여준 것이라고 생각한다.

메클레르의 증언은 소련이 조만식에 대해 우호적이었다는 것을 강조한다. 그에 의하면 1945년 10월 초 인민위원회 소속의 청년들이 조만식을 체포하여 자신들의 특수 가옥으로 연행했다고 한다. 이것은 매우 중요한 사건이었다. 이 소식을 들은 메클레르는 며칠 전 김일성 주위에

---

4) 『비록 조선민주주의 인민공화국』(서울: 중앙일보사, 1985), 52-53.

5) 『비록 조선민주주의 인민공화국』, 53-54.

6) 오영진, 『소 군정하의 북한』, 26.

서 '조만식을 없애버리자'는 말을 들은 적이 있었기 때문에 김일성을 불러 왜 헛된 수작을 부리느냐고 책망한 다음 김일성 부하들이 사용하는 비밀 아지트에 가서 조만식을 구출했다고 한다. 조만식은 청년들이 조용한 곳에서 시국과 민족의 장래를 이야기하자고 하여 따라왔다고 말했다. 다행히 조만식은 청년들이 자신을 제거하려고 했다는 것을 눈치 채지 못하고 있었다. 메클레르는 자신의 사무실로 돌아와 김일성을 불러놓고 조만식에게 사과하도록 했다. 그러나 조만식은 오히려 메클레르에게 "너무 과민하지 마시오."라고 큰 지도자다운 모습을 보여주었다.[7] 그 이후 소련과 조만식의 관계도 좋아졌고, 김일성도 조만식에 대해 좀 더 예의를 갖추었다.

소련 측의 주장에 의하면 신탁통치 문제로 인해 소련과 조만식의 사이가 갈라지기 전에는 소련은 조만식을 북한의 최고 지도자로 생각했고, 공산당이 전면에 나서지 말라고 했다고 한다. 소련은 초기에 조만식을 명목상의 지도자로 내세우고, 정권이 안정된 다음에 김일성을 등장시키려고 했던 것 같다. 메클레르는 "솔직히 털어놓는다면 초창기 나의 주 임무는 김일성과 조만식의 거중조정이었습니다. 두 사람은 여러 차례 밀실대좌를 했습니다. 그때마다 건국 문제 등을 놓고 서로 공명하는 점도 많았습니다. 특히 김일성이 겸손하게 행동하면서 조만식을 위한 발언도 자주 하여 조만식이 김일성에 대해 상당한 호감을 갖기도 했지요."라고 말했다.[8] 10월 8일부터 10일 사이에 북한의 행정을 위한 5도 임시인민위원회가 열렸고, 곧이어 북한의 공산당 강화를 위한 서북 5도

7) 『비록 조선민주주의 인민공화국』, 36-39.

8) 『비록 조선민주주의 인민공화국』, 98.

책임자 및 열성자대회가 10월 10일에서 13일 사이에 열렸다. 여기에서 김일성은 소련과 미국이 각각 한반도를 나누어 점령한 현실을 생각하여 북한에 공산당 분국을 설치해야 한다고 주장했다. 사실 오랫동안 국제공산당은 1국 1당 원칙을 고수했다. 이런 원칙에 의하면 북한의 공산당은 서울에 자리 잡고 있는 박헌영을 중심으로 하는 조선공산당에 복속해야 하는 것이다. 하지만 이렇게 할 경우에 북한 공산당은 자율성을 갖기 힘들다. 따라서 서울의 우위성을 인정함과 동시에 어느 정도의 자율성을 보장하는 북조선분국을 인정했던 것이다. 이로써 김일성은 박헌영과 독자적으로 활동할 수 있는 근거를 마련했다. 또한 이것은 5도 인민위원회와는 별도로 북한이 독립된 체제를 지향하는 또 하나의 증거이며, 이것이 발전하여 북조선민주기지론(처음에는 '지탱점'이라는 용어를 사용했다고 함)이 생기는 것이다. 북조선민주기지론이란 우선 현 상황에서 공산주의를 정착시킬 수 있는 유리한 환경을 갖고 있는 북한에 공산주의(혹은 민주주의) 기지를 만들어놓고, 이것을 기점으로 남한에 민주혁명을 이룩해야 한다는 것이다. 이 같은 북조선기지론은 김일성에 의해 주창되었지만 당시에는 아직 초기 단계에 있었다.

이 열성자대회에서는 4대 기본과업을 결정했는데, 그 첫 번째가 바로 민주주의 민족전선을 결성하여 민주주의인민공화국을 건립한다는 것이다.[9] 이는 김일성이 민족통일전선을 강조하는 것은 어디까지나 인민공화국을 건설하기 위한 수단으로 생각하고 있다는 것을 증명해주는 것이라고 생각할 수 있다.

이북 5도 공산당 열성자대회가 끝난 13일 저녁 평양의 한 식당에

---

9) 김광운, "해방 직후 북한에서의 통일전선", 『한국사학보』 11(2001), 323-324.

서 평남 인민위원회와 김일성의 공식적인 만남이 이루어졌다. 여기에는 소련 민정사령관 로마넨코도 배석했다. 이 자리에서 조만식은 "좌우간 앞으로 우리가 다 함께 힘을 합하여 우리나라와 겨레를 위해 일하자." 고 했고, 김일성은 "각계각층 전 민족의 총력집중을 열심히 부르짖었다."[10] 조만식은 원래 대동단결을 주장하는 사람이었지만, 김일성의 이 말은 자신의 민족통일전선을 의식한 말이었다. 이외에도 조만식과 김일성이 서로 만날 수 있었던 것은 김일성의 외가가 기독교 계통으로서 조만식과도 관련이 있기 때문이기도 했다. 김일성은 늘 겸손하게 조만식을 대했고, 조만식도 그런 김일성을 긍정적으로 보기도 했다.[11]

위에서 언급한 대로 9월 30일 조만식과 김일성이 만난 다음에 조만식은 한편으로는 김일성에 대해 진짜 김일성인가라는 의구심을 가지면서도 다른 한편으로는 호감을 가진 것 같다. 해방 직후 소련이 지배하는 북한에서 정치를 하려면 소련 및 공산당과 다리를 놓아줄 사람이 필요했다. 조만식은 초기에는 이주연을 통해, 그다음에는 현준혁을 통해 공산당과의 관계를 조절하려고 했지만 이주연은 이미 공산당으로 갔을 뿐만이 아니라, 그런 역할을 감당할 위치에 있지도 못했다. 또한 조만식은 현준혁과 함께 민족주의를 공통분모로 하여 소위 부르주아 민주주의를 만들어보려고 했지만 현준혁도 암살당했다. 조만식에게는 자신의 입장을 소련과 공산당에게 전달해줄 수 있는 중간자가 필요했다. 이런 상황 가운데 김일성이 나타났고, 조만식과 김일성의 관계는 상당히 깊어졌다. 조만식은 김일성의 친척들을 잘 알고 있었고, 김일성은 조만식을

---

10) 한재덕은 자신이 참석한 이 모임에 대해 자세하게 진술하고 있다. 한재덕, 『김일성을 고발한다』, 54-59.

11) 박병엽 구술, 유영규 · 정창현 엮음, 『조선민주주의인민공화국의 탄생』, 84-85.

독립운동의 대선배로서 깍듯이 대했다. 뿐만 아니라 김일성은 자신이 공산주의자라는 것을 숨기고, "나는 공산주의자도 아무것도" 아니라며 조만식과 함께 소련의 만행에 대해 분노한다고 말했다. 조만식은 이런 김일성을 배척하기보다는 활용하려고 한 것 같다. 그래서 10월 14일 조만식은 김일성환영대회에 준비위원장으로 참여했다.

다음 날인 10월 14일 평양에서는 평남 인민정치위원회의 주도로 김일성환영대회가 열렸다. 외형상으로는 평남 인민정치위원회가 주관한 것이지만, 이것은 사실 김일성을 부각시키기 위해 만든 소련의 치밀한 각본에 근거한 것이다. 당시 현장에서 이 각본을 지휘했던 메클레르 중좌는 다음과 같이 증언한다.[12] "이 자리가 처음으로 인민에게 전설의 김일성 장군을 선보여 부상시킨다는 정치 캠페인이었어요. 외형상으로는 조만식이 이끄는 평남 인민위원회가 주관하는 행사였지만, 실질적으로는 처음부터 끝까지 소련 군정 사령부가 기획과 연출 모두를 맡았습니다." 당시 이 일에 앞장선 사람은 조만식의 측근이면서 공산주의자였던 이주연이었다.

평양 공설운동장에서 "김일성 장군 환영 평양시민대회"가 열렸다. 전설적인 김일성 장군이 귀국했다는 소문은 당시 해방정국에서 매우 중요한 뉴스였다. 어떤 사람은 30만이 모였다고 하지만, 실제로는 그렇게 많이 모인 것은 아니다. 여기에는 소련의 25군 사령관 치스차코프, 레베데프, 로마넨코, 조만식, 김일성 등이 참석했다. 연설은 정치부 사령관 레베데프 소장, 조만식 그리고 김일성의 순서로 했다. 레베데프의 간단한 김일성 소개에 이어 조만식의 연설이 시작되어 약 30분 동안 진행

12) 김국후, 『평양의 소련군정』, 80-81.

되었다. 먼저 조만식은 김일성에 대한 소개를 했다. 당시 북한의 최고 지도자가 김일성을 소개했다는 것은 김일성의 등장을 인준했다는 것으로 이해되었다.

그러나 조만식의 측근이 전하는 조만식의 연설 내용은 은근히 소련의 정책에 대한 비판이었다. 당시 평양민보의 실질적인 책임자로서 편집국장을 맡았던 한재덕은 이것을 신문에 게재했는데, 그는 조만식의 연설을 다음과 같이 요약한다.[13]

> 일제시대 일본 사람들은 우리나라 사람보고 하도 못살게 굴다 못하여 나중에 정오 사이렌이 나면 어디서든지 엄숙히 서서 일본군의 무운장구를 비는 묵도를 하라고 했다. 우리는 할 수 없이 이에 따를 수밖에 없었다. 그러나 우리가 매일 정오 사이렌 때마다 엄숙히 서서 하느님께 빈 것은 일제의 무운장구가 아니라 일제가 하루 빨리 망하게 해주십사 하는 것이었다. 하느님은 불의하고 무리한 일제의 뱃심 좋은 소원을 들어주신 것이 아니라 우리들 약소민족의 지당하고도 절실한 염원을 들어주셨다. 그 어떤 자라도 사람의 마음까지 정복할 수는 없는 것이며, 정당한 염원은 하나님의 은덕으로 반드시 이루어지는 것이다.

또 다른 증언자인 오영진은 다음과 같이 당시를 회고한다.[14]

> 이날 김일성의 등장은 결국 애국자 조만식 선생의 존재만 빛나게 했다.

13) 한재덕, 『김일성을 고발한다』, 64. 한재덕은 조만식의 연설 전문이 「평양민보」와 「내리다지」에 실려 있다고 말하지만 아직 발견되고 있지 않다.

14) 오영진, 『소 군정하의 북한』, 92.

군중은 해방 후 최초인 선생의 웅변에 도취되었다. 선생은 말끝마다 소련을 내세우고, 소련의 은혜를 감지덕지하는 공산당에 대한 반격의 제1호로 우리 조국의 해방은 하늘이 주신 것이라고 절규하며 절호의 기회를 얻어 조국재건을 위한 민족의 대동단결을 강조했다.

조만식의 측근들은 이런 조만식의 연설은 내심 당시 조선을 지배하고 있던 소련에 대한 은근한 비판이며, 지나치게 소련을 찬양하는 당시의 모습을 보며 여기에 대한 기독교인의 입장을 표현한 것이라고 본다. 이것은 나중에 조만식과 소련의 관계가 악화된 후에 공산당이 "조만식은 우리 민족의 해방이 하늘에서 떨어진 것이라고 하니 이 얼마나 비과학적인 노인의 망령이냐?"고 공개적으로 비판했다는 사실에서도 잘 드러난다.[15] 하지만 이런 가운데서 조만식은 소련에 대해서도 할 말을 했다. 그것은 소련이 약속한 부르주아 민주주의 정권을 만든다는 약속을 지키라는 것이다. 아직 조만식은 희망을 갖고 있었던 것 같다.[16]

조만식의 연설에 대해 소련 정치장교 메클레르는 "조만식은 인민의 절대적인 추앙을 받는 민족지도자답게 이날 연설에서 민족통일과 민주주의만이 조선인의 살 길이라고 여러 차례 강조했다."고 증언한다.[17] 당시 소련과 북한 공산주의자들은 북한에 민주기지, 곧 남한을 공산화하기 위한 기지를 만들기에 바빴고, 통일은 다음 문제였다. 하지만 조만식은 통일을 강조했다. 아울러 조만식은 민주주의를 주장했는데, 그가

---

15) 오영진, 『소 군정하의 북한』, 92.

16) 고당기념사업회 엮음, 『고당 조만식 전기』, 286.

17) 『비록 조선민주주의 인민공화국』, 89.

말한 민주주의란 인민민주주의가 아니라 자신이 원래 강조한 개인의 사적 소유권과 시민의 자유가 강조되는 사회를 말한다.

조만식에 이어 연설한 사람은 김성주라는 본명을 가진 김일성이었다. 원래 김일성은 전설적인 독립투사로서 1920년대 만주에서 활동했다. 그러나 비밀리에 활동했기 때문에 그를 아는 사람은 없었고, 따라서 많은 사람들이 김일성의 이름을 갖고 활동했다. 북한에 등장한 김일성도 그중의 한 명이었다. 김일성은 1930년대 보천보전투를 비롯하여 실질적으로 항일운동을 했으나 일제 말 일본군에 쫓겨 소련령으로 들어가 소련 군인이 되었고, 1945년에는 대위 계급을 받고 소련 당국에 의해 북조선의 지도자로 내정받고 북한에 온 것이다. 당시 그의 역할은 평양위수사령관의 보좌역이었다.[18] 당시 그의 나이는 33세였는데, 일반인이 생각하던 전설적인 김일성과는 다른 존재였다. 따라서 환영대회에서 김일성이 등장하자 많은 사람들이 소요하기 시작했고, 김일성이 가짜라는 소문이 널리 돌았다.

김일성의 연설은 이런 과정 가운데 진행되었다. 그는 자신의 연설을 스탈린에 대한 찬양으로부터 시작했다. 사실 이것이 가장 중요한 것이었다. 왜냐하면 소련은 북한에 친소정부를 세우려고 했고, 김일성은 소련의 계획에 맞는 말을 했다. 김일성은 이런 점에서 적격자였다. 김일성은 연설원고를 읽어 나갔다. 레베데프 사령관의 진술에 의하면 이 원고는 소련군이 작성해준 것을 번역하여 김일성이 읽었다는 것이다.[19] 이 연설에는 그가 말하던 민족통일전선이 '대동단결'이라는 일반 용어

18) 안드레이 란코프, 김광린 역, 『소련자료로 본 북한 현대사』(서울: 오름, 1995), 76.

19) 김국후, 『평양의 소련군정』, 81.

로 포장하여 나오고 있다. 다음은 그 내용이다.[20]

> 조선민족은 새 민주조선 건설에 힘을 합해 나가야 하겠다. 어떠한 당파나 어떠한 개인만으로 이 위대한 사명을 완수할 수 없다는 것이다. 돈 있는 자는 돈으로, 지식 있는 자는 지식으로, 노력을 가진 자는 노력으로, 참으로 나라를 사랑하고 민족을 사랑하는 전 민족이 완전히 대동단결하여 민주주의 자주독립 국가를 건설하자.

조만식은 김일성과 좋은 관계를 유지하려고 했던 것 같다. 10월 14일 김일성환영대회가 열린 다음 16일 혹은 17일경에 조만식은 평양 시내 '가선(歌扇)'이라는 일식 요릿집에 김일성 가족을 초청하여 환영연을 베풀기도 했다. 사실 조만식과 김일성의 아버지 김형직은 숭실학교 선후배 사이이다. 또한 김일성의 외가 강 씨 쪽은 장로교였기 때문에 조만식과 가까웠다. 외삼촌 강진석은 조만식과 같은 교인으로 잘 아는 사이이며, 만경대 칠곡에 김일성의 외가 친척인 강신애가 세운 창신학교가 있는데, 설립 당시에 조만식이 도움을 주었다고 한다. 이런 배경들이 조만식과 김일성을 가깝게 만들었다.[21]

---

20) 김창순, 『북한민주통일운동사: 평안남도 편』, 218에서 재인용.

21) 『비록 조선민주주의 인민공화국』, 99. 김일성과 기독교인들의 관계는 김현석 장로를 통해서도 이루어진다. 김현석은 김일성을 위해 환영예배를 드려준 일도 있다[김기혁, 『김현석 장로 전기』(서울: 맥밀란, 1982) 272-278]. 이 문제에 대해서는 이 책의 후반에서 다룰 것이다.

2.

민족주의 통일전선과 조선민주당

1945년 10월 북한사회는 무척 바빴다. 한편으로는 민족통일전선을 말하면서 다른 한편으로는 이것이 가능하게 하기 위해 법령을 발표했다. 10월 12일 치스차코프 대장은 "붉은 군대는 무슨 목적으로 왔는가?"라는 제목의 게시문을 발표했다. 여기에는 "붉은 군대는 소비에트 질서를 설정하거나 조선지역을 얻으려는 그런 목적들을 갖지 않았습니다."라는 선전문구가 들어 있다. 이 게시문과 함께 같은 날 "북조선 주둔 소련 제25군 사령관 명령서"를 발표했는데, 여기에는 정당 설립을 위한 내용이 포함되어 있다. 여기에 의하면 다음과 같은 내용이 포함되어 있다. "① 일제의 잔재를 완전히 숙청하며, 민주주의와 공민의 자유 기초를 공고히 하는 것을 목적으로 삼는 모든 반일 민주정당의 창당과 활동을 북조선 영내에서 허용한다. …… ③ 1항과 2항의 반일정당과 민주단체들은 당과 단체의 규약과 강령을 해당 지역 자치기관과 군 사령관에게 등록하고, 당과 단체의 지도부 명단을 제출해야 한다."[22] 다시 말하면 소련은 소비에트식 일당독재를 주장하지 않고 여러 정당을 인정하되 소련 군정의 통제 아래 두겠다는 것이다.

소련 군정은 한편으로는 공산당 북조선분국을 만들어 공산당의 기반을 다지는 한편 여타 다른 정당을 만들어 민족통일전선을 형성하려고 했다. 여기에서 첫 번째로 고려한 것이 조만식을 중심으로 한 정당의 창설이다. 사실 당시 북한에서 공산당의 세력은 미미했다. 실제로 소련군의 진주 이전에 평양에서 공산주의자들의 세력이라는 것은 보잘것없었다. 평양은 북한사회의 중심이었고, 조만식을 중심으로 한 민족주의자들의 세력은 막강했다. 이런 상황에서 소련군의 일차적인 임무는 조만식과 그의 그룹이 반동세력이 되지 않고, 자신들이 후원하는 김일성과 좋은 관계를 유지하도록 하는 것이었다. 이런 프로그램 아래서 소련은 김일성과 조만식의 만남을 주선한 것이다. 레베데프 장군은 "모스크바의 당 중앙으로부터 '아직은 공산당원을 정권의 전면에 내세우지 말고, 민주주의자와 민족주의자를 내세우라'는 지령을 받았으므로 조만식은 놓칠 수 없는 상대였습니다. 조만식은 9월 18일 이후 10월 7일, 10월 13일 등 모스크바 3상회의 결과가 나오기까지 10여 차례 접촉하면서 북조선의 정치 현안을 논의했습니다."라고 회고했다.[23]

모스크바의 이 같은 분위기에 맞추어 1945년 10월 15일 25군 사령

22) 김국후, 『평양의 소군정』, 99에서 재인용. 김국후는 이 문서가 10월 10일에 작성되었으나 발표하지 않았다고 주장하지만, 김창순은 10월 12일 발표했다고 본다. 김창순, 『북한민주통일운동사: 평안남도 편』, 227-228 참조.

23) 김준엽 · 김창순 · 이일선 · 박관옥 편, 『북한연구 자료집』 제1집(서울: 1967), 2-4; 김국후, 『평양의 소군정』, 126.

부에서는 사령관 치스차코프, 정치담당 부사령관 레베데프, 민정담당 부사령관 로마넨코, 정치국장 이그나치예프가 모여 신당 창당에 대해 논의했다. 이들은 현재 상황에서는 공산당으로 정국을 이끌어 갈 수 없기 때문에 조만식에게 신당 창당을 권유했다. 레베데프는 다음과 같이 회고했다. "공산당 일당으로 북조선에 민주정권을 세우는 것은 당 중앙 스탈린의 지령에 맞지 않습니다. 적어도 초기에는 외형상 복수정당이 절대 필요했습니다. 그 한가운데 조만식이 있었습니다. 그래서 조만식에게 공산당에 맞서는 정당을 창당하라고 권했지요."[24] 이것을 이루기 위해 북한에 주둔했던 소련군 지도층이 총출동했다.

북한에 조만식을 중심으로 또 다른 정당을 만들려고 한 것은 당시 북한 사정에 기인한 것이다. 당시 북한에서는 소련군의 만행으로 민심이 좋지 않았고, 공산당원도 얼마 되지 않았다. 게다가 얼마 안 되는 공산당도 해방 이후 소련이 등장하니까 덩달아 공산당원이 된 사람들도 많았다. 여기에 비해 북한, 특히 평안남북도와 황해도에는 기독교인들이 많았고, 이들 가운데 대지주는 많지 않았지만 소상인, 지식인들이 많았으며, 이들에 대한 사회적인 평판도 좋았다. 만일 이들이 소련에 대해 적대적인 세력으로 바뀌는 날에는 북한에 친소정부가 수립되기 힘들 것이다. 그러므로 이들이 소련의 지도 아래 정당을 만들면 이들의 세력도 북한의 권력구조 내에 포함시킬 수 있고, 동시에 적대세력이 될 가능성도 사라지는 것이다. 이것이 소련이 새로운 공산정권을 만들 때 사용하는 민족통일전선 전략이다.[25]

---

24) 김준엽 · 김창순 · 이일선 · 박관옥 편, 『북한연구 자료집』 제1집, 2-4; 김국후, 『평양의 소군정』, 126.

25) 여기에 대해서는 Robert A. Scalapino, "Communism in Asia: Toward a Comparative Analysis,"

조만식은 여기에 넘어가지 않았다. 조만식과 그의 동료들은 소련이 결코 민주적인 정당을 허용하지 않을 것이며, 따라서 미래가 없는 정당을 만드는 것보다는 아예 정당을 만들지 않는 것이 더 낫다고 생각했다.[26] 더욱이 조만식은 소련사람들에 대한 혐오까지 나타냈다. 조만식은 "노린내 나는 소련군은 싫다."며 소련군을 상대하려고 하지도 않았다. 그러나 보다 근본적으로 조만식이 신당 창당에 반대한 것은 국토가 분단된 상황에서 북한에 새로운 당을 창당한다는 것은 분단을 고착화시키는 것이기 때문이었다. 그는 "북조선에 따로 정당을 만드는 것은 반대한다. 지금 38선이 막힌 것만도 기막힌데 정당을 따로 만들면 결국 분열을 조장하는 것밖에는 안 된다."고 주장했다.[27] 한재덕도 "특히 조선생은 38선에 의한 어떤 분할이든 이를 싫어하고 슬퍼하여 이를 인정하지 않으려 했다. 그리하여 전국 규모의 정당이라면 몰라도 북한만의 정당은 좋지 않다고 생각했다."고 말하고 있다.[28] 이런 강력한 저항에 부딪힌 소련군은 전략을 바꾸었다. 그것은 소련군이 나서지 않고, 한국인을 통해 일을 진행하는 것이었다. 그리고 이 일을 김일성에게 맡겼다. 1945년 10월 하순 김일성의 가장 큰 과제는 조만식을 설득하여 조선민주당을 만드는 것이었다.[29] 소련은 이런 전략의 일환으로 1946년에 천도교들로 하여금 함경도를 중심으로 청우당을 만들게 했다.

The Communist Revolution in Asia: Tracts, Goals, and Archivements, R. A. Scalapino, ed. (Englewood Cliffs, NJ: Prentice-Hall, 1965), 1-45.

26) "Report on the Situation in Russian Occupied Korea," 5.

27) 박병엽 구술, 유영규 · 정창현 엮음, 『조선민주주의인민공화국의 탄생』, 85-86.

28) 한재덕, 『김일성을 고발한다』, 159.

29) 김국후, 『평양의 소군정』, 126.

이런 소련의 전략에 앞장선 사람이 바로 김일성이었다. 그는 민족통일전선 전략을 잘 알고 있었다. 잘 알려진 대로 김일성은 1930년대 만주에서 항일 빨치산 유격대활동을 했다. 그런데 그가 동만주 빨치산 활동을 평가하면서 자신들의 몇 가지 오류를 지적한 바 있다. 그것은 첫째로 유격대가 "점진적으로 힘을 기르는 대신, 불필요하게 일본군과 전투"하여 빨치산에 막대한 피해를 입혔다는 것, 둘째로 그들은 "통일전선을 형성하는 대신 지주와 농민들에 대한 '좌편향'을 가졌고, 다른 민족주의 세력들과 협력하는 것을 거부"했으며, 셋째로 "항시적인 일본의 감시와 그들이 유격대에 잠입할 수 있다는 의심이 자기파괴적인 숙청"으로 몰아갔다는 것이다.[30] 후에 김일성은 이런 좌편향 오류를 수정하려고 노력했다. 아마도 이런 자신의 경험에서 해방 후 어떻게 투쟁해야 하는가를 터득했으리라고 생각한다.

한근조에 따르면 10월 중순 김일성은 조만식이 위원장으로 있던 모임에 방청을 요청했다. 이것은 받아들여졌고, 이 모임에서 김일성은 현재 북한에는 상당한 숫자의 공산주의자들이 있지만 민주적인 형태의 정부가 만들어져야 한다고 주장했다. 10월 20일에는 소련당국이 민주주의자들에게 자신들의 주장을 과시하는 시위를 허락하기도 했다. 이 모임에서 김일성은 민주주의적인 정당을 만들 것을 제안했고, 이것은 기존의 공산당과 충돌하지 않아야 한다고 했다. 한근조는 김일성이 공산주의자라는 것을 감추고 있으며, 이것은 새로 만들어질 당에서의 자신의 위치를 확보하고, 더 나아가 여기에 대한 공산당의 통제를 강화하기 위함이라고 판단했다. 김일성은 자신은 만주에서 독립군의 지도자

30) 찰스 암스트롱, 『북조선의 탄생』, 67.

였으며, 여기에는 좌파와 우파를 막론한 모든 그룹이 있고, 자신은 특정 정파를 초월해 있으며, 앞으로 자신이 조선민주당과 함께하겠다고 말했다. 한근조의 우려에도 불구하고 조만식은 김일성과 협력하기로 결정하고, 공산주의를 제외하고 모든 정당을 하나로 묶어 일종의 통일전선을 형성하려고 했다. 여기에서 조만식이 당수, 김일성이 부당수를 맡기로 결정되었다. 10월 20일 이후 조선민주당의 창당은 속도를 얻게 되었다.[31)]

김일성은 여러 가지 차원으로 조만식을 설득했다. 먼저 조국의 건국을 위해 지식인, 종교인, 기술자들을 중심으로 한 정당이 나와 공산당과 함께 일해야 하지 않겠느냐고 말했다. 아울러 그는 조만식이 정치를 하려면 "당이 없고, 조직이 없으면 아무것도 못한다. 우리는 당신이 대통령이 될 수 있도록 도와드리려고 한다."고 말하면서 창당을 권유했다. 메클레르 중좌의 회고에 의하면 조만식이 당을 만들면 자신이 "입당해 소련 군정과의 사이에 가교 역할을 하겠다."고 했다는 것이다. 메클레르는 조만식이 김일성의 이 말에 창당을 결심했다고 한다.[32)]

한근조에 따르면 얼마 후 조선민주당을 위한 창당모임이 있었는데, 여기에 김일성은 병을 핑계로 참석하지 않았다고 한다. 그리고 자기 대신 최용건을 보냈다. 최용건은 원래 오산학교 출신으로 조만식의 제자였고, 북한으로 돌아와 조만식을 찾아가 극진하게 인사를 올렸다.

---

31) "Report on the Situation in Russian Occupied Korea," 5.

32) 김국후, 『평양의 소군정』, 127. 박병엽은 김일성의 입당 계획은 과장된 것이라고 주장한다. 하지만 당시 창당에 깊이 관여한 메클레르는 김일성의 입당 제안이 조만식으로 하여금 창당을 결심하게 만드는 요소였다고 증언한다. 박병엽 구술, 『조선민주주의인민공화국의 탄생』, 88.

함석헌의 표현을 빌리면 최용건은 조만식이 "안아서 기른" 사람이다.[33] 여기에 김책과 이주연도 동원되었다. 한근조는 김일성을 대신한 이들이 친공산주의적인 발언을 하는 것을 보고 더욱 의혹이 커졌다. 이들은 당시의 현안을 먼저 소련에게 전하고, 그다음에 미국과 중국에 전해야 한다고 주장한 데 비해 조만식은 모든 연합국에 같이 제시해야 한다고 주장했다.

이외에도 이들과 조만식 사이에는 친일파 처리 문제에도 차이가 있었다. 이들은 정당의 강령에 친일파의 즉각적인 사퇴를 명시하자고 주장한 데 비해 조만식은 그런 강령이 없어도 친일파를 축출할 수 있다고 말했다. 특별히 김일성의 대리자들은 미국의 원자폭탄이 일본을 망하게 했다는 주장을 불쾌하게 생각하면서 소련도 같은 비중의 기여를 했다고 말했다. 이 모임에서 조만식은 김일성이 조선민주당을 분열시키려고 하고 있다고 생각했고, 또한 당시의 공산당들은 조만식이 김일성의 도구로 전락했다는 말을 하기도 했다.[34]

김일성의 입장은 1945년 10월 27일 「평양민보」의 "민족혁명통일전선에 관하여"라는 글에 잘 나타나고 있다. 공산당 평남위원회의 공식적인 잡지인 「평양민보」는 지금은 부르주아 민주주의 혁명 단계라고 지적하면서 이 단계에서는 봉건세력의 핵심인 지주계급을 타파하기 위해 자본가 계층을 활용해야 한다고 주장한다. 이 글은 일제 강점기에 농민, 노동자뿐만 아니라 민족 자본가들과 토착지주들도 일제에 착취를 당했다. 따라서 일부 일제의 주구가 된 자본가들과 지주들을 제외한 모든 사

33) 함석헌, "내가 겪은 신의주 사건", 378.

34) "Report on the Situation in Russian Occupied Korea," 5-6. 한근조는 조선민주당이 창당되기 하루 전에 평양을 떠나 월남했다.

람들이 반일-민족혁명통일전선을 형성하여 일제의 잔재와 싸워야 한다는 것이다. 다시 말하면 민족주의 통일전선에는 농민, 노동자, 소시민뿐만 아니라 자본가와 소지주도 포함시켜야 한다는 것이다.[35] 그리고 이것을 위해 지주와 자본가들이 참여할 수 있는 조선민주당을 만들어야 한다는 것이다.

그러면 왜 조만식은 소련의 이런 제안을 받아들였을까? 우선 김일성의 이야기를 어느 정도 믿었을 가능성이 있다. 김일성은 조만식에게 만일 새로운 당이 만들어지면 자신이 조만식을 도와 부당수가 되겠다고 했다고 한다. 김일성은 조만식에게 "민주정치로 나가려면 어차피 정당을 만들어야 할 것이 아닙니까? 만일 조 선생님이 그 정당의 당수가 되면 저는 부당수가 되어 특히 소련 측과의 절충을 담당하겠습니다. 그렇게 되면 모든 것이 우리 뜻대로 될 것입니다."라고 말했다.[36] 당시 조만식으로서는 소련 군정 당국 사이에 가교 역할을 할 사람이 필요했다. 만일 김일성이 이런 역할을 할 수 있다면 이것은 다행이라고 할 수 있다. 분명히 믿을 수 없지만 다른 도리가 있는 것도 아니었다.

하지만 보다 더 큰 문제는 해방 이후 계속 공산당에게 밀리는 정치현실을 보면서 정당 창당의 필요성을 느꼈던 것이다. 공산당은 안건이 있을 때마다 의견의 통일을 이루어 집단적으로 행동하는 데 비해 민족주의 진영에서는 조직이 없으므로 항상 패배했던 것이다. 따라서 이런 문제를 고려하여 당을 창당하기로 한 것이다. 여기에 대해 일부 인사들이 김일성에게 속는다고 염려했지만 조만식은 "거기에 동화되지 않는

35) 「평양민보」(1945. 10. 27); Chong-Sik Lee (ed.), *Materials on Korean Communism 1945~1947*, 165-167에서 재인용.

36) 한재덕, 『김일성을 고발한다』, 160.

다는 확신"이 있었기 때문에 당을 만들었다. 아울러 측근들 가운데서도 창당을 통해 활동하자는 의견이 있어 심사숙고한 다음에 창당을 결심했던 것이다.[37)]

이 같은 갈등은 3 · 1운동 당시 33인 가운데 한 분이며, 해방 후 조선민주당의 창당 발기인 가운데 한 사람인 김병조 목사의 증언을 통해서도 확인된다. 김병조는 자신을 찾아온 이영호에게 다음과 같이 말했다.[38)]

> 나는 지금 평양에서 고당 조만식을 만나고 오는 길이야. 우리 둘은 한반도의 정세를 분석하고 조선민주당 창당 문제를 깊이 있게 의논했지. 나는 고당에게 정당을 만들어봤자 소비에스키에게 이용당할 수밖에 없으니 신중히 생각하라고 했지만 고당은 그들에게 정면대응하려면 정당이 필요하다는 거야. 진지한 검토 끝에 정당을 창당하기로 하고 나는 발기인으로 참가해 정당이 창당되면 정치일선에서 떠나 교계를 중심으로 민족통일운동을 하기로 약속했어. 우리 둘은 서로 역할을 분담하여 조국의 분단을 막고 인민이 주인이 되는 통일민주주의 국가를 위해 몸 바칠 것을 다짐한 거지. 기독교를 중심으로 비밀결사대[광복단]를 결성하여 전국에서 조직적으로 반소운동과 통일운동을 해나가기로 고당과 구체적으로 합의를 끝내고 오는 길이야. 나를 도와줄 수 있겠지.

---

37) 한근조, 『고당 조만식』, 390; 한재덕, 『김일성을 고발한다』, 161.

38) 김국후, "김병조 목사의 최후", 『일제하 김병조의 민족운동』, 김형석 편저(서울: 남강문화재단 출판부, 1993), 143. 이영호는 경성제대를 다니다가 해방을 맞은 독실한 기독교인으로서 김병조의 지시를 받아 광복단에서 활동하던 중 소련군에 체포되어 시베리아로 끌려가 오랫동안 감옥생활을 했다. 그 후 석방되어 소련에서 살던 중 구소련의 붕괴 이후에 중앙일보 김국후 기자와 인터뷰를 통해 김병조의 광복단 활동과 조만식과의 관계를 증언했다.

김병조 목사의 증언에서 우리는 다음과 같은 사실을 확인할 수 있다. 첫째, 많은 사람들이 조선민주당은 소련에게 이용당할 가능성이 있다고 우려했다. 둘째, 조만식은 소련에 이용당하지 않고 조선민주당을 통해 소련에 맞서는 강력한 반소-민족통일운동을 전개하려고 했다. 셋째, 여기에 3 · 1운동의 중요한 인물이었던 김병조 목사가 참여하고 있다. 김병조는 3 · 1운동 이후 상해 임시정부에서 활동했으며, 후에는 귀국하여 장로교 용천노회장을 지냈다. 일제 말에는 신사참배에 반대하다가 은거했고, 해방 후에는 조만식을 도와 민족해방운동에 나섰다. 다음에 다시 언급하겠지만, 그는 소련군에 체포되어 시베리아에서 최후를 맞이했다.

여기에서 김일성과 조만식의 생각은 서로 달랐다. 김일성은 조만식을 민족통일전선에 묶어두려고 했고, 조만식은 김일성을 통해 소련과 관계를 개선할 수 있지 않을까 작은 희망을 가졌던 것이다. 여기에 대해 한재덕은 솔직히 이 상황을 다음과 같이 설명하고 있다. 조만식은 "김일성과 함께 민주당을 조직하자는 간곡한 제의에도 사실 적지 않은 관심을 돌리지 않을 수 없다. 만일 그렇게 하여 정말 김일성을 통해 소련군정 당국, 또 공산당 측과도 관계를 되도록 원활히 해나갈 수만 있다면 얼마나 좋으랴."[39] 하지만 조만식의 더욱 중요한 생각은 조선민주당을 통해 소련과 대항할 수 있는 세력을 확보하는 것이었다.

하지만 이런 기대는 창당되기도 전에 깨져버렸다. 창당이 진전되면서 10월 26일 이 두 사람은 다시 만났다. 조만식은 김일성에게 "약속대로 민주당에 들어와 같이 일하자."고 권고했다. 여기에는 몇 가지 생

39) 한재덕, 『김일성을 고발한다』, 160.

각이 있었다. 첫째는 소련과의 중재자가 필요했고, 둘째는 김일성의 약속이 진실이었는지 반응을 보기 위함이었다. 여기에 대해 김일성은 교묘한 논리로 이것을 거부했다. 오영진에 의하면 "김일성은 자기 부하들 가운데 자유주의자도 있고, 민족주의자, 사회주의자, 공산주의자도 있어 어떤 일파에 속할 수 없다는 것과 또 하나 자기는 공산당과 새로 탄생할 민주당의 중간에 있어 양당의 친선과 우의를 도모하겠다는 '갸륵한' 이유를 들어 우리가 예상하고 바라던 바와 같이 우리 당의 입당을 거절했다."고 말하고 있다.[40] 김일성은 어느 날 조만식을 찾아와 "자기가 직접 조선민주당에 관계한다기보다는 차라리 소련 사령부를 배경으로 하여 거중 조정자의 위치에서 공산당과 민주당을 왼쪽, 바른쪽의 양손과 같이 원만하게 조정하는 것이 더 유리할 것이라는 구실을 내세우며 양해를 구했다."[41] 김일성은 그때까지도 자신이 공산주의자라는 것을 밝히지 않고 있었다.

그러나 김일성은 조선민주당과 절연한 것이 아니었다. 그는 자기 대신 최용건과 김책을 보내 돕겠다고 말했다. 위에서 언급한 대로 최용건은 조만식의 제자였다가 만주에 가서 김일성과 함께 항일 빨치산 운동을 한 김일성의 최측근이자 공산당원이었다. 김책 역시 김일성의 빨치산 동지로서 공산당이었고, 당시에는 이것을 숨기기 위해 김재민이라는 가명을 사용했다. 김일성은 자기 대신 최용건과 김책을 내세워 조만식의 신당을 통제하려고 했던 것이다. 김일성, 최용건, 김책은 소위 항일 빨치산의 핵심인물로서 이들이 얼마나 조만식과 조선민주당의 창당

40) 오영진, 『소 군정하의 북한』, 102.

41) 한재덕, 『김일성을 고발한다』, 162.

에 관심을 가졌는지 잘 알 수 있다. 이들은 자신들의 색깔을 숨긴 채 조선민주당을 공산당을 위한 협력단체로서 머물게 하고, 공산정권이 수립되어 자신들의 임무가 끝났을 때 다시 공산당으로 돌아가 김일성과 함께 북한의 실세 역할을 했다. 김일성과 소련은 조만식을 이용하려고 했고, 조만식은 오히려 조선민주당을 통해 소련과 맞서려고 했다.[42]

42) 한재덕, 『김일성을 고발한다』, 163; 김병연, 『평양지』 54.

3.

조선민주당의 창당과 민족주의의 반격

10월 하순, 조만식은 실질적으로 창당을 결심하고 창당 작업에 들어갔다. 조선민주당이라는 당명은 조만식과 김일성의 공동제의로 채택되었다.[43] 창당 준비작업은 조만식을 대리하여 한근조가 맡고, 공산 측을 대표하여 김책이 맡았다. 이 두 사람은 처음부터 의견이 달랐다. 아마도 공산 측에서는 친일청산 문제를 중요하게 제기했고, 조만식 측에서는 대동단결과 민주주의를 강조했던 것 같다. 결국 이 같은 갈등은 조만식과 김일성의 대타협으로 마무리됐다.[44] 당시 정강 정책이 소련 군정의 허락을 맡아야 하는 것이었기 때문에 많은 수정을 거쳐야 했지만 그래도 민족주의, 민주주의, 자주독립의 원칙을 지키려고 노력했다. 김책은 조선민주당이 "근로인민대중을 위한 정당이어야 하며, 근로계급

43) 기광서, "러시아 연방 국방성중앙문서 보관소 소재 해방 후 북한 정치사 관련 자료 개관", 『해방 전후사 사료연구』(서울: 선인, 2002), II: 134.

44) 한근조, 『고당 조만식』, 390-391.

의 선봉적인 역할을 다할 수 있는 정당으로 정당 당헌을 수정해야 한다."고 맞섰지만 받아들여지지 않았다.[45] 그러나 조선민주당이 소련군 당국과 대립했던 것은 아니다. 부당수로 선출된 이윤영은 조선민주당은 "민주공화국이라는 깃발 아래 공산당과 협력하는 것이 목적"이며, 소련군의 지원과 협력이 있다고 강조했다.[46]

조만식의 조선민주당의 선언, 강령, 정책을 보면 다음 몇 가지 특징을 찾아볼 수 있다.[47] 첫째, 새로운 국가를 건설하기 위해 계파를 초월하여 민족주의에 근거하여 대동단결해야 한다는 것이다. 선언문에는 "확고한 민족적 자각과 열렬한 애국정신 밑에 분산된 각계 대중의 총의 총력을 결집 통합하여 대동단결을 요"한다고 기록되어 있다. 조선민주당은 공산당 같이 노동자, 농민을 위한 계급 정당이 아니라 일반 대중을 중심으로 한 대중정당이며, 이 근거는 특정 계급의 이익이 아니라 민족적 자각과 애국정신인 것이다.

둘째, 그럼에도 불구하고 조선민주당은 건전한 시민계급의 중요성에 대해 언급하고 있다. 조선민주당과 조만식은 원래부터 실력 양성을 통한 건전한 시민계급의 육성을 강조했다. 강령에는 "민권을 존중하여 …… 종교, 교육, 노동, 실업, 사회 각계 유지와 결합을 요함"이라는 내용이 들어 있어 신생국가에서 유지, 곧 건전한 시민계급의 역할을 주장했으며, 정책에는 "언론, 출판, 집회, 결사 및 신앙의 자유"를 강조하여 근대시민의 자유를 강조했다.

45) 김창순, 『북한민주통일운동사: 평안남도 편』, 245.

46) "Intelligence Summary Northern Korea (1 December 1945)," 3.

47) 조선민주당의 선언문, 총강, 정책은 김창순, 『북한민주통일운동사: 평안남도 편』, 245-247에 그 전문이 실려 있다.

셋째는 사회의 어려운 사람들을 위한 배려를 포함하고 있다. "소작제도의 개선, 자작농의 참정 강화, …… 노동운동의 정상적인 발전, 실업자의 대책수립, …… 최저임금제의 제정" 등이 포함되어 있다. 여기에서 주목해야 할 것은 소유제의 부정이 아니라 개선이다. 조선민주당은 이미 평남 인민정치위원회를 통해 수립된 3 : 7제를 받아들이고 있었다.

마지막으로 한 가지 더 언급해야 할 것은 조속히 중앙정부를 만들어야 한다는 것이다. "목적과 취지가 같은 단체와는 우의적으로 상교하여 중앙정부의 신속한 출현을 기대한다." 이것은 북한에 이미 이북 5도 행정국이라는 독자적인 정부가 출현되고 있는 현실에 비추어볼 때 "중앙정부의 신속한 출현"을 강조한 것은 매우 중요한 내용이라고 할 수 있다. 조만식은 특별히 개회사에서 "조선민주당의 형성이 통일된 한국의 중앙정부를 촉진하게 될 것이다."라고 말했다.[48] 조만식은 처음 건준의 창립 때부터 끝까지 통일에 반대되는 북한만의 독자적인 정부 수립을 반대했다. 이것은 당시 소련당국의 의도와는 다른 것이라고 할 수 있다. 아울러 이런 통일정부를 수립하기 위해 같은 생각을 가진 단체와는 "우의적으로 상교"한다고 되어 있는데, 필자는 민족주의적인 단체들의 연합전선을 말하는 것이 아닌가 생각된다. 소련이 좌익 주도의 통일전선을 추구했다면 뒤에서 보는 것처럼 조만식은 남한을 포함하여 우익적인 통일전선을 만들고자 노력했다.

이런 준비를 거쳐 11월 3일 조선민주당은 평양 신양리 소재 구 평양제일중학교 교정에서 105인의 발기인 이름으로 창당하여 33인의 중

48) "Intelligence Summary Northern Korea, For Period 15 December-31 December 1945," 3.

앙상무집행위원을 선출했다. 11월 3일을 택한 것은 광주학생의거를 기념하기 위해서이며, 105인의 발기인은 일제에 항거한 105인사건을, 33인의 중앙상무집행위원은 3 · 1 독립운동의 33인의 민족대표를 상징한다. 이 모든 것은 조만식의 아이디어였다. 여기에 소련군과 공산당 대표의 축사도 있었다. 물론 당수는 조만식이었고, 부당수는 민족주의 진영에서는 이윤영 목사, 공산당 측에서는 최용건이었으며, 김일성이 파송한 김책은 서기장 겸 정치부장을 맡았다. 최용건과 김책을 제외하고는 모두 민족주의자들이었다. 이윤영은 평남 인민정치위원회 부위원장이었다. 이윤영에 의하면 최용건이 선거에 의해서가 아니라 당수의 제의로 당무위원회에서 선출되었다. 아마도 여기에서는 상당한 반발이 있었던 것 같다. 하지만 조만식은 여전히 이들을 통해 소련군과의 관계를 유지하려고 했던 것 같다.[49] 다음은 조선민주당 중앙상무집행위원의 명단이다.[50]

> 조만식, 오윤선, 이윤영, 최용건, 이종현, 김병현, 우제순, 김익진, 백남홍, 김책, 조종완, 홍기한, 정인숙, 박현숙, 한여사, 오영진, 김규환, 이계환, 윤무준, 박재창, 박승환, 이호빈, 윤장엽, 전영택, 홍기주, 차재익, 전준삼, 박선권, 김병조, 조명식, 고몽헌, 2명 불명

49) 이윤영, 『백사 이윤영 회고록』, 114. 이윤영은 최용건의 선출에 대해 “당시의 긴장된 분위기를 완화하자는 정책”으로 이루어졌다고 말하고 있다. 소련 측 문서에는 최용건의 부당수 임명에 상당한 반대가 있었다고 기록되어 있다. 기광서, “러시아 연방 국방성 중앙문서 보관소 소재 해방 후 북한 정치사 관련 자료 개관”, 134.

50) 김창순, 『북한민주통일운동사: 평안남도 편』, 244.

조선민주당의 창당은 여러 가지 제약 가운데 이루어졌다. 하지만 창당 이후에 급속도로 발전하게 되었다. 당시 북한에서는 소련군과 공산당에 대한 실망이 컸는데, 이런 상황 가운데서 조선민주당이 창당되었기 때문에 사람들은 조선민주당에 입당하게 되었다. 특히 건전한 시민은 과격한 공산주의자들의 행위를 못마땅하게 여겨 조선민주당에 참여했다. 물론 여기에는 조만식이라는 개인이 갖고 있는 명성이 절대적이었지만, 동시에 당시 사회에 대한 불만이 가세한 것이다. 사실 위에서 언급한 김병조의 증언에서 알 수 있는 것처럼 조만식은 조선민주당을 통해 강력한 반소·반공운동을 전개하려고 했다. 이것은 대중의 호응을 받고 있었다. 조선민주당 측은 2, 3개월 만에 50만의 당원을 확보하게 되었다고 주장한다. 이들의 주장이 과장이 있다고 할지라도 이것은 1945년 말 현재 북조선 공산당원의 수가 불과 4,530명에 불과한 사실을 보면 조선민주당에 대한 대중적인 지지가 얼마나 큰지 판단할 수 있을 것이다.[51] 이런 조선민주당의 성공은 또 다른 문제를 가져왔다. 그것은 공산당의 견제였다. 공산당은 조선민주당이 자신들이 통제할 수 있는 범위 내에서 활동하기를 바랐을 뿐 자기들의 범주를 넘어서서 더 큰 세력으로 성장하는 것을 결코 원하지 않았다. 그래서 소련 군정 당국은 김일성에게 "강아지를 기르라고 했더니 호랑이를 길렀다."고 힐난했다

51) 사와 마사히코, "해방 후 북한 지역의 기독교", 『해방 후 북한교회사』, 37; 한국기독교역사연구소 북한교회사집필위원회, 『북한교회사』(서울: 한국기독교역사연구소, 1996), 385. 북한에서 노동당원이 56만 명이 된 것은 1947년 1월이었다. 이것은 1946년 11월 선거를 앞두고 1946년 여름 스탈린이 공산당과 연안파가 만든 신민당을 통합하라는 명령에 따라 노동당을 만든 이후였다. 참고로 1946년 여름 북한의 당세는 공산당 4만 300명, 민주당 14만 명, 창당된 지 얼마 안 되는 신민당 1만 5천 명이었다. 와다 하루키, 『북한 현대사』(서울: 창비, 2014), 65.

고 한다.[52)]

이 같은 조선민주당의 승리는 기초적인 단체에서 더욱 분명한 것 같다. 이미 북한의 5도 인민위원회에는 이미 공산당이 다수가 되었고, 요직을 차지하고 있었다. 그러나 소련 당국은 11월 말까지 지역 인민위원회를 구성하고, 군 · 면 · 리의 책임자를 선출할 것을 요청했으며, 이 선거에서 조선민주당은 압도적으로 승리했다. 어떤 시골에서는 과거 노인이 차지했던 자리를 젊은이가 차지했는데, 이 젊은이는 공산당원이 아니었다. 어떤 피란민은 자신의 구역에서는 조선민주당이 다수당이었으며, 공산당은 인기가 없다고 말했다. 그는 조선민주당이 공산주의자들을 제외하고 모든 사람들을 포함하는 정당이 되고 있다고 말했다. 어쨌든 조선민주당의 승리는 소련군에게 상당한 부담이 되었음에 분명하다. 이런 어려움 때문에 1945년 가을의 인민위원선거는 제대로 실시되지 못했고, 1946년 11월에야 이루어졌다. 심지어 김일성도 조선공산당을 비난하고, 자신을 조만식이 이끄는 조선민주당과 동일시하려는 시도를 하고 있다는 정보도 있었다.[53)]

조선민주당의 창당은 북한의 민족운동에 새로운 통로가 되었다. 당시 조선민주당은 중앙당 기관지로 「조선민주일보」(전영택 편집)를 갖고 있었고, 그 외에도 「황해민보」, 「평북민보」, 「강원민보」 등 3개의 도당 기관지를 발행하고 있었다.[54)] 지금까지는 공산당의 위세에 눌려 활동을

52) 한재덕, 『김일성을 고발한다』, 174; 257.

53) G-2 Periodic Report (22 Nov. 1945); (06 Dec. 1945); "Intelligence Summary Northern Korea, For Period 15 December – 31 December 1945," 1-2. 소련군은 1946년 3월 중에 전국적인 규모의 선거가 실시될 것으로 예고하고 있었는데, 미군은 이것이 의미하는 것을 분석하기 위해 노력했다. 남한에서도 1946년 3월에 전국중앙인민위원회가 열릴 예정이었다.

54) 한병구, "북한의 신문", 유재천 편, 「북한의 언론」(서울: 을유문화사, 1989), 94; 한국기독교

하지 못하던 일반시민은 이제 합법적인 정당으로 등록된 조선민주당을 통해 활동하게 되었다. 그중 몇 가지 예를 들면 진남포의 경우, 안치중을 중심으로 한 기독교민족주의자들이 소련군의 등장과 함께 밀려나게 되었다. 진남포는 원래 기독교민족주의가 강한 곳인데, 소련군의 등장으로 공산주의 세상이 되었다. 그런데 조선민주당의 창당 소식은 이들에게 새로운 활기를 가져다주었다. 그래서 11월 18일 진남포 시당을 조직할 때 열기가 넘쳤다. 평양에서 수백 명의 당원이 차량을 동원하여 참석했으며, 수천 명이 당원으로 등록했다. 당시 소련은 진남포제철소의 공장기물을 뜯어가고 있었기 때문에 여론이 좋지 않았고, 안치중을 중심으로 한 조선민주당의 소련에 대한 비난도 강했다. 결국 안치중은 재판도 거치지 않고 시베리아로 유배되었다.[55)]

원래 소련은 조선민주당을 세워 민족통일전선이라는 이름 아래 기독교와 중산층을 묶어두려고 했다. 하지만 상황은 완전히 다른 곳으로 흘러갔다. 조선민주당이 오히려 반공산주의 운동의 중심 세력으로 등장하기 시작한 것이다. 이것은 평남 개천군의 상황에서도 나타나고 있었다. 이곳에서는 해방이 되자 일본군의 무기를 빼앗아 치안유지대를 만들었는데, 소련군이 진주하자 그들에게 무기를 빼앗기고 말았다. 유명한 공산당 지도자인 현준혁의 고향인 이곳은 공산당이 빠르게 세력을 확보하기 시작했고, 민족주의자들은 숨을 죽일 수밖에 없었다. 이런 상황에서 조선민주당의 창당 소식이 들어왔고, 조선민주당은 민족주의자들에게 합법적으로 활동할 수 있는 공간이 되었다. 그래서 11월 중순

역사연구소 북한교회사집필위원회, 「북한교회사」, 385; 전영택, "고당 조만식 선생", 214.

55) 김창순, 『북한민주통일운동사: 평안남도 편』, 326-328; 이윤영, 『백사 이윤영 회고록』, 115.

장날에 개천교회에서 창당대회를 열었고, 중앙당의 간부들을 초대하여 성대한 행사를 했다. 이미 공산당이 상당히 자리를 잡고 있었음에도 불구하고 당일에 입당자가 7천 명이나 되었다. 이런 창당 열기는 소련과 공산당에게 위협적인 것이 되었고, 조선민주당은 더욱 많은 감시를 받게 되었다.[56)]

조만식은 조선민주당 창당과 더불어 김병조와 비밀결사적인 반공·반소운동에도 관여한 것 같다. 김병조의 아들 김행식에 의하면 김병조는 조만식과 함께 "지하에서 반공 광복단을 만들기로 밀약하고 조직에 착수하여 북한 전역에 점 조직을 확대해나갔다. 주로 교회의 장로, 집사들과 청소년이었다."[57)] 이영호의 증언에 의하면 김병조는 다음과 같이 말했다.[58)]

> 대상지역은 북한 전 지역이다. 각 교회 청년회 등이 주축이 돼 활동하도록 하고 부흥회, 기념예배, 평일 예배 등을 최대한 이용하여 민족통일 집회를 갖는다. 서울의 백범 선생도 우리의 활동을 적극 지원해줄 것이다. 서울의 지원은 자금 등이다. 광복단의 조직과 활동방향 등이 이미 비밀리에 서울에 전달되었다. 우리의 목적은 성공한다.

김병조 목사가 이끄는 광복단은 아마도 남한에서 김구와 신익희가

---

56) 문봉제, "월남하기 직전에 뵈온 고당 선생", 『고당 조만식 회상록』, 238-240. 문봉제는 조선민주당 개천군당의 사무총장이었으며, 그 후 월남하여 교통부장관을 지냈다.

57) 김행식, "선고(김병조 목사)를 회고하며", 『일제하 김병조의 민족운동』, 김형석 편저(서울: 남강문화재단 출판부, 1993), 103.

58) 김국후, "김병조 목사의 최후", 143.

주도하여 만든 정치공작대와 함께 반탁운동에 앞장섰던 것 같다. 이 광복단은 평양, 신의주, 원산, 함흥 등을 중심으로 발전했다.

각 지역에서 조선민주당의 창당 열기는 매우 뜨거웠다. 12월 5일에는 정주에서 조선민주당 평북도당이 결성되었고, 이어서 각지에 조선민주당이 조직되었다. 도청소재지는 신의주였지만 정주가 교통의 중심지였다. 정주는 오산학교가 있는 장소요, 기독교정신이 강한 지역이었다. 여기에서 위원장에는 주기용, 부위원장에는 선우훈, 김석하, 조직부장에는 선우기성이었다.[59] 실제로 평북에서는 해방 직후 자치위원회가 인민위원회로 바뀌고, 공산당이 득세하면서 한경직, 윤하영 목사를 중심으로 기독교사회민주당이 결성되었다. 하지만 이런 지도자들이 박해를 피해 월남함에 따라 큰 진척을 이루지 못했다. 이런 상황에서 새로 등장한 조선민주당의 창당은 북한사회에서 다시 민족운동이 일어날 수 있는 기회였던 것이다. 결국 기독교사회민주당의 흐름은 조선민주당으로 통합되었다.[60]

평북 용천군 용암포의 조선민주당 창당은 이 같은 과정을 잘 보여준다. 해방 직후 이곳에 만들어진 자치위원회가 소련군의 진주로 말미암아 해산되고 인민위원회가 조직되면서 공산당의 행패가 시작되었다. 이런 상황에 대해 장원봉을 중심으로 한 이 지역의 민족주의자들이 평양으로 가서 조만식과 상의했고, 이들은 돌아와서 11월 15일 400여 명

59) 선우기성 · 김판석, 『청년운동의 어제와 내일』(서울: 횃불사, 1960), 7.

60) 고당기념사업회, 『민족의 영원한 스승, 고당 조만식』, 322. 이 책은 신의주사건을 계기로 공산당과 조선민주당의 연립정부는 흔들리고, 대신 기독교사회민주당은 조선민주당으로 흡수되었다고 주장한다.

이 참석한 가운데 용천군당을 조직했다.[61] 이같이 공산당에 대한 반감이 고조되고 있을 때 11월 18일 용암포에서 열린 공산당 주도의 시민대회에서 반공산당 연설이 나오게 되었고, 공산당은 시민을 무자비하게 제압했다. 이 과정에서도 11월 21일 용암포지구당 조직대회가 있었고, 공산당은 장원봉을 비롯한 조선민주당원을 폭력으로 탄압했다. 조만식은 이 소식을 듣고 11월 22일 조선민주당 청소년부장을 맡고 있던 박재창을 보내 사태를 수습하도록 했다. 박재창이 다음 날 신의주에 도착해 보니 이미 신의주에는 유명한 신의주학생의거가 벌여져 있었다.[62]

이 같은 공산당에 의한 폭력적인 탄압소식이 결국에는 신의주에 전달되었고, 11월 23일에는 유명한 신의주학생의거가 발생하게 된 것이다. 평소에 소련군과 공산당에게 불만이 많던 학생들은 조직적으로 공산정권에 대한 반대운동을 벌였다. 학생들은 보안서, 공산당 본부를 비롯한 소련 군정의 핵심부문을 공격했고, 소련은 이 사건을 수습하기 위해 전투기까지 동원했다. 피살자가 23명, 중상자가 약 700명에 이르렀다. 그리고 주동자는 소련에 의해 시베리아로 유배되었다.

이렇게 사태가 악화되자 김일성은 사태를 수습하고자 이곳을 방문했고, 소련을 두둔하는 동시에 일부 과격파 공산당원들의 우발적인 범행으로 관심을 돌려 문제를 해결하려고 했다.[63] 하지만 당시 조만식은 박재창으로부터 당시의 상황을 잘 파악하고 있었고, 그 결과는 민족주의자들의 잘못이 아니라 공산당의 잘못이라는 것이다.[64] 신의주사건 이

---

61) 김창순, 『북한민주통일운동사: 평안북도 편』(서울: 사단법인 북한연구소, 1990), 452-454.

62) 박재창, "높이 봐라! 멀리 봐라! 크게 봐라!", 『고당 조만식 회상록』, 216-217.

63) 한재덕, 『김일성을 고발한다』, 179-221.

64) 박재창, "높이 봐라! 멀리 봐라! 크게 봐라!", 216-217. 박재창은 신의주사건의 전말을 사진

후에 김일성이 조만식을 만났을 때, 그는 김일성에게 "사건의 발단이 소련 군정과 공산당 측의 잘못에서 시작되었는데 어째서 학생들과 민족 진영 인사들만 가두느냐?"고 항의했다는 것이다. 박병엽은 이 사건을 계기로 조만식에게는 반소 · 반공의 딱지가 붙기 시작했다고 한다.[65]

당시까지 김일성은 자신이 공산주의자라는 것을 외부에 알리지 않고, 민족주의자들이 소련의 만행을 비판하는 데 동조했다. 하지만 신의주사건에서 김일성은 소련의 만행에 대해 비판하지 않고, 오히려 소련을 옹호했다. 사람들은 김일성이 민족주의자가 아니라고 생각했고, 김일성도 자신은 공산주의자라고 밝혔다. 김일성이 자신을 공산주의자라고 밝힌 것은 신의주사건 때였다. 이것은 지금까지의 태도와는 다른 것이었다. 지금까지는 좌우 합작의 통일전선을 강조했다면 이제는 자신이 공산당원임을 분명히 드러낸 것이다. 조만식은 이 소식을 듣고 몹시 불쾌하게 생각했다고 한다.[66]

조만식이 조선민주당의 확장에 전력을 다하면서 다른 한편으로는 소련과의 갈등도 여전했다. 위에서 언급했던 것처럼 스탈린은 북조선에 친소적인 중앙정권을 세우기를 원했다. 하지만 조만식은 이것이 분단의 고착화로 나갈 것을 우려하여 강력하게 반대했고, 그 책임자가 되기를 거부했다. 미군에게 정보를 제공한 조선민주당 인사는 소련이 이렇게 북한에 중앙정부를 세우고자 하는 것은 미래에 미소 간의 협상에서 유리한 고지를 점령하기 위함이라고 말했다.

으로 찌고, 기록하려다가 체포되어 형무소에 수감되었다가 석방되었다.

65) 박병엽 구술, 유영규 · 정창현 엮음, 『조선민주주의인민공화국의 탄생』, 76.

66) 박병엽 구술, 유영규 · 정창현 엮음, 『조선민주주의인민공화국의 탄생』, 88.

조만식의 조선민주당과 소련의 공산당 사이에는 마찰이 지속되었다. 조만식은 조선민주당을 창당하면서 자금이 필요했던 것 같다. 조만식은 10월 말경에 자신의 비서과장을 평양 일본인회에 보내 정치자금 30만 원을 기부하도록 요청했다. 일본인회는 이미 공산당에게 정치자금을 지원했기 때문에 조만식의 요청을 거부할 수 없었다. 그래서 11월 18일에 조선지폐 2만 원, 일본지폐 5만 엔을 평남 인민정치위원회에 전달했다. 이것은 보안서에 제보되었고, 11월 하순에 일본인회 간부와 조만식의 비서는 체포되었다.[67] 아마도 이것은 소련 군정이 조만식의 자금줄을 제한하려는 의도에서 나온 것이라고 생각된다.

하지만 당시 북한에서 소련군은 인기가 없었고, 조만식의 도움을 받지 못하면 북한사람들의 눈에 정당성을 얻기 어렵기 때문에 소련당국은 12월 중에도 다시금 강력하게 협조를 요청했다. 조만식은 여전히 이것을 거부했다. 결국 "지금까지 조만식의 저항으로 인해 중앙집권체제가 설립되지 못했다."[68] 미군 당국은 조만식의 거부로 인해 소련이 오히려 조만식의 제거를 고려하고 있으며, 이 같은 경우 김일성에게 모든 권력이 넘어가지 않을까 염려하고 있었다. 하지만 반대로 조만식은 남한에서 벌어지고 있는 임시정부 환영대회에 주목하고 있으며, 조선민주당이 북한 전역에 조직될 때까지 기다려야 한다고 말했다고 한다. 이것은 조선민주당이 강력해지면 조만식이 보다 강력한 투쟁을 전개할 것을 암시하고 있는 것이다.[69]

---

67) 森田芳夫,『朝鮮終戰の記錄』, 487-488; 김성보,『북한의 역사 I: 건국과 인민민주주의의 경험, 1945-1960』(서울: 역사비평, 2011), 46.

68) "정보참모부 일일보고서"(1945. 12. 18); G-2 Periodic Report (07 Jan. 1946)

69) "정보참모부 일일보고서"(1945. 12. 18); "Intelligence Summary Northern Korea, For Period

원래 김일성은 공산주의청년동맹에 관심이 많았다. 당연히 이들은 미래 공산주의사회의 지도자가 될 사람들이었다. 이렇게 공산주의청년동맹이 확대되어가는 중에 조선민주당이 창당되었고, 이런 과정에서 공산주의청년동맹은 상당한 위협을 느꼈다.[70] 당시 청년들, 특히 학생들 가운데 공산주의자들은 얼마 되지 않았다. 왜냐하면 당시 학생들은 거의 땅을 소유한 사람들의 자녀였기 때문이다. 조만식은 오랫동안 평양을 중심으로 청년체육운동을 했고, 청소년부장이던 박재창은 이런 것을 기반으로 하여 평양의 모든 체육회와 보이스카우트를 장악했던 것이다. 이들은 시내 각 중 · 고등학교를 순회하면서 세력을 확대해나갔다. 소련군은 조선민주당의 이런 활동을 여러 가지로 방해했다. 이것을 본 김일성은 공산주의청년동맹과 조선민주당 청년부를 합치려는 노력을 했다. 물론 오기섭 같은 일부 국내파 공산당은 이것을 반대했지만, 민족주의 통일전선을 추구하는 김일성은 조선민주당과 공산당의 청년들을 하나로 만들려고 했다. 그 결정적인 이유는 당시 공산당 가운데 청년이 많지 않아서 민족주의자들을 압도할 수 없었기 때문이다. 그래서 연합전선을 펴고, 그 가운데서 공산청년들이 주도하도록 하려는 것이었다.[71] 이것

---

1 January–16 January," 3. 이 정보는 미 군정과 조만식의 조선민주당 사이에 긴밀한 정보교환이 있었음을 말해주고 있다.

70) 박병엽 구술, 유영규 · 정창현 엮음, 『조선민주주의인민공화국의 탄생』, 153. "1945년 11월 조선민주당의 창립과 때를 같이해 민족주의 청년운동 조직이 만들어지고, …… 이 때문에 지방에서는 공청과 여타 청년조직 간에 갈등이 벌어지기도 했다. 공청(공산주의청년동맹) 조직의 초기에는 여러 문제로 난관에 빠졌고, 운동이 진척되지도 못했다."

71) 박병엽 구술, 유영규 · 정창현 엮음, 『조선민주주의인민공화국의 탄생』, 153. 김일성은 "현 단계는 민주주의 혁명단계이다. 따라서 민주주의 깃발 아래 청년들을 뭉치게 해야 한다. …… 청년들 속에서 공산주의 냄새를 피울 필요가 없다."고 말했다. 김광운, "해방 직후 북한에서의 통일전선", 327-330.

은 고전적인 공산주의 통일전선 방법이다.

여기에 대해 조만식은 강력하고 확고하게 "아니다."라고 말했다.[72] 그러나 조만식이 감금된 후 1946년 1월 17일 공산당과 조선민주당 그리고 기타 청년단체들이 모여 조선민주청년동맹을 결성했다. 김일성은 한편으로는 청년동맹이 공산당의 외곽단체가 아니라고 선전하고, 다른 한편으로는 기존 공산당청년동맹 가운데 공산당원을 다른 곳으로 전출시켜 안심시키며 다른 단체들을 끌어들였다. 당시 공산주의청년동맹에서 일했던 박병엽은 이런 민주청년동맹의 결성이 아니었다면 그 후에 벌어졌던 반탁운동에 청년들이 더 많이 참여했을 것이라고 주장한다.[73]

박재창에 따르면 조선민주당의 하부 조직 가운데 가장 열심히 활동했던 단체가 바로 청년부와 여성부였는데, 소련군은 사사건건 이들을 방해하며 자신들과 통합할 것을 요청했지만 조만식은 끝까지 저항했다고 한다.[74] 여성부는 후에 월남하여 국회의원을 역임한 박현숙 씨가 맡아 활발하게 이끌어갔다. 박현숙은 이 문제로 여러 차례 김일성과 논쟁했다. 김일성은 공산당의 여성동맹과 민족진영의 부인회를 통합하자는 것이었다. 김일성은 어느 날, 조만식과 공산 측 여성 지도자인 박정애와 함께 있는 자리에서 박현숙을 노골적으로 협박했다. "박 선생! 박 선생이 만일 남자였다면 나는 벌써 이 총으로 쏴버렸을 것입니다. 여성이기에 사양했죠."라고 말했다. 이것을 본 조만식은 "여성의 일은 여성에게 맡기도록 하십시오."라고 말하면서 박현숙의 입장을 지지해주었다. 김

72) 박재창, "높이 봐라! 멀리 봐라! 크게 봐라!", 216; 김광운, "해방 직후 북한에서의 통일전선", 331-332.

73) 박병엽 구술, 유영규 · 정창현 엮음, 『조선민주주의인민공화국의 탄생』, 156-157.

74) 박재창, "높이 봐라! 멀리 봐라! 크게 봐라!", 216.

일성은 때로는 능청스럽게 박현숙에게 "누님! 우리는 합해야 합니다." 라고 말하면서 회유하기도 했다. 하지만 박현숙은 여기에 반대했다.[75]

박현숙은 일제 강점기부터 평양의 여성운동을 이끌었으며, 특별히 신양리에 평양여자관을 만들어서 운영하고 있었다. 김일성은 평양여자관으로 박현숙을 찾아와 다시 설득했다. 그러나 박현숙은 거절했다. 그러던 중 김일성은 조만식과 기타 여러 인사가 함께 있는 자리에서 다시금 연합을 주장했다. 그러자 김일성은 박현숙에게 부인 회원의 의견을 들어보자고 제안했다. 김일성은 부인회 앞에서 "아직 공산당은 우리 땅에 오지 않았소. 공산당은 저 산 너머에 있습니다."라고 주장하며 우리 모두 힘을 합하자고 연설했다. 하지만 이것은 부인 회원들의 조롱을 받았다.[76] 하지만 이런 저항도 오래가지 못했다. 조만식은 연금되고, 박현숙은 월남했다.

잘 알려진 대로 조선민주당은 북한에 있는 지식인 중산층과 기독교인들을 배경으로 하여 출발했다. 당시 북한의 기독교인들은 38선의 왕래가 자유롭지 못하고, 소련 군정 아래 상당한 위협을 느꼈으므로 여기에 대한 대책을 마련할 필요를 느꼈다. 그래서 장로교를 중심으로 이북 5도 연합노회를 조직했다. 이 연합노회는 통일이 올 때까지 잠정적으로 북한지역에서 총회를 대신하는 기관이었다. 여기에서 결정한 중요한 내용은 북한 교회를 대표하여 남한에 있는 연합군사령관에 감사를 표시하자는 것이었다. 그러나 사실은 이것을 기회로 남한에 있는 이승만과 임정 요인들을 만나자는 것이었다. 따라서 이북 5도 연합노회는

75) 박찬일, 『심은 대로: 청해 박현숙 선생의 걸어온 길』, 271-272.

76) 박찬일, 『심은 대로: 청해 박현숙 선생의 걸어온 길』, 276-278.

북한에서 강력한 반소련 집단으로 인식되었다.[77]

연합노회는 조선민주당이 창당되면서 이곳을 중심으로 정치활동을 했다. 뿐만 아니라 이북 5도 연합노회의 지도급 인사들은 직접 조선민주당에 참여하여 활동했다. 연합노회의 초대회장이었던 김진수 목사는 선천군당의 창립에 기여했고, 함경노회장이던 안봉진 목사는 북청군당 위원장을 맡았다. 이후에 조만식과 이북 5도 연합노회는 같은 우익 노선을 걸었다.[78] 선천군당은 결성 직후인 12월 25일 현재 1,500명의 당원을 확보했다. 당시 조선공산당 선천당부의 당원 수가 겨우 78명이었음을 생각하면 조선민주당의 엄청난 승리였다.[79]

조만식과 김일성의 관계는 상호 긴장관계였다. 김일성은 조만식에게 조선민주당을 만들라고 권고하면서 자신도 참여한다고 했지만, 자신은 참여하지 않고 최용권과 김책을 대신 보내 자신은 조선민주당과 공산당 사이의 중재 역할을 하겠다고 했다. 이렇게 하여 조선민주당이 창당된 다음에 김일성은 자신이 공산당원임을 밝히고, 12월 17일과 18일 사이에 열린 공산당 북조선조직위원회의 책임비서가 되었다. 이로써 김일성은 북조선 공산당의 최고 실권자가 된 것이다. 김일성이 소련에서 귀국한 이래 10월, 11월 그리고 12월에 각각 공산당 북조선분국 집행위원회를 열고 소련군의 힘을 빌려 당시 국내 공산당의 중심세력이었던 국내파를 제거하고, 드디어 북한 최고의 공산당 지도자가 된 것이다. 물론 여기에는 김일성과 함께 활동했던 빨치산 유격대가 중심 역할을 했다.

---

77) 김양선, 『한국기독교해방 10년사』(서울: 대한예수교장로회 총회 교육부, 1956), 47-49.

78) 한국기독교역사연구소 북한교회사집필위원회, 『북한교회사』, 387.

79) 『평북위수사령부 보고서(1946)』, 11쪽; 김성보, "지방사례를 통해 본 북한사회의 갈등과 변동: 평안북도 선천군", 『동방학지』 125(2004), 195에서 재인용.

조만식은 이렇게 김일성이 공산당의 책임비서가 되자 심한 배신감을 느꼈다. 신의주사건 등으로 조만식이 각종 회의에 나오지 않자 김일성은 조만식을 찾아갔다. 이것은 그가 북조선 공산당 책임비서로 취임한 다음의 일이다. 조만식은 "김 장군이 나를 속였다."면서 "나처럼 조선 옷을 입고 오겠으면 찾아와도 좋지만 노랭이 옷을 입으려면 오지 말라."고 물리쳤다고 한다.[80] 당시 김일성은 견장을 떼어낸 소련 군복을 입고 다녔다. 조만식이 김일성을 두고 "김 장군이 나를 속였다."라고 한 것은 그냥 지나가는 말이 아니다. 조만식과 함께했던 민족주의자들도 같은 감정을 표시했다. 조만식의 측근 김병연은 김일성이 조선민주당이 창당된 다음에 "고당이나 조선민주당에 아무 통고나 양해도 없이" 북조선 공산당의 책임비서가 되고 말았다고 쓰고 있다.[81] 이것은 김일성이 조선민주당 사람들에게 어떤 이야기를 했는가를 짐작하게 하는 말이다. 한마디로 김일성은 조만식을 기만했던 것이다. 조만식은 대동단결이라는 관점에서 김일성을 대했지만, 김일성은 전술전략적인 측면에서 조만식을 대한 것이다. 결국 나중에 보는 바와 같이 김일성은 자신의 충복인 최용건과 김책을 통해 조선민주당을 접수하고 말았다.

80) 박병엽 구술, 유영규 · 정창현 엮음, 『조선민주주의인민공화국의 탄생』, 88.

81) 김병연, 『평양지』, 54.

V 신탁통치 반대와 조만식

1.

소련의 북한 정책과 조만식의 민족주의

위에서 소련과 조만식이 부르주아 민주주의 정권 수립과 민족주의 통일전선을 중심으로 어느 정도 공통분모가 있다는 것을 밝혔다. 그러나 이것은 어디까지나 어느 정도였다. 여전히 소련은 노동자와 농민이 주도하는 가운데 부르주아를 포함시키자는 의미의 부르주아 민주주의였고, 공산당의 외연을 확대하기 위해 민족주의자를 포함하는 민족주의 통일전선이었다. 조만식도 이것을 알았을 것이다. 하지만 그는 이런 소련의 의도를 자신에게 유리하게 전개시키기를 원했고, 그래서 글자 그대로 소자본가를 중심으로 하는 중산층과 민족주의가 주도하는 민족통일전선을 만들려고 했던 것이다. 그러나 이런 소련의 의도를 자신에게 유리하게 전환시키기에는 국제정세나 현실 상황이 너무나 어려웠다. 조만식도 이것을 잘 인식하고 있었다. 그래서 그는 항상 천시(天時)와 지리(地利)를 얻지 못했으나 인화(人和)로서 해결해야 한다고 말했다.[1] 하지만 결국 조만식의 인화도 천시와 지리의 역사적인 현실 앞에서 큰 힘을 발휘할 수 없었다.

조만식이 결정적으로 소련당국과 결별한 것은 신탁통치 반대 때문이었다. 이전에는 많은 갈등이 있었지만 결정적인 것은 아니었다. 하지만 조만식은 소련의 신탁통치 지지 강요를 명백하게 반대했다. 이것으로 조만식과 소련군 사이에는 건널 수 없는 강을 건넜고, 북한에서 조만식의 세력은 공산주의와 대결하게 되었으며, 결국은 정치무대에서 사라지게 되었다. 조만식의 신탁통치 반대에 대해 본격적으로 살펴보기 전에 소련의 가장 기본적인 한반도 정책에 대해 살펴보아야 할 것이다.

많은 학자들은 해방 직후 소련의 한반도 정책의 핵심은 한국에 친소 정권을 세우는 것이라고 말한다. 소련은 러시아 시대부터 한반도의 지정학적인 중요성을 잘 인식하고 있었고, 따라서 한반도에 부동항을 세워서 해양으로 진출하려고 했다. 그러나 러일전쟁에서 러시아는 일본에 패배했고, 한반도는 일본의 식민지가 되었으며, 소련에 위협이 되었다. 제2차 세계대전이 끝난 다음 소련의 한반도 정책의 핵심은 한반도가 일본을 통해 소련을 공격하는 전초기지가 되지 못하게 하는 것이며, 그러기 위해 한반도에 친소정권이 들어서야 한다는 것이다. 이것은 1945년 6월 29일 소련 외무성 극동국 관리가 작성한 한반도에 관한 보고서에 잘 나타나 있다.[2]

---

1) 고당기념사업회 엮음, 『민족의 영원한 스승 고당 조만식 전기』, 313.

2) 김성보, "소련의 대한정책과 북한에서의 분단질서 형성, 1945~1946", 『분단 50년과 통일시대의 과제』, 역사문제연구소 편(서울: 역사비평사, 1995), 56에서 재인용.

> 한국의 독립은 극동으로부터, 소련에 대한 압력을 기도하려는 일본으로부터는 물론 다른 국가들로부터 한국이 소련에 대한 미래의 공격기지로 전환되지 않게 하기에 충분할 정도로 효과적이어야 한다. 한국의 독립과 극동에서의 안보를 위한 실제적이고 믿을 만한 보장은 소련과 한국 사이에 우호적이고 긴밀한 관계들이 창출되는 것이다. 이것은 미래의 한국 정부 형성에 반영되어야 한다.

이와 같은 소련의 기본 입장은 1946년 3월 20일 미소공동위원회의 소련 측 대표였던 스티코프의 연설에서도 명백하게 드러난다.[3] "소련은 조선이 우호적이며, 진실한 민주주의적인 독립국가가 되기를 기대합니다. 그리하여 소련은 [조선이] 미래에 소련을 침범할 필요한 요새지와 근거지가 되지 않을 것을 기대합니다." 한마디로 말하면 소련은 자국과의 친밀한 관계를 유지하면서 적대적인 관계를 맺지 않을 인물을 찾았던 것이다. 다른 말로 김일성은 이런 원칙에 비추어볼 때 적절한 사람이었고, 조만식은 적절하지 않은 사람이었다. 이것이 확연하게 드러난 것이 바로 신탁통치 문제였다. 하지만 이것이 분명해지기까지는 몇 달이라는 시간이 흘렀다.

조만식에게 있어 가장 중요한 요소는 민족주의였다. 그래서 조만식을 이승만, 김구와 더불어 해방 직후 3대 민족주의자로 부른다. 그러나 이승만이 미국에서, 김구가 중국에서 독립운동을 한 것에 비해 조만식은 조선을 떠나지 않고 국내에 머무르면서 민족운동을 했다. 많은 사

3) U. S. G. P. O., *Foreign Relations of the United States 1946*, vol. 8 (Washington D. C.: U. S. G. P. O., 1969), 653.

람들은 그가 어떻게 일제 말에 일본의 압제에 굴하지 않고 살아왔는지를 잘 알고 있다. 그가 북조선사람들에게서 받은 존경은 이 같은 그의 삶에서 나온 것이다. 그는 일제 강점기에도 일본군 사령관에 머리 숙이지 않았고, 해방되었을 때에도 평남도지사의 정권 인수 제의를 거부했다. 하지만 해방 직후 소련은 점령군으로 조선에 온 것이 아니라 일제를 물리친 해방군이라는 명목으로 조선에 진주했다. 평남 건국준비위원장으로서 조만식은 그들을 환영하지 않을 수 없었다. 그래서 조만식은 한근조와 함께 평양역에 가서 소련군 치스차코프 사령관을 환영했다. 하지만 조만식은 치스차코프를 마냥 환영하고 있을 수만은 없었다. 앞에서 언급한 것처럼 조만식이 치스차코프를 처음 만난 자리에서 한 말은 "소련군은 점령군인가? 아니면 해방군인가?"라는 것이었다.

소련군은 북한에 진주하자마자 자신들이야말로 조선인민을 해방시킨 해방군이며, 이제는 진정한 자유의 나라가 되었고, 아울러 조선인이 이제 이 나라의 주인이라고 선전했다. 치스차코프의 이름으로 뿌려진 삐라에 보면 "이제로부터 전 권력은 조선 민중의 손안에 있습니다. 전 조선에 있는 전 재산은 조선에 속합니다. 조선은 소련연방과 손잡고 건실한 발전을 바랍니다."고 되어 있다.[4] 하지만 선전과 실제 내용은 달랐다. 소련군은 갖가지 만행과 약탈을 자행했고, 이것은 조만식과 소련군 사이의 갈등의 원인이 되었다. 박병엽은 "조만식과 소련 군정의 마찰은 무엇보다도 소련군의 만행과 약탈 때문에 시작되었다."고 지적하고 있다.[5]

4) "소련군 총사령관 치스치야코푸 대장 포고", 심지연 엮음, 『해방정국논쟁사 I』(서울: 한울, 1986), 358.

5) 박병엽, 『북조선인민공화국의 탄생』, 75.

우선 소련군은 조선에 진군하자마자 여성들을 겁탈하기 시작했다. 물론 여기에서 일차적인 대상은 일본 여자들이었다. 하지만 조선 여자들도 소련군에게 겁탈당하는 경우가 많이 있었다.[6] 이런 소련군의 겁탈은 소련의 점령지역에서 널리 행해진 일반적인 이야기이다. 찰스 암스트롱에 의하면 소련군의 조선 여성 겁탈은 독일이나 만주 같은 다른 지역과 비교해보면 오히려 작은 규모였다고 한다.[7] 하지만 이런 행위는 조선인에게 소련군은 여성을 겁탈하는 점령군이라는 인상을 주기에 충분했다. 이런 것을 보고 있는 민족주의자 조만식의 마음이 절대로 편할 리는 없었을 것이다.

여성의 겁탈과 함께 중요한 문제는 물자의 탈취였다. 소련군은 전쟁 내내 물자 부족에 시달렸고, 점령한 지역의 물자는 자신들의 것이라는 고전적인 전쟁 개념을 갖고 있었다. 일본은 북한지역을 군수공장으로 만들었고, 소련은 이 지역을 점령한 다음에 공장의 기계들을 분해하여 자기 나라로 가져갔다. 이것은 평남 인민정치위원회의 중요한 안건이었다. 조만식은 평양 고무공장의 기계탈취사건에 대해 이것은 적산이 아니라 조선인의 사적 소유이며, 이것을 마음대로 탈취하는 것은 잘못이라는 것이다. 평양은 오랫동안 기독교인들에 의해 고무공장이 운영되었고, 조만식은 이들의 후원으로 여러 가지 민족운동을 할 수 있었다. 조만식이 사적 소유권을 인정하고 이것을 보호하려고 했다는 것은 매우 중요하다. 아울러 조만식은 같은 해 10월에 벌어진 수풍발전소의 기계를 뜯어간 것에 대해서도 강력하게 항의했다. 조만식은 이런 항의의 표

6) 소련군의 여성 겁탈에 관한 이야기는 널리 알려진 일이다. 대표적인 증언으로는 오영진, 『소 군정하의 북한』, 54-71이 있다.

7) 찰스 암스트롱, 『북조선의 탄생』, 78-80.

시로 위원회에 나가지 않기도 했다.[8)]

이것은 기계만이 아니다. 소련은 군인들의 식량배급도 제대로 할 수 없는 상황이었고, 이들이 북한에 들어왔을 때 스스로 자급자족해야 했다. 이들은 자연히 일반인민에게 식량을 공출할 것을 강요했고, 조선인은 일제시대보다 더 많은 것을 빼앗긴다고 생각했다. 김창순은 여기에 대해 이렇게 말하고 있다.[9)]

> 그러한 가운데 소련 군정의 양곡매수사업이 강행되자 조만식은 정면으로 반대하고 나섰다. 그의 주장은 일제하에서 한국 농민들이 오랫동안 수탈을 당했고, 따라서 초근목피로 근근하게 연명해온 터에 조국광복 후에 제 손으로 지은 쌀을 가지고 마음껏 좀 먹게 해야 할 것이 아니냐는 것이었다. 소련군이 이것을 매수라는 이름으로 뺏어간다는 것은 말이 안 된다고 뻗댔다. 이것은 소련 군정으로서는 큰 타격이 아닐 수 없었다. 다른 사람도 아닌 한국인 지도자가 정면으로 반대하고 나섰으니 말이다.

이처럼 조만식과 소련 군정 당국 사이에는 마찰이 계속되었다. 여기에는 종교 문제도 있었다. 소련군과 종교 간의 갈등은 개신교보다는 오히려 천주교가 더 심했다. 천주교는 처음부터 공산주의를 인정하지 않고, 정교분리 정책을 고수했다. 조만식은 평남 인민정치위원장으로서 천주교의 입장을 도와주려고 했다. 해방 후 평양의 천주교는 일제에 빼앗긴 관후리 주교좌성당을 되찾으려고 했다. 원래 소련군은 신앙의 자

8) 박병엽, 『북조선인민공화국의 탄생』, 103.

9) 김창순, 『북한 15년사』(서울: 지문각, 1961), 70.

유를 보장해주겠다고 하며 여기에 대해 호의적이었으나 실제로 시인민위원회에서는 이것을 부결시켜버렸고, 평양교구의 홍용호 주교는 도위원회의 조만식 위원장을 찾아갔다. 조만식은 여기에 적극적으로 협조했으나 결국 천주교는 뜻을 이루지 못하고, 다른 부지를 대신 받게 되었다. 이 과정에서 천주교 측의 실무책임자였던 강창희는 총탄에 맞아 죽었다. 당시 조만식은 소련군이 언제 철수할 것인가라는 질문에 "소련군이 우리나라에서 가져가고 싶은 것 다 가져가면 철병하겠지요."라고 말하여 참석자들을 놀라게 했다. 이것은 아마도 9월 중의 일이라고 생각된다. 그렇다면 조만식은 일찍부터 소련에 대해 매우 불신하고 있었다는 증거가 된다.[10]

12월 중순 소련 군인이 조만식이 오랫동안 장로로 봉직하던 산정현교회에 난입하는 사건이 발생했다. 소련군 순찰대가 절도 용의자를 잡는다는 구실 아래 산정현교회에 난입하여 난동을 부리고 기물을 파괴했다. 조만식은 로마넨코 사령관에게 강력하게 항의했지만, 소련군은 고의가 아니었다고 변명만 했다. 박병엽은 조만식이 이 사건 때문에 마음이 몹시 상해 있었음에 분명하다고 말한다.[11]

조만식은 민족주의자로서 민족의 재산과 인권 그리고 종교의 자유를 지키려고 노력했다. 그런 과정에서 그는 소련당국과 마찰을 일으킬 수밖에 없었고, 이것은 원래 소련이 원하는 친소적인 인물을 내세워 정권을 맡기려는 근본적인 정책에 맞지 않는 것이었다. 특별히 그가 신의주사건에서 보여준 태도는 소련당국으로서는 받아들이기 매우 어려운

---

10) 평양교구사편찬위원회 편, 『천주교평양교구사』, 180-183.

11) 박병엽 구술, 유영규 · 정창현 엮음, 『조선민주주의인민공화국의 탄생』, 76.

상황이었다. 김일성은 소련군을 옹호하는 데 비해 조만식은 소련이 조선인을 구금하고 처형하는 것에 대해 강력하게 비판했다.

2.
일제 청산을 둘러싼 조만식과 소련의 입장

소련당국에게 조만식은 뜨거운 감자였다. 한편으로는 조만식을 내세워 부르주아 민주주의와 민족통일전선을 건설하려는 의도를 갖고 있었지만, 다른 한편으로는 조만식이 과연 친소주의자로서 활동할 수 있을지 의심했다. 소련군 정보당국은 여기에 대해 매우 민감하게 지켜보고 있었다. 소련의 정보당국은 9월 21일자 보고에서 "조만식이 도쿄 측의 승낙하에 일본과 조선 간의 긴밀한 관계를 유지하고, 공산주의자들의 손에 권력이 이양되는 것을 막기 위해 '바람직한 인물'로 기대를 받았다."고 지적하고 있다.[12] 일본 당국이 조만식을 활용하고자 한 것은 사실이지만 조만식은 여기에 넘어가지 않았다. 조만식은 오히려 자신의 독자적인 판단으로 활동했다. 이런 점에서 소련의 정보는 정확하지 않

12) 메클레르, "조선의 권력구조 및 정당 · 단체에 관한 조회(1945. 9. 21)"; 기광서, "소련군의 북한 진주와 부르주아 민주주의 노선", 『통일문제연구』 20-1(2005), 79에서 재인용.

지만 소련이 조만식에 대해 부정적으로 인식하고 있었음을 알 수 있다.

소련은 지속적으로 조만식을 자기들 편으로 끌어들이려고 했지만 여전히 조만식의 대소 관계는 불투명했다. 12월 중순에 작성된 소련 군정 4개월 보고서는 북한에서 가장 인기 있는 지도자는 김일성, 박헌영과 민족주의자 조만식이라고 언급했으나 조만식의 소련에 대한 정치적인 입장은 아직 모호하다고 보고하고 있다.[13] 이 보고서는 좀 더 구체적으로 조만식은 "외형적으로는 소련군 사령부를 지지하나 실제로는 조선 인민과 소련의 관계 및 우의 확대 · 강화에 반대하는 비밀 사보타지를 실시하고 있다."고 비난했다.[14] 이것은 조만식의 조선민주당이 각 지역에서 공산당과 마찰을 빚고 있는 것을 의식한 것이다. 하지만 소련은 여전히 조만식을 제외하고 북한의 정세를 이끌어 갈 수 없다고 생각했다. 소련당국은 "모든 정치적 · 조직적 대책들을 공산주의에 공감하지 않는 이 사람"과 협력해야 했다.[15]

소련이 조선에 친소적인 정권을 세우려고 했을 때, 이것은 다른 말로 하면 반일 세력을 규합하여 다시는 한반도에 친일적인 정권이 들어서지 못하게 하고, 그래서 소련을 공격하려는 의도를 갖지 못하게 하려는 것이다.[16] 스탈린은 일찍부터 연해주에 있는 조선인을 일본인의 앞잡이로 의심하여 중앙아시아로 강제 이주시켰던 것이다. 이런 점에서 소련의 친일파 숙청은 처음부터 단호하고 분명했다. 하지만 소련 못지

13) 김국후, 『평양의 소군정』, 135.

14) 기광서, "러시아 문서보관소 사료로 본 소련의 대북한정책, 1945~1947", 9쪽의 각주 14에 재인용.

15) 기광서, "러시아 문서보관소 사료로 본 소련의 대북한정책, 1945~1947", 9.

16) 전현수, "해방 직후 북한의 과거 청산(1945~1948)", 『대구사학』 69(2002), 36.

않게 조만식도 일제와 싸웠고, 이것을 알고 있는 북조선 사람들은 조만식을 존경했던 것이다. 아마도 소련이 조만식을 이용하려고 한 근본적인 이유는 이런 사실을 인식하고 반일이라는 공동적인 전선이 형성되었기 때문이 아닌가 생각된다. 사실 소련이 처음부터 부르주아 민주주의나 민족통일전선의 가장 근본적인 전제는 반일이라는 점이다. 소련은 친일이 아닌 세력들이 협력하여 정당을 형성하도록 했고, 여기에 조만식과 기독교 세력이 포함되었던 것이다.[17]

하지만 소련과 조만식은 일본 문제를 처리하는 입장이 달랐다. 소련은 일본을 점령국으로 생각하고, 일본인과 그의 재산을 승전국의 입장에서 다루었다. 하지만 조만식은 그렇게 하지 않았다. 이것은 그가 평남 건국준비위원장으로서 처음으로 발표한 내용에서도 잘 알 수 있다. 그는 조선이 비록 일본에 의해 박해를 받았지만 일본인에게 가해하는 일은 절대로 금해야 한다는 것이다. 이것은 육체적인 것일 뿐만이 아니라 정신적인 측면에서도 말하는 것이다. 조만식은 이것을 강조하면서 만일 조선인이 일본인을 박해한다면 일본에 있는 조선인이 일본인에게 박해를 받을 가능성이 있고, 만주에 있는 조선인 역시 만주인에게 박해를 받을 수 있다고 설명했다. 입장을 바꾸어놓고 생각하자는 것이다. 아울러서 조만식은 과거 일제 강점기 조선인 사이에 피해자와 가해자가 있어서 원한을 갖기 쉬우나 "가령 관공직(官公職) 기타 직(其他職)에 있을 때 단체적 또는 개인적으로 쌓인 원한을 이 유사지시(有事之時)에 보복하겠다는 심리가 생기기 쉬우나, 전 동포가 손을 잡고 큰일을 달성해야 하는 이때에 동포가 서로 해하는 등의 일이 있어서는 안 되겠다."고

17) 김창순, 『북한 15년사』, 49.

발표하고 있다.[18] 조만식은 과거 청산보다는 새로 만들어 갈 미래가 더욱 중요했다.

조만식의 이 같은 미래지향적인 태도는 그가 평남건국위원회 위원장으로서 일본 평남도지사로부터 정권을 인수받을 때에도 나타났다. 조만식은 처음 도 정권을 인수받을 때 비록 일제 강점기에 총독부 직원이었지만 "신정권에 충성을 바치는 자는 계속 유임시킨다."는 약속을 했다. 이에 따라 친일 악질분자들은 해임시켰지만, 상당히 많은 사람을 유임시켰다. 실질적인 행정을 위해서는 전문적인 능력을 갖춘 관료들이 필요했기 때문이다. 하지만 여기에 대해 공산당들은 다른 태도를 가지고 있었다. 이들이 책임자로 있는 부서에서는 대량 해고 사태가 있었고, 그 자리에 아무런 능력이 없는 공산당원을 임명했으며, 이들은 소련과 공산당에게 충성을 맹세했다.[19] 이런 가운데 민족진영과 공산진영에서는 인사 문제를 둘러싸고 심각한 논쟁을 벌이게 되었다. 공산주의자들은 민족진영의 인사에 대해 "일제 잔재물의 쓰레기통"이라고 비난했고, 민족주의 쪽에서는 "너희들이야말로 공사를 떠나 당리 사욕의 인사가 아니냐?"고 맞받아쳤다.[20]

일본인 재산처리 문제는 해방 직후 가장 중요한 이슈였다. 공산당은 일본인의 재산을 자신들이 접수하여 사유화했으며, 적산을 처분하여 자신들의 활동자금으로 만들었다. 김병연의 전기는 공산당의 행패에 대해 다음과 같이 말하고 있다. "특히 파렴치한 강도 수법으로 일본인 재

18) 「평양매일신보」(1945. 8. 18. 호외); 고당기념사업회, 『고당 조만식 회상록』, 443-444에서 재인용.

19) 김내영, 『조국을 구할 자는 오직 너와 나로다: 애국지사 김병연의 삶』, 186-190.

20) 김내영, 『조국을 구할 자는 오직 너와 나로다: 애국지사 김병연의 삶』, 190.

산 접수를 통해 자기들의 정치자금을 마련했으며, 또 개인의 사리사욕을 채우는 데 혈안이 되었다. 이로 인해 [인민정치]위원회를 통한 공식적인 재산접수와 공산계열의 약탈적 선점이 얽혀 소위 일본인 재산을 놓고 심한 혼란을 빚기까지 했다. …… 그들[공산당]은 일본인이 남겨놓은 적산의 물품을 함부로 불법 반출하여 임의로 사용했을 뿐만 아니라 원료와 공장시설의 기계류까지 분해하여 팔아먹었다."[21] 공산당의 친일파 청산의 명분 뒤에는 이 같은 공산당과 공산당원의 재산확보 문제가 얽혀 있었다.

당시 조만식의 측근으로서 평양시장을 맡았던 한근조는 소련과 공산주의자들의 많은 요구에 시달렸다. 특히 조선민주당 창당과정에서 조만식의 대리인이었던 한근조는 김일성의 대리인인 김책과 정당의 방향에 대해 논란을 벌인 것 같다. 한근조는 다음과 같이 기록한다.[22] "하나씩 하나씩 심의를 해나가려니 보조가 맞지 않아 진척이 없었다. 나는 종시일관 민주주의 노선에 맞는 정당을 설계하고 있었다. 김책도 민주노선을 자처하면서 자꾸 남의 재산 문제와 친일파 처리 문제에 치중하니 어이가 없었다. 한번은 견디다 못해 보복행위만은 그만두라고 그에게 일침을 가했다. '여보, 안에 있는 사람이 일제 강점기 때 어떻게 살아왔는지 알아줘야지. 일본인이 없는 데 가서 배일한다는 것이 뭐 그리 중요하다고 그러오?'" 한근조는 조만식에게 공산당은 "모든 좋은 것은 저희가 다 먹겠다고 하니 내 입장에서는 그럴 수 있겠습니까?"라고 자신의

21) 김내영, 『조국을 구할 자는 오직 너와 나로다: 애국지사 김병연의 삶』, 187.

22) 한근조, 『고당 조만식』, 390.

입장을 밝히기도 했다.[23]

조만식의 측근이며, 해방 직후 북한지역의 대표적인 예술인이었던 오영진은 어느 날 김일성의 초청으로 그의 저택을 방문한 적이 있었다. 김일성의 저택은 일본인 소유를 인수받은 것으로 규모가 어마어마할 뿐만 아니라 대문과 현관에 무기를 가진 경호원이 겹겹이 에워싸고 있었다. 오영진은 노동자를 대변한다는 김일성과 일본인의 대저택이 매우 부자연스럽게 느껴졌다. 오히려 민족주의자이며, 자본가를 대변한다는 조만식은 "일본인이 경영하던 삼류여관인 고려호텔의 일실(一室)을 빌려 영식(令息) 연창 군과 영서(令婿) 강의홍과 함께 꼬박꼬박 여관비를 지불하고 있는데, 김일성은 보통 공산당처럼 일본 가옥을 제멋대로 접수하고 득의만면이다."[24] 여기에서 우리는 일제 청산이라는 미명 아래 공산당은 일본인 재산의 접수라는 새로운 이권을 탐내고 있으며, 여기에 비해 조만식은 철저한 반일주의자이지만 남의 재산에 대해 존중해주는 자세를 가지고 있었다는 것을 알 수 있다. 조만식은 일제 강점기에 일본과 싸웠지만, 해방 후에는 일본인을 존중해주는 온건한 입장을 갖고 있었다.

조만식의 친일파에 대한 입장은 그가 속해 있던 산정현교회의 경우를 살펴보아야 할 것이다. 잘 알려져 있듯이 산정현교회의 담임목사 주기철은 신사참배를 반대하다가 순교했고, 조만식은 산정현교회의 장로로서 끝까지 주기철 목사를 지지했다. 이것은 한국교회사에서 매우 중요한 사건이다. 문제는 해방된 다음에 산정현교회가 일제에 협력한

23) 한근조, 『고당 조만식』, 392.

24) 오영진, 『소 군정하의 북한』, 108.

사람들을 어떻게 처리했는가 하는 점이다. 사실 일제 말 산정현교회가 속해 있는 평양노회는 일제의 압력에 못 이겨 주기철 목사를 출교시켰다.[25)]

해방 후 평양 기독교의 가장 큰 문제는 바로 이런 일제에 순응한 교회들을 어떻게 대우해야 하는가 하는 점이다. 여기에 두 가지 의견이 있었다. 하나는 신사참배에 찬성한 교회들과 교류를 단절해야 한다는 신앙지상주의의 주장이며, 다른 하나는 해방 이후 새로운 사회를 위해 이들을 포용해야 한다는 민족주의의 입장이었다. 해방 직후 조만식은 교회활동에 직접적인 영향을 미치지는 않았지만 후자의 입장을 취했다. 그것은 해방 이후 공산주의와 맞서 싸워야 하는 상황에서 민족진영의 분열은 여러모로 유익하지 않았기 때문일 것이다. 민족주의자들의 입장에서 볼 때 새로운 나라를 세워야 하는 상황에서 참배자들을 관용하지 않고 분리주의적으로 나가는 신앙지상주의자들은 세상이 어떻게 돌아가는지를 알지 못하는 답답한 사람들이었다. 교회 내에서 이런 민족주의적인 입장을 강조한 사람은 바로 조만식의 동료인 오윤선이었다.[26)]

일반적으로 일제 말 민족주의자들은 일본과 타협했지만 공산주의자들은 끝까지 투쟁했다고 알려져 있다. 하지만 이것은 그렇게 간단한 문제가 아니다. 일제 말 일본의 탄압은 매우 심각했으며, 이것은 공산주의자뿐만 아니라 민족주의자들에게도 심각한 타격이었다. 실질적으로 일제 말 가혹한 박해 가운데서도 기독교인들은 상당수 신사참배에 항거했다. 해방 직후 북장로교 선교사들의 보고에 의하면 일제 말 "기독교

25) 여기에 대한 대표적인 연구는 이덕주, 『사랑의 순교자 주기철 목사 연구』(서울: 한국기독교역사박물관, 2003)이 있다.

26) 박용규, 『산정현교회』(서울: 생명의 말씀사, 2006), 379-381.

회 5,000교회 중 1,200교회가 폐쇄되었고, 대부분의 교회 건물은 전쟁 목적으로 사용되었다. 5,000명 이상의 교인이 투옥되었고, 그중 많은 사람들이 순교 당했다. 2,000명 이상의 기독교 교역자들이 투옥당했으며, 적어도 그중 50여 명이 목숨을 잃었다."[27] 해방 후 대부분의 신사참배 반대자들은 신앙의 재건을 위해 노력했지만 정치적인 문제에는 참여하지 않았다.

일제 말 총독부의 감시는 공산주의에도 매우 엄격했다. 3·1운동 이후 공산주의 운동은 새로운 민족주의 운동의 일환으로 한국사회에 등장했다. 소련 국제공산당(코민테른)의 지원을 받은 조선공산당은 상당히 활발하게 활동했다. 하지만 1920년대 중반을 지나가면서 각종 분파 분쟁에 휩싸이게 되었고, 결국 1928년 코민테른으로부터 해산을 통고받게 되었다. 그 뒤에 해방 때까지 조선공산당 재건운동이 일어났지만 성공하지 못했다. 그중에서 가장 강력한 재건운동은 1939년 박헌영을 중심으로 경성콤그룹이 형성되어 활동했지만, 다음 해 박헌영을 제외하고 일제에 검거되어 활동하지 못했다. 그러므로 실제적으로 대부분의 공산당원들은 일제 강점기 일본의 감시하에 있었다고 보아야 할 것이다.[28]

이것은 해방 후 북한, 특히 평양에서 활동하던 공산주의자들도 마찬가지였다. 원래 공산주의자였다가 전향하여 월남한 한재덕에 의하면 해방 후 평남 인민정치위원회 공산 측 위원 중 7명이 일제 말 대화숙 출

27) Annual Report, Korea Mission, PCUSA, 1946, 20-21; 김승태, 『식민권력과 종교』(서울: 한국기독교역사연구소, 2012), 263, 주 85에서 재인용.

28) 서대숙, 『한국 공산주의 운동사연구』(서울: 화다, 1985); 김준엽 · 김창순, 『한국 공산주의 운동사 5』(서울: 청계연구소, 1990).

신이라는 것이다.[29] 대화숙이란 일제 말 일본이 사상범들을 일본화시킴과 동시에 생업을 유지할 수 있도록 하기 위해 만든 단체로서 당연히 신사참배는 필수적이었다.[30] 실제로 공산 측 인물 가운데서 현준혁, 장시우, 이주연, 한재덕, 김광진, 송창렴 등은 일제 말 어떤 형태로든 일제와 협력한 사람들이다. 따라서 일제와 투쟁의 선명성에 있어 조만식에 대적할 사람은 없다.

우리는 일반적으로 북한은 친일파 청산을 잘한 것으로 이해하고 있다. 하지만 1945년 11월에 조직한 북한 최초의 행정기구인 북조선 행정 10국의 내용을 보면 우리가 알고 있는 것과는 매우 다르다. 북한현대사 전문가인 기광서 교수는 북한 행정 10국 국장 가운데 무려 5명이 친일 의혹을 불러일으킬 수 있다고 주장한다. 먼저 산업국장 정춘택은 만주와 조선에서 광산회사 책임자를 지냈으며, 교통국장 한화진은 일제 말 함흥철도국장으로 있던 사람이며, 보건국장 윤기영 역시 경성의전 출신으로 개업의로 일했던 사람이고, 상업국장 한동찬은 치과의사 출신으로 평양실업계의 중진이었고, 체신국장 조영열은 만주 소재 통신기관에서 복무했다. 이들은 모두 일제 강점기에 요직에서 활동했다. 기광서 교수는 소련군의 인사 정책의 핵심은 이념이나 투쟁이 아니라 얼마나 친소적이며, 실무능력을 갖고 있는가 하는 점이라고 지적한다.[31]

소련은 북한에 친소정권을 세우려고 했고, 친소정권의 핵심은 친

---

29) 한재덕, 『김일성을 고발한다』, 53.

30) 대화숙에 대해서는 강성현, “한국사상통제기제의 역사적 형성과 ‘보도연맹사건’: 1925~50”(서울대 사회학과 박사논문, 2012), 118-192.

31) 기광서, “해방 후 북한 중앙정권기관의 형성과 변화(1945~1948)”, 338-340. 류석춘, 김광동은 북한과 비교하여 남한의 초기 정부가 친일파로 의심되는 사람이 적다고 주장하고 있다. 류석춘 · 김광동, “북한 친일 청산론의 허구와 진실”, 『계간 시대정신』(2013년 봄) 참조.

일적인 요소의 제거였다. 사실 북한은 초기에 친일 문제에 대한 명백한 처리규정을 갖고 있지 않았다. 하지만 가장 중요한 목표는 북한에서 친일분자를 몰아내어 소련을 위협하는 일이 없도록 하는 것이다. 이것이 친일파 청산의 가장 큰 목적이라면 소련은 이것을 처음부터 잘 수행했다고 할 수 있다. 공산주의자들은 처음부터 일본인의 재산뿐만 아니라 친일파의 재산을 환수했고, 이것은 많은 경우 인민재판을 통해 이루어졌다.[32] 이것이 남한과 다른 점이다. 남한은 법을 만들고 법에 의해 친일청산을 했지만, 초기 소련군은 어떤 기준도 없이 인민재판을 통해 친일파를 청산했다. 이것은 상당한 문제를 가져왔다. 하지만 1946년 봄부터 시작된 토지개혁과 함께 소위 반공산세력들은 북한에서 살기 어렵다고 생각하고 본격적인 월남을 시도했다. 이것은 소련의 북한지배에 도전이 되는 세력을 근본적으로 제거하는 것이었다. 아울러 이렇게 얻어진 재산은 공산당이나 노동자, 농민에게 분배되었다. "토지는 농민에게, 공장은 노동자에게"라는 구호는 어떤 것보다 매력적인 것이었다. 이렇게 하여 친일파 청산은 한편으로는 적대세력을 제거하고, 다른 한편으로는 지지세력을 확보하는 데 사용되었다. 이런 점에서 북한의 친일파 청산은 성공적이었다고 할 수 있다.[33]

이 같은 소위 친일파 청산은 소련과 북한이 조만식을 제거하는 데 사용했다. 소련은 처음에는 조만식과 더불어 부르주아 민주주의 혁명을 이룩하고, 민족주의 통일전선을 형성하려고 했다. 하지만 조만식이 이것을 거부하고 반탁의 입장에 서게 되자 소련과 공산당은 조만식과의

32) 김재웅, "해방 후 북한의 친일파와 일제 유산 척결", 『한국근현대사연구』, 66(2013년 가을), 189. 참고; 김창순, "친일파 청산, 북한에서는 어떻게 되었나?", 『북한』(1995. 5), 40-46.

33) 찰스 암스트롱, 『북조선의 탄생』, 126.

연립정권을 거부하고, 그를 공격하기 시작했다. 소련이 조만식을 공격한 주요 내용은 그가 친일파라는 것이다. 잘 알려져 있듯이 조만식은 일제 말 비타협적인 민족주의자로 유명하다. 하지만 일제는 조만식을 자신들을 위해 활용하려고 했고, 그것이 그의 이름을 빌려 조선인 학생들에게 징병을 권고한 것이다. 1943년 11월 16일자 「매일신보」는 조만식의 이름으로 된 "학도에게 고한다"는 투고문을 싣고 있는데, 그 내용은 "생명을 국가비상지추에 반도를 위해, 황국을 위해, 대동아공영권 건설을 위해 바치게 된 제군은 얼마나 영광스러운가?"라는 것이었다. 하지만 이 기사는 당시 매일신보 평양지국장 고영한이 허위로 날조한 것이다. 오영진은 1952년 자신의 저서 『소 군정하의 평양』에서 고영한이 "친일 신문인으로 학도병 지원 때 조 선생의 소감을 자의로 날조하여 신문에 게재"했다고 밝히고 있다.[34]

이 같은 사실은 그 후 당시 평양지국에서 활동했던 김진섭의 증언으로 확인된다. 김진섭의 증언에 의하면 평양지국장 고영한은 서울 본사로부터 지시를 받고, 김진섭에게 지시하여 조만식을 면담하여 기사를 작성하라고 했다. 김진섭은 조만식을 면담했으나 지시대로 기사를 쓸 수 없었다. 고영한은 김진섭의 선배인 김창문에게 다시 지시했으나 김창문도 핑계를 대고 여기에 응하지 않았다. 그러자 직접 고영한이 조만식을 만나 강요했으나 응하지 않자 자기 마음대로 기사를 작성하여 중앙에 보냈다. 해방 후에 김진섭은 김창문과 함께 평양을 방문했는데, 이때 이들은 고영한을 만났다. 그는 경찰서에 잡혔다가 열흘 만에 나왔다고 했다. 고영한이 경찰서에 잡혀간 이유는 일제 강점기 그의 친일행위

34) 오영진, 『소 군정하의 평양』, 20.

와 평양 경방단장 활동 때문이었다. 이때 고영한은 김진섭에게 조만식에 대한 매일신보의 기사는 자신이 썼으며, 이것이 가슴 아프다고 말했고, 그 다음 날 만나자고 하면서 헤어졌다. 그 다음 날 아침 김진섭이 고영한의 집에 갔더니 그는 이미 면도칼로 자살했다.[35)]

위에서 밝혀진 대로 당시 일본은 민족주의자들의 명의를 도용하여 자신들의 입장을 선전했다. 소련군 당국과 북한 공산당은 이것을 이용하여 조만식을 친일파로 매도했다. 그래서 북한의 길거리에 조만식은 친일반역자라는 플래카드와 표어가 걸리게 되었다. 일제가 왜곡한 것을 다시 공산주의자들이 이용한 것이다. 얼마 전까지만 해도 최고 지도자가 되어 달라고 하던 그들이 이제 자신들과 협력할 수 없다는 판단이 서자 친일파로 공격한 것이다.[36)]

조만식이 신탁통치에 반대 입장을 굽히지 않자 공산당은 본격적으로 조만식을 친일파로 몰아가는 작업을 했다. 그리하여 얼마 전까지만 해도 조만식의 측근이었던 사람들을 매수해 조만식을 친일파로 매도하는 작업에 나섰다. 그중의 하나가 변호사 박태성이었다. 최용건과 반조만식 진영은 미리 쓴 원고를 주면서 조만식을 비판하는 방송을 하라고 했다. 박태성이 그 원고를 보니 조만식을 친일파로 공격하는 내용이었다. 그는 "설사 고당을 어떤 죄목으로 공격할 수 있을지 몰라도 친일파

35) 이 증언은 1997년 6월 3일 고당 기념관 사무실에서 이루어졌으며, 고당기념사업회가 출판한 『고당 조만식 전기』, 217-220에 수록되었다. 이 내용은 「대한언론인회보」(2000. 9. 1)에 "조만식선생 인터뷰 조작기사 쓴 평양지사장 자살"이라는 제목으로 다시 소개되고 있다. 여기에 대한 보다 자세한 내용은 친일파 연구자이며, 독립운동기념관 관장을 역임한 김삼웅, 『한국사를 뒤흔든 위서』(서울: 인물과 사상사, 2004), 243-250과 역시 친일 연구가인 정운현의 「대한매일」(2001. 10. 6) 기사를 참조하라. 이들은 일본이 조만식의 명성을 이용하여 학도병을 모집하려고 했고, 여기에 고영한이 앞장서서 기사를 조작했다고 설명한다.

36) 전현수, "해방 직후 북한의 과거 청산(1945~1948)", 46.

로 몰아댈 수는 없다. 그러면 도리어 민중의 조소와 반감을 살 뿐이다. 무엇보다 나는 도저히 이런 연설은 할 수 없다."며 거절했다고 한다.[37] 이것은 수많은 예의 하나일 뿐이다.

사실 이 같은 소련과 공산당들의 행동은 북한의 친일파 청산의 단면을 보여주는 것이다. 북한에서는 친일파 숙청과 반소 · 반공분자의 숙청이 구분되지 않았다. 전현수는 "북한의 친일파 · 민족반역자 숙청은 순전히 과거의 친일행위만을 대상으로 한 것이 아니라 소 군정과 북한의 국가권력에 대한 저항 및 소련 군정과 북한의 국가권력이 시행하는 다양한 시책에 대한 반대라는 현재의 반동행위에 대한 처벌과도 밀접히 결합되었다. 이 때문에 보안기관과 사법검찰기관에서는 친일행위와 반동행위를 똑같은 정치범죄의 범주에 묶어 파악했고, 이에 대한 광범위한 숙청도 단행했다." 다른 말로 하면 "과거의 부담이 아니라 현재의 부담을 제거하기 위한 수단으로 친일파 · 민족반역자 숙청이 활용된 것이다."[38]

이런 북한에서의 친일파 숙청은 1946년 3월 7일 북조선임시인민위원회에서 만들어진 "친일파 민족반역자에 대한 규정"에 잘 나타나 있다. 여기에 의하면 1~12항은 일제 강점기의 친일행위자에 관한 것이요, 13~15항은 해방 후 각종 정치행위에 대해 언급하고 있다. 여기에 의하면 해방 후 민주주의적 단체를 파괴한 자, 민족반역자들이 조직한 반동단체에 가담한 자, 민족통일전선의 형성을 반대하는 반동단체의 참여자로 되어 있다. 다시 말하면 소련과 북한에 반대하여 행동한 자가 여

---

37) 고당기념사업회 엮음, 『고당 조만식 전기』, 356.

38) 전현수, "해방 직후 북한의 과거 청산(1945~1948)", 47-48.

기에 해당하는 것이다. 더욱 재미있는 것은 과거 친일행위를 하여 처벌에 해당하는 자라도 건국사업에 적극 협력하는 자는 그 죄상을 감면해 줄 수 있다고 되어 있다.[39] 이것은 해방 후 북한에서 친일파 정죄가 얼마나 자의적으로 이루어지고 있으며, 그 실질적인 기준이 소련에 얼마나 협조하느냐 하는 점에 달려 있다는 것을 잘 말해주고 있다. 조민식의 친일파 정죄는 이런 맥락에서 이루어진 것이다.

39) 김창순, "친일파 청산, 북한에서는 어떻게 되었나?", 42-43.

3.
신탁통치를 둘러싼 소련당국과 조만식의 갈등

조만식과 소련의 미묘한 관계를 종식시키고, 완전히 서로 대립적인 길을 가게 만든 것은 신탁통치를 둘러싼 갈등이었다. 신탁통치 문제는 제2차 세계대전이 끝나고 새로운 세계질서를 구축하는 과정 가운데 나온 것이다. 1941년 8월 미국의 루스벨트와 영국의 처칠은 전후에 미국과 영국은 영토 확장을 꾀하지 않으며, 모든 민족은 자신이 원하는 형태의 정부를 가질 수 있다는 대서양헌장을 발표함으로써 제2차 세계대전 이후 식민지시대의 종식을 선언한 것이다. 여기에 소련을 비롯한 33개국이 서명했다. 여기에 이어서 1943년 12월 아프리카의 카이로에서 미국, 영국, 중국 대표들이 모여 제2차 세계대전이 끝난 다음에 "한국인의 노예상태에 유의하여 적절한 과정을 통해 자유 독립하게 될 것이다."라고 결의했다. 여기에 비로소 최초로 한국의 자유 독립이 언급되고 있다. 그런데 여기에서 언급하고 있는 자유와 독립은 미국의 자유민주주의의 가치를 어느 정도 반영하는 것이었다.

그러나 여기에서 "적절한 과정을 통하여"(in due course)가 문제가 되었다.[40] 한국 사람들은 한동안 이 구절을 "며칠 안에"(in a few days)로 이해했다.[41] 후에 이것이 5년으로 정해졌을 때 한국인이 가졌던 놀라움은 이루 말할 수 없었다. 한국을 어떻게 독립시킬 것인가는 제2차 세계대전이 끝난 다음에 연합국이 결정해야 할 가장 중요한 과제였다. 카이로선언은 1945년 7월 일본의 패전에 즈음하여 미국, 영국, 소련의 외상이 만든 포츠담선언에서 계승되었다. 그러므로 한국에 관한 카이로선언의 조항은 해방정국에 있어 가장 중요한 문건이라고 생각된다.

이 문제를 다루기 위해 1945년 12월 모스크바에서 미국, 영국, 소련의 외상들이 모였다. 미국은 오래전부터 한국의 독립은 상당한 기간의 신탁통치 기간을 거쳐 독립된 정부를 만들 준비를 한 다음에 이루어져야 한다고 생각했다. 그리고 한국 문제를 소련이 주도하지 못하게 하기 위해 미 · 소 · 영 · 중의 4개국 신탁통치를 주장했다. 이것은 사실 미국의 지배와 같은 것이다. 왜냐하면 영국, 중국은 결국 미국의 입장을 지지할 것이었기 때문이다. 여기에 대해 소련은 신탁통치에 대해 반대하지는 않았지만 소련이 주도권을 행사할 수 있도록 영국과 중국을 배제하고 미국과 소련이 주도하는 미소공동위원회를 만들 것을 제안했다. 사실 이것은 미국의 영향력을 약화시키고, 소련의 영향력을 확대하는

40) 카이로선언에 관해서는 장일화, 『대한민국 독립의 문: 카이로선언』(서울: 선한 약속, 2010) 참조. 최근에 이루어지고 있는 카이로선언에 대한 연구 성과에 관해서는 최영호, "카이로선언의 국제정치적 의미", 『영토해양연구』 5, 54-81을 참고하라.

41) Summation of Non-Military Activities in Japan and Korea, No. 1 (September - October, 1945), 177; History of the United States Armed Forces in Korea (주한 미군사)[서울: 돌베개, 1988], I: 197.

것이었다. 소련이 반대하면 미소공동위원회는 진전할 수 없는 것이다.

하지만 모스크바 3상회의의 핵심은 민주적인 임시정부를 만드는 것이었다. 그리고 이 민주적인 임시정부를 수립하기 위해 미소공동위원회를 만들고, 미소공동위원회는 한국의 정당 및 사회단체들을 초청하여 임시정부를 수립하는 일을 협의해야 한다는 것이다. 신탁통치는 그 다음의 일이었다. 소련은 미소공동위원회의 협의회에 남북의 각종 민주단체들을 참여시킬 것을 주장했다. 이것은 해방정국에 있어 강력한 결집력을 갖고 있는 좌익단체들에게 유리하게 작용할 수 있는 것이다. 이 같은 새로운 수정안은 소련의 영향력을 한반도 북반부만이 아니라 남반부에도 확대할 수 있는 귀한 기회를 제공할 수도 있는 것이다. 그때까지 소련은 북한에 친소정권을 세우는 데 관심을 가져왔다면 새로운 상황을 잘 활용할 경우에는 남한까지 친소정부를 세울 수 있는 가능성을 갖게 되는 것이다. 이것은 소련 외교의 노련함을 보여주는 것이다.[42]

여기에서 문제가 되는 것은 어떤 단체들이 참여하게 될 것인가 하는 것이다. 이것이 신탁통치 정국에서 매우 중요한 이슈가 된 것이다. 미국은 원래 신탁통치에 대해 큰 기대를 하지 않았다. 왜냐하면 당시 한국에서는 신탁통치에 대해 강력한 반대가 있었기 때문이다. 그러나 당시 한반도의 정세가 소련의 정책으로 38선이 고착화되어가고 있었기 때문에 이것을 막기 위해 미국은 소련이 한반도의 통일 논의에 나오게 해야 했다. 당시 소련은 38선의 통행을 막고, 북한을 독자적인 행정체계로 지배하며, 북한에 친소정권을 만들어 소위 남한을 통일시키기 위

42) 와다 하루키, "소련의 대북한정책", 291-293; 이재훈, "해방 전후 소련 극동 정책을 통해 본 소련의 한국 인식과 대한정책", 『사림』 20(2003), 68.

한 민주기지로 만들려고 했기 때문에 잘못하면 단순한 일본군의 무장해제를 위해 만들어진 38선이 국토 분단선으로 귀착될 가능성을 갖고 있었던 것이다. 따라서 신탁통치에 대한 미국의 원래 주장은 상당히 수정되었지만 분단을 막고 통일을 이루기 위해 소련의 주장을 수용했던 것이다.

모스크바 3상회의가 끝난 다음에 소련이 해야 할 일은 북한에 신탁통치의 지지세력을 확대하는 것이었다. 제2차 세계대전은 연합군에 의해 종식되었으며, 연합군이 한반도에 신탁통치를 결정했다면 한반도의 미래는 분명한 것이다. 앞으로의 정국이 신탁통치로 나아가게 된다는 것이다. 만일 그렇다면 누가 한반도에서 영향력 있는 위치에 있게 될 것인가? 그것은 분명하게 신탁통치를 지지하는 세력일 것이다. 불행히도 남한의 민족주의자들 가운데는 신탁통치에 반대하는 세력이 많았지만, 어쩌면 소련에게는 다행스럽게도 앞으로 이들은 한반도의 주도세력이 되기는 힘들 것이다. 이런 상황 가운데 소련은 북한 내에 신탁통치 지지세력을 확대하는 것이 한반도의 미래에 영향력을 갖게 되는 지름길이라고 생각했고, 따라서 모스크바 3상회의 이후 소련은 북한에 신탁통치 지지세력을 확대하려고 했던 것이다.[43]

좀 더 구체적으로 미소공동위원회의 설치를 통해 소련의 영향력을 확대한 스탈린은 이제 미소공동위원회에 참여하여 임시정부의 수립에 대해 논의할 여러 단체들을 친소적인 단체로 만드는 것이 절대적으로 필요했다. 이들이 앞으로 한반도의 운명을 결정할 것이기 때문이었다. 만일 소련이 미소공동위원회에 참여하는 단체들을 통제하고 움직일

---

43) 한재덕, 『김일성을 고발한다』, 235-236.

수 있다면 아마도 소련의 영향력은 북한을 넘어서서 남한 전체에 미칠 수도 있을 것이다. 이것을 위해 가장 필요한 것은 북한의 여러 단체들을 친소적인 단체로 만들어야 했다. 여기에서 문제가 되는 것은 바로 조만식이었다. 다른 단체들은 이미 친소적인 단체가 되었기 때문에 염려할 것이 없었지만 조만식의 소련에 대한 태도는 매우 모호했다. 만일 조만식이 미소공동위원회에 참여하여 남한의 민족주의자들과 손을 잡아 그들의 목소리가 커지게 되면 미소공동위원회는 완전히 다른 방향으로 흐를 수 있기 때문이었다. 따라서 조만식을 소련의 입장에 서게 할 수 있는가 그렇지 못한가는 남북의 운명을 결정할 수 있는 중요한 문제가 될 수 있었다.

남한의 상황은 달랐다. 남한에서는 해방 직후부터 신탁통치설이 나돌았고, 여기에 대해 이승만과 대다수의 민족주의자들은 독립촉성중앙회를 만들어 강력하게 반대했다. 여기에 공산주의자도 가담했다.[44] 미 국무부는 신탁통치를 지지했지만 맥아더와 하지의 미군 사령부는 한국민이 원하지 않는 신탁통치를 원하지 않았다. 그래서 미 국무부에 신탁통치설을 철회할 것을 요청하기도 했다. 하지만 결국 미국은 위에서 언급한 것처럼 소련과 신탁통치를 결정했다. 미국은 신탁통치에 대해 필수적으로 생각하지 않았다. 모스크바 회의 직후에 미국의 국무장관 번스는 "한국의 임시정부와 함께 일할 미소공위가 신탁통치의 폐지 가능성을 발견할지도 모른다."고 말했는데,[45] 이것은 미국이 신탁통치를

44) 「조선」(1945. 10. 27); Chong-Sik Lee(ed.), *Materials on Korean Communism 1945~1947*, 164.

45) Arthur C. Bunce, "Can Korea Be Free?", 『대한민국 국사자료집』 19: 436. 번스의 이 자료는 큰 논란을 불러일으켰다. 당시 자유주의적인 입장을 가졌던 번스가 당시의 한국 상황을 어떻게 이해하는가를 잘 보여준다.

절대적으로 생각하지 않는다는 증거이다.

앞으로 전개될 미소공동위원회에서 소련 측이 가지는 기본적인 입장은 앞으로 정부수립과 정국을 주도할 협상단체의 구성에 있어 소련에 유리한 판을 만드는 것이다. 이런 판을 만들기 위해서는 우선 북한의 정치세력을 하나로 묶어 소련의 지지세력으로 만들고, 그다음에 가서는 남한에서 우익세력의 참여를 제한하여 좌익의 목소리를 높일 수 있는 구조를 만드는 것이다. 이렇게 하기 위해 북한에서는 조만식을 소련 지지로 만들어놓고 남한에서는 이승만, 김구의 우익세력을 참석하지 못하게 하는 것이다. 그리고 우익 가운데서도 김규식이나 안재홍 같은 온건파를 참여하도록 만드는 것이다. 당시 한국의 인구비율은 대략 북한 1,000만, 남한 2,000만이었다. 그리하여 소련의 일차적인 구도는 임시정부 구성을 위한 협상단체에 북한 1, 남한 좌파 1, 그리고 남한 우파 1, 총계 좌파 2 : 우파 1의 구도를 만드는 것이었다.[46] 이렇게 할 때 소련은 남한까지도 공산화시킬 수 있는 것이다.[47] 이 엄중한 운동의 핵심에 조만식이 존재하는 것이다.

당시 한반도에서는 모스크바 3상회의가 어떻게 진행될 것인가에 대해 깊은 관심을 가졌다. 1945년 12월 27일에 한국에 전해진 것은 신탁통치가 결정되었다는 것이고, 신탁통치는 소련의 주도하에서 일어난 것이라는 것이다. 아마도 이것은 미 군정의 신탁통치 반대를 미국의 입장으로 오해하여 신탁통치 결정이 소련에 의해 이루어진 것으로 받아들이도록 했던 것 같다. 이리하여 신탁통치 반대는 곧바로 소련 반대로 이

46) 박병엽 구술, 『김일성과 박헌영, 그리고 여운형』(서울: 선인, 2010), 31.

47) 박봉식, "삼팔선과 미소공동위원회", 『북한』 231(1989), 48-55.

어졌고, 한국사회는 심각한 회오리에 빠지게 되었다. 해방정국에서 가장 큰 관심은 독립이었다. 일제에서는 해방되었지만 아직도 미소 양국 군대가 진주해 있는 상황에서 아직 독립은 이루어지지 않았다. 이런 상황에서 신탁통치 반대운동은 독립운동의 차원에서 이루어지게 되었고, 많은 사람들은 이것을 제2의 3 · 1운동이라고 이해했다. 대부분의 한국 사람들에게 신탁통치란 일제의 을사늑약과 다를 바 없었다. 해방의 열기는 신탁통치 반대운동으로 이어졌는데, 이는 좌익을 약화시키고 우익이 정국의 주도권을 잡는 결정적인 계기를 만들어주었다.

해방 직후 한반도에서는 좌 · 우익을 막론하고 신탁통치에 반대하는 분위기가 형성되었다. 따라서 처음에 신탁통치 소식이 전해졌을 때 좌 · 우익을 막론하고 다 같이 신탁통치에 반대했다. 1945년 12월 29일 조선공산당은 선전부장의 이름으로 신탁통치에 대한 반대를 분명히 하며 끝까지 독립을 위해 싸울 것을 다짐했다.[48] 이것은 남한만이 아니라 북한에서도 마찬가지였다. 심지어 북조선공산당에서도 "신탁통치는 조선에 대한 사형선고다"라고 벽보를 붙일 정도였다.[49] 단지 김일성만은 입장을 보류하고 있었다. 하지만 소련이 신탁통치 지지를 분명하게 한 다음에는 이런 반대 입장을 철회하고 지지 표명을 했다. 그러나 조만식은 아무런 입장을 표명하고 있지 않았다. 이런 상황에서 12월 30일 레베데프 정치사령관이 소련에서 돌아왔고, 이후부터 북한의 모든 공산세력은 본격적인 신탁통치 지지 작업을 시작했다. 오영진의 증언을 보면

48) 「대동신문」(1945. 12. 30); Chong-Sik Lee (ed.), *Materials on Korean Communism 1945~1947*, 197.

49) 김병연, 『고당 조만식』(서울: 평남민보, 1966), 235.

소련당국은 처음에는 김일성을 내세워 조만식을 설득했던 것 같다.[50] 1945년 말일을 앞두고 김일성과 최용건이 조만식을 설득한 것이다. 김일성은 사실 조선공산당 북조선책임비서가 된 다음에는 한 번도 조만식을 찾아오지 않았지만 신탁통치를 설득하기 위해 조만식이 묵고 있던 고려호텔을 방문한 것이다. 오영진의 증언에 의하면 김일성은 "고려호텔의 문턱이 닳도록 드나들었다. 막부 삼상회의의 결정은 우리 민족의 장래를 위해 절대로 지지해야만 하고, 또 오늘에 와서는 우리의 힘으로 변할 수 없는 것이니" 찬성해주어야 한다는 것이다. 신탁통치가 민족을 위한 것임과 동시에 국제적인 현실이므로 받아들여야 한다고 주장한 것이었다.[51]

이렇게 김일성을 통해 조만식을 설득하고, 소련군 사령관 치스차코프는 12월 31일 조만식을 불러 다시 소련의 입장을 설명했다. 소련의 입장은 첫째, 신탁통치라는 말은 잘못된 번역이며, 이것은 조선이 민주주의 국가를 설립하는 데 도움을 주는 후견제라는 것이다. 후견이란 미성년자에 대한 후견인이라고 할 때의 후견을 말하는 것이다. 이것은 매우 소련다운 설명이었다. 소련은 실질적으로 군정을 하면서도 민정이라는 명칭을 사용했고, 실질적인 통치를 하면서도 인민위원회를 내세워 간접 통치를 했다. 마찬가지로 신탁통치 대신 후견이라는 용어를 사용했다. 둘째, 신탁통치는 민주주의정부의 수립을 목적으로 한다는 것이다. 소련이 북한에 세우려고 하는 나라는 민주주의정부라는 것이다.

50) 여기에서 한재덕은 다른 주장을 한다. 먼저 치스차코프를 만났고, 그가 실패한 다음에 로마넨코와 김일성이 등장하여 설득했다고 한다(한재덕, 『김일성을 고발한다』, 252). 하지만 필자는 오영진이 좀 더 조만식의 측근에 있었으므로 그의 증언을 따르기로 한다.

51) 오영진, 『소 군정하의 북한: 하나의 증언』, 114.

하지만 어떤 민주주의인가는 여전히 문제이다. 분명히 김일성은 소련과 북한이 세우려고 하는 나라는 인민민주주의였으며, 이것을 관철시키기 위해 미소공동위원회가 열리기 전인 2월 9일에 미리 북조선임시인민위원회를 만들었다. 다시 말하면 조선인이 원하는 민주주의란 인민민주주의, 곧 공산주의라는 것이다.[52] 치스차코프는 북한의 모든 단체들이 지지했으니 조선민주당도 지지를 표명해 달라는 것이었다. 구체적으로 1946년 1월 1일 방송을 통해 신탁통치를 지지하는 성명을 발표하라고 요청했다.[53]

치스차코프는 즉석에서 조만식의 찬성을 기대했지만 조만식은 "개인적으로 가부의 답을 할 성질의 것이 아니오. 당의(黨議)에 따라야 하겠으니 당으로서 필요한 절차를 거쳐 결정할 때까지 시간의 여유를 주십시오."라고 대답했다.[54] 당시 통역으로 참석했던 박왈렌첸의 증언에 의하면 치스차코프는 조만식에게 불쾌한 언동은 하지 않았으며, 결국은 그가 삼상회의를 지지하게 될 것이라고 말했다고 한다.[55] 치스차코프를 만난 다음에는 김일성 대신에 민정사령관 로마넨코가 나섰다. 오영진의 증언에 의하면 "12월 31일 이후에는 김일성의 자태는 더 이상 고려호텔에 나타나지 않았다. 그 대신 12월 31일 밤부터 1946년 정월 1일 오

52) 양호민, 『한반도 분단의 재인식』, 90-91; 한재덕, 『김일성을 고발한다』, 245-246.

53) G-2 Periodic Report (06 Jan. 1946). 조선민주당으로부터 내려온 인사와의 만남에서 작성된 이 미군 자료는 조만식과 소련군 사이의 갈등을 날짜별로 잘 정리하고 있다. 날짜에 대해 일부는 12월 30일이라고 말하고, 미 군정 정보자료는 31일이라고 주장한다. 필자는 미 군정 보고서를 따른다. 오영진과 박병엽 등은 31일이라고 주장하고, 와다 하루키와 김병연은 30일경이라고 말한다.

54) 김병연, 『고당 조만식』, 236.

55) 김국후, 『평양의 소군정』, 142에서 재인용.

후 3시경에 이르는 짧은 기간 동안에 조 선생은 직접 로마넨코 소장에게 일곱 차례나 불려 갔다. (오후 3시 이후에도 두 번 불려 갔다는 말도 있으나 확실하지 않다.)"고 말하고 있다.[56)]

이 자리에서 로마넨코는 회유와 협박을 병행했다. 그는 "조 선생이 조선의 초대 대통령이 될 것이고, 김일성은 그 아래 군부의 책임자가 될 것"이라는 미끼를 던졌으나 조만식은 이것을 받아들이지 않았다.[57)] 와다 하루키는 이것은 김일성을 깎아내리려는 조만식 측근의 언행이기 때문에 믿기 어렵다고 말했다.[58)] 그러나 이것은 당시 정치사령관인 레베데프 소장에 의해서도 확인되는 것이다. 그는 1991년 6월 11일 인터뷰에서 "로마넨코 소장이 조만식에게 '후견제를 찬성하는 성명서만 발표해주면, 소련군은 김일성을 군부 책임자로 하고, 조만식 선생을 초대 대통령으로 모시겠다.'고까지 했으나 끝내 설득에 실패했습니다."라고 증언했다.[59)] 또 다른 정보에 의하면 소련 군정은 조만식에게 만일 신탁통치를 반대하면 조선민주당을 해산시키겠다고 협박했다. 여기에 대해 조만식은 "그렇게 하시오. 우리는 소련이 아니라 한국을 위해 일하는 것이오."라고 대답했다.[60)]

하지만 조만식은 소련의 기대대로 움직이지 않았다. 치스차코프를 비롯하여 김일성, 로마넨코를 만난 다음 조만식은 깊은 고민 끝에 "민

---

56) 오영진, 『소 군정하의 북한』, 114-115.

57) 오영진, 『소 군정하의 북한』, 115.

58) 와다 하루키, "소련의 대북한정책: 1945~1946", 295, 각주 174 참조.

59) 김국후, 『평양의 소련군정』, 143. 조만식을 만나고 돌아온 김일성은 "이 기회에 그 고집쟁이 영감을 죽여버리자."고 말했지만 소련당국은 이는 혁명과정에서 폭탄을 안고 가는 것과 같다며 말렸다고 레베데프는 증언한다.

60) "Intelligence Summary Northern Korea, For Period 1 January-16 January", 3.

족의 대의를 위해 정정당당하게 싸우기로 작정"하고 1월 2일 조선민주당 중앙위원회를 소집했다. 이 모임에 최용건, 홍기주 등 공산계열은 참석하지 않았다. 조만식이 이들에게 연락하지 않았는지, 아니면 이들이 참석하지 않았는지는 확실하지 않다. 하지만 조만식의 지지자들로만 모인 중앙위원회에서는 신탁통치를 받아들일 수 없다는 성명서를 채택했다. 그 내용은 다음과 같다.[61]

> ① 조선이 완전 독립국으로 자유정부가 출현되지 못하는 것을 유감으로 생각한다.
> ② 신탁통치는 찬성할 수 없다.
> ③ 우리 당으로서는 국내외 정세의 추이를 정관성찰(靜觀省察)한 다음에 완전한 태도를 표명하기로 한다.

여기에 신탁통치를 바라보는 조만식의 태도가 담겨 있다. 해방 직후 조만식과 대부분의 한국인은 즉각적인 독립을 원했다. 그러나 연합국은 즉각적인 독립을 허락하지 않고 일정한 기간을 두고 신탁통치를 하려고 했다. 이것은 매우 유감스러운 일이었다. 그래서 조만식은 신탁통치를 받아들일 수 없었다. 하지만 아직 신탁통치의 전모가 전달되지 않은 만큼 완전한 태도는 유보한다는 것이다. 한편으로는 소련당국을 향한 유화적인 태도와 함께 다른 한편으로는 국내외 정세 파악이 필요한 것도 사실이었다. 우리는 여기에서 조만식이 평생 민족주의자로서 살아왔다는 것을 기억해야 할 것이다. 민족주의자 조만식으로서는 신탁

61) 김병연, 『고당 조만식』, 237.

통치는 과거 일본의 을사늑약과 같은 것으로 이해되어왔고, 제2차 세계대전 이후 강대국들에 의해 이루어진 전후 통치전략과 같은 것으로 받아들여졌다. 결국 민족주의자 조만식으로서는 신탁통치는 받아들일 수 없는 마지노선이었다.[62]

1월 2일 조만식은 자신들의 결의를 치스차코프에게 통보했다. 이 통보를 받은 치스차코프는 조만식을 불러서 결의 3항을 근거로 다시 설득했다. 이 모임에는 로마넨코를 비롯한 다른 장성들도 참석했다. 그는 조만식의 결심이 중요하다고 말하면서 수정을 요구했고, 조만식은 당론을 이유로 이것을 거절했다. 이어서 조만식은 남한의 국민이 신탁통치를 반대한다는 소식을 들었으며, 이런 문제로 한국민이 둘로 나누어지는 것을 원치 않고, 오히려 이럴 때일수록 단합되어야 한다고 주장했다. 그는 분명히 민족주의적인 입장에 선 것이다.[63] 이어서 조만식은 자신들은 바른 판단을 위해 좀 더 많은 정보를 필요로 하고 있으며, 따라서 좀 더 시간을 달라고 말했다. 결국 치스차코프의 설득은 다시금 실패하고 말았다.[64]

---

62) 신탁통치 반대를 결의할 때 이들은 이것이 소련당국과 결정적인 대결이 될 것을 예상했다. 그래서 이들 대부분이 기독교인임에도 불구하고 축배를 들며 비장한 각오를 했다고 한다. 이때 김병연은 다음과 같은 한시를 읊었다. "呼兒將出煥美酒, 興爾同消萬古愁(아이야, 좋은 술이나 가져오라. 술과 함께 만고수심을 풀어볼까 하노라)" 김병연, 『고당 조만식』, 238.

63) "Intelligence Summary Northern Korea, For Period 1 January~16 January", 4. 한재덕은 이것을 보다 드라마틱하게 전한다. 조만식은 자신에게 신탁통치를 강요하는 치스차코프에게 "나는 조선사람입니다. 다른 모든 조선사람들과 같은 생각입니다."라고 말하면서 만일 입장이 바뀌어 다른 나라가 당신에게 소련을 신탁통치하겠다고 하면 당신은 어떻게 대답하겠는가라고 물었다. 여기에 대해 치스차코프도 "나는 소련사람입니다. 나도 모든 소련사람들과 같은 생각을 가질 것입니다."라고 대답했다고 한다. 한재덕, 『김일성을 고발한다』, 241. 하지만 한재덕은 이 대화가 치스차코프와 첫 번째 만남에서 이루어진 것으로 본다.

64) 한재덕, 『김일성을 고발한다』, 251. 치스차코프는 조만식에게 소련식 키스까지 하면서 호의

1월 4일 소련은 북한 행정국장회의를 소집하여 지지성명을 발표하게 하고, 평양시내에서는 공산당 명의의 지지 시위가 있었다. 그리고 소련은 1월 5일 평남 인민위원회를 소집하여 신탁통치 지지 성명을 끌어내려고 했다. 그 다음 날인 1월 6일 평양에서 모스크바 삼상결의 지지를 위한 대규모 대회를 계획하고 있었기 때문에 당시 북한에서 강한 대중적인 지지를 받고 있는 조만식의 지지 서명이 필요했다. 다시 말하면 조만식이 조선민주당 이름으로 지지하기는 어렵지만 이미 자신들이 다수가 되어 있는 평남 인민위원회가 삼상회의를 지지한다면 조만식이 위원장의 이름으로 지지하는 것은 가능하지 않은가라는 정치적인 고려가 있었다.

1월 5일 오전 11시 평양 산수국민학교에서 열린 평남 인민위원회는 팽팽한 긴장 가운데 열렸다. 먼저 소련군 측에서는 치스차코프 사령관을 비롯하여 로마넨코, 레베데프, 이그나티에프 등 주요 인사들이 모두 참석했고, 인민위원회에서는 위원 32명 가운데 공산당 측은 12명 전원이 참석했지만 민족주의 진영에서는 김병연, 이윤영, 박현숙 등 겨우 4명이 참석했다. 여기에서 먼저 소련군을 대표하여 레베데프 정치사령관이 신탁통치는 실제로 후견제이며, 국제정황상 이미 결정된 것이라고 설명했다. 여기에 대해 이주연 등 공산 측 인사들이 지지발언을 하고 표결에 부칠 것을 요구했다. 여기에 대해 민족주의 진영에서 발언했다. 박현숙은 이렇게 주장했다.[65]

를 보였지만 조만식은 이것을 매우 불쾌하게 생각했다고 한다.

65) 박찬일, 『심은 대로: 청해 박현숙 선생의 걸어온 길』, 286.

그 이유를 말한다면 가령 오마니가 아이에게 좋은 장난감을 주었다고 합시다. 그 아이는 기뻐 어쩔 줄을 모르고 재미있게 가지고 놀갔죠. 그런데 오마니가 도루 그것을 빼앗아 가져가면서 '내가 맡았다가 이담에 주마.' 하면 그 아이는 발버둥 치며 울 것입니다. 그와 꼭 마찬가지로 당신네들, 즉 붉은 군대가 해방시켜주었다고 귀에 못 박히도록 들려주다가 이제 와서 다른 나라에 신탁한다는 것은 생명을 놓고 결사반대하는 것이오.

조만식은 자신은 조선민주당원이기 때문에 찬성할 수 없다고 주장하면서 "나의 민족적 양심이 이 문제를 경솔하게 다루는 것을 허락하지 않을뿐더러 충분히 토의하기 전에 절대 표결에 부칠 수 없다."고 주장했다.[66] 여기에 대해 소련 측은 그러면 위원장을 사임하라고 외쳤고, 조만식은 즉석에서 일어나 왜 자신이 신탁통치를 반대하는지 그 이유를 사임사와 함께 밝혔다.[67]

① 신탁을 찬성하거나 반대하거나 모든 의사는 우리 한국인의 자유이어야 한다. 그런데 신탁통치를 찬성만 하라는 것은 도대체 무슨 뜻인가? 아무리 군정이라고 해도 언론이나 의사표시를 제한하는 것은 민주주의 원칙에 어긋난다.

② 무슨 구실을 붙이더라도 신탁통치라는 것은 어떤 나라가 남의 나라 정치에 대해 간섭하는 것이다. 우리가 그것을 마다하고 우리나라의 주권과 이익을 주장하는 것은 당연하다. 후견제 통치라고 변명하지

66) 김병연,『고당 조만식』, 238-242; 김국후,『평양의 소련군정』, 144-145.

67) 김병연,『고당 조만식』, 242.

만 그 내용이 신탁통치와 완전히 다르지 않은 이상 결국 마찬가지 아니냐?

③ 우리나라의 완전독립을 진실로 원조하려는 호의라면서 신탁통치는 왜 강요하는가? 카이로선언이나 포츠담선언에도 우리나라에 신탁통치를 실시한다는 조건이 있었다는 말을 듣지 못했다. 모스크바 3상회의의 결정은 이런 의미에서 잘못된 국제협상이다.

조만식의 주장은 첫째로 신탁통치를 강요하는 것은 국민의 자유로운 의사표시를 방해하는 것이라는 것이다. 이것은 나중에 미군이 소련에게 주장하는 내용과 같은 것이다. 소련은 미소공동위원회에 신탁통치에 찬성하는 정당 및 사회단체만을 임시정부 수립 논의에 포함시켜야 한다고 주장했지만, 조만식은 민주국가의 기본은 언론의 자유이므로 반대의 자유가 있어야 한다는 것이다. 여기에서 조만식은 자유민주주의의 원칙에서 소련의 입장을 비판하는 것이다. 사실 조만식의 이 주장은 후에 미국 측이 소련에게 계속하여 강조하는 것이다. 즉, 민주주의는 표현의 자유를 기본으로 하기 때문에 신탁통치에 반대한다고 하여 미소공동위원회 참석을 거부할 수 없다는 것이다. 둘째로, 조만식은 소련의 후견제 설명은 결국은 말만 다를 뿐 본질상 같은 것이라는 것이다. 소련 군정하의 북한 상황에서 몇 달을 지내면서 선전과 사실이 얼마나 다른지를 잘 파악한 조만식이 그런 소련의 설명에 넘어가지는 않았을 것이다. 셋째로, 조만식은 국제 조약을 근거로 하여 여기에 반대하는 것이다. 대서양헌장(1941)을 비롯하여 기존의 조약에 신탁통치라는 말이 없는데 어찌하여 신탁통치를 하려고 하느냐는 것이다. 오히려 카이로선언의 근간이 되는 대서양헌장에서는 민족의 자유로운 의사를 존중하여 독립을 시킨다고 언급하고 있지 않은가? 카이로선언(1943)도 "자유롭고, 독립된 나라"를 건설한다고 말하고 있다. 얄타회담(1945. 2)에서도 전후에 새로 형성된 정부에 대해 모든 민주적인 요소들을 대표한 임시정부를 세우며, 이것은 가능한 대로 빠른 시일 안에 국민의 뜻을 따르는 자유선거에 의해 세워져야 한다고 선언하고 있다. 포츠담선언(1945. 7)은 이런 카이로선언을 계승한 것이다. 아마도 이런 조만식의 설명은 당시 일반 민족주의자들이 갖고 있었던 신탁통치에 대한 생각이었을 것이다.

조만식의 사임연설은 매우 엄중했고, 그의 두 눈에서는 불꽃이 튀었다. 그의 맑고 깐깐한 음성은 유리창에 부딪혀 쨍하고 울렸다. 평소에 조용하던 그가 책상을 주먹으로 치면서 강하게 말했다. 그는 이것이 자신의 최후의 연설이 될 줄 몰랐지만 이것은 공식석상에서 그의 마지막 연설이 되었다. 결국 조만식은 사임을 선포하고 회의장을 나왔고, 그 뒤를 이어 민족주의 측의 위원들도 퇴장했다. 조만식과 민족주의자들이 퇴장한 다음에 그들은 조만식의 사표를 수리하고, 공산 측에 기울어진 홍기주 목사를 임시위원장으로 하여 신탁통치 찬성을 가결했다. 그러나 조만식을 신탁통치 지지자 명단에 넣으려는 소련의 작전은 실패로 돌아갔다.

조만식은 신탁통치에 반대하고 회의장을 나오자마자 곧바로 자신의 숙소인 고려호텔로 돌아왔다. 약 1시간 반 후에 헌병사령관이 와서 조만식에게 그의 경호대를 해산하라고 명령했다. 내부 경호원 12명, 외부 경호원 28명으로 구성된 경호대는 해산되었고, 3대의 차량과 무기도 압수되었다. 경호대가 해산된 다음 약 50명의 적위대가 '보호연금'(protective custody)이라는 이름으로 조만식을 감시했고, 다음 날 조만식의 비서실장은 체포되었다.[68)]

당시 조만식의 경호대장은 문병극이었는데, 그는 해방 후 평남 건준과 인민정치위원회의 경비책임을 맡았다. 원래 평양 상수리 출신으로 일본 와세다공업학교를 졸업한 힘의 장사로서 김두환으로부터 형님 대접을 받았다. 소련에 의해 조만식의 경호대가 해산당한 뒤 문병극은 다른 조선민주당 인사들과 같이 1946년 2월 월남하여 대한독립촉성국민회의 청년단에 가입하여 조직부장으로 남한 전역을 순회하면서 반공강연과 좌파 제거에 앞장섰다.[69)]

1946년 1월 6일 평양에서는 모스크바 3상회의를 지지하는 10만 명가량의 군중이 모인 대규모 집회가 열렸다. 하지만 원래 북한민족주의의 대표적인 인물 조만식을 참여시키려는 시도는 그의 완강한 거부로 말미암아 실패로 돌아가고 말았다. 그럼에도 불구하고 북한에서 신탁통치 반대의 흐름은 현저하게 약화되고, 신탁통치 지지의 흐름은 강화되었다. 그 이유는 북한은 강력하게 언론을 통제하고, 반대시위를 금지하고, 이것을 당과 도에 시달했기 때문이다. 소련이 지배하는 북한사회는 다양한 의견을 용인하는 서구적 의미의 민주사회가 아니었다.

그러나 소련은 조만식에 대한 미련을 쉽게 포기하지 않았다. 해방 후 북한에 관한 최고의 결정권을 갖고 있는 제1 극동전선 군사위원인

68) "Intelligence Summary Northern Korea, For Period 1 January-16 January", 4. 박현숙은 해산당한 경비대가 소련군과 무력충돌을 벌일 것을 염려하여 그들을 한데 모아 위로하고, 감정적인 행동으로 목숨을 잃어서는 안 된다고 간곡하게 부탁했다. 박찬일, 『심은 대로: 청해 박현숙 선생의 걸어온 길』, 300-302.

69) 이경남, 『분단시대의 청년운동 상』(서울: 삼성문화개발, 1989), 164-172.

스티코프가 1월 10일 북한에 오게 되었다. 스티코프는 이때 조만식을 찾아가 다시 설득했다. 하지만 조만식은 요지부동이었다. 아마도 조만식과 스티코프의 면담이 소련으로 하여금 조만식을 포기하게 만든 결정적인 계기가 된 것 같다.[70] 스티코프는 치스차코프와 대화를 하는 가운데 "어찌 조선에 조만식 같은 사람이 한 사람뿐이겠습니까? 그들의 수는 대략 100명이며, 그들은 이번 공격으로 그치지 않을 것입니다. 그렇기 때문에 치스차코프 동지, 경계하십시오. 조선의 동지들에게 계급투쟁의 본질을 보다 많이 설명해줄 필요가 있습니다."라고 말했다. 치스차코프는 그 후 스티코프의 이 말을 여러 번 다시 생각해보았다고 회상한다.[71] 이렇게 하여 소련과 조만식의 민족통일전선은 완전히 금이 가고, 이제 조만식은 민족의 반역자요, 비민주적인 인사로 낙인찍히게 되었다. 조만식은 통일전선의 협력자가 아니요, 이제는 반동분자로서 타도해야 할 대상이 된 것이다.

흥미로운 것은 조만식을 설득하는 데 박헌영도 동원되었다는 주장이 있다. 원래 신탁통치에 반대했던 박헌영은 이 문제를 상의하기 위해 1945년 12월 29일 비밀리에 북한을 방문했고, 그 다음 해 1월 1일에 다시 월남하여 신탁통치에 대한 지지 입장을 밝혔다. 그런데 박헌영이 북한에 있을 동안에 조만식을 만나서 설득했지만 결과는 마찬가지였다. 조선노동당 고위 간부였던 박병엽은 여기에 대해 "박헌영은 평양 체류

---

70) 기광서, "구소련 국방성 비밀문서로 본 해방 직후 고당 조만식의 궤적", 『민족 21』 27(2003), 103.

71) 치스차코프는 소련과학아카데미 편, 『레닌그라드로부터 평양까지: 조선해방에 있어 소련장성 11인의 회고록』, 61쪽에서 이것을 2월 말이라고 주장한다. 그러나 일본의 북한전문가 와다 하루키는 최근 그의 저서에서 스티코프가 북한에 와서 이 말을 한 날짜가 1월 10일이라고 주장한다. 『북한현대사』, 58. 필자는 와다 하루키 교수의 주장을 따른다.

기간에 고려호텔에 기거하던 조만식을 만나기도 했다. 조만식은 박헌영이 만나자고 하여 응하기는 했지만 몸이 아프다는 이유로 별말을 하지 않고 푸대접했다고 한다. 박헌영이 조만식과 제대로 의미 있는 대화를 나누지 못한 채 금방 나오고 말았다는 것이다."라고 증언하고 있다.[72) 만일 이것이 사실이라면 소련과 공산주의는 조만식을 설득하기 위해 그들이 할 수 있는 최고의 노력을 다했다고 볼 수 있다.

72) 박병엽 구술, 『김일성과 박헌영, 그리고 여운형』, 37. 그러나 조만식은 1947년 7월 미소공동위원회 브라운 소장과의 면담에서 박헌영이 북한을 방문한 사실을 모른다고 대답했다. 여기에 대해서는 본서의 후반부에 나오는 브라운 소장과 조만식의 면담에 대한 부분을 참조하기 바란다.

VI 남한 민족주의자와 조만식

1. 신탁통치 논쟁 이전의 남한 민족주의와 조만식
2. 반탁정국의 조만식과 남한의 민족주의자들
3. 신탁통치 반대 이후 조선민주당의 변화와 북한의 반탁운동

1.
신탁통치 논쟁 이전의 남한 민족주의와 조만식

신탁통치 반대와 더불어 조만식은 한편으로는 친일분자로 공격을 받았지만, 다른 한편으로는 남한의 반동분자와 내통하는 자로 지목되었다. 일제 강점기부터 조만식은 민족주의 진영에서 많은 민족주의자들과 함께 독립을 위해 싸웠다. 3 · 1운동, 물산장려운동, 신간회, 조선어학회사건 등 수많은 민족독립운동을 전개한 조만식이 해방 이후에도 남한의 민족주의자들과 관계를 갖고 행동한 것은 자연스러운 일일 것이다. 특별히 해방 당시 남한의 가장 대표적인 민족주의자였던 송진우와 조만식은 1910년대 일본에서 공부할 때부터 막역한 친구였다.[1] 실질적으로

1) 송진우와 조만식은 일본 메이지대학을 함께 다녔다. 송진우는 조만식에 대해 다음과 같이 말했다. "동경유학시절에 나는 여기에서 많은 지기(知己)를 얻었다. 그중에서도 가장 갓갑던 이는 조만식 군. 군은 나와 가치 명대 법과에 적을 두었는데 담배 한 대 안 피우지 술 한 잔 안 먹지, 우락부락하지 안코 침착하지, 수재이지, 신의가 두텁지, 이 모든 점이 두 사람의 우의를 아조 갓갑게 하여 주는 인자가 되었다. 둘은 학우회에 무슨 일이 있어도 함께 나갓지, 명대 동창회에 무슨 일이 잇어도 보조를 갓치 하엿지 그 두터움이란 세인의 상상 외엿

해방 직후 조만식은 건준을 결성하는 데 있어 송진우를 비롯한 민족주의자들과 상의했다. 송진우의 전기에는 "8월 20일께 조만식의 밀명을 허리춤에 끼고 김동원의 서랑(壻郞)이 서울로 올라왔다."고 기록하고 있다.[2] 송진우는 조만식을 자신의 가장 가까운 친구로 생각해왔다.

송진우와 동아일보 계열을 깊이 있게 연구한 윤덕영은 송진우가 호남의 김성수와 가까웠지만, 동시에 서북의 기독교 계열의 인사들과도 깊은 교류를 갖고 있었다고 주장한다. 아마도 조만식이 이들을 연결한 연결고리였을 수 있다. 송진우는 남강 이승훈을 3 · 1운동에 끌어들였을 뿐만 아니라 도산 안창호와도 깊은 관계를 맺었다. 이 같은 관계는 해방 이후까지 지속되었다. 이렇게 하여 송진우가 한국민주당을 창당했을 때, 흥사단과 서북 기독교세력은 호남 · 동아일보 세력과 함께 한민당의 가장 중요한 2대 세력이었다. 여기에 조만식의 동료였던 김동원과 한근조도 참여했다.[3]

해방 이후의 남한 정국은 매우 복잡했다. 여운형이 공산주의자들과 함께 건국준비위원회를 좌파로 이끌고 가려고 할 때, 송진우와 그의 동료들은 여기에 제동을 걸려고 했다. 그것은 전국의 480명의 유지들로 구성된 전국유지자대회를 열어 이것을 계기로 건준에 민족주의 세력을 참여시킨다는 것이었다. 하지만 이것은 여운형이 테러를 당함으로써 이

다." 송진우, "교우록", 『삼천리』 제7권 5호(1935. 6), 51.

2) 고하선생전기편찬위원회, 『독립에의 집념: 고하 송진우 전기』, 442. 여기에는 "뒤미쳐 김동원도 따라왔다."고 밝히고 있다.

3) 윤덕영, "일제하 해방 직후 동아일보 계열의 민족운동과 국가건설노선"(연세대학교 사학과 박사학위논문, 2010), 346-347. 그러나 윤덕영은 조만식이 안재홍과 좋은 관계가 아니었다고 말한다. 조만식은 안재홍이 기호지방 기독교의 파벌적 이해를 추구한다고 비판했다(위의 논문, 346쪽 주 10 참조).

루어지지 못했다. 그다음에 건준 내의 온건파들은 서울을 중심으로 각계 인사 135명의 확대위원을 추천하여 이들을 건준에 참여시키려고 했다. 하지만 박헌영을 중심으로 한 공산당 재건파는 여기에 반대하여 이 안도 부결되고 말았다. 조만식은 바로 이 확대위원의 명단에 들어 있다.[4)]

이렇게 여운형과 박헌영이 '진보적 민주주의'라는 이름으로 인민공화국 정권을 세우려고 할 때, 송진우를 중심으로 하는 민족주의자들은 임시정부와 미국을 중심으로 한 연합군과 협력하여 서구식 민주주의 국가를 세우려고 했다. 그래서 이들은 임시정부 및 연합군환영위원회를 조직하고 여운형과 박헌영과는 다른 우익민족주의 진영을 형성해나갔다. 송진우와 그의 동료들은 여운형과 박헌영이 조선인민공화국 설립을 발표한 그 다음 날인 9월 7일, 임시정부를 지지하고, 특정 인민계급이 아닌 "국민의 총의"로서 중경 임시정부를 지지하고, 연합국에 감사하며, 민정 수습 방도를 강구할 것을 강조하면서 국민대회 준비 취지서를 발표했다. 이것은 명백하게 여운형과 박헌영의 인민공화국에 대해 반대한 것이다. 여기에는 전국적으로 330명의 발기인이 참여했는데, 평양에서는 조만식과 오윤선의 이름이 등장하고 있다.[5)] 이들은 9월 7일 국민대회준비회의의 출범과 더불어 중경에 있는 임시정부의 김구 주석 앞으로 편지를 보내 한국의 정치 상황을 설명하면서 "조선 국내 혁명세력의 원로인 송진우, 허헌, 여운형, 김성수, 조만식 등이 국민대회를 소집하

---

4) 남광규, "건국준비위원회 중앙조직의 약화과정과 요인", 『한국정치외교사 논총』, 28집 1호(2006), 21; 안재홍, "기로에 선 조선민족", 『신천지』 3권 6호(1948. 7).

5) 심지연 엮음, 『해방정국 논쟁사 I』, 145-146.

여 임시정부의 조속한 환국을 거듭 요청"했다.[6)]

조만식은 원래 해방 직후인 8월 17일 발표된 평남건준위의 성명에서 임시정부를 지지한다는 입장을 밝힌 바 있다. 이것은 해방 직후 건국에 관하여 조만식은 송진우와 같은 입장을 갖고 있다는 것을 의미한다.

조만식과 여운형의 관계는 확실하지 않다. 분명한 것은 여운형이 조만식과 함께 일하기를 원했다. 1945년 8월 말 여운형은 당시 평양공업전문학교 학생이던 손치웅을 서울 건준 사무실로 불러 조만식에게 보내는 밀서를 전달했다. 손치웅은 평양으로 밤낮 걸어가면서 소련군의 만행을 볼 수 있었다. 9월 초에 손치웅은 평남 인민정치위원회 사무실로 조만식을 찾아갔다. 밀서를 읽어본 조만식은 여운형이 자신을 서울로 오라고 하지만 자신은 북한 동포와 기독교인들을 버릴 수 없어 갈 수 없다고 완곡하게 거절했다. 손치웅은 하는 수 없이 서울로 돌아왔다.[7)]

여운형의 측근이며, 그의 전기를 쓴 이만규에 의하면 여운형은 "인민공화국 조직 전에 평양에 사람을 보내 경성으로 오라고 권했던 바, '평양의 일이 중대하여 떠날 수 없고, 형이 하는 일에 전면적으로 협력하겠다.'는 회답을 받았다."고 기록하고 있다.[8)] 여운형은 조만식을 1945년 9월 6일 조선인민공화국의 인민위원에, 같은 달 14일 발표된

---

6) "한국임시정부 최근 동태"(1945. 9. 15), 『백범 김구 전집』 5(대한매일신보사), 684; 이현주, "8 · 15 전후 조선총독부의 정책과 조선정치세력의 대응", 『국사관논총』 108(2006), 26. 물론 여운형과 허헌이 국민대회준비회의에 참여한 것은 아니며, 조만식이 실제로 얼마만큼 여기에 참여했는지도 알 수 없다.

7) 「경향신문」(2005. 8. 2); 「동아일보」(2005. 8. 5); "손치웅 선생의 몽양회고담", http://imong-yang.blog.me/40035718782(2014. 4. 28. 검색)

8) 이만규, 『여운형선생 투쟁사』(서울: 신한공사, 1946), 204.

조선인민공화국 정부부서에 재정부장으로 세웠다.[9] 하지만 실질적으로 조만식이 여운형과 깊은 관계를 맺고 있었던 것 같지는 않다. 조만식의 측근인 한근조에 의하면 여운형은 조만식에게 전화로 혹은 사람을 보내 협조를 구하기도 했지만 사람들에게 "확고한 주관이 없는 사람"이라는 평을 받고 있다고 한다.[10] 여운형은 조만식과의 관계를 긍정적으로 생각했지만, 조만식은 여운형을 그렇게 높게 평가하지 않은 것 같다.

남한에 미군이 등장하면서 조만식의 이름은 미군에게도 널리 알려지게 되었다. 미군은 한국에 도착하기 전에 이미 조만식의 이름을 알고 있었다.[11] 미군 정보당국이 태평양전쟁이 끝나기 직전인 1944년 한국의 주요 지도자들에 대해 조사 작성한 내용에 의하면 해방 직전 한국의 5대 지도자로 조만식, 윤치호, 이광수, 김성수, 양주삼을 꼽고 있으며, 그중에서도 조만식을 가장 높게 평가하고 있다. 이 자료는 조만식이 한국 내의 모든 그룹으로부터 존경을 받고 있으며, 기독교 활동에 적극적이고, 공공의식과 국제적인 감각을 가진 인물로 평가했다. 조만식은 민족주의자이면서 친미 · 반일 · 보수 성향을 갖고 있는 것으로 알려졌다.[12] 미군 당국은 한국에 도착한 9월 8일, 여운형의 동생인 여운홍을 비롯한 세 사람을 배에서 만났는데, 이들은 조선에 있는 애국적인 인사들의 명단을 제시했다. 여기에는 여운형, 안재홍, 김성수와 함께 조만식의 이름도 포함되어 있다. 그 후 미군은 10월 5일, 한국에서의 군정

9) 심지연 엮음, 『해방정국 논쟁사 I』(서울: 도서출판 한울, 1992), 71; 74.

10) 한근조, "조만식 선생의 해방 후 3개월", 『고당 조만식 회상록』, 224; 한근조, 『고당 조만식』, 372.

11) 정병준, 『우남 이승만 연구』, 400; 「경향신문」(2008. 8. 8).

12) 「경향신문」(2008. 8. 8). 이 사실은 미 연방정부기록보관소의 자료에 의존하고 있다. 참고: 정병준, 『우남 이승만 연구』, 400.

을 위해 저명한 인사들로 구성된 고문단을 만들었는데, 여기에 조만식이 김동원과 함께 포함되어 있다.[13] 이것은 미 군정이 처음으로 한국에서 취한 정치적인 조처였다. 특별히 북한에 거주하고 있는 조만식을 명단에 포함시킨 것은 중요한 의미가 있다. 아마도 조만식 역시 고문회의에 참여하기를 원했던 것 같다.[14] 적어도 조만식은 미 군정이 자신을 고문으로 위촉했다는 사실에 대해 반대의 의사를 표시하지 않았다. 이런 연유로 소련 정보당국은 계속 조만식이 남한 당국과 관계를 맺고 있다고 보고하고 있었던 것이다.

조만식의 이름은 미군 내에서 널리 회자되었던 것 같다. 미군 정보는 조만식의 조선민주당 창당 소식을 전하면서 그를 "한국에서 가장 존경받는 세 사람 중의 하나이며, [평양] 정부의 상징적인 존재로 알려지고 있다. 그는 장로교 장로이기도 했다."고 말하고 있다.[15] 12월 18일자 미군의 일일정보에 의하면 북한 출신의 한 인사는 조만식에 대해 북조선의 가장 뛰어난 지도자이며, "모든 한국인을 위해 일하는 유일무이한 한국의 애국자이다. 그는 자신의 원칙에 충실하고, 러시아인과 공산주의자를 반대했다. 이러한 진실한 노력으로 조만식은 러시아군과 북한 공산주의자들의 존경을 받고 있다. 조만식은 그의 노력에 대한 대가를 받아야 하며, 그리고 다른 사람이 원치 않는 상황에서도 항상 최대의

13) 송남헌, 『한국현대정치사』 1(서울: 성문각, 1980), 78, 111, 129.

14) 커밍스는 「Seoul Times」 1945년 10월 9일자를 근거로 "누군가가 미국 측에 조만식이 남한에 있으며, 고문회의에 참가하기를 원한다고 그릇된 정보를 준 것이 분명하다."고 말하고 있지만(『한국전쟁의 기원』, 200) 사실 미 군정 당국은 처음부터 평양에 있다는 것을 알고 있었다. G-2 Periodic Report (9 Sept. 1945); (17 Sept. 1945)에는 다 같이 조만식을 평양에 거주하는 사람으로 설명하고 있다.

15) 정보참모부 일일보고서(1945. 11. 9); 국토통일원, 『미군정정보보고서』 제1권(1945. 9~1946. 1)[1989], 421.

성과를 올렸다.”고 말했다고 기록하고 있다.[16] 이런 보고는 분명히 미군 당국으로 하여금 조만식에 대해 호의적으로 평가하도록 만들었을 것이라고 본다.

그러나 조만식의 위치를 어렵게 만든 것은 민족주의자들의 월남이었다. 아마도 제일 먼저 월남한 사람 가운데는 김동원이 있다. 김동원은 평양 산정현교회의 유명한 3인의 장로 가운데 한 사람이다. 원래 조만식과 함께 물산장려운동과 수양동우회 활동을 했지만, 신간회에는 참여하지 않았다. 그는 신간회운동이 실력 양성을 통한 독립이라는 수양동우회 정신에 맞지 않는다고 생각했고, 더 나아가 1930년대에 자신이 운영하는 공장에서 노동운동을 경험한 다음에는 공산주의자들과는 일정한 거리를 두었다. 일제 말 그는 수양동우회사건으로 옥고를 치르기도 했지만, 동시에 일제에 협력하기도 했다.[17] 이런 김동원은 아마도 조만식의 사회주의 포용주의와는 길을 달리하고 있었을 것이다. 이런 연고로 김동원은 평남 건국준비위원회에서도 활동이 두드러지지 않았다.

사실 해방정국에서 김동원의 위치는 작지 않았다. 그는 해방 후 평남도지사가 최초로 접촉한 인물 가운데 하나이며, 조만식과 더불어 해방 이후 정국을 주도할 수 있는 위치에 있었던 것 같다. 그래서 그는 해방 직후 한근조, 장이욱 등에게 연락을 하여 건준에 참여하도록 했다.[18]

---

16) 정보참모부 일일보고서(1945. 12. 18). 이 정보원은 남한의 정세를 파악하기 위해 월남했던 조선민주당의 지도자이며, 평남 인민위원회의 위원으로서 조만식과 조선민주당에 대해 여러 가지 정보를 제공하고 있다.

17) ‘김동원’, 『두산백과사전』 해당 항목.

18) 한근조, “조만식 선생의 해방 직후 3개월”, 223. 김동원은 일본이 항복을 선언하기 전인 8월 15일 오전에 사람을 보내 한근조를 불렀고, 아울러 며칠 후 장이욱(후에 서울사대 학장)을 불렀다. 장이욱, 『나의 회고록』, 203. 김동원은 장이욱이 수양동우회사건으로 구속되었다가 석방된 다음에 자신의 공장을 책임지고 운영하도록 했다. 김동원은 김병연도 자신의 회사

실제로 조만식이 평양에 돌아왔을 때 제일 먼저 만나 대화를 나누었던 사람이 바로 김동원이었다.[19] 하지만 이런 위치에도 불구하고 그는 평남 건준에서 아무런 위치를 갖지 않았다. 아마도 그의 반사회주의적인 성향과 일제 말의 행적이 문제가 되지 않았나 생각된다. 결국 김동원은 인민정치위원회에는 참여하지 않았고, 월남하고 말았다. 그리고 이어서 9월 8일 서울에서 결성된 한민당의 총무로서 남한에서 우익의 중심인물 가운데 하나가 되었다.[20] 이것으로 보아 김동원은 9월 초에는 이미 월남했다고 보인다. 김동원은 최초의 미 군정 행정고문이었다. 김동원은 아마도 미 군정에 조만식에 대해 언급했을 것이라고 생각한다.

김동원과 비슷한 시기에 월남한 사람 가운데 장이욱도 있었다. 장이욱은 김동원과 같이 수양동우회원으로 옥고를 치른 후에 김동원이 설립한 평양자동차공업주식회사의 사장 일을 보게 되었는데, 8월 26일 소련군의 진주를 기해 완전히 회사가 바뀌었다. 회사에는 평양자동차공장 자치회라는 것이 결성되어 이미 노동자들에게 넘어갔다.[21] 소련군은 자신들이 점령하는 곳에 노동자를 선동하여 공장을 점령하게 만들었던 것이다. 이런 것이 결국은 장이욱으로 하여금 북한에 더 이상 희망을 갖지 못하게 하고, 월남하게 만들었던 것이다. 그는 평남 인민정치위원회의 위원직을 사임하는 사직서를 조만식에게 제출하고, 결국 9월 초에 월남하고 말았다.

지배원으로 일하게 했다. 김내영, 『조국을 구원할 자는 오직 너와 나로다: 애국지사 김병연의 삶』, 159.

19) 오영진, 『소 군정하의 북한』, 22.

20) 송남헌, 『한국현대정치사 1』, 129. 당시 한민당은 송진우가 수석총무, 원세훈 · 박관수 · 조병옥 등이 김동원과 함께 총무였다.

21) 장이욱, 『나의 회고록』, 204-205.

소련의 정보당국은 일찍부터 조만식이 남한의 민족주의자들과 연락하고 있다는 것을 알고 있었던 것 같다. 1945년 9월 13일 작성된 "붉은 군대 정치국 정보보고서"에 의하면 평양의 조만식 그룹은 "서울의 민족주의 기관들과 긴밀한 연락을 취하고" 있고, 이들은 소련군에 의해 행해진 만행을 자신들에게 유리한 정치선전으로 활용하고 있다고 쓰고 있다.[22] 아마도 조만식의 국민대회 참여와 김동원과 장이욱의 행동이 여기에 해당하는 것인지 모른다.

이런 월남 행렬은 계속되었다. 평남 건준을 책임지던 최능진도 9월 중순에 월남했다. 최능진이 맡았던 자위대는 건준이 인민정치위원회로 개편되면서 공산당의 적위대에게 그 권한이 넘겨졌다. 이런 과정에서 소련은 인민정치위원회에 압력을 가해 자위대를 해산시키고, 적위대를 강화시켰다. 자위대는 처음에는 저항했지만 소련의 후원을 입은 적위대를 당할 수 없었다. 특히 현중혁 암살사건 이후에 자위대는 더욱 어려워지게 되었다. 상황이 이렇게 변하자 최능진은 공산당에 맞서는 길은 남한에 가서 공산주의에 반대하는 막강한 정당을 만드는 방법밖에 없다고 생각하고 조만식을 만났는데, 그는 최능진의 의견에 찬성했다. 그 후 이들은 동료 김세준, 나병덕과 함께 월남했고, 다 같이 미 군정 경찰에서 중요한 역할을 했다.[23] 필자는 최능진도 미 군정 당국과 조만식 사이에서 모종의 역할을 담당했을 것이라고 추측한다. 특히 최능진은 흥사단 계열로 미 군정 내의 흥사단 계열과 같은 맥락을 갖고 있으며, 후에 미

---

22) 이재훈, "해방 직후 북한 민족주의 세력에 대한 소련의 인식과 정책", 280-281.

23) 안진, 『미 군정과 한국의 민주주의』, 209; "비화 한세대(96), 군정경찰(27) 평양치안대", 「경향신문」(1977. 3. 25). 최능진은 후에 미 군정에서 일하면서 김규식의 측근으로 알려졌으며, 반이승만의 입장에 섰다.

군정의 반이승만 전선에 동참했다.

이 같은 우익진영의 월남은 계속되었다. 조만식과 오랫동안 함께 활동했던 한근조도 10월 말 월남하고 말았다. 한근조는 조만식과 함께 YMCA와 신간회 등 민족운동을 한 사람이었다. 변호사로서 민족주의자들의 변호를 맡아서 일했기 때문에 폭넓은 인간관계를 갖고 있었다. 한근조는 당시 평양시장으로서 민족진영의 대변자 역할을 했다. 이미 지적한 대로 9월 12일 토지소유 문제로 장시우 등 국내파 공산당과 논쟁을 벌였다.

또한 한근조는 10월 14일 소위 '김일성장군환영군중대회'가 열린 며칠 후 평양의 과거 '가선(歌扇)'이라는 일식점 자리에서 가진 김일성과 '김일성 장군 및 가족 위안회'라는 모임에서 공산당과 또 다른 마찰을 빚었다. 이 모임은 소련이 김일성과 민족주의자들의 관계를 돈독하게 만들기 위해 평남 인민정치위원회의 공산당 위원인 이주연의 주도로 만들어진 자리였다. 이 자리에서 소련군은 의도적으로 김일성을 찬양했다. 참다못한 한근조가 일어나 "우리나라 사람들은 너무나 감격성이 많습니다. …… 더욱이 40여 년간 독립운동을 해온 노지사를 앞에 두고 어떤 사람을 과찬한다는 것은 안 될 말이요."라고 직언했다.[24] 이것은 매우 위험한 발언이었다. 공산당 과격파 장시우와 말다툼이 벌어질 지경이었다.

아마도 한근조는 이때부터 공산당에게 미움을 받은 듯하다. 그 뒤에 한근조는 조선민주당 정강을 만드는 일로 김일성이 파송한 김책과 심한 논쟁을 벌였다. 소련군은 평양시장으로 있는 한근조에게 일본이

24) 한근조, "조만식 선생의 해방 직후 3개월", 『고당 조만식 회상록』, 228.

남기고 간 적산양도를 비롯하여 갖가지 무리한 요구를 하기 시작했고, 한근조는 그들의 의견을 다 받아들여줄 수 없었다. 결국 그는 조선민주당 창당을 앞두고 10월 말 조만식에게 하직인사를 했다. 11월 2일 그는 38선을 넘어 월남했고, 이때 그는 미군에게 북한의 상황을 자세하게 설명해주었다. 이것은 1945년 11월 13일 주한미군 주간정보 요약에 포함되어 있다. 여기에는 한근조가 북한 서열 2위의 애국자요 지도자라고 소개되어 있다. 조만식 곁에서 그를 도왔던 핵심인사들이 잇따라 월남한 것이다. 공산당의 세력은 점점 커지고, 민족주의 세력은 점점 약화되고 있었다.

조만식은 월남하는 사람들을 통해 자신의 입장을 남쪽의 민족주의자 및 미 군정에 전한 것 같다. 조만식은 월남하는 한근조에게 "서울에서 요인들을 만나 곧 연락해 달라."는 부탁을 했다.[25] 한근조는 서울의 여러 민족주의자들에게 조만식의 입장을 전했을 것 같다. 뿐만 아니라 하지와도 연락하여 조만식의 입장을 전한 것 같다. 조만식은 월남하는 사람들을 만류하지 않고, 오히려 그들을 통해 남한의 민족주의자 및 미 군정 당국과 연락을 취했다.

하지는 자신의 군정 3개월의 내용을 종합한 보고서에서 "38도선 북쪽에서 활동하고 있는 위대한 한국의 민주주의 지도자 조만식은 중재자를 통해 나에게 그곳[북한]에서 공산주의가 결코 문제가 되지 않을 것이며, 북한 주민은 소련의 점령으로 치유될 것을 본인에게 확인시켜주고 있다. 그러나 그는 우리가 38도선 이남에서 이를 조장하려 하지 않

25) 한근조, 『고당 조만식』, 392.

는다면 반드시 조심해야 한다고 경고하고 있다."고 보고하고 있다.[26] 이것은 소련의 정책, 아마도 토지 정책이 공산주의자들이 하는 것임에도 불구하고 북한에서 어느 정도 성공하고 있으며, 이 같은 일들이 남한에서도 벌어지지 않게 하려면 남한에서도 합당한 조치를 취해야 한다는 것을 의미했다. 하지는 곧이어 자유를 보장하고, 동양 민중 사이에서 재산권을 보호한다는 미 군정의 정책이 오히려 공산주의의 활동을 보장해주고, 사람들에게 미 군정은 친일파를 청산하지 않는다는 인상을 주어 공산주의를 조장한다는 것이다. 따라서 하지는 미국 국무부에 적산처리에 관한 지침을 조속히 마련해줄 것을 요청하고 있다. 당시 이미 북한에서는 친일파 청산을 내세워 많은 재산이 공산당과 가난한 백성에게 돌아가고 있었으며, 조만식은 하지에게 이 점을 언급하며 남한에서도 같은 일이 벌어지지 않으려면 여기에 대한 적절한 대책을 세울 것을 제안한 것이다.

조만식은 월남하는 한근조를 통해 이승만과 직접 연락을 취했다. 남한에서는 해방 후 여운형과 박헌영을 중심으로 한 좌익의 큰 흐름이 미군의 진주와 이승만의 귀국으로 한풀 꺾이고, 새롭게 민족주의적인 방향으로 전환되기 시작했다. 이승만은 11월에 독립촉성중앙협의회를 만들어 신탁통치로 나가려는 국제정세를 막고 조기 독립을 이룩하고자

26) "육군대장 더글라스가 합동참모부에게"(1945. 12. 16); 『해방 3년과 미국 I』, 168. 참고: 심지연, 『미소공동위원회연구』(서울: 청계연구소, 1989), 68; 와다 하루키, "소련의 대북한정책: 1945~1946", 290; 이철순, "소련의 북한 세력에 대한 정책: 1945~1948", 『21세기 정치학회보』 20-1(2010), 130. 심지연, 와다 하루키, 이철순을 비롯한 대부분의 학자들은 여기에서 조만식이 소련의 정책을 지지한다는 의미로 이해하고 있으나 보고서의 전체 내용은 미군에게 북한과 같은 상황에 빠지지 않으려면 조심해야 한다는 의미라고 생각한다. 하지는 조만식의 정보를 인용하면서 한반도의 상황을 설명하면서 미 국무부에 빠른 조치를 취해줄 것을 요청하고 있다.

했다. 이승만은 이 모임에서 연합국이 남북을 분할한 것은 중대한 오류이며, 임시정부를 인정하여 1년 이내에 새로운 나라를 건설할 것을 주장했다. 아마도 이런 시점에서 한근조는 이승만을 만난 것 같다. 한근조를 통해 조만식과 북한의 사정을 들은 이승만은 "앞으로 건국의 대업은 중경에 있는 임시정부의 김구와 평양에 있는 조만식과 나 셋이서 담당해야 하겠으니 속히 사람을 보내 그를 서울로 모셔 오시오."라고 말했다.[27] 이승만의 이 계획은 당시 신탁통치를 계획하는 미 국무부에 반대하여 한국에 자치능력이 있다는 것을 보여주려는 의도인 것 같다. 이 부탁을 받은 한근조는 자신의 아들 한양섭에게 장문의 편지를 전해주며 서울로 올 것을 간곡히 부탁했다. 조만식은 처음에는 수락할 것 같이 말했지만, 결국 북한의 천만 동포를 버릴 수 없다고 이승만의 제의를 완곡하게 거절했다. 필자는 이승만은 이후부터 자신의 한반도 통일 정책에 조만식을 중요한 파트너로 생각했다고 본다.

확실하지는 않지만 아마도 한근조의 편지에는 이승만이 조만식에게 전하는 메시지가 담겨 있었을 것이다. 고당기념사업회가 엮은 전기에 의하면 11월 어느 시점에 이승만은 남한에서 독립촉성운동을 하면서 다른 한편으로는 북한의 조만식에게 자신의 밀사를 보내 조만식과 김일성을 서울로 초청하여 함께 조선의 독립을 논의하고자 한다는 것을 김일성에게 전달해줄 것을 요청했다고 한다. 필자는 당시 이승만이 앞으로 전개될 신탁통치 문제를 놓고, 이승만, 김구, 조만식, 김일성 네 사람으로 구성된 위원회를 만들어 대외적으로 한국인에게 자치능력이 있다는 것을 과시하려고 한 것이 아닌가 생각한다. 이 내용은 바로 한근조

---

27) 김내영, 『조국을 구할 자는 오직 너와 나로다: 애국지사 김병연의 삶』, 217.

의 아들을 통해 전달되었을 것이라고 생각한다. 조만식은 이런 이승만의 의견을 김일성에게 전달하면서 북한이 남한의 계획에 동참하여 12월까지 통일된 정부를 수립할 것을 제의했고, 아울러 이 구상이 실현되면 남한과 북한에서 미군과 소련군이 동시에 철수할 수 있을 것이라고 덧붙였다. 물론 김일성은 이 제안을 거부했다.[28)]

이승만의 이런 제의는 1945년 11월 20일 미 군정 정치고문인 랭던(William R. Langdon)이 미 국무부에 보낸 소위 '랭던 계획'과도 비슷하다. 랭던 계획안에 의하면 미 군정은 이승만과 김구를 중심으로 정무위원회를 구성하고, 이 정무위원회는 과도정부로서 군정을 승계하고, 여기에서 국가수반을 선출하도록 한다는 매우 중대한 계획안이었다. 이 계획안 제4항에 의하면 "위 계획에 앞서 소련 측에 통보해야만 하며, 회의(council)는 정무위원회의 구성원으로 지명한 소련지역 내 인사들이 서울에 오게 해 정무위원회를 강화할 수 있도록 소련 측을 초청해야 한다."고 되어 있다.[29)] 다시 말해 먼저 남한에 정무위원회를 구성하고, 그다음에 북한에 연락하여 통일된 정부를 세운다는 것이다. 아마도 여기에 의하면 정무위원회의 구성원으로 지명 예정인 소련 구역 내 인사들은 아마도 조만식과 김일성이 아닌가 생각된다.

이 같은 조만식을 통한 이승만의 계획은 소련 측 자료에서도 입증되는 것 같다. 스티코프의 일기를 비롯하여 소련 측 문서를 연구한 전현수는 11월 중순경 조만식이 김일성과 만나서 이 문제를 상의했다고 기

---

28) 고당기념사업회 엮음, 『고당 조만식 전기』, 325.

29) 재한국 정치고문 대리(랭던)가 국무장관에게(1945. 11. 25); 미 국무부 외교문서, 『해방 3년과 미국 I』(서울: 돌베개, 1984), 152; 정병준, 『우남 이승만 연구』(서울: 역사비평사, 2005), 481.

록한다.[30)]

> 그[조만식]는 11월 15일 김일성과의 대담에서 "이승만, 김구, 김일성 등을 포함하는 중앙정부의 수립에 참여해야 한다."고 주장했다. 조만식은 이러한 정부의 수립에 참여하기 위해 자신의 서울방문 계획을 김일성과 협의했다. 김일성은 "인민의 참여에 기초하여 밑으로부터 정권기관을 수립해야 한다."고 답변했지만 조만식은 "12월 1일 이전에 중앙정부를 수립하여 외국 군대의 철수 문제를 제기할 수 있도록 서둘러야 한다."고 주장했다. 조만식은 "김일성이 점령군의 철수를 방해하고 있다."고 비난했다.

여기에 의하면 조만식은 한근조의 아들 한양섭이 밀서를 갖고 왔을 즈음에 서울에 가서 이승만과 김구와 상의하려고 계획했으나 김일성의 반대로 이 계획은 성사되지 못했음을 알 수 있고, 조만식은 김일성과의 연대보다는 남한의 민족주의자들과의 연대에 더 많은 무게를 두고 있음을 알 수 있다. 이 같은 조만식과 김일성의 갈등은 소련 문서를 연구한 기광서 교수의 논문에도 나오고 있다. 그는 1946년 스티코프가 소련공산당 중앙위원회에 올린 "조선정치 정세보고서"를 인용하면서 당시 조만식은 김일성과 만나 "북조선 각 도가 조선정부 창설에 참여하고 중앙정부는 12월 이전까지 수립되어야 한다."고 말했다. 김일성이 이 제안을 거부하자 조만식은 측근을 통해 김일성이 통일을 방해하고 붉은

---

30) 전현수, "소련군의 북한 진주와 대북한 정책", 『한국독립운동사연구』 9(1995), 363. 전현수는 이 논문에서 미공개된 스티코프의 일기를 인용하고 있다. 또한 그는 이 논문에서 당시 소련 군정 당국은 북조선에 단독정부를 세우려고 했지만 조만식은 이것에 반대하고 남북의 통합하는 중앙정부를 세우기를 원하여 소련의 계획은 지연되었다고 주장한다. 이 부분에 대해 도움을 준 연세대학교 사학과 김성보 교수에게 사의를 표한다.

군대를 위해 일한다고 비난을 퍼부었다는 것이다.[31] 조만식과 이승만의 연대가 어느 정도인지는 충분히 밝혀지지 않았지만, 조만식의 민족통일전선은 단지 김일성만이 아니라 이승만과도 이루어졌고, 이것은 신탁통치 정국에 중대한 영향을 미쳤을 것이라고 생각된다.

이 같은 조만식의 남한 민족주의자들과의 연대는 김구의 세력과도 이루어졌다. 위에서 조만식과 김병조가 비밀결사를 조직하기로 했다는 것을 언급했다. 김병조는 원래 임시정부에서 활동한 사람으로서 김구와 깊은 관계를 갖고 있었다. 따라서 그는 처음부터 자신의 비밀결사조직인 광복단 활동을 남한의 김구에게 알리고 여러 가지 도움을 받았다. 특히 반탁운동이 벌어지자 광복단은 보다 본격적으로 활동하여 "우리는 왜 신탁통치를 반대하는가!", "주여 불쌍한 우리 한민족을 도와주소서!", "세계정세는 결코 우리 편이다." 등의 팸플릿을 인쇄하여 광복단 청년과 학생들을 통해 평양, 함흥 등 전국 교회에 보냈다.[32] 김병조와 김구의 관계는 상당히 밀접했다. 후에 김구는 장준하를 보내 김병조에게 월남을 권유했으나 조만식과 같이 거부했다.[33] 그는 종종 사람들에게 "모두 남하하면 북한은 김일성이 공짜로 먹는다. 목사들이 전부 남

31) 기광서, "구소련 국방성 비밀문서로 본 해방 직후 고당 조만식의 궤적", 102; 김성보, 『북한의 역사 I』, 32-33. 흥미로운 것은 당시 이승만의 공산주의에 대한 태도이다. 북한에서 조만식과 김일성이 대화를 하는 어간 11월 21일 이승만은 "공산주의에 관한 나의 관념"이라는 방송연설을 통해 자신은 "공산주의에 대해 호감"을 가진 사람이며, 근로대중 복리를 위해 공산주의의 정책을 "얼마만큼" 채용해야 한다고 말했다[「신한민보」(1945. 11. 23); 정병준, 『우남 이승만 연구』, 488]. 이것은 한편으로는 남한의 공산주의자들 자신의 독립촉성중앙협의회에 끌어들이기 위함임과 동시에 북한의 김일성에게 주는 메시지일 수도 있다고 생각한다.

32) 김국후, "김병조 목사의 최후", 144-145.

33) 김행식, "선고(김병조 목사)를 회상하며", 104.

하하면 북한 교회는 누가 지키는가? 다 산 목숨이니 나라도 남아 지켜야겠다."고 말했다.[34]

여기에서 중요한 것은 정치공작대이다. 정치공작대는 1945년 12월 6일 임시정부의 내무부장이었던 신익희를 중심으로 임시정부의 지방조직을 활성화하기 위해 만든 단체였다. 이들은 곧 전국적인 조직을 갖추게 되었고, 그 힘을 몰아 곧 12월 28일부터 북한으로 조직을 확대했다. 여기에 이윤영, 김병연, 백남홍 등 조선민주당의 간부들이 대거 가입했다.[35] 이렇게 하여 남한의 우익과 북한의 우익이 서로 연결되었다. 소련 정보당국도 이것을 잘 파악하고 있었다. 1946년 1월 12일 작성된 "북조선 정당 및 사회단체 보고서"에 의하면 "당수 조만식과 그 측근들이 남조선과 밀접한 관계를 맺고 있으며, 당은 김구정부를 전폭적으로 찬동하며 이를 선전하고 있다."고 기록하고 있다.[36]

우리는 이미 위에서 이승만이 한근조를 통해 조만식의 월남을 권유한 것을 알고 있다. 하지만 조만식에 대한 월남 권유는 이승만뿐만 아니라 월남한 인사들과 남한의 민족주의자들 사이에 널리 퍼져 있었다. 당시 남한에서는 복잡한 상황을 헤쳐 나가고, 통일된 독립을 이루기 위해서는 북한에 거주하는 조만식이 필요하다고 생각했다. 여기에서 중

34) 김행식, "선고(김병조 목사)를 회상하며", 104.

35) 박진희, "해방 직후 정치 공작대의 조직과 활동", 『역사와 현실』 21(1996), 168-204. 조직명단에 관해서는 187쪽 참조.

36) "북조선 정당 및 사회단체 보고서", 7-8; 이재훈, "해방 직후 북한 민족주의 세력에 대한 소련의 인식과 정책", 292에서 재인용. 소련 자료를 근거로 북한현대사를 연구한 란코프도 조만식과 그의 동료들이 "조직된 지 얼마 안 되는 남한 정부의 정보계통의 도움을 많이 받았다."고 기록하고 있는데, 여기에서 말하는 조직된 지 얼마 안 되는 남한 정부란 얼마 전에 귀국한 임시정부를 말하며, 정보당국이란 정치공작대를 말하는 것 같다. 란코프, 『북한 현대정치사』, 81.

요한 역할을 한 사람이 최능진인 것 같다. 그는 월남을 결심하면서부터 조만식을 당수로 하고, 평양에 지부를 두는 새로운 정당 결성과 정치활동을 계획했다. 「경향신문」의 취재에 의하면 조만식도 최능진을 남한에 보내면서 남한의 상황을 살펴보고, 거대정당을 만드는 데 동의했다고 한다.[37] 그래서 1945년 10월경 자신의 측근이며 오산학교와 숭인상업학교 출신인 라병덕과 몇몇 사람을 평양에 보냈다. 라병덕은 평양에 가서 먼저 김병연을 통해 의사를 전달했다. 5일 후 조만식은 북한의 동포를 버릴 수 없다고 하면서 월남을 거절했다.[38]

라병덕은 김병연과 함께 직접 조만식을 면담할 수 있었는데, 당시는 아직 소련과 관계가 악화되지 않았으므로 어느 정도의 희망을 갖고 있는 것 같았다고 기록하고 있다.[39] 조만식은 또한 라병덕에게 오산학교 제자이던 김홍일이 장제스 군대에서 일하다가 나왔는데, 그 사람으로부터 지금 국제적으로 한반도의 신탁통치에 대해 논의되고 있다고 들었다고 하면서 "중앙에 올라가거든 그 문제를 중앙에서는 어떻게 처리하는지를 알아서 연락해 달라."고 부탁했다.[40] 이를 통해 조만식은 남한의 동향에 귀를 기울이고 있음을 알 수 있다.

특히 북한의 기독교인들은 남한의 민족주의자들에 대해 매우 긍정

---

37) "비화 한세대(96), 군정경찰(27) 평양치안대", 「경향신문」(1977. 3. 25).

38) 「북한특보」 창간호(1949. 9); 김내영, 『조국을 구할 자는 오직 너와 나로다: 애국지사 김병연의 삶』, 413.

39) 라병덕, "고당 선생을 구출하러 갔던 일", 『고당 조만식 회상록』, 233-237; 안진, 『미 군정과 한국의 민주주의』, 299-230; 김재명, "역사와 인물: 친일파와 한국경찰 — 좌절된 민족경찰의 꿈, 최능진", 『월간 중앙』(1994년 겨울호). 최능진은 원래 정당을 결성하려고 했지만 남한에서 친일파가 경찰에서 활동하는 것을 보고 친일파 숙청에 앞장서야 하겠다고 생각하고 계획을 바꾸어 경찰에 투신했다고 한다.

40) 라병덕, "고당 선생을 구출하러 갔던 일", 236.

적인 생각을 갖고 있었다. 조만식은 1945년 12월 초 장로교 이북5도연합노회가 결성되었을 때 남한을 방문한 북한 교회 대표 김철훈을 통해 이승만에게 밀서를 전하기도 했다.[41] 김철훈은 조만식과 같이 농민운동을 한 사람으로서 후에 조만식이 섬겼던 산정현교회의 담임목사가 되었다. 그는 북한의 대표적인 반공목사 가운데 한 사람으로서 결국 순교했다.[42]

---

41) 김광수, 『한국기독교재건사』(서울: 기독교문사, 1981), 44-45.

42) '김철훈', 『기독교대백과사전』 해당 항목; 박용규, 『평양산정현교회』, 390-391.

2.
반탁정국의 조만식과 남한의 민족주의자들

조만식의 반탁운동은 남한의 민족주의자들과의 유대관계를 강화하도록 만들었다. 조만식과 그의 동지들은 이승만뿐 아니라 김구와도 밀접한 관계를 맺고 있었다. 김구의 임시정부는 귀국 후 신익희의 지도 아래 정치공작대를 만들었는데, 이들은 곧이어 벌어진 반탁운동에 총매진했다. 신익희는 북한지역에도 월남한 인사들을 정치공작대원으로 파견하여 반탁활동을 하게 했다. 이들은 1945년 말 조선민주당과도 관련을 맺고 북한에서 공작을 추진했다.[43] 다시 말하면 남한 김구의 정치공작대와 북한의 조선민주당 계열이 함께 반탁운동에 나선 것이다. 이들은 3 · 1절 행사를 반탁운동의 거사일로 잡고 장대현교회를 중심으로 대대적인 반탁운동을 했고, 동시에 김일성, 최용건, 강양욱 등을 암살하

43) 박진희, "해방 직후 정치공작대의 조직과 활동", 『역사와 현실』, 21(1996), 187.

려는 음모에 가담했다.[44] 비록 실패했지만 이런 사건들은 소련으로 하여금 조만식을 더 이상 통일전선의 협력자로 보지 못하게 했다.

소련 정부당국은 이 같은 상황을 정확하게 파악하고 있었다. 그리하여 1946년 1월 12일 보고서에 의하면 다음과 같이 보고하고 있다.[45]

> 민주당은 공식적으로는 공산주의자들과의 협상과 단일 블록을 구축하고 있지만 실제로는 인민에 대한 자신의 영향력을 강화하고 공산당의 영향력을 약화시키려는 강력한 투쟁을 전개하고 있다. 당수 조만식과 그 측근들은 남조선과 밀접한 관계를 맺고 있다. 당은 김구정부를 전폭적으로 찬동하며 이를 선전하고 있다. 당은 각 도와 인민위원회에서 자리를 두고 공산주의자들과 경쟁하고 있다. …… 당에는 친일 · 친미분자들이 있으며, 그들은 소련군 사령부의 정책 수행을 사보타지하고 있다.

이 보고서에 의하면 조선민주당은 외적으로는 공산당과의 통일전선을 맺고 있지만 내적으로는 남한의 민족주의자들과 통일전선을 형성하고 있으며, 이런 변화와 함께 소련도 조만식을 포기하게 되는 것 같다.

조만식은 신탁통치 문제로 연금되기 며칠 전에 아들 조연명을 불러서 서울로 탈출하라고 말하면서 "미리 써두셨던 편지 석 장"을 내주었다. "이승만 박사와 김구 주석 등 앞으로 된 친서였다."[46] 물론 조연

---

44) 김선호, "해방 직후 조선민주당의 창당과 변화", 『역사와 현실』 61(2006), 301; 북한문제연구소, 『북한민주통일운동사: 평안남도 편』, 286-305; 란코프, 『북한현대사』, 81.

45) "북조선 정당 및 사회단체 평가서", 7-8; 이재훈, "해방 직후 북한 민족주의 세력에 대한 소련의 인식과 정책", 292에서 재인용.

46) 조연명, "민족해방과 아버님", 201.

명은 이 편지를 가지고 월남하여 이승만과 김구에게 전달했을 것이다. 이런 관계를 근거로 하여 조만식과 이승만 그리고 김구 사이에는 공감대가 확산되어간 것이다. 조선민주당 개천군 사무총장을 지낸 문봉제는 당시 "서울과 평양 사이에 때때로 밀사가 왕래하면서 민족진영의 거두들이 고당과 손잡고 일하기를 바라는 소식이 끊길 줄 몰랐다."고 말하고 있다.[47] 그러나 이들 사이에 어떤 내용이 오갔는지는 알 수 없다.

그리고 밝히지 않은 또 하나의 편지는 미 군정의 하지에게 보내는 것이었다.[48] 미 군정 보고서는 1946년 1월 1일 평양으로부터 온 믿을 만한 정보를 보고하고 있다. 필자는 이 보고서는 아마도 조연명으로부터 얻은 것이라고 생각한다. 여기에 의하면 소련은 모스크바 회의에 대해 강력한 보도 통제를 하고 있으며, 평양의 중요한 인사들은 신탁통치가 명령이 아니라 보호나 후원이라는 소련의 설명에 대해 의심을 갖고 있다는 것이다. 소련은 조만식에게 김일성과 함께 공동으로 찬성의 성명을 내라고 요구했지만, 조만식은 자신은 정확한 판단을 위해 더 많은 정보가 필요하기 때문에 거부한다고 밝혔다. 조만식은 대리인을 통해 자신은 단지 소련 측의 말로만 판단하기를 원하지 않고, 하지의 의견을 듣고 싶다고 말했다. 아울러 소련은 조선민주당에게 신탁통치에 대해 데모나 어떤 반대행동도 하지 말라고 요청받았기 때문에 현재 아무런 행동도 하지 않고 있다고 말했다.[49] 이것을 보면 조만식은 소련의 요

---

47) 문봉제, "월남하기 전에 뵈온 고당 선생", 『고당 조만식 회상록』, 250.

48) 문봉제, "월남하기 전에 뵈온 고당 선생", 『고당 조만식 회상록』, 250. 문봉제에 의하면 조연명은 이 편지를 1월 9일 하지에게 전달했다. 문봉제는 서북청년회 위원장, 내무부 치안국장, 교통부장관을 지냈다.

49) G-2 Periodic Report (06 Jan. 1946).

청을 받자마자 곧바로 사람을 보내 미 군정에게 이 사실을 알리고, 자문을 요청했던 것이다.

조연명 다음으로 월남한 주요 인사는 바로 이종현이다. 그는 처음부터 조만식과 함께 건국준비위원회를 만들었고, 조선민주당의 사무국장을 맡아보았다. 조만식은 이미 치스차코프에게 자신은 남한의 민족주의자들과 연대할 것이라고 말했다. 아마도 조만식은 자신의 대리인으로 이종현을 보낸 것 같다. 이종현은 월남하여 곧바로 1월 20일 조직된 비상정치회에서 활동했다. 이 비상정치회는 김구를 중심으로 신탁통치 정국을 헤쳐 나가기 위한 정당사회단체들의 연합모임으로서 이종현은 조선민주당 대표로서 이 모임의 소집책의 일원이 되었다. 이 모임은 그 후 이승만이 만든 독립촉성중앙협의회와 합쳐서 2월 1일 비상국민회의가 되는데, 이종현은 7인의 인선위원 가운데 하나로 지명되었고, 조만식은 주석 이승만, 부주석 김구와 함께 국무위원으로 추대되었다. 국무위원 가운데는 조소앙, 이시영, 김성수도 포함되었다.[50] 이것을 통해 조만식은 남한의 민족주의자들과의 연대를 강화했다.

이종현은 다른 사람들과 함께 1월 초 월남하여 곧바로 미군 당국과 연락했던 것 같다. 미군 정보당국은 2월 5일자 보고에서 "조선민주당 대표들은 남한의 미 군정을 온전히 신뢰"(full confidence in the Military Government of South Korea)한다고 주장하면서 자신들은 신탁통치에 반대하고 있으며, 북한에서 남한의 미 군정 대표들의 방송을 주의 깊게 듣고 있다고 말했다. 이어서 정보당국은 남한의 한민당과 북한의 조선민주당은

50) Intelligence Summary Northern Korea, # 5 (15 January~31 January 1946), 6. 아마도 이종현 외의 인물이 함께 월남했던 것 같다. 이종현은 계속 남한에서 활동했고, 다른 인사는 월북하여 조만식에게 미군의 입장을 전달했을 것이다. 송남헌, 『한국현대정치사 1』, 224-230.

서로 긴밀히 교류하고 있다고 보았다. 1946년 1월 19일 하지가 맥아더에게 보낸 보고서에는 이 사실이 다시 한 번 확인되고 있다.[51]

> 본 사령부는 조만식의 아들을 포함한 몇 명의 중개인을 통해 조만식과 직접 연결해왔다. …… [1월] 16일 조만식의 밀사가 이곳에 도착해 신탁통치에 대한 정보를 보내주고, 그가 취할 행동에 대해 조언해줄 것을 하지에게 요청했다. 그 밀사는 공위에서 임시정부를 수립하는 문제에 대해서는 적극적인 지지를 보내지만 신탁통치 같은 명확하지 않은 문제에 대한 결정은 미소공위에 의해 구체적인 결정이 있을 때까지 미결상태로 두어야 한다는 정보를 가지고 17일 평양으로 출발했다.

이 내용에 의하면 조만식은 미 군정과 상당한 관계를 유지하고 있고, 신탁통치 문제에 대해 의견을 요청하고 있으며, 하지는 미소공위의 임시정부 수립에는 적극 지지하지만 신탁통치에 대해서는 입장을 유보할 것을 제안했다는 것이다. 미국의 주 관심은 신탁통치가 아니라 임시정부의 수립이며, 여기에 민주주의를 지지해줄 세력이 필요했다. 이후 조만식은 일관되게 미소공위의 임시정부를 위한 협의대상으로 일하기를 원했지만, 아울러 신탁통치에 대해서는 입장을 유보했다. 이런 조만식의 태도는 미 군정의 조언과도 관련이 있는 것이다.[52]

---

51) NARA II, RG 554, Records of the U. S. Army Field Commands, 1940~1952, Entry 11070, U. S. Army Forces in Korea File and Lt. Gen. John Hodge Official File, 1944~1948, Box 123, TFBGBI 142. "주한미군사령부에서 맥아더에게 보낸 전문"(1946. 1. 19)[밑줄은 필자의 것임]; 김선호, "해방 직후 조선민주당의 창당과 변화", 303; 정용욱, 『해방 전후 미국의 대한정책』(서울: 서울대학교 출판부, 2003), 204.

52) 이 같은 조만식의 입장은 당시 민족주의자들과 비교하여 매우 독특하다. 김구가 명시적으

이 같은 사실은 1947년 2월 하지의 발언에서도 확인된다. 그는 신탁통치 논쟁 이후 북한의 정국에 대해 이렇게 말했다. "나는 거기에 있는 사람들로부터 그들이 여기에 대해 어떤 행동을 해야 하는지 알기를 원한다는 메시지를 많이 받았다. 나는 비밀리에 메시지를 보냈다. '입장을 분명하게 밝히지 마시오. 그렇지 않으면 당신이 하는 모든 것은 문제를 일으킬 것이오.' 나는 이 문제에 대한 러시아와 거기에 있는 사람들의 입장을 안다. 나는 북한에 있는 사람들, 특히 조만식이 한국의 민주주의로 들어오기를 희망해왔다. 그는 한국의 위대한 지도자의 한 사람이며, 또한 아주 훌륭한 애국자 가운데 하나이다."[53]

조만식의 반탁 입장이 분명해지고, 소련이 조만식과 그의 동료들을 박해하자 많은 그의 동료들이 월남하기 시작했다. 아마도 조만식은 월남한 자신의 추종자들을 중심으로 반탁운동을 계속하려고 했던 것 같다. 조선민주당 개천군 간부였던 문봉제는 소련군의 신탁통치 지지 강요에 못 이겨 당 본부의 입장을 알고자 고향을 떠나 평양에 와서 조만식을 만났는데, 그는 "신탁통치는 민족을 욕되게 하는 제도이다. 따라서 자유의 천지인 서울에 가서 자주독립을 이룩하고 귀향하시오."라는 말을 들었다. 이어서 그는 서울에는 많은 동지들이 있으니 힘을 합하여 목

로 신탁통치와 미 군정에 대해 반대했다면 이승만은 미 군정과 가시적인 충돌을 피하려고 했고, 송진우는 어느 정도 신탁통치 문제를 놓고 김구와 대립했다[김학준, 『고하 송진우 평전』(서울: 동아일보사, 1990), 349]. 송진우는 신탁통치는 반대하되 미 군정과의 대립은 피하려고 했다. 여기에 비해 조만식 역시 신탁통치를 지지하지 않으면서도 미군과 좋은 관계를 유지하고, 미소공위에 참여하려고 했다. 조만식과 송진우는 다 같이 미군과의 관계를 중요하게 생각했다고 할 수 있다.

53) John R. Hodge, Orientation Conference (Feb. 12, 1947), 16; 『미 군정 정보자료집: 하지(John R. Hodge) 문서집』, 13(한림대학교 아시아문화연구소, 1995)

적을 이루는 것이 우리의 당면목표라고 강조했다.[54] 조만식의 당면목표는 남한의 민족주의자들과의 연대를 통해 신탁통치를 막고, 민주정권을 세우는 것이었다.

북한에서 조만식의 신탁통치 반대운동은 1월 11일 월남한 조선민주당원에 의해 알려졌고, 「동아일보」는 1월 13일자에 이를 보도했다. 이 보도는 북한에서 일어나고 있는 조만식의 반탁운동에 대해 자세히 전하면서 동시에 북한에서는 "최후의 한 사람까지"라는 표어 아래 비장한 반탁투쟁이 벌어지고 있다고 소개했다.[55] 미 군정도 1945년 1월 전반적인 상황을 설명하는 보고서에서 조만식은 "소련의 보호하에 연금되어 있고, 모스크바 결정에 대한 공식적인 지지를 거절한다는 이유로 당에서부터 축출당했다는 보고가 있다."고 쓰고 있다.[56]

신탁통치 정국이 확대되어감에 따라 남한의 민족주의자들은 조만식의 협력이 더욱 필요하게 되었다. 1946년 1월 16일 미소공동위원회 예비회담이 서울 경복궁에서 미국의 아널드와 소련의 스티코프를 대표로 하여 열렸다. 이곳에서 소련 측 대표 스티코프는 북한의 여러 단체들이 신탁통치에 대해 찬성한 서명을 제시하며 소련에게 유리한 방향으로 회담을 이끌어가려고 했다. 남한에서 신탁통치에 관한 의견이 분분한데, 북한에서는 신탁통치를 전폭적으로 지지한다면 이것은 신탁통치를 반대하는 민족주의자들에게는 매우 불리한 것이다. 또한 소련은 1월 24일 타스통신을 통해 신탁통치는 미국이 먼저 주장했는데, 한국의 언론이

54) 문봉제, "월남하기 전에 뵈온 고당 선생", 『고당 조만식 회상록』, 241.

55) 「동아일보」(1946. 1. 13).

56) "재한국 정치고문(베닝호프)이 국무장관에게"(1946. 1. 23); 『해방 3년과 미국 I』, 201.

마치 미국이 먼저 주장한 것으로 거짓말을 했다고 강력하게 비판했다. 또한 당시 하지도 매우 어려운 상황에 처해 있었다. 지금까지 마치 미국이 신탁통치를 반대하는 것으로 알고 있었는데 사실은 미국 정부가 신탁통치를 지지하는 것이라면 당시 한국의 미 군정의 최고 책임자 하지는 이것을 모르고 있었단 말인가? 하지는 이 문제로 인해 미국 정부에 사표를 낼 정도로 심각했다.[57)]

당시 하지의 정치고문으로 한국에 와 있던 이승만의 친구 굿펠로는 이와 같은 소련의 공격에 대응할 방안을 찾았다. 그것은 소련이 조만식 같은 강력한 반탁인사들이 있음에도 불구하고 북한 모든 사람들이 찬탁을 하는 것처럼 속인다는 것이다. 굿펠로의 제안으로 이승만은 이런 불리한 정국을 돌파하기 위해 북한에 밀사를 보내 조만식이 신탁통치를 반대한다는 서명을 받아 오도록 했다. 이승만이 김구에게 이 계획을 알렸으며, 이 두 사람은 연서로 조만식의 지지를 요청하는 서한을 작성하여 두 사람의 공동비서요, 월남자이며, 기독교인인 김욱을 1946년 1월 하순에 북한에 보냈다. 김욱은 북한에 가서 이승만과 김구의 입장을 전했다. 조만식은 신탁통치를 반대하는 자신의 입장은 분명하지만 연금 상태에 있는 자신이 서명하는 것보다는 조선민주당의 부위원장으로 있는 이윤영의 서명을 받는 것이 좋겠다고 하여 이윤영의 서명을 받아가지고 월남했다. 이윤영은 신탁통치반대결의서와 함께 해방 이후 소련의 학정을 기록한 소련학정보고서를 작성해주었다. 이 문서를 받아든 이승만은 곧바로 이것을 언론에 공표했다. 이 서한은 곧바로 미소공동

57) 신탁통치를 둘러싼 언론의 논란에 대한 자세한 내용은 정용욱, 『존 하지와 미군 점령통치 3년』(서울: 중심, 2003), 53-68, 86.

위원회 예비회담에서 북한에서 신탁통치를 반대하는 세력이 있다는 공식증거로 제출되었고, 이윤영은 더 이상 북한에 머물 수 없어 2월 7일 월남하고 말았다.[58] 그 후 이승만은 이윤영을 조만식의 대리인으로 생각하고, 그렇게 대우했다.

이 같은 조만식 측근과 남한당국, 그리고 남한 민족주의자들의 연대는 계속 이루어졌다. 조만식의 측근 중 한 명인 박현숙 역시 2월 10일 평양을 떠났다. 박현숙이 월남했다는 소식을 들은 하지는 박현숙을 초청하여 이묘묵의 통역으로 북한의 자세한 정세에 대해 들었다. 박현숙은 소련의 정치공작, 북한시설의 약탈 등을 자세히 알렸다. 후에 미 군정은 박현숙에게 그녀의 남편의 월남소식을 직접 알려주었다. 미 군정은 박현숙에게 전국을 순회하면서 강연을 하도록 주선했다. 그 후 얼마 지나지 않아 박현숙은 이승만의 초청을 받았고, 이승만은 박현숙에게 1946년 6월 결성된 민족통일 총본부의 부녀부장을 맡겼다.[59] 박현숙은 미 군정하의 입법의원, 감찰위원과 그 후 이승만정부의 무임소장관과 국회의원을 역임했다.

남한의 민족주의자들이 조만식과 연합전선을 만들려고 하는 한편, 남한의 좌익계열에서도 조만식을 설득하려는 작업이 진행되었다. 1946년 2월 10일 여운형은 평양에 도착했다. 여운형이 평양에 간 것은 그가 창당한 인민당 지부를 북한에 두고, 얼마 지나지 않아서 열릴 미소공동

58) "남북의 대화"(71), 「동아일보」(1972. 4. 4). 김욱, 『이승만, 김구, 조만식, 그리고 나』(서울: 리앤리하우스, 2004), 173-284. 이 책은 자신이 북한에 간 것이 1946년 3월 20일 제1차 미소공동위원회라고 기록하지만 이윤영이 월남한 것이 2월 7일이므로 미소공동위원회 예비회담을 1차 미소공동위원회와 혼동한 것 같다. 참고: 이윤영, 『백사 이윤영 회고록』, 121-127.

59) 박찬일, 『심은 대로: 청해 박현숙 선생의 걸어온 길』, 312.

위원회를 앞두고 김일성과 상의하기 위해서였다. 여운형은 김일성과 만나기 전에 당시 고려호텔에 연금되었던 조만식을 찾아갔다. 이미 1945년 9월 초, 남한에 인민공화국을 조직하기 전에도 여운형은 조만식과 함께 일하기를 원했다. 아마도 여운형은 미소공동위원회를 앞두고 공산당 김일성, 민족주의자 조만식과 통일전선을 형성하기를 원했던 것 같다. 또한 소련과 김일성은 여운형을 내세워 다시 한 번 조만식의 마음을 바꿔보려고 노력했을 것 같다. 하지만 여운형의 이런 제의가 받아들여지지 않은 것 같다. 여운형은 그날 저녁 김일성과 만났을 때 조만식의 연금 문제를 언급했지만, 김일성은 조만식이 모스크바의 정책을 반대하고 있어 자신도 어쩔 수 없다고 대답했다.[60]

1946년 봄 많은 북한사람들이 자유를 찾아 월남했다. 위에서 언급한 조선민주당의 지도급 인사들 외에 젊은이들도 많이 월남했다. 이들은 남한의 혼란한 상황을 보면서 무엇인가 자신들이 해야 할 일을 찾았다. 특히 평남 개천 출신인 문봉제와 채기은 등이 준비하여 1946년 3월 8일 서울운동장 육상경기장에서 38선 철폐요구국민대회를 열었다. 조선민주당 부당수였던 이윤영이 개회사를 했다. 약 2만 명이 참석한 이 대회에서 이들은 북한의 만행을 알리고 38선의 철폐를 외치며, 조만식 선생의 연금 사실을 폭로했다. 이들은 대회 후에 "때려라! 부셔라! 삼팔선!, 때려라! 부셔라! 공산당!"을 외치면서 거리행진을 하다가 소련영사관에 가서 강력하게 북한의 학정을 항의했다. 이것은 다음 날 주요

60) 정병준, 『몽양 여운형』(서울: 한울, 1995), 208. 여기에 대해서는 중앙일보사 편, 『비록 조선민주주의인민공화국』 하(서울: 중앙일보사, 1993) 참조. 이것은 월남한 북조선의 고위인사에 의해서도 확인되는 내용이다. 박병엽 구술, 『김일성과 박헌영, 그리고 여운형』(서울: 선인, 2010), 115-116.

신문에 대서특필되었다.[61]

미국은 3월 20일 시작될 미소공동위원회에서 시민적 자유를 중요한 과제로 제시할 계획을 가졌다. 제1차 회의가 시작되기 전인 3월 11일 하지는 "미군의 목적은 최우선적으로 언론, 집회, 종교 및 출판의 자유를 지속시키는 데 있다. 이러한 자유들은 단순히 정치적인 호감을 얻기 위한 빈말이 아니다. 모든 진실한 민주주의가 이 기초 위에 서는 것이며, 이 자유야말로 민주주의 역사와 함께 오래된 것이다. …… 이들 자유는 미국 민주주의의 근본정신이다."라고 밝혔다.[62] 소련이 사회주의적인 평등을 강조한다면 미국은 민주주의적인 자유를 강조하는 것이다. 이것은 다른 말로 하면 남한에서 신탁통치를 반대하는 우익세력도, 그리고 북한에서 역시 신탁통치를 반대하는 조만식도 동등하게 공위에 참석할 수 있어야 한다는 것이다. 조만식은 처음부터 민주주의 사회에서는 반대할 수 있는 자유를 보장해야 한다고 말했을 때 이것은 미국의 주장과 일치하는 것이었다.

소련은 제1차 미소공동위원회를 앞두고 2월 8일 북조선임시인민위원회를 조직했다. 그 목적은 임시인민위원회가 이미 조직되어 있다는 이유로 미소공위에서 임시정부를 조직하는 과정에서 일정한 권한을 담보하려는 것이었다. 여기에 대항하여 남한에서도 2월 14일 남조선대표민주의원을 구성했다. 남조선대표민주의원은 2월 1일 결성된 비상국민회의를 발전시킨 것이다. 원래 여기에는 남한의 좌익뿐만 아니라 북한과 좌익도 포함하려고 했다. 하지만 북한대표는 비현실적이라는 이유로

61) 문봉제, "삼팔선철폐요구국민대회", 『북한』 6(1972), 280-283.

62) 송남헌, 『한국현대정치사』 제1권(서울: 성문각, 1980), 248.

포기했고, 좌익계열에서는 여운형이 참여를 거부하여 결국에는 이승만, 김구, 김규식이 참석하는 우익단체가 되고 말았다. 그러나 미군은 이 민주의원을 미소공위의 남한 측 대표로 활용하고자 했다. 3월 20일 미소공동위원회를 앞두고 미국은 협상지침을 만들었다. 여기에 의하면 "만일 소련 측이 민주의원에 인민당이나 공산당이 포함되어 있지 않다고 주장하면 조만식과 교환조건으로 여운형(박헌영)을 포함시킬 수 있을 것이다."라고 되어 있다.[63] 다시 말하면 미국은 민주의원을 협상 대표로 내세우고 북학이 좌익이 포함되지 않았다고 비판하면 조만식을 포함하는 조건으로 남한의 좌익을 포함시키겠다는 전략을 갖고 있었다.

이승만은 북한에서 신탁통치에 반대하는 세력이 있다는 것을 자신의 반탁운동에서 중요한 전략으로 삼았다. 3월 20일 소위 제1차 미소공동위원회를 앞둔 3월 14일 이승만은 방송연설을 통해 "38도선을 먼저 철폐하여 정치상 토의에 남북의 간격이 없게" 하고, 남한에 있는 사람들이 북방의 동포들과 자유로이 토론하여 원만한 대표적 정부를 만들기를 원한다고 하면서, 특히 "북도의 우리 모든 유력한 지도자들 중 조만식 씨"와 함께 이 문제를 토의하기를 원한다고 주장했다.[64] 미국은 소련이 미소공위가 열리기 전에 조만식을 석방하여 임시정부를 구성하는 협상에 참여시킬 것인가를 주의 깊게 주시하고 있었다.[65] 또한 미소공동위원회를 하루 앞두고 미 군정 정치고문 랭던은 미 국무부에 보낸 보

63) 미소공위문서철, 롤 번호 5, 한국정부 구성에 대한 협상지침, 5-6; 정용욱, 『존 하지와 미군 점령통치 3년』, 106에서 재인용.

64) 「조선일보」(1946. 3. 14).

65) To the Secretary of State from Arthur B. Emmons (May 4 1946), Enclosure No. 1 (22 Feb. 1946); 『대한민국사 자료집』 19(서울: 국사편찬위원회, 1994), 190. 이 서한에 부가된 No. 2 자료에는 해방 이후의 북한 정세가 잘 요약되어 있다.

고서에서 조만식에 관해 "북한 조선민주당의 전 지도자인 조만식은 현재 실종된 것으로 보고되고 있다. 그는 보호·연금된 것으로 일전에 보고된 바 있다. 보고서들은 소련지역의 비공산주의자들에 대한 시민권의 제한이 점점 강화되고 있으며, 38도선의 접경 통제가 점점 강화되고 있다."고 언급하고 있다.[66] 조만식과 북한의 정치적인 상황은 북한지역에서 신탁통치가 절대적으로 지지를 받고 있다는 소련의 선전에 대한 미군 측의 반격의 근거를 제공해줄 수 있을 것이다.

1946년 3월 20일 제1차 미소공동위원회가 열렸다. 여기에서 소련대표 스티코프는 전형적인 과거의 주장을 반복했다. "소련은 항상 모든 민족의 자결과 자유로운 생존을 위해 투쟁해왔다."고 주장했다. 이것은 바로 조만식이 주장하는 것이었다. 신탁통치를 받아들일 것인가 거부할 것인가는 바로 민족의 자결권에 해당되는 것이다. 그는 이어서 "한인들은 그들의 민주적인 자치기관으로서 민주적 정당들, 대중 조직들, 인민위원회를 조직했다."고 주장한다. 북한의 인민위원회는 자생적인 단체이며, 소련은 이것을 인정하여 권력을 넘겨주었다는 것이다. 이것은 소련이 항상 주장해오던 선전이었다. 하지만 거짓이었다. 우리가 살펴본 대로 소련은 평안도 일대의 건국준비위원회를 해체시키고, 인위적으로 공산당이 우위인 인민(정치)위원회를 만들어 소련의 통치기구로서 활용한 것이다.

아울러 스티코프는 앞으로 조선에 세워질 임시정부는 모스크바 3상회의에 찬동하는 모든 민주주의 정당단체의 광범위한 통일에 기초

66) "Summary of conditions in Korea February 15th through March 14th (1946. 3. 19)," 6; 『해방 3년과 미국 I』, 243.

하여 창설되어야 하며, 이런 정부만이 일제의 잔재를 제거할 수 있다고 본 것이다. 이것은 결국 신탁통치를 반대하는 남한과 북한의 민족주의자들을 반민주주의자요, 반민족주의자로 공격하면서 소련의 정책을 지지하는 자들이 임시정부를 주도해야 한다는 것이다. 아울러서 이 성명은 조선에는 "장래에 소련에 대해 공격기지가 되지 않는 진정한 민주주의 국가"를 건설해야 한다는 것이다. 다시 말하면 친소정권을 세우겠다는 것이었다.[67] 스티코프의 이 연설은 이미 북한에서 소련이 조만식을 공격한 것과 비슷한 내용이다.

제1차 미소공동위원회의 주요 주제 가운데 하나는 누가 새로 세워질 나라의 대통령이 되어야 하는가 하는 점이었다. 소련 측 문서에 따르면 조만식은 남한사회가 생각하는 중요한 대통령 후보 가운데 하나였다. 미 군정의 사회여론조사부는 각지로 20명의 대표를 파송하여 실업자, 상인, 소자산가들과 면담했는데 이들의 질문 가운데 하나는 이승만, 김구, 김규식, 여운형, 박헌영, 조만식, 김두봉 가운데 누가 대통령이 되어야 하는가 하는 것이었다. 여기에 대한 대답은 대다수가 여운형과 조만식이었고, 그다음이 이승만과 김규식이었다고 한다. 이것은 조만식이 새로 세워질 나라의 중요한 지도자 가운데 한 사람으로 인정받고 있었다는 것을 의미한다.[68] 여운형도 비밀모임에서 김일성의 개인비서 황병옥에게 미국은 대통령 후보로 이승만, 김구, 조만식과 자신을 생각하고

67) 송남헌, 『한국현대정치사』 제1권, 249.

68) "러시아연방 국방성 중앙문서보관소 문서군 172, 목록 614631, 문서철 12, 9. 구두정보보고"(1946. 3. 22); 한국사 데이터베이스 해외자료총서(이하 "러시아연방 국방성 구두정보보고")

있다고 대답했다.[69]

미소공동위원회의 또 다른 과제는 임시정부를 수립하기 위해 누구와 상의할 것인가 하는 것이다. 미소공동위원회가 정한 논의의 대상은 우익으로는 이승만, 김구, 김규식, 조만식이었고, 좌익으로는 박헌영, 여운형, 김일성, 김두봉, 허헌이었다. 나중에는 미국 국무부도 이승만과 김구에 대해 반대의사를 표명하기도 했다. 또 다른 차원에서 조만식과 김일성이 논쟁의 초점이 되었다. 미국 대표단은 조만식을 "조선의 가장 위대한 애국자"라고 찬양하는 한편, 소련대표단은 조만식을 친일분자이며, 반소주의자라고 공격했다. 소련대표단은 김일성을 천거했는데, 미국 대표단은 김일성이 과연 일본군에 대항하여 싸운 진짜 김일성인지를 질문했다.[70] 신탁통치반대 정국에서 조만식의 연금은 항상 논란의 초점이었다. 소련의 정보당국은 남한의 경찰당국이 "조만식의 금고 및 집행유예 선고를 즉각 폐기하라."고 선동하고 있다고 본다.[71]

이런 상황에서 소련과 북한은 4월 2일 김일성을 보내 다시금 조만식을 설득했다. 김일성은 과거 조만식을 도왔던 최용건, 이주연, 김책 등을 데리고 조만식을 방문하여 미소공동위원회에서 임시정부를 수립하려는 단계에 왔다고 말하면서 마음을 돌려 달라고 요청했다. 그러나 조만식은 여전히 "후견제이든 신탁이든 이 상황에서의 임시정부라면 결국 완전자주독립정부가 아니라는 이야기인데, 그런 임시정부라면 관심이 없으니 당신들이나 하라. 36년의 식민지 생활도 진절머리가 난

69) "러시아연방 국방성 구두정보보고"(1946. 3. 28).

70) "러시아연방 국방성 구두정보보고"(1946. 4. 2).

71) "러시아연방 국방성 구두정보보고"(1946. 4. 16).

다."고 말하며 자신의 주장을 바꾸지 않았다. 김일성은 이 면담을 끝으로 조만식과의 타협을 끝냈다고 한다.[72] 김일성은 다음 날인 4월 3일 박헌영과 비밀면담을 했고, 이 회담에서는 미소공동위원회의 여러 문제들을 다루었다.

미소공동위원회는 4월 17일 임시정부수립을 위한 협의의 대상이 되려면 모스크바 3상 협정에 지지할 것을 약속해야 한다는 공동성명 5호를 발표했다. 5호 성명에는 미소공동위원회의 임시정부제안서 작성에 협력하기로 한다는 내용이 들어 있었다. 그 후 신탁통치 정국은 이 문제를 가지고 논란에 빠졌다. 우익은 반대했고, 좌익은 찬성했다. 이렇게 되자 4월 22일 하지는 "미소공위와 협의한다는 사인이 곧바로 각 정당과 사회단체가 신탁통치를 선호한다거나 아니면 이런 단체들이 신탁통치를 지지하기로 약속한다는 것을 의미하는 것은 아니다."라고 발표했다.[73] 하지는 서명만 하면 신탁통치를 지지할 것을 강요하지 않겠다고 약속했다. 그는 민주사회에서 의사표현의 자유를 억압할 수 없다는 것이다. 만일 신탁통치 지지자만 참여하게 될 경우에 임시정부를 위한 협상은 절대적으로 좌익에게 유리하게 전개될 것이다. 이렇게 되자 많은 우익단체들이 미소공위에 참여하기로 결정하게 되고, 신탁통치 문제는 미소공위에 참석하여 임시정부를 위한 논의를 하는 가운데 다루기로 했다. 미소공위는 참가 정당과 단체를 심의하기 시작했다. 이승만과 김구는 여기에 반대했지만 한민당과 조만식 계열은 미소공위에 참여하기를 원했다. 한민당과 조만식의 조선민주당은 신탁통치에 대해 반대하

72) 박병엽 구술, 『김일성, 박헌영, 그리고 여운형』(서울: 선인, 2010), 53.

73) "Report of the Visit of Arthur C. Bunce with Chancellor Balasanov in Pyongyang", 『해방 전후 미국의 대한정책사 자료집』 9, 정용욱 · 이길상 편(서울: 다락방, 1995), 517.

지만 그럼에도 불구하고 미소공위의 임시정부 수립논의에 참여하여 활동하고, 여기에서 신탁통치를 반대해야 한다는 것이다.

당시 상당수의 우파 단체들이 미소공위에 참가 신청을 했다. 이 문제는 미소공위 제1 분과위원회에서 다루었다. 제1 분과위원회의 미국 측 대표는 사이어(Charles W. Thayer)였는데, 원래 소련을 대상으로 하는 협상전문가로 주소 미국대사인 해리먼의 추천으로 미소공위에 참여했고, 실질적으로 매우 중요한 역할을 담당했다.[74] 1946년 4월 27일 제1 소위는 미소공위에 참가할 정당과 단체를 놓고 격론을 벌였다. 이미 언급한 것처럼 소련은 반탁인사는 참여할 수 없다는 것이며, 미국은 한국민의 자유로운 의사표현을 제한할 수 없다는 것이다. 양측은 먼저 자신들이 제시하는 명단을 검토했다. 그런데 미국 측이 제시하는 명단에는 농민단체들이 포함되지 않았다. 소련은 조선에서 농민은 가장 많은 사람이며, 이들의 의견을 들어야 한다고 주장했다. 여기에 대해 미국은 농민단체는 공산당의 테러에 의해 움직이기 때문에 이들 단체를 통해 진정한 농민의 의사가 표현될 수 없다는 것이다. 미국 측은 마지막으로 소련에게 북한 정치단체 가운데 가장 큰 단체인 곧 조선민주당의 대표가 조만식이 아닌지, 그리고 북한의 가장 큰 종교단체인 기독교 단체가 존재하는지에 대해 문제를 제기했다.[75]

이 문제에 대한 다음 토의는 5월 1일 제1 소위에서 이루어졌다. 미국 측 대표인 사이어는 명단에 조선민주당의 대표로 최용건이 나와 있는데, 이것을 인정할 수 없다고 주장했다. 왜냐하면 조만식은 신탁통치

74) 정용욱, 『미군정자료연구』, 126쪽 주 20 참조.

75) Minutes of Meeting of Subcomission # 1, 27 April 1946; 『대한민국사자료집』, 19: 366-358.

에 반대한다는 이유로 구금되고, 소련 당국에 의해 축출되었는데 이것은 민주적인 정신에 어긋난다는 것이다. 조선민주당은 1945년 11월 3일 결성되었고, 현재 최용건은 정당한 절차에 의해 조만식을 대신하여 당 대표가 된 것이 아니기 때문에 인정할 수 없다는 것이다. 특별히 조만식을 축출하고, 새로운 당대표를 선출한 2월 28일 회의는 정당한 회원권을 가진 회원에 의해 진행된 회의가 아니기 때문에 정당성을 가질 수 없다. 다시 말하면 2월 28일 중앙상임위원회의 33인 가운데는 조선민주당의 당원이 아닌 사람들이 외부에서 참석한 사람들이며, 특히 이 자리에 소련군 정치장교인 이그나티에프가 참석하여 조만식을 비난했다는 것이다. 따라서 사이어는 현재 조선민주당은 존재하지 않으며, 만일 존재한다면 조만식이 대표자여야 한다는 것이다.[76)]

여기에 대해 소련 측 분과위원인 코미아닌(Khomianin)은 사이어가 잘못된 정보에 의해 발언하고 있다고 반박하면서 2월 28일 회의는 당원의 요청에 의해 부당수의 사회에 의해 진행되었고, 따라서 조만식은 개인일 뿐, 당 대표가 아니라는 것이다. 여기에 대해 사이어는 "그러나 조만식은 북한의 중요한 정치 지도자가 아닌가?"라고 질문했으며, 소련 측은 이 회의는 정당과 단체에 대해 토론하는 것이라고 말하며 여기에 직접적으로 대답하지 않았다.

그러나 다시금 미국 측은 소련에게 남한에서 조만식은 조선민주당의 대표로 등록되어 있으며, 따라서 남한 측 조선민주당의 대표로 임시정부 설립을 위한 대표로 받아들여질 수 있는가를 물었다. 여기에 대해 소련은 조만식은 현재 북한에 있으며, 남한의 조선민주당은 정당한 정

---

76) Minutes of Meeting of Subcomission # 1, 1 May 1946; 『대한민국사자료집』, 19: 380-381.

당이 아니라 단지 정치적인 계략일 뿐이라고 답했다.[77] 그런데 남한의 조선민주당은 바로 4월 29일 공식으로 이전식을 했고, 남한에서 활동을 시작했으며, 5월 1일 미국은 소련에게 남한에 있는 조선민주당의 대표로 조만식을 제시하고 있다. 아마도 조선민주당의 창당은 바로 미소공위에 참가하려는 현실적인 필요에 의해 창당된 것이 아닌가 생각한다. 이 점에 있어 조만식의 조선민주당은 이승만이나 김구와는 다른 입장을 갖고 있었다. 그것은 신탁통치에는 반대하지만 미소공위의 임시정부 수립논의에 참여하여 조만식과 조선민주당을 한국 정치의 무대에 등장시키는 것이었다. 이것이 조만식을 구출하는 일이며, 그를 한국의 정치무대에 다시 세우는 일이었을 것이다. 이 점에 관해서는 조만식과 조선민주당은 이승만과 김구보다 온건한 입장에 서 있었다고 할 수 있다. 그리고 이것은 또한 미군이 원하는 것이기도 했다. 미국은 신탁통치 반대는 있을 수 있어도 미소공위에는 참여하여 활동해주기를 원했다.

마지막으로 미국 측은 북한의 기독교에 대해 질문했으며, 소련은 아직까지 이 공동선언에 참여를 선언한 단체 가운데 여기에 대해 아무것도 아는 바가 없다고 대답했다.[78] 5월 2일 제1 분과위원회는 다시금 이 문제에 대해 다루었다. 먼저 소련 측은 북한에서 기독교단체에 대해 아무런 대답을 듣지 못했다고 확인했다.[79] 따라서 1차 미소공위에서 기독교단체는 논의의 대상이 되지 못했다. 이것은 뒤에서 보듯이 2차 공위를 앞두고 기독교단체들이 미소공위의 협상대표로 지원하게 만드는

77) Minutes of Meeting of Subcomission # 1, 1 May 1946; 『대한민국사자료집』, 19: 380-381.

78) Minutes of Meeting of Subcomission # 1, 1 May 1946; 『대한민국사자료집』, 19: 382.

79) Minutes of Meeting of Subcomission # 1, 2 May 1946; 『대한민국사자료집』, 19: 387.

계기가 되었다. 미소공위는 북한사회의 모습을 세계에 보여주는 중요한 장소였기 때문이다.

5월 2일 회의에서도 미국은 조만식의 문제를 다시금 제기했다. 여기에 대해 소련 측은 지금 미국 측이 갖고 있는 자료는 남한에 내려와 있는 소수 그룹에 의해 왜곡된 것이라고 주장했다. 하지만 여기에 대해 미국은 조만식의 축출은 조선민주당의 규약 6장 13조에 비추어볼 때 불법행위라고 주장했다. 조선민주당 규약에 의하면 6장 회의급 결의, 제13조에 "총회 및 위원회의 의장은 黨首 此에 當함"이라고 되어 있다.[80] 따라서 당수 없이 진행한 회의는 불법이며, 여기에서 조만식의 축출을 결의한 것은 부당하다는 것이다. 미국은 조만식은 신탁통치를 지지하도록 강요받았고, 이것을 거부하자 불법적으로 축출된 것이라고 주장했다. 현재 북한에 있는 정당 가운데서 조선민주당이 가장 큰 당이며, 따라서 미국에게 누가 조선민주당을 대표하는가는 매우 중요한 문제라고 못박았다. 아울러 사이어는 현재 조선민주당의 리더십은 소수파에 의해 불법적으로 장악되고 있다고 주장했으나 소련 측 대표인 차라프킨(Tsarapkin)은 미국은 잘못된 정보를 갖고 있으며, 조만식의 퇴장 이후에 당원이 증가되었다는 것은 조만식의 축출이 당원의 의사라는 것을 반영하는 것이라고 강조했다. 아울러 조만식이 신탁통치 문제에 대해 유보하고 있는 것은 미군으로부터 대답을 기다리고 있기 때문이라고 비난했다. 하지만 여기에 대해 사이어는 자신은 많은 증언을 듣고 있으며, 당수인 조만식도, 기타 주요 당직자들도 회의에 참석을 요청받지 않았으

80) 조선민주당 규약 전문은 『미국 국립공문서관 소장 북한 해방 직후 비밀자료(1945. 8~1951. 6)』(서울: 고려서림, 1998), I: 19에 실려 있다.

며, 이런 중요한 당직자들이 참석하지 않은 자리에서 선출된 당수는 합법적이 아니라고 주장했다. 다시 말하면 비당원들이 주도하여 조만식에게 발언권도 주지 않고 당수직을 박탈했으며, 당수 선출은 전체 총회에서 이루어져야 하는데, 비당원으로 구성된 33인의 중앙상무위원회에서 이루어졌다는 것이다. 규약 6장 10조에 의하면 당수는 총회에서 선출하도록 되어 있다.[81] 따라서 총회가 아닌 회의에서 선출한 최용건은 대표가 될 수 없다는 것이다. 여기에 대해 차라프킨은 우리가 당내 문제에 대해 논란할 권리를 갖고 있지 않다고 주장하고, 사이어는 미국이 당내 문제에 대해 개입하는 것이 아니라 말할 수 있는 자유, 곧 인간의 기본권에 대해 언급하는 것이라고 주장했다.[82]

그러면 조만식의 감금 이후 조선민주당은 어떻게 재조직되었는가? 우선 북한에서 조선민주당의 개조는 3단계로 이루어졌는데, 1단계는 1946년 2월 5일 평양에서 열린 조선민주당 열성자대회에서였다. 여기에서 조만식과 현 간부들을 강력하게 비판했고, 새로운 인물로 민주당 임시중앙위원회를 조직하여 강양욱을 임시 당수로 세웠다. 새로 개편된 중앙위원회의 위원 21명 가운데서 유임된 사람은 단지 4명, 즉 최용건, 김책, 홍기황, 홍기주뿐이었다. 그리고 강양욱을 포함하여 절대다수가 새롭게 선출되었다.[83] 이것은 과거 조선민주당을 창당한 사람들의 입장에서 보면 당원이 아닌 사람이 와서 당을 접수하고, 당원이 아닌 사람을

81) "조선민주당 규약" 참조. 『미국 국립공문서관 소장 북한 해방 직후 비밀자료(1945. 8~1951. 6)』, I: 19.

82) Minutes of Meeting of Subcomission # 1, 1 May 1946; 『대한민국사자료집』, 19: 387-389.

83) "조선민주당 열성자협의회 결정서", 『정로』(1946. 2. 13); 김선호, "해방 직후 조선민주당의 창당과 변화", 293-295.

임시 당수로 선출한 것이다. 2단계는 1946년 2월 24일 조선민주당 제1차 전당확대회의였는데, 여기에서 최용건이 당수로 선출되었다. 최용건은 자신의 친지들과 정성언, 이광국 같은 공산주의자들을 끌어들여 당 지도부를 장악했다. 특별히 정성언과 이광국은 조선의용군 계통의 공산당원으로서 최용건은 이들을 통해 민주당을 공산당의 협력정당으로 만들었다.[84] 3단계는 1946년 4월 1일 제2차 중앙위원회가 소집되었는데, 여기에서 첫째 과거 조만식이 주도했던 소위 "비민주주의적이고, 비진보적인 정책을 개혁"할 것과 둘째, 이를 위해 당내에 강력한 자기비판이 일어나야 한다는 것이다. 이것을 위해 공산당은 자신들의 프락치를 조선민주당에 파송하여 숙청작업에 앞장섰다. 이것을 담당한 것이 공산당 북조선분국 중앙당 특수부였다.[85]

이런 조선민주당의 개조작업을 볼 때, 한편으로는 미국 측이 정확하지 않은 정보를 갖고 있다는 소련 측의 주장은 어느 정도 일리가 있다. 특히 최용건을 당수로 선출한 것은 2월 28일이 아니고 2월 25일이며, 최용건은 전당확대회의에서 선출되었다. 하지만 근본적인 의미에서 미국 측의 주장이 옳다. 조만식은 강제로 연금된 상태에서 회의에 참석하지 못했고, 상당히 많은 당원들이 정당한 절차 없이 축출되었으며, 게다가 공산당원이 위장하여 당원이 되어 주도권을 갖게 되었고, 특별히 조만식 축출작업은 바로 공산당 중앙당의 공작에 의해 이루어졌다는 것은 사실이다. 따라서 미국 측은 최용건의 대표성을 인정할 수 없다는 것

84) 김선호, "해방 직후 조선민주당의 창당과 변화", 293-295.

85) 김선호, "해방 직후 조선민주당의 창당과 변화", 297; 한승격 구술, 신주백 면담, "혁명과 전향을 넘나든 삶 — 한승격 구술록", 『격동기 지식인의 세 가지 삶의 모습』(서울: 한국정신문화연구원 현대사연구소, 1996), 301-304.

이다.

이런 상황 가운데 4월 말 여운형이 평양을 방문했다. 당시 소련은 남쪽에 있는 좌익세력과 강력한 연대를 구축할 필요를 느꼈고, 박헌영에 이어 여운형도 북한으로 불러들여 미소공동위원회에 대한 대책을 논의했다.[86] 이때 여운형은 평양에 가서 조만식을 만났다.[87] 만남의 내용이 무엇인지 밝혀져 있지 않으나 아마도 공동성명 5호와 관계된 일일 것이다. 여운형은 조만식과 공동전선을 만들기를 원했을 것이다.[88]

여운형은 북한에서 이승만, 김구와 더불어 조만식을 공격하는 활동이 강화되고 있음을 보았다. 특별히 조만식에 대한 공격은 북한의 기독교단체들로 하여금 커다란 불만을 갖게 만들었다. 여운형은 최용건에게 조만식에 대한 태도를 완화할 수 있는지, 개인적으로 그에게 영향력을 행사할 수 없는지 물어보았다. 그러나 최용건은 과거 조만식과 함께 일할 때 조만식의 태도를 바꿔보려고 노력했지만 조만식은 완고하게 자신의 반동적인 노선을 고집했다고 지적했다.[89]

결국 미소공위는 5월 6일 결렬되고 말았다. 미소공위가 결렬된 다음 소련은 미소공위의 결렬에 대한 책임을 미국에 돌렸다. 미국이 모스크바협정의 정신을 위반했다는 것이다. 따라서 같은 달 5월 8일에 미군의 하지와 소련군의 스티코프가 미소공위의 전 과정에 대한 대화를 나누었다. 우리는 여기에서 보다 솔직하게 양측의 입장을 알 수 있다. 하지는 미국은 이미 대서양헌장에서 전쟁이 끝난 다음에 표현의 자유에

86) 박병엽, 『조선민주주의인민공화국의 탄생』, 184.

87) "러시아연방 국방성 구두정보보고"(1946. 4. 24).

88) 정병준, 『몽양 여운형 편전』, 376.

89) "러시아연방 국방성 구두정보보고"(1946. 4. 27).

기초하여 민족의 자결권에 근거한 정부를 세우려고 한다고 말했다. 이것은 소련이 신탁통치를 강요하는 것에 반대하는 것이다. 아울러 이미 소련은 대서양헌장과 이것을 반영한 카이로회담, 얄타회담 그리고 포츠담선언에 동의했음을 지적하는 것이다. 여기에 대해 스티코프는 모스크바 결정은 한국의 독립을 보장하는 국제적인 결정이며, 한국의 일부 지도자들은 이것을 왜곡하고 한국인을 잘못된 길로 호도한다는 것이다. 이어서 스티코프는 보다 솔직하게 소련의 입장을 밝혔다. 조선은 소련의 국경에 위치해 있으며, 소련은 새로 세워질 정부가 소련에 충성하는 정부이기를 바란다. 그런데 모스크바협정에 반대하는 지도자는 소련을 비방하고, 그것을 선전하며, 결국에는 반소적인 집단을 만들 것이다. 여기에 대해 하지는 모스크바 결정의 목적은 한국을 독립국가로 만드는 것이며, 신탁통치는 이것을 위한 준비과정이기 때문에 절대적이 아니며, 이것은 임시정부가 수립된 다음에 조정할 수 있는 문제라고 말했다.[90)]

흥미로운 것은 이 대화를 통해 조만식에 대한 평가를 할 수 있다. 즉, 조만식의 입장이 미국의 입장과 정확하게 일치한다는 것을 알 수 있다. 조만식은 1946년 1월 초 3가지 이유, 즉 민족자결권, 언론의 자유 그리고 국제적인 협약을 들어 신탁통치를 반대했다. 이것은 소련이 조만식을 미 군정의 앞잡이로 비판하는 이유가 될 것이다. 아울러 소련이 조만식을 반대하는 이유도 분명하다. 그것은 신탁통치 주장에 반대하는 사람은 반소적인 인사이며, 이런 사람은 소련의 국익에 위배된다는 것이다. 이런 의미에서 조만식은 반동분자인 것이다.

---

90) To the Secretary of State from William R. Langdon (May 14, 1946), Enclosure No. 1, Conference Between General Shtikov and General Hodge, 『대한민국사 자료집』 19, 225-233. 이 자료는 미국과 소련의 입장을 정확하게 알 수 있는 중요한 자료이다.

3.
신탁통치 반대 이후 조선민주당의 변화와 북한의 반탁운동

1946년 1월 초 조만식이 연금되고 난 이후에 조선민주당은 실로 중대한 위기를 맞았다. 주요 당직자들은 모두 감시의 대상이 되었고, 신변의 위협을 느껴 월남의 길을 택했다. 이미 한근조는 창당과정에서 월남했고, 신탁통치 문제가 발생하기 전 장남 조연명도 월남했다. 그러나 본격적으로 조선민주당 인사들이 월남한 것은 1946년 1월 하순부터인 것 같다. 이때 김병연, 이종현, 백남홍, 박현숙도 월남했다. 실질적으로 조선민주당의 핵심인물들이 평양에서 활동할 수 없는 상황이 된 것이다.

소련은 이제 조선민주당을 자신들의 통일전선에 맞도록 개조하는 작업을 시도했다. 이미 위에서 살펴본 대로 조만식이 연금되고, 주요 당직자들이 월남한 1946년 2월 5일 평양에서 조선민주당 열성자대회를 열어 조만식과 그의 추종자들을 엄중히 비판하고, 당을 공산주의와 통일전선을 형성할 수 있도록 개조했다. 이어서 같은 달 2월 24일에는 조선민주당 1차 전당확대대회를 통해 최용건을 당수로 선임하고, 다수의 공산당 인사들을 참여시켜 조만식의 흔적을 제거하려고 했다. 이어서 4월 1일에는 조선민주당 제2차 중앙위원회가 소집되어 대대적인 숙청 작업을 진행했는데, 흥미로운 것은 이 숙청작업을 조선공산당 북조선분국의 중앙당 특수부가 담당했다는 것이다. 조선민주당 개조과정에서부터 소련과 공산당은 자신들의 프락치를 조선민주당에 파견하여 그들을 자신들의 들러리가 되도록 했다. 이런 긴 과정이 이제 완성되었지만, 조만식이 빠진 조선민주당은 사람들에게 신뢰를 줄 수 없게 되었다.[91]

이렇게 조선민주당이 개편되는 동안 해방 후 북한의 역사에서 더 중요한 일들이 벌어졌다. 그것은 1946년 2월 8일 북조선임시임민위원회가 창설된 것이다. 이미 1945년 10월에 북조선 5도 임시인민위원회가 만들어졌고, 조만식을 위원장으로 추대했지만 조만식은 이것을 거부했다. 그러다가 조만식이 연금되고, 1946년 봄 신탁통치를 정국으로 진입하여 미소공동위원회에서 임시정부를 만들려고 하자 임시정부에서 주도권을 갖기 위해서는 보다 강력한 민주기지를 북조선에 만들어야 한다는 김일성의 주장을 소련이 받아들여서 북조선임시인민위원회가 만들어진 것이다.[92] 김일성은 이제 임시인민위원회 위원장으로 강력하게 친소 사회주의국가, 즉 조선민주주의인민공화국 건설에 박차를 가할 수 있게 되었다.

여기에서 중요한 것은 두 가지였다. 하나는 친일, 반민주인사의 제

91) 김선호, "해방 직후 조선민주당의 창당과 변화", 280-299.

92) 박병엽 구술, 유영규 · 정창현 엮음, 『조선민주주의인민공화국의 탄생』, 163-169.

거이다. 여기에서 말하는 친일, 반민주인사란 결국 소련체제에 반대하는 조만식 같은 인물이며, 여기에 신탁통치를 반대하는 사람들도 포함시켰다. 이제는 과거에 주장했던 부르주아 민주주의를 포함하는 통일전선보다는 프롤레타리아 혁명을 선호하는 소비에트정권의 수립이 강조되었다. 둘째는 토지개혁이다. 과거 소련은 해방 직후 소유권을 어느 정도 인정하는 정책을 사용했다. 그러나 김일성은 토지개혁을 통해 일본재산, 일본인 재산만이 아니라 조선인 지주들의 재산도 무상몰수하여 가난한 소작인들에게 무상분배 정책을 시행했다. 몰수하는 재산이 많으면 많을수록 분배할 수 있는 양이 많아지며, 이것은 곧바로 공산세력의 확장을 의미하는 것이었다. 이렇게 함으로써 김일성은 절대 불변의 지지기반을 확보하고자 했다. 김일성은 미소가 임시정부를 수립하기 전에 북한을 분명한 인민공화국으로 만들어 한반도를 공산화하는 민주기지로 만들고자 한 것이다.

1946년 3월 1일은 북한의 기독교인들에게는 매우 중요한 날이었다. 신탁통치 반대로 인해 조만식은 연금되었고, 조선민주당은 변질되었으며, 북한에는 공산주의 정권이 뿌리를 내리고 있었다. 이런 상황 가운데서 북한의 기독교인들과 민족주의자들은 3 · 1절을 조만식의 강제연금을 규탄하고, 공산당의 세력을 공격하는 기회로 만들려고 했다. 이것은 공산주의자들도 마찬가지였다. 임시인민위원회는 평양역 앞에서 3 · 1절 기념 대규모 군중대회를 열려고 했다. 이 대회를 통해 신탁통치 지지선언과 동시에 새로 출범한 북조선임시인민위원회에 대한 일반인들의 반응을 조사해보려고 했다. 따라서 김일성으로서는 3 · 1절 군중대회를 잘 치르는 것이 매우 중요했다. 사실 공산주의자들은 3 · 1운동을 부정적으로 보았다. 그들은 3 · 1운동을 노동자나 농민이 아닌 부르주아 계급이 일으킨 것으로서 진정한 혁명이 아니라고 주장했다.[93] 하지만 기독교인들은 자신들이 3 · 1운동의 주역이기 때문에 교회가 주관하여 행사를 해야 한다고 생각했던 것이다.

평양의 기독교 교역자들은 2월 21일 보어서 삼일절 기념예배를 드리기로 결정했다. 북조선임시인민위원회는 이것을 만류하고, 자신들의 집회에 참석할 것을 권고했다. 그러나 교역자들은 같은 달 24일 다시 모여서 강행하기로 결정했다. 같은 시기에 북한 유일의 기독교청년모임인 장로교 면려청년회 서북연합회가 열리고 여기에서 조만식 장로의 연금에 대한 강한 항의가 있었다. 여기에 자극을 받은 인민위원회는 예비검속을 하여 교역자 55명을 구속했다.[94] 하지만 이런 박해에도 불구하고 3월 1일에는 평양 장대현교회에서 약 5,000명이 모여서 삼일절 예배를 드렸으며, 여기에서 창동교회 황은균 목사는 강력하게 신앙의 자유를 주장하고, 신탁통치에 반대하는 설교를 했다. 그러자 보안대원들이 들어와 황은균 목사를 연행했지만, 신자들이 태극기와 십자가를 앞세우고 강력한 시위를 하여 보안대와 마찰했다.[95] 평양의 장대현교회는 평양대부흥운동의 근원지일 뿐만 아니라 신탁통치를 반대하고 민족의 독

---

93) 북한연구소, 『북한민주통일운동사: 평안남도 편』, 292. 해방 직후 북한 진남포에서 3 · 1운동을 둘러싼 논란에 관해서는 이덕주, 『신석구연구』(서울: 기독교대한감리회 홍보출판국, 2000), 244-246.

94) 북한연구소, 『북한민주통일운동사: 평안남도 편』, 337-391; 박대선, 『회고록: 하늘에서 정의가 땅에서 진실이』(서울: 전망사, 1996), 83.

95) 이덕일에 의하면 시위대는 조만식이 연금되었던 장소를 찾아가서 "내 주를 가까이 하게 함은"과 "환란과 핍박 중에도 성도는 신앙 지켰네" 같은 찬송을 불러 조만식을 위로해주었다는 이야기가 월남 피란민 사이에서는 널리 퍼져 있다고 한다. 이덕일, "소련 군정하의 북한교회 연구", 『숭실사학』 13(1999), 102, 주 97 참조.

립을 외치는 민족운동의 근원지이기도 했다.

한편 북조선임시인민위원회 주최로 열렸던 3 · 1절 행사장에서 김일성저격사건이 일어났다. 당시 김구의 임시정부는 신탁통치 발표 이후에 전국적으로 반탁운동을 확산시키려고 했고, 교회를 중요한 거점으로 파악하고 있었다. 신탁통치에 대한 임시정부의 입장이라는 결의의 1항은 "각층 각파 및 교회, 전 국민으로 하여금 신탁제에 대해 철저하게 반대하고 불합작 운동을 단행할 것"이라고 되어 있었다.[96] 임시정부는 중국에서 귀국하기 전에 신익희의 주도하에 정치공작대를 만들어 전국 각지에서 건국을 위한 준비를 했는데, 이들의 일차적인 목표는 신탁통치를 반대하는 것이었다. 특별히 이들은 월남 북한인을 포섭하여 다시 북한에 보내 건국에 방해되는 세력을 제거하려고 했다. 이 정치공작대원들은 북한으로 가서 주로 조만식 계열의 조선민주당 기간당원들을 거점으로 하여 활동했다.[97] 이들은 1946년 삼일절을 기해 김일성, 최용건, 김책, 강양욱 등 조선민주당을 공산당의 하수인으로 만든 인물들을 저격할 계획을 세웠다. 이 계획은 실행되었지만 목적을 이루지 못했다. 하지만 이들은 북한 당국에 반탁운동이 얼마나 심각한지를 알려주었다. 비폭력을 주장했던 조만식이 여기에 얼마나 실질적으로 가담했는지 알려지지 않았지만 그의 추종자들은 조만식 같은 비폭력주의자들은 아니었던 것 같다.[98]

한편 북한에서 활동할 수 없어 월남한 조선민주당 인사들을 중심

96) 북한연구소, 『북한민주통일운동사: 평안남도 편』, 287. 밑줄은 필자의 강조.

97) 북한연구소, 『북한민주통일운동사: 평안남도 편』, 284.

98) 북한연구소, 『북한민주통일운동사: 평안남도 편』, 286-305.

으로 남한에서 조선민주당을 재건하게 되었다. 이미 남한에는 조선민주당의 요인들이 와 있었다. 한근조는 10월 말에 평양을 떠났고, 조선민주당 사무국장이던 이종현은 1월 초에 내려왔다. 한근조와 이종현은 남한에서 조선민주당의 재건을 상의했다. 곧이어 이윤영, 김병연 등이 여기에 합세했다. 평양에서 들려오는 소문은 최용건이 조선민주당의 당수가 되어 조선민주당을 공산당의 어용집단으로 만들어버렸다는 것이다. 이런 소문을 들으면서 남한에 조선민주당의 정통을 이어받는 단체를 만들어야겠다는 생각을 갖게 되었다. 그리하여 1946년 4월 29일, 미소공위에서 참가 정당과 단체를 의론하고 있을 무렵 한민당 당사 3층에서 이전식을 했다. 여전히 당수 조만식, 부당수 이윤영이었고, 그리고 최용건 대신에 새로이 한근조를 부당수로 추대했고, 사무총장에 이종현을 임명했다.[99] 조선민주당은 여전히 조만식의 이름으로 남한사회에서 정치를 했다. 같은 해 11월 13일에는 조선민주당 창당 1주년 기념식을 거행했는데, 여기에는 이승만과 미 군정의 브라운 소장이 참석했다.[100]

남한의 신문에서는 소련당국에 억류되어 있는 조만식에 대한 소식에 대해 깊은 관심을 가졌다. 1946년 3월 18일 「동아일보」는 조만식이 원래 고려호텔에 있다가 이제는 평양 선교리에 있는 외국인 선교사의 집에 1종 구금되었다고 전했는데, 1종 구금이란 특수 신분에 있는 사람을 일정 시간, 일정 장소에 구금하는 것을 말한다.[101] 하지만 이것은 사실이 아닌 것으로 판명이 났다.

---

99) 「동아일보」(1946. 4. 30); 김내영, 『조국을 구할 자는 오직 너와 나로다: 애국지사 김병연의 삶』, 215-222.

100) 「동아일보」(1946. 11. 14).

101) 「동아일보」(1946. 3. 18). 2종 구금은 보통 정치관계법, 3종 구금은 탈주자로 분류된다.

이와 비슷한 보도가 같은 해 9월 초에 여러 신문에 보도되었고, UP통신에 의해 전 세계에 확산되었다.[102] 이것은 조선민주당의 인사에 의해 8월 15일 직후 이틀간 조만식이 고려호텔에서 보이지 않았고, 소련군에 의해 시베리아로 끌려갔다는 이야기가 전해졌다. 조선민주당은 여기에 대해 전 세계가 한반도를 주시하고 있는 이때에 조선의 민족감정을 자극하는 일을 하지 말 것을 강하게 경고했고, 한민당 역시 이것이 사실이라면 소련에 대한 심각한 우려를 표하지 않을 수 없다고 논평했다.[103] 그러나 얼마 후 연합국의 일원으로서 북한을 다녀온 인사에 의하면 조만식은 여전히 고려호텔에 유숙하고 있으며, 8월 15일 직후 이틀간 고려호텔에 없었던 것은 사실이며, 그 내용은 알려진 것이 없다는 확인이 있었다.[104]

1946년 8월 20일자 미군 보고서에 의하면 북한의 지역신문에 조만식이 소련 군인과 우호적인 대화를 하고 있는 모습이 등장하고 있다. 미군 당국은 아마도 이 사진이 조만식의 생존을 믿게 하려는 소련의 전형적인 속임수라고 평가하면서도 조만식이 소련과 타협하고 자신의 본래의 입장을 철회했을지도 모른다고 의심했다. 하지만 이어서 조만식을 잘 아는 사람에 의하면 그럴 가능성은 없다고 보고한다.[105] 또 일부 인사에 의하면 조만식의 탈출 가능성에 대해서도 논의되었다. 하지만 그와 가까웠던 김병연은 조만식은 구차하게 탈출할 분이 아니라고 말했

102) 「동아일보」(1946. 9. 6); 「자유신문」(1946. 9. 6).

103) 「자유신문」(1946. 9. 7); 「동아일보」(1946. 9. 8).

104) 「자유신문」(1946. 9. 11); 「동아일보」(1946. 9. 11).

105) Political Trend # 40 (20 August 1946), HQ USAFIK, G-2 Periodical Reports (한림대학교 영인본)

다.[106]

이렇게 조만식의 생존에 대해 논란이 일고 있을 때, 미소공동위원회 미국 측 대표 가운데 한 사람인 번스가 미소공동위원회의 속개를 타진하기 위해 10월 3일 평양을 방문하게 되었다. 미 군정 당국에서도 조만식에 대한 관심이 많았고, 따라서 소련당국에 조만식의 상황을 파악하기 위해 면담을 신청했다.[107] 그리하여 번스는 1946년 10월 5일 조만식이 연금되어 있는 고려호텔을 방문하여 특별면담을 하게 되었다.

원래 YMCA 소속 선교사로 한국에 와서 함경도에서 농촌활동을 했던 번스는 평양 YMCA의 지도자로서 농촌활동을 했던 조만식과 친분이 있었고, 조만식과 같이 한국 농촌의 비참한 현실을 개혁하고자 했던 인물이다.[108] 그런데 해방 후 번스는 미국 정치고문단의 일원으로 한국에 다시 왔고, 미소공동위원회의 미국 측 수석대표인 아널드의 정치고문이자, 미 군정 측 대표 가운데 한 명이었다. 1946년 봄 1차 미소공동위원회가 결렬되자 번스는 이 위원회를 다시 속개하기 위해 평양을 방문했고, 김일성을 만났다. 사실 이 모임은 북한을 방문하고 싶다는 번스의 제안을 미소공위의 소련 측 대표 가운데 한 사람이며, 고위 정보책임자인 발라사노프(Balasanov)가 개인적으로 수락하는 형식을 가졌다. 번스는 이 모임을 통해 소련과의 협력관계를 만들려고 했다. 번스는 발라사노프가 자유민주주의의 경제학에 대해 이해하고 있는 인물이며, 대화

---

106) 「조선일보」(1946. 9. 7).

107) 고당기념사업회 엮음, 『민족의 영원한 스승, 고당 조만식 전기』, 367.

108) 번스의 한국 활동에 대한 전반을 알기 위해서는 안종철, "해방 전후 아더 번스(Arthur C. Bunce)의 활동과 미국의 대한 정책", 『미국사연구』 31(2010), 139-167.

할 수 있는 상대라고 생각했다.[109] 이 두 사람은 미소공동위원회의 제3 분과에서 같은 분과 책임자로서 일했다. 번스의 북한 방문은 미소공동위원회가 재개되는 단초가 되었다.[110]

첫날(10. 3) 저녁 발라사노프의 집에서 저녁을 나눈 다음에 이들의 대화는 시작되었다. 번스는 발라사노프에게 미국은 결코 공산주의자들이 우세한 임시정부를 세우지 않을 것이라고 말하고, 만일 그런 정부가 설립되면 이 정부는 소련의 꼭두각시에 지나지 않을 것이라고 강조했다. 아울러서 미국은 이승만과 김구가 주도하는 정부를 세우는 데도 관심이 없다고 말하면서 새로운 정부는 어느 정도의 사회주의적인 요소를 수용할 것이라고 언급했다. 그러나 현재 박헌영의 태도는 많은 실망을 주고 있다고 언급했다. 그러면서 번스는 발라사노프에게 "자신의 오랜 친구" 조만식에 대해 물어보았다. 발라사노프는 번스에게 조만식을 반동세력이라고 말했다. 그러나 번스는 그에게 자신이 알고 있는 한 조만식은 그런 사람이 아니며, 그가 공개적으로 신탁통치를 지지하지 않기 때문에 반동으로 낙인이 찍힌 것이라고 말했다. 이어서 번스는 만일 미국과 소련이 합의에 도달한다면 분명히 조만식은 그것을 지지할 것이라고 말했다.[111]

10월 4일 번스는 발라사노프와 함께 오랫동안 드라이브를 했는데, 학생들이 행진하는 모습이 눈에 띄었다. 번스는 차에서 내려 학생들에게 고향이 어디냐고 묻자 학생들은 함흥이라고 대답했다. 번스가 함흥

109) "Report of the Visit of Arthur C. Bunce with Chancellor Balasanov in Pyongyang", 514.

110) 전현수, "한국 현대사와 소련의 역할(1945~1949) — 『쉬띄꼬프일기』를 중심으로", 한국사 데이터베이스 해외자료 총서 『쉬띄꼬프일기』 해제 참조.

111) "Report of the Visit of Arthur C. Bunce with Chancellor Balasanov in Pyongyang", 515.

은 나의 고향이라고 응답하자 학생들은 매우 즐거워했다.[112] 10월 5일 토요일 오전 11시 번스와 발라사노프는 미소공동회의의 재개를 놓고 토의했다. 문제는 임시정부 수립을 위한 참여 자격을 논한 공동성명 5호에 관한 것이었다. 이미 위에서 본 것처럼 하지는 신탁통치에 대해 반대하는 단체도 참석시킬 수 있어야 한다고 주장했다. 발라사노프는 김규식의 말을 인용하며 이런 하지의 입장은 우익에게 이익을 가져다주며, 이들은 이것을 신탁통치의 반대에 이용할 것이라고 주장했다. 특히 "북한에 있는 우파들"이 정치적인 이익을 얻을 것이라는 것이다.[113] 아마도 이것은 만일 하지의 주장이 받아들여진다면 지금까지 신탁통치에 대해 반대했던 조만식 같은 사람들도 미소공위에 참여할 수 있다는 것이다. 그러면 이것은 소련이 구상하는 좌익 우위의 정국에 엄청난 영향을 줄 것이다. 아마도 소련이 하지의 주장을 받아들일 수 없는 또 다른 중요한 이유가 여기에 있을 것이다.

하지만 번스는 반탁주의자들의 참여가 신탁통치를 반대하는 장으로 변질되는 것을 막아야 한다고 주장하면서 발라사노프에게 미국의 입장에서는 신탁통치를 반대하는 사람들을 제외시키는 것은 불가능하며, 동시에 우리는 그들로부터도 신탁통치의 형태와 앞으로 형성될 임시정부에 대한 가치 있는 의견을 들을 수 있을 것이라고 주장했다. 처음에 발라사노프는 번스의 의견에 동조하지 않았지만 나중에는 호의적으로 바뀌었고, 소련 측이 받아들일 수도 있을 것이라고 말했다.

토론 끝에 발라사노프는 비록 군부가 싫어할지라도 조만식을 만날

112) "Report of the Visit of Arthur C. Bunce with Chancellor Balasanov in Pyongyang", 516.

113) "Report of the Visit of Arthur C. Bunce with Chancellor Balasanov in Pyongyang", 517-518.

수 있도록 조정하겠다고 말했다. 사실 발라사노프는 정보기관의 책임자로 조만식의 연금을 담당하고 있었다. 발라사노프는 과거에 여러 번 그를 만났지만 그가 자신의 설득을 거부했기 때문에 상당히 기분 나빴다고 언급하면서 자신은 조만식의 면담 자리에 가지 않겠다고 말했다. 번스는 통역과 함께 조만식을 방문했다. 하지만 현장 책임자는 면담을 거부했다. 그 후 발라사노프가 직접 와서 면담할 수 있도록 해주었다.[114)]면담은 발라사노프 없이 번스의 러시아어 통역관인 프로스토프(Eugene C. Prostov)와 한국어 통역 남세명, 발라사노프의 참모 등이 참석했다.[115)]

번스와 조만식의 면담은 소련 측 자료가 자세하게 보고하고 있다. 발라사노프가 직접 보고한 보고서에 다음과 같은 대화록이 나오고 있다.[116)]

> 조만식은 번스를 즉시 알아보고 자신의 옛 친구와 악수를 나누었다. 대화는 옛 추억을 회상하면서 시작되었다. 번스는 한국말로 대화했지만 서툴러서 프로스토프의 협조를 얻었다. 프로스토프는 나에게 러시아어로, 조만식에게는 한국어로 통역했다. 번스는 함흥에서 곧바로 미국으로 갔기 때문에 지난 5년 동안 조만식을 만나지 못했다. 그는 북한에 남아 있는 친구들 가운데서 조만식과 함흥의 최성인밖에 모른다. 번스는 과거 한국에 살던

---

114) 스티코프의 일기에 의하면 자신이 직접 번스와 조만식의 면담을 허락했다고 기록하고 있다. 『쉬띠코프일기』(1946. 10. 5), 국사편찬위원회 한국사 데이터베이스 해외자료총서. 같은 일기 10월 7일자에 의하면 스티코프는 발라사노프로부터 번스의 제안을 보고받았고, 번스는 소련 측에 반탁세력에 대해 완화된 입장을 가질 것을 요청했다고 보고하고 있다.

115) 김국후 편, 『평양의 소련군정』, 147; 정용욱, 『미군정자료연구』, 129 주 26 참조.

116) 발라사노프, "번스가 조만식, 김일성과 나눈 대화". 이 자료는 소련 대외 정책 고문서 보관소에 소장되어 있는 자료로서, 김국후 편, 『평양의 소련군정』, 147-148에 수록되었다. 조만식과의 대화 다음 날 번스는 김일성과 오랜 시간 대화를 나누었다.

미국인에 대해 말했다. 번스는 조만식에게 그들 가운데서 언더우드와 의학박사 루스(Ruth)에 대해 말했다. 루스는 현재 남한에 와 있다고 말했다. 번스는 조만식에게 "남한의 식량사정이 매우 어렵다. 미국인이 서울에서 산업 육성을 서두르고 있으나 원자재가 부족하여 어려움이 많다."라는 등의 서울 소식을 전했다.

번스: 선생님의 가족은 지금 어디 있습니까?

조만식: 일본놈들이 전쟁 시기에 가족을 시골로 추방했습니다.

번스: 지금 나는 미소공동위원회 위원이자 미 대표단 분과위원장이며, 여기 발라사노프도 소련 측 분과위원장이기 때문에 서로 사이가 좋습니다.

조만식: 나도 발라사노프를 잘 압니다. 귀하의 미소공위 분과위원회 사업이 잘되기를 기원합니다.

대화에는 또 다른 조선인 한 명이 배석했는데, 그는 조만식의 비서였다. 그는 우리가 대화할 때 사과를 대접했다. 조만식은 헤어질 때 번스에게 "서울 친구들에게 안부를 전해 달라."고 부탁했다. 번스가 한국어로 된 명함을 조만식에게 주었다. 조만식은 호텔에서 나서는 번스에게 "나는 호텔에만 살기 때문에 다른 사람을 만나지 못하고 조용히 살고 있습니다."라고 낮은 소리로 말했다.

번스의 보고서도 이와 비슷하다. 번스는 이 대화가 보통 친구 사이의 대화와 비정치적인 주제에 국한되었다고 밝히고 있다. 그러나 번스는 한 가지 분명하게 말했는데, 그것은 한국에서 국가를 건설하는 데 있어 한국인이 미국인과 소련인과 다 함께 협력했으면 좋겠다는 자신의 입장을 밝힌 것이다. 이것은 미소공위의 한 위원으로서 당연한 이야기였다고 본다. 아울러 그는 조만식이 건강하고, 정신상태도 좋았다고 언급하고 있다. 또한 자신들을 보내는 것을 아쉬워했다고 쓰고 있다. 주변에도 무장군인은 없었고, 조만식이 호텔 문까지 나와서 배웅하는 것에 대해서도 방해하지 않았다고 기록한다.[117)]

미 정보당국은 번스와 조만식의 대담 이후 얼마 전에 조만식이 시베리아에 유배되었다는 소식은 단지 루머로 끝났고, 소련이 아직도 조만식을 제거하지 않는 이유는 소련이 그를 설득하여 사용할 방안을 찾고 있기 때문이라고 보고 있다. 그리고 아마도 소련은 조만식을 중요하지 않지만 상징적인 대표 자리를 맡길지도 모른다고 결론짓는다.[118)] 번스가 평양을 방문하고 있던 10월 4일, 바로 남한에서는 김규식과 여운형의 좌우합작 7원칙이 발표되었다는 사실에 주목할 필요가 있다.

여기에서 잠깐 제1차 미소공동위원회가 실패한 다음 한국 정치의 흐름을 살펴볼 필요가 있다. 위에서 언급한 것처럼 미 군정은 남한의 민족주의자들의 반대로 신탁통치가 어렵다는 것을 인식하고, 신탁통치 반대세력과 극단적인 공산주의세력을 제외하고, 중도 우파의 김규식과 중도 좌파의 여운형으로 좌우합작위원회를 만들어서 임시정부의 수립을 위한 준비를 하게 했다. 그래서 우측과 좌측이 각각 자신들의 주장을 제

117) "Report of the Visit of Arthur C. Bunce with Chancellor Balasanov in Pyongyang", 519. 번스는 거의 통역에 의존하지 않았다고 기록한 데 비해 소련 문서는 그의 한국말이 서툴러서 통역에 의존했다고 말하고 있다.

118) G-2 Weekly Summary # 95 (13 Oct. 1946~20 Oct 1946), 7.

출했고, 지루한 논쟁을 거쳐 1946년 10월 4일에 좌우합작 7원칙에 합의했다. 제1항에는 "조선의 민주독립을 보장한 3상회의의 결정에 의해 남 · 북을 통한 좌우합작으로 민주주의 임시정부를 수립할 것"이라고 되어 있다. 원래 좌파에서는 "남북통일의 민주주의 임시정부 수립을 매진하되 북조선민주주의민족전선과 직접 회담하여 전국적인 행동통일을 기할 것"이라고 되어 있었다.[119] 이것은 임시정부를 위한 북한의 협상창구는 오직 북조선민주주의민족전선이라는 것이다. 이 단체는 공산당, 민주당, 신민당, 청우당 등으로 구성된 공산주의의 통일전선이다. 따라서 북한에서는 하나의 목소리만 내도록 되어 있었다. 하지만 합의된 내용에는 "남 · 북을 통한 좌우합작으로" 임시정부를 세운다고 되어 있다. 이것은 아마도 북한에 있는 조만식을 북한의 우익으로서 참여시키려는 의도라고 생각된다. 따라서 위에서 언급한 것처럼 번스와의 대화에서 발라사노프가 지적한 대로 만일 조만식을 미소공위에 참여시키는 것은 김규식의 주장과 같이 북한의 우익에게 엄청난 유익을 줄 것이다.

이어서 좌우합작 합의 항목에는 한반도에 민주독립국가의 건설과 미소공동위원회의 속개, 그리고 점진적인 토지개혁에 대해 언급했고, 제5항에 정치범의 석방에 대해 언급하고 있다. "남북을 통해 현 정권하에서 검거된 정치운동자의 석방에 노력하고, 아울러 남북 좌우의 테러적 행동을 일체 즉시로 제지하도록 노력할 것"이라고 명시하고 있다.[120] 물론 여기에는 조만식의 이름은 명시되어 있지 않지만, 당시 남북한 전체에서 가장 상징적으로 정치적인 자유를 압박받고 있는 사람이 조만식

---

119) 「서울신문」(1946. 7. 27); 강만길 · 심지연, 『항일독립투쟁과 좌우합작: 우사 김규식』(서울: 한울, 2000), 197.

120) 좌우합작 7원칙에 관한 논쟁은 서중석, 『한국현대민족운동연구』 1, 469-476 참조.

이므로 필자는 이 항목의 주요 목적은 조만식의 석방이라고 생각한다. 실제로 당시 좌우합작의 핵심적인 인물은 김규식과 여운형이었고, 이들은 다 같이 조만식의 석방에 관심을 가졌을 뿐만 아니라 실질적인 노력도 아끼지 않았다. 아울러서 이 좌우합작 7개 원칙이 발표된 직후 평양에서 조만식을 만난 번스는 바로 이런 좌우합작을 강력하게 지지하는 인물이었다. 미 군정은 남북한에서 조만식의 역할을 잘 알고 있었기 때문에 조만식의 석방을 통해 좌우합작 및 남북협상에 새로운 돌파구를 마련하고자 했던 것 같다. 우리는 정치범 석방이라는 항목을 포함한 좌우합작 7원칙이 발표된 직후에 발라사노프가 조만식의 면담을 허락했다는 사실에 주목할 필요가 있다.

비록 조만식은 연금되었지만 그는 연금된 상태로 가만히 있었던 것은 아니었다. 우리가 살펴본 대로 조만식과 김병조는 광복단이라는 비밀결사대를 만들었고, 이 단체를 통해 비밀리에 활동하고 있었다. 이들은 반공집회와 시위, 열차 폭파, 소련군 암살 같은 테러활동을 했다. 이들은 점조직으로 북한 전역에 조직을 확대해나갔고, 이런 과정에서 소련당국에 탄로 나서 주모자들이 체포되었다. 우선 김병조와 함께 활동했던 이영조는 1946년 11월 3일 광복단에 입단한 지 만 1년 만에 체포되었다. 결국 그는 사형언도를 받고, 시베리아형무소에 갇히게 되었다. 김병조는 이영호가 갇힌 지 50여 일 후인 1946년 12월 24일 조만식과 고려호텔에서 세계정세를 논하다가 소련군에게 체포되었고, 그도 결국 시베리아형무소에 갇히게 되었다. 이 둘은 시베리아형무소에서 만나게 되었고, 김병조는 스탈린이 사망하면 희망이 있을 것이라고 말하면

서 용기를 주었다.[121]

조만식이 연금당한 뒤 조만식의 측근은 여러 가지 방법을 통해 조만식을 구출하려고 노력했다. 물론 신탁통치 반대운동 이전부터 조만식을 월남시키려는 의도가 있었지만, 조만식은 북한 동포를 버릴 수 없다고 하면서 탈출을 거부했다. 당시 조만식은 형식상으로는 소련군과 좋은 관계를 맺고 있었다. 하지만 신탁통치 반대 이후에는 상황이 달라졌다. 그는 소련당국과 갈등관계에 있었고, 그가 북한에서 활동할 수 있는 기회는 점점 사라져갔다. 연금 이후에도 조만식의 측근은 여러 차례 조만식을 구출하려고 시도했지만 한 번도 성공하지 못했다. 실제로 강제 연금된 이후에도 평양을 떠나지 않겠다고 말했는지는 의문이다. 왜냐하면 조만식이 실제로 탈출할 수 있는 상황이 되지 못했기 때문이다.

조만식의 구출은 여러 차례 시도되었지만 대표적으로 두 가지 사건만 간단히 언급하려고 한다. 첫째는 북한 내에서 이루어진 '보통강 사건'이라고 불리는 구출작전이었다. 이것은 강제 연금 한 달쯤 후, 조만식의 조카 위영근, 비서 지태선, 김구의 행동대원 최석주 등이 모의하여 조만식을 구출하려는 것이었다. 아마도 이 구출작전에는 최석주를 통해 김구가 관여하고 있었던 것 같다. 하지만 이 계획은 1946년 11월 내부의 배신자로 인해 실패했고, 관련자들은 소련의 특무대에 체포되어 심한 고문을 당했다. 실패로 끝난 것이었다.[122] 둘째는 남한에서 파견된

---

121) 김국후, "김병조 목사의 최후", 145-147. 김병조는 시베리아형무소에서 이영호에게 대한의 아들이라는 것을 잊지 말라는 의미에서 어깨에 태극문신을 새겨주었다. 이 문신을 찍은 사진이 위 책 148쪽에 실려 있다. 하지만 김병조와 이영호는 끝까지 광복단에 대한 비밀을 발설하지 않았다고 증언한다.

122) 북한연구소, 『북한민주통일운동사: 평안남도 편』, 305-317.

홍정모를 중심으로 한 구출작전이었다. 홍정모는 평양 출신 월남인으로서 김병연이 작성한 장문의 문서를 갖고 1946년 9월 월북했다. 홍정모는 평양 숭인학교 출신으로 지리를 잘 아는 손길천에게 이 문서를 전달하라고 부탁했다. 후에 밝혀졌지만 이 문서에는 미군과의 교섭을 통해 만일 조만식이 원하기만 한다면 미군 잠수함이 북한의 한천항 앞바다에서 대기하고 있다가 조만식을 구출하려는 계획이 담겨 있었다고 한다. 그러나 결과적으로 조만식은 월남하지 못했다.[123)]

북한의 민족주의자들은 남한의 민족주의자들과 연계하여 계속 반탁운동을 전개했다. 물론 이 운동의 정신적인 지주는 조만식이었다. 여기에서 중요한 역할을 한 사람이 조만식과 함께 산정현교회의 장로로 시무했던 김현석이었다. 김현석은 김일성과 고향이 같고, 김일성의 할아버지가 김현석의 선산의 산지기였던 관계로 해방 후 자신의 집에서 김일성환영예배를 주최하기도 했다. 그러나 그 후 김일성의 반기독교적인 행위를 보고 반공의 입장을 분명히 했다. 김일성은 후에 김현석을 찾아와서 함께 일할 것을 권유했지만, 그는 이 제안을 거부했다.[124)] 그 후 김현석은 조만식을 비롯한 민족주의자들과 함께 반탁운동을 지속했다.

김현석은 1945년 말 월남하려 했으나 실패했고, 그 후에는 조만식을 재정적으로 돕는 한편 남한에서 파견된 정치공작대원들을 위해 활동거점을 마련해주는 일을 했다. 그래서 그의 집은 정치공작대의 비밀 아

---

123) 김내영, 『조국을 구할 자는 오직 너와 나로다: 애국지사 김병연의 삶』, 220-221.

124) 김기혁, 『김현석 장로 전기』(서울: 맥밀란, 1982), 273-283. 이 전기에 의하면 환영모임은 9월 초에 열린 것으로 되어 있고, 김일성은 예배 직후 "우리 어머니가 부르던 찬송가라 생각이 납니다."라며 감격하는 것 같았으나 후에 같은 공산당원들과 함께 기독교인들을 향해 다 정신 나간 사람들이라고 비난하면서 "스탈린 동무가 하나님을 총으로 쏴 죽인 지가 언젠데 지금 와서도 하나님, 하나님을 찾느냐?"며 조롱했다고 한다.

지트였다. 정치공작대는 1946년 6월 이승만과 김구가 함께 주도한 독립촉성국민회와 통합하여 활동했다. 김현석은 1947년 2월 다시 월남하여 김구와 조성환(독촉위원장)을 만나 3 · 1절을 기해 다시금 반탁투쟁을 일으키기로 결의하고 월북했다. 이를 통해 약간 침체해 있던 반탁운동을 다시 일으키려고 했다. 김현석은 당시 산정현교회 담임목사였던 김화식, 감리교의 송정근 목사, 그리고 강의홍, 조연창, 이학봉 등을 만나서 3 · 1절 행사를 계획했다. 강의홍은 조만식의 사위, 조연창은 그의 둘째아들이었다. 이 모든 일은 조만식을 만날 수 있는 유일한 인물이었던 조연창을 통해 조만식에게 전해졌다. 약 1,000명이 참석한 이 행사에서 김화식의 간절한 기도에 이어 송정근, 김현석, 이학봉이 차례로 강력한 반탁연설을 했다. 예배 후에 이들은 조선독립만세를 부르며 시위행진을 했고, 보안대원들의 제지로 전진할 수 없게 되자 "믿는 사람들은 군병 같으니"라는 찬송을 부르며 농성했다. 이들은 신탁통치 반대와 더불어 종교의 자유를 외쳤다.[125)]

---

125) 북한연구소, 『북한민주통일운동사: 평안남도 편』, 285; 김기혁, 『김현석 장로 전기』, 339-342.

VII
제2차 미소공동위원회, 유엔임시위원단 그리고 조만식

1.
제2차 미소공동위원회의 재개와 조만식

1946년 5월 결렬된 미소공동위원회는 같은 해 10월 번스의 방문으로 대화의 창구를 열었다. 그러나 진전은 빠르지 못했다. 오히려 미국은 1947년 봄 소위 트루먼 독트린으로 냉전체제에 들어서고 있었다. 그러나 다른 한편으로는 미 국무장관 마셜(George C. Marshall)이 같은 해 4월 8일 소련 외상 몰로토프(V. M. Molotov)에게 "의사 표시의 자유라는 민주주의의 권리를 존중하는 원칙하에" 조속히 미소공위를 재개하자는 서한을 보냈고, 소련 외상은 여기에 "민주주의적인 정당과 사회단체의 폭넓은 참여를 기초로" 임시정부를 세우자고 합의했다. 결국 반탁 단체들도 미소공위에 참여할 수 있다고 함으로써 미국의 입장을 수용하는 한편, 참여한 단체들은 더 이상 미소공위에 반대하는 운동을 해서는 안 된다는 새로운 가이드라인으로 1947년 5월 21일 제2차 미소공동위원회가 열리게 되었다.[1] 미소공위는 6월 12일부터 공위참가서류를 배포하기 시

1) 이동현, "미 · 소 공동위원회의 쟁점과 결말", 『한국사시민강좌』, 38(2006), 32.

작했다. 이것은 반탁운동에 커다란 논쟁을 불러일으켰다. 물론 이승만과 김구는 여전히 미소공동위에 참여하지 말아야 한다는 입장이었지만, 한민당과 조만식을 대표로 하는 조선민주당은 새로운 조건하에 미소공위에 참여하기로 결정했다.[2)]

제2차 미소공공위원회가 열리기로 예정되자마자 가장 중요한 과제 가운데 하나는 어떤 정당과 단체를 참여시킬 것인가였다. 참여하는 단체의 성격과 숫자에 의해 앞으로 정해질 임시정부의 성격이 결정되기 때문이었다. 미국 쪽에서는 가능한 한 많은 우익인사를 포함시키려고 했고, 좌익 쪽에서는 가능한 대로 우익을 배제하려고 했다. 여기에서 우리의 관심은 남한의 조선민주당과 조만식이 참여할 수 있는가 하는 점이다.

여기에 대해 흥미로운 것은 김규식의 입장이었다. 위에서 김규식이 남북협상을 주장하면서 북한의 우익도 협상의 대상이 되어야 하며, 아울러 남북한을 포함한 정치범의 석방을 강조했다는 것을 언급했다. 그런데 김규식은 제2차 미소공위를 앞두고 이남의 대표를 좌익 : 우익 : 중간파를 각각 5 : 5 : 5로 하고, 이북의 대표는 좌익 : 우익을 5 : 5로 하자고 주장했다.[3)] 이것은 매우 중요한 주장이었다. 왜냐하면 조만식은 북한에서 차지하는 비중에도 불구하고 미소공위에서 아무런 지분도 보장받지 못하고 있었기 때문이다. 이런 점에서 김규식의 주장은 정당하다고 볼 수 있다.

하지만 미 군정 실무자가 보는 조만식의 참여는 매우 부정적이었

---

2) 송남헌, 『한국 현대정치사 1』, 394.

3) 정용욱, 『존 하지와 미군점령 통치 3년』, 186.

다. 로(Phillip C. Row)가 작성한 문서에 의하면 남쪽의 조선민주당과 천도교 청우당의 참석 여부가 당시 중요한 논쟁점인 가운데 로는 이 두 당의 참석 여부는 미소공위에 의해 직접 논의될 사항이라고 보았다. 로는 우선 자신이 남한의 조선민주당을 포함시키지 않은 이유를 설명하고 있다. 북한에 대부분의 기반을 두고 있는 이 단체가 남한의 단체로 등장하는 것은 비논리적이며, 따라서 조선민주당을 북한 정당의 명단에 포함시켰다는 것이다. 아울러 자신의 생각에는 이 조선민주당은 가장 강력한 테러단체인 서북청년회와 관련되어 있다.[4] 여기에서 로의 조선민주당에 대한 약간의 부정적인 인식을 가졌다. 로는 같은 이유로 천도교 청우당도 포함시키지 않고, 북한 정당 단체 명단에 포함시켰다.

로에 의하면 특별히 미 군정의 위원인 프로스토프가 조만식을 지명하려고 조선민주당을 남한 측 명단에 포함시키려는 것에 대해 적절한지 의문을 제기했다. 왜냐하면 소련 측이 북한 측을 대표하는 인물로 조만식을 받아들이지 않을 것이었기 때문이다. 로 역시 러시아 측이 결코 조만식을 협의의 대상에 포함시키지 않을 것이며, 미국 측이 조만식을 협의의 대상에 포함시키려 할 때 이것은 자연히 소련 측으로부터 박헌영을 포함시키라는 요구를 끌어낼 것이라고 보았다. 따라서 미국이 만일 박헌영과 조만식을 교환하려고 하는 마음이 없다면 조만식의 문제를 제기하는 것은 지혜롭지 못하다고 보았다.[5] 만일 소련 측이 남한의 천도교 청우당을 포함시키기 원한다면 이것을 근거로 조선민주당의 참가

4) "Political Parties and Social Organizations, Repoted by Mr. Phillip C. Row" (Secret AMD 571 19 May 1947). 정용욱 · 이길상 편, 『해방 전후 미국의 대한정책사 자료집』 9: 299.

5) "Political Parties and Social Organizations, Repoted by Mr. Phillip C. Row" (Secret AMD 571 19 May 1947). 정용욱 · 이길상 편, 『해방 전후 미국의 대한정책사 자료집』 9: 299.

를 요청할 수도 있다. 천도교 청우당은 실제로 미국의 입장에서 중요하지 않다. 최근에 청우당의 대표는 좌파연합단체인 민주주의인민전선과의 관계를 부정했다. 그러나 이 보고서는 만일 미국 측이 예측할 수 없는 정치적인 이유 때문에 조만식의 문제를 제기하기 원한다면 지금이 바로 그 시점이라고 보았다.[6] 다시 말해 미소공동위원회의 실무자들에 의하면 조만식을 협의의 대상에 포함시키는 것은 바람직하지 못하다는 것이었다. 아마도 미소 간의 합의를 위해서는 소련이 동의하기 어려운 것을 제안하는 것은 바람직하지 않다고 생각했기 때문일 것이다.

어쨌든 제2차 미소공동위원회의 개최는 조만식과 북한의 기독교에 새로운 소망을 가져다주었다. 그것은 북한의 상황을 세계에 알릴 수 있는 계기를 제공했기 때문이다. 사실 북한 기독교인들은 1946년 11월 초순경 평안북도 정주군 어느 약수터에서 이북연합노회 부회장이며, 장대현교회 목사인 김화식을 중심으로 자신들의 입장을 대변할 정치단체를 만들고 있었다. 아마도 이런 기독교인들의 모임은 11월 3일 주일에 실행된 북한의 도 · 시 · 군 인민위원회 선거를 보면서 기독교인들이 하나로 뭉쳐 여기에 대처해야겠다는 생각 때문이었을 것이다. 미군 정부 당국은 12월 말 보고서에서 북한에는 새로운 당이 출현하고 있는데, 그 성격은 반공이며, 투쟁방법은 평화적이라고 말하고 있다.[7]

하지만 이것이 구체화된 것은 1947년 봄 삼일절 기념예배를 전후하여 시작된 기독교자유당의 창당이다. 여기에는 장로교를 대표하는 이

6) "Political Parties and Social Organizations, Repoted by Mr. Phillip C. Row" (Secret AMD 571 19 May 1947). 정용욱 · 이길상 편, 『해방 전후 미국의 대한정책사 자료집』 9: 230.

7) G-2 Weekly Summary (29 Dec. 1946~5 Jan. 1947), 7. 이 단체가 김화식의 단체와 동일시되는지는 알 수 없다. 단 비폭력을 주장한다는 점에서 기독교와 연관될 가능성은 있다고 본다.

북5도 연합노회장 김진수 목사와 감리교를 대표하는 서부연회장 송정근 목사가 함께 참여했다. 조선민주당이 공산당의 위성기관이 되어 더 이상 북한의 기독교를 대변할 수 없는 상황에서 북한의 대표적인 기독교인 장로교와 감리교가 함께 참여하여 공산주의와 투쟁할 정당을 만들었다는 것은 매우 의미 있는 일이라고 생각된다. 이 계획은 북한의 기독교계의 큰 호응을 얻어 5월 초순에는 평양신학교 지하실에서 창당 발기인 150명이 모여 당헌과 강령을 채택했고, 그 후 창당준비위원이었던 김현석을 남한에 파송하여 김구와 1946년 3 · 1절 사건 이후 월남해 있던 황은균 목사와 연락했다. 김구는 김현석으로부터 조만식과 북한의 반탁투쟁에 대한 소식을 듣고, 조만식에게 보내는 밀서와 함께 조만식을 만나야 한다고 생각하게 되었다. 아울러 김현석은 미소공위에 대한 정보와 함께 북한에서 여기에 어떻게 대처해야 할 것인가에 대해서도 많은 논의가 있었을 것이다.[8] 기독교자유당에는 조만식의 둘째아들인 조연창과 사위 강의홍도 관련되어 있어 조만식과도 연락이 되어 있었다.

기독교자유당과 더불어 언급해야 할 또 다른 단체가 있다. 그것은 평양 기독교면려청년회이다. 기독교면려청년회는 전 세계적인 오랜 역사를 가진 장로교 소속의 청년연합단체로서 일제 강점기에 금주 · 금연 운동을 이끌었다. 김현석은 일찍이 이 단체의 서북연합회장을 맡았고, 해방 이후에는 김두영을 도와 이 단체를 재건했다. 1946년 2월 23일부터 이틀간 평양지역의 180개 교회가 모여 연합집회를 가졌고, 여기에서

8) 북한연구소, 『북한민주통일운동사: 평안남도 편』, 415-416; 김기혁, 『김현석 장로 전기』, 344-350.

조만식에 대한 청년들의 입장을 밝힐 예정이었다. 이것을 안 소련군은 엄중하게 감시했고, 이런 상황은 계속되었다. 해방 후 청년면려회는 순회집회와 전도활동을 활발하게 했다. 이런 모든 행동은 소련의 입장에서는 반동세력이었고, 결국 1947년 4월 24일 해산명령이 내려졌다. 여기에 대해 4월 27일에 열린 평양시내 기독교연합신도대회에서 북조선인민위원장 앞으로 강력한 항의를 했고, 이것을 계기로 소련의 탄압은 더욱 심해졌다. 결국 많은 지도자들이 월남하게 되었고, 5월 30일 김봉서, 김두영을 비롯한 지도자들은 장준하의 안내로 김구를 만나 북한 실정을 말하고, 아울러 이윤영, 김병연 같은 조선민주당 인사들도 만나게 되었다. 하지만 이들은 별로 도움이 되지 못했다. 그러나 낙심하지 않고 이들은 "북조선교회의 수난상", "북조선기독청년면려회의 수난진상" 등 한글과 영어로 소책자를 만들어 보급하는 한편, 이승만을 비롯한 지도자들을 만나 남한사회와 세계 기독교에 북한의 실상을 알리려고 노력했다. 특히 이승만의 도움으로 "세계 크리스찬에게 호소하는 메시지"를 작성하여 트루먼과 장제스에게 보냈다.[9] 한편 남한의 정세를 파악한 장대현교회 목사 김화식은 기독청년면려회의 이름으로 미소공위에 참여할 수 있다고 생각하여 서류를 준비했지만 결국 제출하지 못했다.[10]

1947년 5월 21일부터 제2차 미소공동위원회가 덕수궁에서 열리게 되었고, 가장 중요한 이슈는 협의대상 단체를 선정하는 일이었다. 월남한 청년면려회 지도자들은 6월 15일 당시 김구가 출석하고 있던 서울

9) 북한연구소, 『북한민주통일운동사: 평안남도 편』, 396-402. 이 책에 건의문 전문이 실려 있으며, 영어로 된 전문은 정용욱 · 이길상 편, 『해방 전후 미국의 대한정책사 자료집』 9권에 수록되었다.

10) 김기혁, 『김현석 장로 전기』, 351.

남대문교회에서 기독청년회 서울연합회장이며, 미 군정에서 보건을 맡은 이용설 등과 여기에 대해 상의했다. 6월 19일에는 한경직 목사와 함께 미소공동위원회 미국 측 고문인 버치를 방문하여 북한 기독교계가 미소공동위원회에 보내는 건의서를 제출했다. 여기에는 북조선에 감금된 목사들과 공산당의 탄압이 담겨 있었다. 아울러서 이들은 만일 공동위원회가 평양에 갈 경우 미국 측 대표는 반드시 조만식을 만날 것을 요청했다.[11)]

미소공동위원회는 각종 정당 및 사회단체와의 면담을 통해 임시정부에 관한 의견을 청취하는 시간이 있었다. 이 모임은 6월 25일부터 서울에서 남측의 단체와 회동을 갖고, 7월 1일부터는 평양에서 북측의 단체와 모임을 가질 예정이었다. 소련은 제2차 미소공위를 앞두고 각종 정당 및 사회단체들의 등록을 요청했다. 특별히 우익단체들의 등록을 독려했다. 기독교자유당은 이제 자신들의 입장을 발표할 수 있는 기회가 되었다고 생각했다. 여기에 대해 미군은 누가 반동세력인가를 찾아내기 위해 소련당국이 술책을 쓴 것이라고 보고 있다.[12)]

소련 측의 자료에 의하면 기독교자유당 인사들이 6월 14일 소련 민정국을 찾아와서 자신들의 정당을 허락해줄 것을 요청했다. 하지만 소련은 기독교자유당을 반동정당으로 간주하고 오히려 북한 인민정권 전복 혐의를 씌워 체포하기 시작했다. 소련군은 "우익 개신교도들의 새로운 정치정당이 제안한 정강의 반민주적 · 반동적 성격은 의심의 여지

11) 북한연구소, 『북한민주통일운동사: 평안남도 편』, 400-404. 이 건의문 역시 정용욱 · 이길상 편, 『해방 전후 미국의 대한정책사 자료집』 9권에 수록되었다.

12) Leonard N. Bertsch to General Brown, Protestant Leaders in North Korea, 643. 이 자료는 정용욱 · 이길상 편, 『해방 전후 미국의 대한정책사 자료집』 9: 643-647에 수록되었다.

가 없다. 왜냐하면 개신교도 집단과의 면담에서 키셀레프 소령이 이 정당과 인민위원회의 관계가 어떨 것인가 질문했는데 그들은 대답을 거부했다."고 기록하고 있다.[13] 그리하여 소련군의 탄압으로 인해 원래의 목적대로 기독교자유당은 창당되지도 못했고, 제2차 미소공동위원회의 평양모임에 참가하여 북한 기독교인의 의사를 표현하려는 일은 좌절되고 말았지만, 북한의 기독교가 하나가 되어 공산정권에 항거했다는 큰 의미를 갖고 있다.[14]

기독교자유당과는 별도로 조만식은 미소공동위원회를 맞이하여 자신의 입장을 밝힐 기회를 갖기 원했다. 이미 미 군정 당국은 조만식과 비밀리에 의견을 교환하고 있었다. 조만식은 1947년 5월 제2차 미소공동위원회가 시작되려고 할 때 밀사를 통해 하지에게 이승만의 행동이 미소공위의 사업에 반대가 될까 우려한다고 전하면서 조언을 구했다. 이 내용은 하지의 통역인 이묘묵을 통해 하지에게 전달되었는데, 그 내용은 다음과 같다.[15]

---

13) "북조선 사회, 정치, 경제 현황 보고서"(1947. 6. 15); 이재훈, "해방 직후 북한 민족주의 세력에 대한 소련의 인식과 정책", 291에서 재인용.

14) 북한연구소, 『북한민주통일운동사: 평안남도 편』, 418.

15) 미소공위문서철, 롤 번호 6 "이묘묵이 하지에게"(1947. 5. 27); 정용욱, 『해방 전후 미국의 대한정책』, 411. 정용욱은 이 서한을 잘못 해석하고 있다. 조만식은 이승만의 반탁활동에 대해 반대한 것이 아니라 미소공위의 활동에 대해 부정적인 영향을 미칠 것을 우려했다. 조만식은 미소공위의 임시정부 수립과 반탁활동을 구분했다. 다시 말하면 조만식은 신탁통치에는 반대하지만 미소공위의 조선임시정부 구성에는 참여하고자 했다. 이것은 김규식이 미소공위에 참여하여 신탁통치에 반대할 수 있다고 주장하는 것과 비슷하다고 할 수 있다. 실제로 조선민주당은 제1차 공의회부터 미소공위에 참가신청을 내고 있다. 이것은 미군의 입장과 같다. 미군은 신탁통치 반대를 미국 반대로 이해하고 있지 않다. 정창현, 『인물로 본 북한현대사』(서울: 선인, 2011), 154-155.

하지 장군.

5월 27일 오후 늦게 조만식으로부터 전언자가 사무실에 도착하여 다음과 같은 정보를 주었다. 조만식은 이승만 박사의 행동이 미소공위 사업의 진전을 방해할 것을 우려한다. 그는 미국대표단을 정신적으로 후원하는 우익세력이 미소공동위원회에 참여하지 않는 것을 유감으로 생각한다. 북조선의 러시아인과 그들의 지지자들은 이번 미소공위가 조선을 통일시키고 임시정부를 세울 수 있다고 믿고 있다. 남조선의 공산주의자들은 '미 제국주의'에 반대함으로써 새롭게 조성된 상황에 대처하려고 준비하고 있다. 그들은 자신들의 군대에 대해 자랑스럽게 생각한다. 또 남한 내의 지지자들이 새로운 상황에 대처할 것이라고 확신한다. 총선거가 실시될 경우 그들은 '반동적 요소'를 제거하고 그들의 주의에 찬성하는 선거를 실시할 훈련된 사람들을 충분히 가지고 있다. 게다가 한국의 젊은이들에게 군사훈련을 시킬 뿐만이 아니라 두당 100원의 소득세를 걷고, 3일 동안 강제노동을 부과한다. 그들은 이 돈으로 남조선에서 선전 · 선동 작업을 한다.

조만식은 미소공동위원회가 서울에서 북조선의 지도자들과 협의할 것인지 아닌지에 대해 알기를 희망한다.

이묘묵

우리는 이 문서를 통해 조만식이 미 군정 당국과 상당한 연락을 하고 있었음을 알 수 있다. 그는 이미 1946년 1월 신탁통치 정국에서도 밀사를 통해 미 군정의 의견을 물었고, 조만식은 미 군정의 조언과 합치되는 행동을 했다. 조만식은 과거와 같이 북한의 상황을 미 군정에게 알려주며, 서울에서 자신과 만날 수 있는지를 묻고 있다. 아마도 미군은 북한의 우익지도자들에게 정당이나 단체를 만들어 미소공위에 제출할 것을 제안했을지 모른다.

소련군의 보고서에 의하면 1947년 6월 10일 조만식의 개인비서였던 손이 민정국을 방문하여 조만식과 그의 동료들이 지도한 정당 결성을 허락해줄 것을 요청했다. 손은 "현재 [조선]민주당의 정책은 조선인민의 이해에 반하고 있다. 왜냐하면 그것은 노동당의 노선과 같기 때문이다. 그리고 서울에서의 회담이 성공하기 위해서는 미군 사령부의 정책과 북조선 사령부 정책 간에 중도 정책을 추구하는 정당이 결성되어야 한다."고 말하면서 이 "중도 정책이란 북조선에서 행해지고 있는 3개의 민주개혁, 특히 토지개혁이 부정되어야 한다."는 것이다.[16] 조만식은 토지 문제에 대한 남한의 보수적인 입장과 북한의 급진적인 입장 사이에 중도적인 입장이 필요하다고 생각했다. 그러나 조만식은 소유권의 폐지를 반대한 것이지 농업의 개혁을 반대한 것은 아니다. 조만식은 미소공동위원회의 협상과정에 참석하기를 간절히 바랐던 것 같다.

조만식은 정당 결성과는 별도로 자신의 입장을 밝힐 자료를 준비했다. 조만식은 자신의 측근자였던 오영진에게 부탁하여 자료를 준비하게 했고, 이것을 조연창이 조만식에게 전달했다. 이것이 미소공동위원회에 전달되었는지는 모른다. 당시 미소공동위원회는 각 정당과 단체들에게 질문지를 보냈고, 여기에 의해 답변을 작성했다. 북한노동당도 여기에 맞추어서 답변서를 만들었다. 뿐만 아니라 북한의 다른 정당, 곧 조선민주당이나 천도교 청우당도 북한노동당과 비슷한 답변서를 제

16) "북조선 사회, 정치, 경제 현황 보고서"(1947. 6. 15); 이재훈, "해방 직후 북한 민족주의 세력에 대한 소련의 인식과 정책", 291에서 재인용.

출했다.[17] 조만식과 오영진이 어떤 자료를 준비했는지는 밝혀지지 않고 있다. 하지만 위에서 언급한 조만식의 정당의 정책은 북조선인민위원회의 것과는 달랐다.

미소공동위원회는 6월 23일 서울에서 열린 회의에서 남측의 정당 단체 면담 대상자를 확정 짓는 가운데 심각한 논쟁을 벌였다. 소련은 반탁주의자 및 반동 · 유령단체는 제외해야 한다고 주장한 반면에 미국은 청원한 단체를 모두 포함해야 한다고 주장했다.[18] 미국은 청원단체의 명단에 여운형, 장덕수 등과 같이 조만식을 남한에 있는 조선민주당 대표로 포함시켰다.[19] 또한 같은 날 서울에서는 반탁독립투쟁위원회가 주관한 반탁집회가 10만여 명이 참석한 가운데 열렸다. 반탁독립투쟁위원회는 1946년 1월 24일 김구가 중심이 되어 세운 반탁운동의 중심 단체이다. 이 모임은 서울뿐만 아니라 전국적인 규모로 전개되었다. 이러한 반탁집회에 대해 미소공동위원회 브라운 소장은 집회의 자유와 사상의 자유를 기본으로 하는 민주사회에서는 반탁집회는 결코 불법이 아닌 합법적인 집회임을 강조하면서 이승만과 김구의 반탁운동은 한국민 대다수의 염원이며, 동시에 "북한에 연금되어 있는 조만식 씨 이하 애국자를 즉시 석방하도록 하라는 데 대해서는 소련당국에 직접 요구하라." 고 언급했다. 이것은 조만식의 석방이 제2차 미소공동위원회의 주요 의제였음을 말해주는 것이라고 생각된다.[20]

미국 측 대표들은 6월 30일 평양에 도착했고, 남한과는 반대로 대

17) 박병엽, 『조선민주주의인민공화국의 탄생』, 196-197.

18) 서중석, 『한국 현대 민족주의 운동연구』(서울: 역사비평사, 1996), 516.

19) 「자유신문」(1947. 6. 24).

20) 「동아일보」(1947. 6. 25).

대적인 찬탁환영대회를 보았다. 남쪽 대표 브라운은 북한의 새로운 사령관 코로트코프(Korotkov)에게 조만식과 기타 기독교인들을 광범위하게 자신의 숙소에서 면담하게 해줄 것을 요청했고, 소련군 사령관은 제약 없이 면담할 수 있도록 허락했다.[21] 미국이 이렇게 북한의 반소 · 반공 세력을 만나려고 하는 데는 여러 가지 이유가 있었을 것이다. 이것은 북한에는 소련에 의해 많은 사람이 박해를 받고 있으며, 또한 이들을 미소공위에서 제외하는 것은 비합리적이며, 더 나아가서는 북한의 우익을 미소공위에 포함시키려는 전략이었을 것이다.[22] 이미 김규식은 북한에서도 좌익과 우익의 비율이 5 : 5가 되어야 한다고 주장한 바 있다. 브라운과 그의 일행은 평양의 미소공동위원회 회의 기간에 조만식과 기독교 세력, 그리고 기타 많은 일반인들을 만날 수 있었다.

박병엽의 증언에 의하면 브라운이 조만식을 만나기 전에 김일성이 다시 한 번 조만식을 설득하기 위해 찾아갔다는 이야기가 전한다고 한다.[23] 무슨 내용이 오갔는지 모르지만 아마도 미군과의 대화에서 북한 측에 불리한 증언을 하지 말 것을 포함하여 여러 가지 요청을 했으리라고 생각한다. 하지만 이후 조만식과 소련의 관계를 볼 때 이 설득은 성공하지 못한 것 같다.

---

21) "Activities of American Delegation in Pyengyang June 30, 1947," 정용욱 · 이길상 편, 『해방전후 미국의 대한정책사 자료집』 9: 611.

22) 미소공위 문서철, 롤 번호 6, 사전트가 브라운에게: 이북에서 미국 대표단의 정치 전략에 관한 비공식 토론 내용(1947. 7. 2), 정용욱, 『존 하지와 미군 점령통치 3년』, 217.

23) 박병엽, 『조선민주주의인민공화국의 탄생』, 89.

2.
브라운의 조만식 인터뷰

미국 측 인사들은 7월 1일 고려호텔로 가서 조만식을 무개차에 태우고 평양 시내를 거쳐 평양역에 정차해 있던 특별열차로 안내하여 브라운을 만나게 했다. 이 자리에는 1946년 10월에 조만식을 만난 바 있던 번스도 참석했다. 당시 평양시민은 조만식이 공개적으로 모습을 드러내자 순식간에 길가에 나와서 도열하고, 조만식의 모습을 지켜보았다. 이것은 평양사람들에게 길이길이 인상적인 일이었다.[24]

브라운과 조만식의 대화는 미 군정이 "Interview with Cho, Man Sik — 1947. 7. 1 at Pyongyang"이라는 이름으로 기록하여 보관되었다. 아마도 해방 이후 조만식에 관한 자료 가운데서 가장 중요한 자료 중의 하나라고 생각된다. 여기에는 1946년 가을에 조만식을 방문했던 번스가 참여했고, 대화는 통역을 통해 이루어졌다.[25]

---

24) 조영암, 『고당 조만식』(부산: 정치신문사, 1953), 69-70.

25) "Interview with Cho, Man Sik — 1947. 7. 1 at Pyongyang"; 정용욱 · 이길상 편, 『해방 전후 미국의 대한정책사 자료집』 9: 659-669에 수록되었다. 정용욱은 그의 책 『해방 전후 미국의

먼저 조만식은 자신은 평양 고려호텔에서 연금 상태에 있으며, 현재 가족조차 만나기 어렵다고 말하고 있다. 이것은 조만식이 이전보다도 더 나쁜 상황에 처해 있음을 알 수 있다. 그러나 아직도 그는 둘째아들과 사위와 함께 있으며, 호텔비용은 자신이 부담하고 있다고 말했다. 세 명의 형사가 지키고 있으며, 외부 일을 하려면 이들의 허락을 받아야 한다. 마음대로 외출할 수 없고, 음식은 보통이며, 호텔의 다른 손님과 같은 대우를 받는다. 건강에 관해서는 좋은 상태를 유지하고 있고, 특별한 어려움은 없다. 브라운이 특별히 물질적으로 필요한 것이 없냐고 묻자 그는 없다고 대답했다.[26)]

다음으로 브라운은 조만식에게 평양의 정치적인 상황에 대해 질문했다. 그는 자신은 자세히 모른다고 말하면서 공산당 밖의 사람들은 현 정부에 순종하지 않는다고 대답했다. 브라운이 어느 정도까지 북한 사람들이 공산당에 속해 있는가를 묻자 선전에 따르면 수백만이라고 말하지만 그런 사람들조차 강요에 의해 공산당에 속했다고 답했다. 브라운은 전날 있었던 미소공동위원회에 대한 대규모 환영대회를 언급하면서 그것이 자발적인 것이었는가를 물었다. 여기에 대해 어제 대회를 위해 여러 당의 사람들이 시골에서 올라왔다고 주장하면서 대부분은 강요된 것이라고 대답했다. 브라운이 구체적인 예를 요청하자 조만식은 거의 모든 학교 선생들은 다양한 형태의 공산당 조직에 참여할 것을 강요당하고, 만일 거부하면 직장을 유지할 수 없고, 미래를 보장받을 수 없다. 자연히 공산당이나 유사한 단체에 속한 교사들은 이 같은 행사에 참

대한정책』, 411에서 이 문제를 다루고 있다.

26) "Interview with Cho, Man Sik — 1947. 7. 1 at Pyongyang," 659.

여하도록 강요받는다. 교사들은 학생들에게 일요일에 교회에 가지 못하도록 금지시킨다고 대답했다.[27]

다음으로 브라운은 신탁통치와 조선민주당에 대해 질문했다. 조만식은 자신이 호텔에 연금된 것은 신탁통치 문제 때문이며, 북한 공산당은 신탁통치를 지지하지만 조선민주당은 신탁통치가 한국민족에게 진실로 무엇을 뜻하는지 알지 못하기 때문에 침묵하고 있고, 이것이 그가 연금된 이유라고 대답했다. 조만식은 이어서 자신은 원래 호텔에서 생활했으며, 1946년 1월 5일 지지성명을 발표하지 않자 경비병과 경찰이 와서 외출을 금지시켰다. 하지만 치통 때문에 4, 5차례 치과병원에 다녀온 적이 있다고 했다. 브라운이 자신과의 대화 때문에 가해질 조치에 대해 두려움이 없냐고 묻자 그는 "노"라고 대답했다. 현재 조선민주당과의 관계에 대해 그는 실제로 아무것도 알지 못한다고 말하면서 조선민주당의 주요 인사들은 월남했고, 조선민주당의 부당수[최용건]가 소위 열성자대회를 소집하여 조만식과 그 추종자들을 반동으로 몰아 축출시키고, 그 후부터 조선민주당은 이들에 의해 움직이고 있으며, 자신은 이 당과 아무런 일을 하지 않고 있다고 대답했다.[28]

이어서 브라운은 북한의 우파적인 정당이 있는지에 대해 질문했다. 조만식은 자신은 아무것도 알지 못한다고 대답했으나 북조선의 소련 사령부가 10일 전에 우파적인 정당을 설립하라고 요구했고, 그래서 몇몇 사람들이 우파 정당을 만들기 위해 노력했다. 하지만 7, 8일 전에 그들을 체포해버렸다. 지금 북한에는 이런 종류의 정당을 만들려는 많

27) "Interview with Cho, Man Sik — 1947. 7. 1 at Pyongyang," 659-660.

28) "Interview with Cho, Man Sik — 1947. 7. 1 at Pyongyang," 660-661.

은 기독교 목사들이 있으나 그들 대부분은 경찰에 의해 체포되고 말았다. 체포된 사람 가운데 두 사람은 지도자급이다. 브라운은 조만식에게 평양에 만나서 대화할 주목할 만한 우파 지도자가 있는가를 물었고, 그는 지금 자신과 함께 일하는 지도자들은 없다고 대답했다. 그들은 거의 다 월남했고, 현재 지도자로 입증된 사람들은 기독교목사들이며, 그들은 모두 경찰에 체포되었고, 누구의 이름을 거명하기는 어렵다고 답했다.[29] 브라운은 다음으로 미소공동위원회에 대해 물었다. 브라운은 미소공동위원회와 협의할 남한의 조선민주당 대표로서 지명되었다는 것을 알고 있느냐고 묻자 조만식은 모른다고 대답했다. 브라운은 소련이 서울로 오는 것을 허락한다면 조선민주당의 대표로서 미소공의회와 협의하기 위해 행동할 수 있는지를 물었다. 조만식은 여기에 대해 "그것은 내가 희망해왔던 것이며, 이것 외에 다른 바람이 없다."고 대답했다.[30] 이것은 매우 중요한 언급이다. 이승만과 김구가 미소공위와 협조하는 것을 망설이고 있는 가운데 조만식은 미소공위와 협조하기로 약속하는 것이기 때문이다. 만일 이것이 성사된다면 미소공위의 협의 대상에 북쪽의 우익이 포함되는 것이며, 이것은 미소공동위원회에서 우익의 입지가 엄청나게 강화되는 것이다. 남쪽의 조선민주당은 처음부터 미소공위에 참여하기 원했고, 참가신청서를 제출했다.

브라운은 계속하여 만일 러시아가 그런 목적으로 서울에 가는 것을 허락하지 않는다면 평양에 있는 미소위원회와 협의할 용의는 있는가에 대해 물었다. 여기에 대해 조만식은 서울로 가기를 원한다고 대답했

29) "Interview with Cho, Man Sik — 1947. 7. 1 at Pyongyang," 661-662.

30) "Interview with Cho, Man Sik — 1947. 7. 1 at Pyongyang," 662.

고, 브라운은 다시 서울로 가는 것이 허락되지 않는다면 미국과 소련 측이 함께 있는 평양에서 이 위원회와 협의할 용의가 있느냐고 묻자 조만식은 그것은 매우 대답하기 어렵다고 말하면서 그 모임에 참석하는 것은 그렇게 어려운 문제가 아니다. 그러나 자신이 참석하여 생각을 말한다면 잠시 동안은 안전하겠지만 그 후에는 어려움 가운데 있게 될 것이라고 말하고, 그러므로 자신의 바람은 서울로 가는 것이라고 말했다.[31] 다시 말하면 평양에서는 자유롭게 자신의 의사를 표현할 수 없다는 것이었다.

다음으로 브라운은 조만식에게 남한의 정치 상황에 대해 질문했다. 조만식은 자신은 자세한 것은 모르며, 한국의 전반적인 정치 상황에 대해 설명했다. 그는 한국사람은 북한이든지 남한이든지 민주적인 정부가 세워지기를 원한다고 주장했다. 브라운은 조만식이 말하는 민주주의가 무엇을 의미하며, 북한 사람들도 민주주의를 원하는지 다시 물었다. 여기에 대해 조만식은 러시아도 민주주의라는 말을 사용하지만 그 내용은 완전히 다른 것이며, 북한이 원하는 것은 소련식 민주주의가 아니라고 단호하게 대답했다. 그는 현재 북한에서 공산당원은 15%를 넘지 못하며, 현 정권을 지지하거나 소련식 정권을 지지하는 사람들은 15% 이내라고 대답하면서 "나머지 85%는 미국에서 실시되고 있는 민주주의 원칙에 근거한 정부를 지지할 것"이라고 대답했다.[32]

브라운은 이어서 공산주의 지도자에 대해 물어보았다. 조만식은 먼저 김일성에 대해 소련의 꼭두각시에 지나지 않으며, 러시아인보다

31) "Interview with Cho, Man Sik — 1947. 7. 1 at Pyongyang," 662.

32) "Interview with Cho, Man Sik — 1947. 7. 1 at Pyongyang," 663.

더 러시안이고, 진실로 북한에 공산정권을 세우기를 원하는 사람이라고 말했다. 김두봉에 대해서는 김일성에게 충성하는 사람이며, 그가 정말로 친러파인지는 알 수 없지만 자리를 얻기 위해 그런 행동을 한다는 이야기를 들었다고 말했다. 조만식은 이어서 북한에는 좌도 우도 아닌 사람들이 있으며, 이들은 자리를 얻고 생계를 유지하기 위해 현 정부에 협조하고 있다고 지적했다.[33] 브라운이 박헌영에 대해 묻자 이름만 알고 있다고 말하며, 이어서 박한영이 평양에 다녀간 것에 대해 알고 있는가를 묻자 그는 모른다고 대답했다.[34] 브라운은 남한에 있는 좌익에 대해 조만식에게 물어보았다. 그는 먼저 남한에 있는 좌익들은 다 북한의 지도 아래 있다고 보았다. 구체적으로 원래 남한의 좌익들도 신탁통치에 반대했지만 북한으로부터 지령이 내려오자 입장을 바꾸어 모스크바 3상회의를 지지했다.[35]

다음으로 브라운은 조만식에게 남한의 정치 상황에 대해 질문했다. 조만식은 당시 남한의 거의 모든 정당과 사회단체들이 미소공위와 협의를 위한 지원서를 냈으며, 그들은 모스크바 협정 3항을 달성하기 위해 협조하고 있다는 사실을 알고 있다고 대답했다. 그러자 브라운이 일부 우파인사들이 미소공위에 참여하기를 거부하고 있다고 말하자 조만식은 단체의 대표가 아니라 개인적으로 반대하는 사람이 있지만 그것은 매우 피상적이라고 생각했다. 위대한 우파 지도자 이승만과 김구가 이 협의에 참여하고 있지 않은 것은 사실이지만 아마도 복잡한 문제가

33) "Interview with Cho, Man Sik — 1947. 7. 1 at Pyongyang," 663-664.

34) 그러나 박병엽은 박헌영이 1945년 말 평양을 방문하여 조만식을 만났다고 기록하고 있다. 박병엽 구술, 『김일성과 박헌영, 그리고 여운형』, 37.

35) "Interview with Cho, Man Sik — 1947. 7. 1 at Pyongyang," 664.

있을 것이며, 그 구체적인 내용에 대해 상상할 수는 있지만 그것을 말하는 것이 지혜로운지 아닌지는 판단하기 어렵다고 했다. 브라운은 여기에 대해 비밀을 보장하겠으며, 그것이 미소공위에 도움이 되는 정보라면 듣고 싶다고 요청했다.

조만식은 브라운의 질문에 답하기 전에 브라운에게 한편으로는 김구와 이승만, 그리고 다른 한편으로는 김규식의 관계에 대해 듣기를 원한다고 말했다. 브라운은 김구와 이승만은 미소공동위원회의 일을 공동으로 반대하고 있으며, 이들은 이 공동위원회가 신탁통치 조항을 지지할 것이라고 생각하고 있다. 여기에 비해 김규식은 공동위원회는 현재의 상황에서 일을 진행시키고 있으며, 신탁통치 문제는 임시정부의 수립을 다룰 때 어떻게 한국을 도울 것인가라는 문제와 함께 다루게 될 것이라고 생각한다. 김규식은 미소공위를 도울 것이며, 김성수도 여기에 참여하여 현재 등록된 상황을 보면 남한에서 우익단체가 65%, 좌익단체가 35%에 이른다.[36]

다시 브라운은 왜 이승만과 김구가 미소공위에 참여하지 않는지를 물었고, 조만식은 여기에 대해 3가지를 지적했다. 첫째, 이들은 미소공위가 성공할 것인지에 대해 의심하고 있다. 비록 미국과 마셜 장군이 미소공위에서 언론의 자유를 강조하고 있지만 소련은 그런 자유를 수용하는 정부를 인정하는 것이 매우 어려울 것이다. 따라서 그들은 미소가 행복한 결론에 이를 것을 기대하기 어렵다. 둘째, 만일 정부가 세워지면 누가 지도자가 될 것인가도 중요한 문제가 아닐 수 없다. 셋째, 지금까지 신탁통치를 반대했는데, 영향력 있는 지도자로서 즉각 입장을 번복

36) "Interview with Cho, Man Sik — 1947. 7. 1 at Pyongyang," 665.

하기는 어려울 것이다. 여기에 대해 브라운은 지금까지 한국의 정치지도자들 가운데서 가장 훌륭한 정치분석을 들었다고 흡족해했다.[37)]

브라운은 다시금 조만식에게 신탁통치에 대해 어떤 생각을 갖고 있는지에 대해 물어보았다. 우선 조만식은 신탁통치의 기본원칙은 1945년 9월 19일 미국의 발표와 같다고 언급했다. 아마도 이것은 1945년 9월 18일(미국 시각)에 미국 대통령 트루먼의 "한국 해방에 대한 성명"을 언급하는 것 같았다. 이 성명에는 "이 해방의 순간에 우리 앞에 놓여 있는 어려운 과제에 대해 진지하게 생각한다. 위대한 국가를 세우는 일이 지금 미국, 중국, 영국 그리고 소련의 도움으로 시작되었다. 그리고 이 네 나라는 한국이 자유롭고 독립되어야 한다는 데 동의하고 있다." 라고 되어 있다.[38)] 다시 말하면 조만식은 신탁통치라는 말이 트루먼 대통령의 성명 안에서 이해되어야 한다는 것이다. 즉, 표현의 자유와 민족의 자주권이 보장되어야 한다는 것이다.

이어서 조만식은 다른 장소에서는 결코 이런 식으로 말하지 않을 것이라고 언급하면서 종전 당시 일본의 태도를 언급했다. 일본은 자신들은 미국에게는 항복할지라도 러시아에게는 항복하지 않을 것이라고 말해왔다. 그는 이 원칙을 신탁통치에도 적용할 수 있다. 소련에 대한 자신의 지식과 경험에 비추어볼 때, 자신은 소련이 참여하는 신탁통치를 받아들이기는 매우 어렵다. 그의 바람은 한국이 미국의 도움만이 아니라 소련의 도움까지 받아야 하는 상황이 되지 않는 것이다. 그러나 그것을 피할 수 없다면, 신탁통치가 임시정부의 수립 이후에 실시된다

37) "Interview with Cho, Man Sik — 1947. 7. 1 at Pyongyang," 666.

38) Ministry of Foreign Affairs Republic of Korea, Documents on Korea-United States Relations 1943~1971. 5.

면 여기에 대해 예 혹은 아니오를 말하기는 매우 어렵다. 그러나 결과적으로 한국은 미국과 소련의 신탁통치 아래 놓이게 될 것이라고 생각한다.[39] 이어서 브라운은 미국은 한국이 어떤 외국의 간섭도 없이 독자적인 주권을 갖는 나라가 되도록 도울 것이며, 한국이 세계 여러 나라와 같은 나라로 발전하기 위해 여러 가지 원조를 제공할 것이라는 점을 강조했다.

다음으로 브라운은 여운형에 대해 물어보았다. 조만식은 여운형을 전반적인 흐름을 쫓아가는 사람이라고 생각하고, 특별히 청년들의 동향에 관심이 많으며, 그러므로 흐름이 좌익으로 흘러가면 그런 방향으로 전환하여 기회를 얻으려고 할 것이라고 말했다. 자신의 생각에 여운형은 현재 민족주의자로 등장하고 있으나 아마도 65%는 공산주의자이며, 35%는 민족주의자이다.[40] 1947년 가을 미 군정은 김규식과 여운형을 내세워 좌우합작을 하고 있는 상황이며, 이런 상황에서 여운형은 새로운 변신을 시도하고 있었다. 조만식은 이것을 꼬집은 것이라고 생각한다. 그다음에 브라운은 김규식과 여운형의 좌우합작에 대해 물었고, 조만식은 그들은 민족을 위해 극우도, 극좌도 바람직하지 않다고 생각하여 남은 길은 중립뿐이며, 이런 방법으로 그들은 나라를 위해 일한다고 생각하는 것 같다. 이와 같은 양극을 배제하는 합작의 길이 현재 세

---

39) "Interview with Cho, Man Sik — 1947. 7. 1 at Pyongyang," 666-667. 정용욱은 브라운과의 회견에서 조만식이 신탁통치에 대한 입장을 바꾼 것처럼 설명하고 있다. 하지만 조만식은 여전히 모호한 입장을 유지하고 있다. 조만식은 신탁통치 문제는 임시정부 수립 이후의 문제이며, 그다음에 이루어지는 신탁통치에 대해 찬성 혹은 반대의 입장을 말하기는 어렵다는 유보의 입장을 보이고 있다. 그러나 현실적으로 신탁통치가 실행된다면 소련이 아니라 미국의 신탁통치를 선호한다는 입장을 표현하고 있다. 정용욱, 『존 하지와 미군 점령통치 3년』, 218.

40) "Interview with Cho, Man Sik — 1947. 7. 1 at Pyongyang," 667.

계적인 흐름인 것 같다고 말했다.[41] 하지만 조만식은 1947년 봄부터 미국은 봉쇄정책을 쓰고 있으며, 결국에는 합작이 아니라 대립의 길로 들어섰다는 것을 인식하지 못하고 있는 것 같다. 이어서 브라운은 김규식에 대해 논평을 요구했다. 여기에 대해 조만식은 자신은 김규식을 잘 알지 못하지만 현재 이승만과 김구가 미소공위에 협조하지 않기 때문에 김규식 같은 인물이 한국의 미래를 위해 필요한 사람이라고 생각한다고 대답했다. 브라운은 김규식이 우파인가 물었다. 여기에 대해 조만식은 김규식은 전반적으로 우파로 인식되지만 과거 중경에 있을 때부터 김구와 의견 차이가 있었고, 좌파 성향의 김원봉과 관계가 있었던 인물로 알려졌다고 대답했다.[42]

브라운은 마지막으로 조만식이 멀지 않은 장래에 서울에서 이 나라를 위해 일하는 모습을 보고 싶다고 언급하고, 이것을 위해 미군 사령부가 할 수 있는 일이 있다면 이야기하라고 했다. 조만식은 당신들이 할 수 있는 일이 무엇인지 알지 못하지만 만일 그가 서울에 간다면 그것은 하나님의 은혜이며, 만일 소련군 사령부가 이것을 허락하지 않는다면 그는 이것을 자신의 운명이라고 생각한다고 말했다. 마지막으로 특별히 원하는 것이 무엇이냐고 물었을 때, 그는 가능한 한 빨리 서울로 가는 것이라고 대답했다.[43]

조만식과 브라운의 대화 후에 미군 정보당국은 여기에 대한 흥미있는 분석을 하고 있다. 우리가 이미 살펴본 대로 미국은 조만식을 서울

41) "Interview with Cho, Man Sik — 1947. 7. 1 at Pyongyang," 668.

42) "Interview with Cho, Man Sik — 1947. 7. 1 at Pyongyang," 668.

43) "Interview with Cho, Man Sik — 1947. 7. 1 at Pyongyang," 669.

로 데려와 미소공위의 협의의 대상으로 만들려는 계획을 갖고 있었다. 소련은 미소공위의 공동성명 제5항에 대한 서명이 발표되기 전에 이미 조만식을 체포했다. 정보당국은 그렇지 않았다면 조만식이 모스크바 결정에 대한 반대를 주도함으로써 스스로 자격을 박탈당하는 일은 하지 않았을 것이며, 아울러 조만식을 포함하는 것이 바로 미국의 마셜과 소련의 몰로토프 사이의 서신교환에 의해 확립된 기준이라고 설명한다. 만일 소련이 한민당을 비롯한 우파 반탁위원회를 협의의 대표로 수용한다면 조만식 역시 받아들이도록 압박할 것이다. 그러나 현재까지 소련은 비논리적인 합리화를 시도하면서 사실은 다른 목적을 추구하는 과거의 행태를 반복하고 있다. 만일 서울회담에 조만식이 나타난다면 이것은 소련에게 심각한 타격이 될 것이며, 우파에는 큰 격려가 될 것이다. 조만식이 실질적으로 얼마나 정치적인 힘을 가질 것인가는 확실하지 않다. 그 이유는 그를 적극적으로 후원해줄 조직이 없었기 때문이다. 하지만 미군 정보당국은 조만식이 대단한 명성을 갖고 있기 때문에 그를 확보하는 단체는 실행위원회에서 막강한 영향력을 발휘하게 될 것이며, 만일 그가 극단적인 사람들로부터 분리되어 강한 중도적인 입장을 받아들인다면 지금 한국에서 가장 필요한 강력한 자유정치단체를 이끌 바로 그런 사람이 될 것이라고 말하고 있다.[44] 우리는 이 보고서로부터 미국은 조만식을 미소공위에 참가시켜 회담에 새로운 돌파구를 마련하고자 했다는 것을 알 수 있다.

오랜 대화 후에 조만식과 이들은 함께 점심을 나누었다. 점심을 나

---

44) 브라운과 조만식 그리고 번스와의 대화는 G-2 Weekly Summary # 95 (29 June 1947~6 July 1947)에 간략한 형태로 다시 요약되어 있고, 여기에는 미군 정보당국의 정보 분석이 나오고 있다.

누면서 조만식은 토지개혁 문제를 언급했다. 이미 조만식은 브라운과의 대화 가운데서 토지개혁이 현재 가장 중요한 일임을 언급했고, 여기에 대해 동석했던 번스도 본격적으로 토의하기를 원했다. 조만식이 이렇게 토지개혁 문제를 제기한 것은 북한에서 소련의 토지개혁이 상당히 성과를 거두고 있었고, 따라서 남한에서도 상응하는 조치를 취하지 않으면 안 된다는 것을 강조하기 위해서였다. 사실 북한에서 토지개혁 초기에는 큰 성공을 거두지 못했지만 1946년 8월 말에 이르러서는 공산당원수가 27만 6천 명에 이르렀다. 이것은 같은 해 5월에 당원수가 불과 4만 3천 명이었던 것에 비하면 상당한 성과를 본 것이다.[45] 조만식은 총선이 실시되기 전에 토지개혁이 이루어져야 한다는 것이다. 이것은 그가 오래전부터 강조해온 것이다. 번스는 자신이 오랫동안 주장했던 지주에 대한 보상과 함께 소작인의 15년 상환계획을 말했다. 조만식은 번스의 주장에 동의했다.[46] 조만식과 번스의 토지개혁은 혁명(토지몰수)을 주장하는 공산주의자들과 기득권을 유지하려는 보수파 사이에 자리 잡고 있었다. 조만식과 번스 사이에는 상당한 공통점이 있다. 번스는 과거 조만식을 "북한 온건좌파의 지도자"(the leader of North Korea Moderate Lefts)로 설명하고 있다.[47] 이것은 조만식을 이승만과 김구와는 다른 카테고리로 보고 있다는 것을 의미한다. 그 근거는 번스와 조만식이 강력한 개혁을 지지하는 사람이라는 데 있다. 위에서 언급한 것처럼 이 두 사람은 1930년대 초에 한국의 농촌운동을 매개로 서로 협력했던 사람들이다.

45) 황수익, "5 · 10 총선거의 재조명", 『한국사시민강좌』 38(2006), 87.

46) "Interview with Cho, Man Sik — 1947. 7. 1 at Pyongyang," 669; 식사 시의 대화는 주례보고에만 나오고 있다. G-2 Weekly Summary # 95 (29 June 1947~6 July 1947).

47) "Report of the Visit of Arthur C. Bunce with Chancellor Balasanov in Pyongyang," 518.

우선 번스는 조선의 토지제도는 농민에게 가혹한 것이며, 따라서 소작제도는 개선되어야 한다는 생각을 갖고 있었다. 그러나 동시에 개인의 소유권을 부정하며, 결국 모든 것을 국가가 운영하는 소비에트식의 개혁에 대해서도 분명하게 반대했다. 번스는 조선에 공산주의를 막기 위해서는 토지개혁을 통해 농민들의 마음을 얻어야 한다고 생각했다. 번스는 이런 개혁은 기독교적인 정신으로 가능하며, 이것이 이루어질 때 공산화를 막을 수 있다고 보았다. 그는 공산주의는 인간의 핵심, 곧 심령을 변화시킬 수 없으며, 인간의 자유와 개성을 살릴 수 없다고 보았다.[48)]

번스는 1934년 미국으로 돌아가서 위스콘신대학교에서 경제학으로 박사학위를 받은 다음에 대학교수를 거쳐 제2차 세계대전 말에는 미연방준비제도 국제부에 들어가 동아시아 담당자로서 한국 전문가로 활동했다. 그는 1944년 「한국의 미래」라는 논문을 통해 전후 한국의 경제문제를 전망했다. 그는 공산주의의 국유화론과 자본주의의 사적 소유론이 한국에서 충돌할 것이라고 보았고, 이것을 해결하기 위해 총독부가 운영하던 것을 국유화하고, 경제의 활성화를 위해서는 사적 소유를 인정하는 진보적인 입장을 취했다.[49)] 그 후 번스는 1946년 2월에 하지의 경제고문으로 한국을 방문하여 미 군정의 경제 정책에 결정적인 영향을 미쳤고, 동시에 미소공동위원회의 위원으로 활동했다.

---

48) 안종철, "해방 전후 아더 번스(Arthur C. Bunce)의 활동과 미국의 대한정책", 148-152; 황윤희, "번스(Arthur C. Bunce)의 내한 활동과 한국문제인식", 『숭실사학』 23(2009), 160.

49) Arthur C. Bunce, "The Future of Korea I," *Far Eastern Survey,* XIII-8 (April 19, 1944), 67-70; 이 논문의 II는 다음 달 같은 잡지에 게재되었다. 황윤희, "번스(Arthur C. Bunce)의 내한 활동과 한국문제인식", 167 참조.

이런 번스의 생각은 이미 조만식이 갖고 있던 생각이었다. 위에서 지적한 것처럼 이미 조만식은 하지에게 보낸 편지에서 북한에서 소련의 토지 정책은 어느 정도 호응을 얻고 있으며, 남한에서 이런 일이 일어나지 않게 하려면 여기에 합당한 개혁이 있어야 할 것이라고 권고한 바 있다.[50] 이런 점에서 미 군정의 진보주의자들과 조만식 사이에는 일종의 공감대가 형성되었다고 할 수 있다. 번스가 조만식을 만난 이유도 이런 연대를 염두에 두었을 것이다. 이미 위에서 살펴본 대로 조만식은 1947년 5월 하지에게 보낸 메시지에서 이승만과 김구의 노선에 대해 비판적인 입장을 보이고 있다. 브라운은 서울에 와서 조선민주당 인사들을 초청하여 경과를 설명했다. 브라운은 북한에서 조만식이 건강하며, 조선 사람으로서 보기 드문 좋은 인상의 인물이라고 전하면서 조만식에게 남한으로 가지 않겠는가 묻자, 그는 "내가 서울에 가게 된다면 그것은 천운(天運)이겠지요. 만일 가지 못한다고 해도 마음의 준비는 되어 있습니다. 다만 과거에 있어서도 그러했거니와 해방된 이 시간, 이 땅에서도 조선 사람으로 말도 못하고, 일을 하지 못하고 있는 신세를 무한히 유감으로 생각하는 바입니다."라고 말했다고 한다.[51]

박병엽은 당시 북한에서는 브라운이 조만식을 남쪽에 보내줄 것을 강력하게 요청했지만 소련 측이 이것을 거부했다는 이야기가 널리 퍼졌다고 한다. 브라운의 보고서에도 조만식은 남한에 내려가 활동하고 싶다는 의사를 피력했다.[52] 이상의 이야기를 종합해보면 당시 조만식은

50) "육군대장 더글라스가 합동참모부에게"(1945. 12. 16); 『해방 3년과 미국 I』, 168.

51) 「동아일보」(1947. 7. 5); (1947. 7. 8).

52) 미소공위문서철, 롤 번호 6 "브라운이 하지에게: 조만식 회견기"(1947. 7. 2); 정용욱, 『해방 전후 미국의 대한정책』, 410-411.

남북의 통일을 위해, 북한에 공산정권이 수립되는 것을 막고 민주정권을 수립하기 위해, 그리고 자신의 정치활동을 재개하기 위해 월남을 강력하게 희망하고 있었던 것 같다.

제2차 미소공의회는 단지 조만식만 만난 것은 아니다. 당시 미군은 조만식 외에도 북한의 민주주의 세력을 알기 원했고, 그래서 북한에 갔을 때 여기에 대해서도 조사했다. 이 일을 담당한 사람은 하버드 법대 출신의 버치(Leonard M. Bertsch)였는데, 미소공위에 중요한 영향력을 행사했다.[53] 버치는 20여 명의 개신교 지도자들을 면담하고, 당시 평양에 남아 있는 유일한 반공산주의적인 민주세력은 장로교 조직이며, 앞으로 여기에 근거하여 민주적인 정치운동을 전개해야 한다고 단언한다.[54] 위에서 언급한 것처럼 당시 북한의 기독교인들은 기독교자유당을 조직했는데, 여기에 속한 장로교 목사들은 감옥에 갇혀 있는 반면에 감리교 목사들은 6월 30일 미소공위의 미국 대표들이 평양에 오기 직전에 석방되었다. 버치는 7월 2일 당시 평양의 감리교 가운데 가장 대표적인 교회인 남산현교회를 방문하여 송정근 목사를 만났다. 그는 장로교의 김화식과 함께 기독교자유당을 만들었다. 송정근 목사는 고문으로 인해 많이 쇠약한 상태에 있었고, 감시가 엄했다. 송정근의 아들은 자신의 아버지가 미군과의 면담 때문에 다시금 체포될 것이지만 미군 측과의 면담은 그럴만한 가치가 있다고 보았다. 버치는 북한에서 기독교가 반공집단으로서 박해를 받고 있다는 것을 확인할 수 있었다.[55]

53) 정용욱, 『미군정자료연구』, 131쪽 주 33 참조.

54) Leonard N. Bertsch to General Brown, Protestant Leaders in North Korea, 643.

55) Leonard N. Bertsch to General Brown, Protestant Leaders in North Korea, 643-645.

정용욱은 브라운과 조만식의 대화를 최초로 발굴하여 소개한 학자이다. 그는 미군이 조만식과 기타 인물들과의 면담을 통해 북한체제의 부정적인 측면을 부각시키고자 했지만 토지개혁 문제에서 보듯이 조만식은 북한을 부정적으로 보지 않았고, 이들이 본 북한은 성공적인 사회였으며, 결국 이런 시도는 실패했다고 주장한다.[56] 하지만 미 군정문서에서는 북한사회는 전반적으로 경찰국가이며, 소련군은 북한 사람들에게 인기가 없고, 많은 북한 사람들은 미군이 와서 소련으로부터 해방시켜줄 것을 요청했다. 한 평양의 카메라상점 주인은 미국 대표에게 북한 사람의 80%는 미군이 와서 러시아군대를 몰아내기 원한다고 말했다.[57] 미군 정치고문단이 7월 24일 작성한 북한 방문에 관한 종합보고서에 의하면 북한 내에서 반소감정이 확산되고 있고, 동시에 반미감정은 보이지 않으며, 오히려 미군이 와서 북한을 해방시켜주기를 바란다는 내용의 보고서를 제출하고 있다.[58] 앞에서도 언급한 것처럼 조만식도 공산당을 지지하는 사람은 15%밖에 되지 않고, 나머지 85%는 반대한다고 말했다. 뒤에서 언급하겠지만 제2차 미소공위 미국 측 위원이었던 키니(Robert Kinney)는 이런 것을 보고 남북한의 자유선거를 주장했고, 이것이 실시될 경우 자유민주주의가 승리할 것을 확신한다고 말했다.[59]

---

56) 정용욱, 『존 하지와 미군 점령 통치 3년』, 218-219.

57) USAFIK CIC File no. CIC W-2 (7 July, 1947); 정용욱 · 이길상 편, 『해방 전후 미국의 대한정책사 자료집』, 9: 622.

58) Special Supplement to No. 5: Observation of American Personnel during Sojourn at Pyongyang of US-USSR Joint Commission, 29 June to 3 July (24 July 1947); 정용욱 · 이길상 편, 『해방전후의 미국의 대한정책사 자료집』, 9: 608-609.

59) 「동아일보」(1972. 4. 6).

3.

브라운 면담 이후의 조만식과 유엔임시위원회

제2차 미소공동위원회는 초기에는 잘 진행되는 것 같았다. 하지만 시간이 가면서 다시금 원래의 쟁점이 되살아났다. 소련은 계속 신탁통치를 찬성하는 사람들만 미소공동위원회에 참석할 수 있다고 주장했고, 미국은 민주주의는 언론의 자유를 인정해야 함과 동시에 남한의 상당수가 신탁통치를 반대하는 입장에 있으므로 소련의 입장을 수용할 수 없다고 주장했다. 미소공동위원회의 목적은 한국인의 의사를 반영하는 정부를 수립하는 것이지만 소련 측의 주장대로 하면 한국민 가운데 상당수의 의견은 반영될 수 없는 것이다. 이런 상황 가운데서 소련이 호감을 보였던 여운형이 7월 17일 암살당하는 일이 벌어졌고, 이어서 8월 초에는 대대적인 좌익인사 검거사건이 벌어졌다. 소련은 북한은 자유가 있는 데 비해 미군이 남한의 좌익인사를 탄압하고 있다고 비판했다. 브라운 소장은 여기에 맞서서 8월 26일 좌익인사들이 미 군정을 방해했으며, 따라서 여기에 대해 합당한 조처를 할 권한이 있다고 주장함과 아울러 북한에 감금되어 있는 주요 인사를 석방하라고 요구했다.[60)]

당시 미국의 웨드마이어 장군이 트루먼 대통령의 특사 자격으로 극동지역을 방문하여 중국과 한국의 상황을 조사하게 되었는데, 특별히 백락준을 통해 조선민주당에 북한에 대한 보고를 요청했다. 조선민주당은 김병연과 백남홍에게 보고서를 작성하게 하고, 최성준이 번역하여 전달했다.[61)] 그리고 8월 29일 기자회견을 통해 그 내용을 밝혔다. 그 내용에는 "스티코프 중장은 북조선에서는 정당대표자가 구금된 일이 없으며, 신문도 정간된 일이 없다며 브라운 소장의 변명을 반박했는데, 이것은 미리부터 민족주의자의 정당급 신문사의 존재를 불허하며 조만식 등 민족주의자를 조선민주당에서 축출 · 감금한 사실을 은폐하는 말이다."라고 지적하고 있다.[62)] 웨드마이어 장군의 방한 당시 가장 중요한 이슈가 바로 우익테러였고, 소련과 남한의 중도파와 좌익은 우익의 테러를 대대적으로 규탄했다. 이런 상황 가운데서 조선민주당은 소련에 의한 정치탄압을 강조한 것이다. 조만식의 구금은 소련에 의한 정치탄압의 가장 상징적인 표본이었던 것이다.[63)]

이런 상황 가운데서 1947년 9월에는 조만식 석방운동이 벌어졌다.

---

60) 송남헌, 『한국현대정치사』 1, 406.

61) 김내영, 『조국을 구원할 자는 오직 너와 나로다: 애국지사 김병연의 삶』, 225. 웨드마이어와 조선민주당 대표 이윤영과의 면담은 9월 1일 오전에 이루어졌다. 정용욱, 『해방 전후 미국의 대한정책』, 450.

62) 「동아일보」(1947. 8. 30).

63) 조선민주당은 "북조선에서는 무고한 조만식 선생을 2개년에 걸쳐 유폐하고, 민족진영에 속하는 일절 지도자들을 이유 없이 근절적으로 탄압하고 있는 비민주주의 현실을 쉬 중장은 모른 체했다."고 주장했다. 「동아일보」(1947. 8. 26); 정용욱, 『해방 전후 미국의 대한정책』, 454.

「동아일보」는 1947년 7월 초 브라운과 조만식의 회동이 끝난 다음 조만식에 대한 소련의 탄압은 더욱 심해졌다고 보도했다. 조만식에 대한 감시는 더욱 심해졌고, 전에는 둘째아들 조연창과 사위 강의홍이 출입할 수 있었는데 이제는 출입이 금지되었고, 전에는 네 명이 감시했는데 이제는 8명이 교대로 감시하게 되었고, 식사도 나빠져서 2주간이나 심하게 앓았다는 것이다.[64] 이런 소식을 접한 조선민주당과 전국의 60여 개 정당 및 단체들이 연명하여 미소공동위원회와 주 서울소재 영국과 중국 영사관에 조만식의 신체의 자유를 탄원하는 건의서를 접수했다. 이것을 통해 소련을 압박하는 한편 세계적인 여론을 환기하려 한 것이다.[65] 이는 조만식을 구출함과 함께 소련이 미군의 좌익탄압을 거론하는 데 대해 미군과 우익 측에서 조만식의 구속 사실을 공론화함으로써 소련을 견제하려는 의도가 포함되어 있지 않은가 본다.

미소공동위원회가 북한을 방문한 다음부터 미국 측에서는 미소공위에 대해 회의적인 반응을 보였다. 이미 미국은 소련에 대한 봉쇄 정책을 펴고 있었다. 또한 조만식은 이미 소련이 자유를 주장하는 미국 측의 주장에 동의하기 어려울 것이라고 주장하며, 미소공위의 성공을 비관했다. 미국 측 대표가 북한에 들어갔을 때, 북한의 민심을 자세하게 살폈다. 그런데 놀랍게도 공산당에 대한 북한사람들의 반감은 매우 강했고, 미군에 대한 선호도가 강하다는 것을 알았다. 우리가 이미 살펴본 대로 조만식도 이것을 확인해주었다. 이것은 당시 평양을 방문한 미국대표단의 보고에서도 확인되고 있다. 이 보고서는 "북한사람들의 80%는 미군

64) 「동아일보」(1947. 9. 13).

65) 「동아일보」(1947. 9. 13); 「자유신문」(1947. 9. 13).

이 와서 소련군을 몰아내기를 희망한다."고 기록하고 있다.[66]

이런 상황 가운데 이승만은 직접선거를 들고 나왔다. 이승만은 8월 12일 더 이상 미소공위의 회의에 의존하지 말고 "우리의 민의대로 총선을 실시하여 통일정부를 세우자."고 강조했다.[67] 이어서 미소공위의 미국 측에서도 더 이상 쓸데없는 논쟁을 하지 말고 남북한 자유선거를 실시하자고 제안했다. 8월 25일 미국 국무장관 대리가 소련 외상 몰로토프에게 보낸 서신에 의하면 "남북 양 지역을 완전히 대표할 수 있는 임시 입법관을 선거하기 위해 미소 양역에서 선거를 실시할 것. 단, 선거는 보통에 기초하여 각 정당이 가담하는 비밀투표로 할 것"을 제안했다.[68] 다시 말하면 임시정부를 세우기 위한 협의대표를 선정할 것이 아니라 바로 보통, 비밀투표로 입법의원을 세우자는 것이다. 이것은 직접 비밀투표를 할 경우 미국 측이 이길 수 있다는 확신에 근거한 것이다.

당시 제2차 미소공위의 미국 측 위원이었던 키니(Robert Kinney)의 증언을 들어보자. 미소위원회가 열리는 동안 미국은 신탁통치 대신에 남북한에 걸쳐 자유선거를 실시하자는 제안을 했다. 미국은 남한의 대다수가 신탁통치를 반대하기 때문에 현실적으로는 신탁통치를 실시하기가 어렵다고 판단했다. 그래서 그 대안으로 제시한 것이 바로 남북한에 걸쳐 자유선거를 실시하는 것이었다. 당시 번스와 함께 미 군정에서 고문으로 일했던 키니는 자유선거를 "1천 번 이상 소련 측에 요구했다."

66) "PyengYang(880-1820), Miscellaneous Observations in during Visit of Soviet- American Joint Commission," File No: CIC W-1, July 7 1947, 정용욱 · 이길상 편, 『해방 전후 미국의 대한 정책사 자료집』 9: 622.

67) 「경향신문」(1947. 8. 12).

68) 송남헌, 『한국현대정치사 1』, 409.

고 주장했다. 키니는 원래 일제 강점기였던 1930년대 중반 서울외국인 학교 교장으로 일했으며, 1942년부터 1946년 초까지 미 육군 정보국에서 일했는데, 미 군정의 주요 인사였던 번스에 의해 다시 한국에 와서 경제 전문가 겸 미소공위의 실무자로 활동하게 되었다.[69] 그의 증언은 다음과 같다.[70]

> 우리 생각으로는 그 당시 남북한에서 선거가 실시되면 틀림없이 자유민주주의 정권이 수립되리라는 자신이 있었다. 특히 북한에서 자유선거가 실시되었다면 북한에서는 조만식이 대통령으로 당선되었을 만큼 인기가 대단했다. 그는 북한 주민의 약 90%의 지지를 받고 있었다. 그리고 공산당은 10%밖에 지지를 받지 못했다. 그러나 …… 소련 측의 거부로 실패하자 우리는 하는 수 없이 중도파로 하여금 임시정부를 구성, 이들로 하여금 통일정부에 대한 아이디어를 얻으려 했다.

키니의 증언에 의하면 당시 미국은 조만식을 비롯한 우파지도자들의 대중적인 지지를 확신하고 있었으므로 자유선거가 이루어지면 자신들이 성공할 수 있을 것이라고 생각했다는 것이다. 미국이 남북한 자유선거를 주장할 수 있었던 가장 중요한 이유 가운데 하나가 바로 조만식에 대한 북한 사람들의 신뢰였다.

결국 제2차 미소공동위원회는 진전이 없었고, 1947년 9월 17일 미

69) 정용욱, 『해방 전후 미국의 대한정책』, 103, 267; 안종철, 『미국 선교사와 한미관계』(서울: 한국기독교역사연구소, 2010), 227-228. 키니는 평양에 거주했던 유명한 선교사 노블의 사위였다.

70) 「동아일보」(1972. 4. 6); 송남헌, 『한국 현대정치사 1』, 295.

국 국무장관 마셜은 신탁통치안을 포기하고 한국 문제를 유엔으로 이관하면서 "신탁통치를 거치지 않고 한국을 독립시키는 수단"이 강구되기를 바란다고 했다. 여기에 대해 소련은 강력히 반대했지만 결국 같은 달 9월 21일 유엔이 마셜의 제안을 수용했다. 이렇게 하여 미소공동위원회는 결렬되었고, 한국 문제는 유엔에서 다루어지게 되었다.

유엔에서 한국 문제가 다루어진다는 소식을 들은 북한 기독교인들은 다시금 용기를 얻어서 중단되었던 기독교자유당을 창당하기로 했다.[71] 그리하여 1947년 11월 19일 고환규 장로를 당수로 하여 기독교자유당 창당식을 가지려고 준비했다. 여기에는 과거 기독교자유당 창당위원들이 다수 참여하고 있었다. 하지만 창당식을 하루 앞둔 11월 18일 기독교자유당 핵심인물들은 모두 체포되었다. 이렇게 기독교자유당 핵심인사들이 체포될 때 위에서 언급한 김현석과 조만식의 아들 조연창도 체포되었다. 김현석은 남한의 민족주의자 김구의 세력과 북한의 조만식을 연결해준 사실과 각종 반탁운동을 조만식에게 보고했다는 혐의를 받았고, 조연창에 대한 기소문에는 "조만식의 아들로서 1946년 1월 이후 조만식과 함께 고려호텔에 동숙하게 됨으로써 의식적으로 조만식과 남조선 반동민주당, 급반동들과 반동적인 비밀연락관계를 수차에 걸쳐 맺어준 사실과 1947년 6월에 조만식이 소미공동위원회 사업을 파괴할 목적으로 평양에서 소집되는 소미공동위원회에 제출할 반동적인 답변서를 작성하기 위해 그 자료를 오영진이가 모집한 것을 오영진으로부터 받아 조만식에게 전달한 사실이다."고 기록되어 있다.[72] 비록 조만식

71) 김양선, 『한국기독교해방 십년사』(서울: 대한예수교장로회 교육부, 1956), 65.

72) 북한연구소, 『북한민주통일운동사: 평안남도 편』, 419. 오영진은 기독교자유당 인사들이 체포되기 직전인 1947년 11월 7일 월남했다.

은 감옥에 갇혀 있었지만 여전히 북한 민족운동의 상징으로 남아 있었던 것이다.

1947년 가을 미국은 유엔에 한국 문제를 이관했고, 이제 한국 문제는 유엔에서 다루어지게 되었다. 이렇게 하여 1948년 초 유엔임시위원단이 조직되었다. 이들이 해야 할 일은 우선 한국민이 진심으로 무엇을 원하는가를 아는 것이었다. 이것을 위해 이들은 각계의 주요 인물들을 면담했다. 이들이 면담하고자 한 정치인들은 조만식, 김규식, 허헌, 김일성, 김두봉, 김성수, 김구, 박헌영, 이승만이었다. 이들 중 김일성과 김두봉은 북한에 있었고, 허헌과 박헌영은 남한 당국에 의해 체포령이 내려진 상태였으며, 조만식은 북한에 억류되어 있었다. 북한은 유엔임시위원단의 활동 자체를 인정하지 않았다. 결국 유엔임시위원단은 조만식을 면담할 수 없었다. 하지만 유엔임시위원단은 "우리가 다만 말하고자 하는 것은 그들은 조선인이므로 조선 문제에 대해 귀중한 의견을 가졌으리라고 믿고 그들의 의견을 들으려고 하는 것입니다."라고 말했다. 여러 입장의 사람을 만나 한국사람이 진정으로 무엇을 바라는가를 알려는 것이었다. 이 위원회는 여성계, 경제계와 종교계 인사들도 만났는데, 특별히 종교계 인사 가운데는 한경직 목사가 포함되어 있었다. 한경직 목사는 북한에는 정치적인 신념 때문에 갇혀 있는 사람이 있다는 것을 지적했다.[73)]

유엔임시위원단은 오랜 논쟁 끝에 선거가 가능한 남한만의 총선거를 결정했다. 여기에 대해 이승만과 한국민주당은 지지를 보냈다. 그러

---

73) "UN Temporary Commission on Korea, Final Report of Sub-Committee 2 Adopted at the Thirtieth Meeting"(1948. 3. 31)(A/AC.19/60 Rev. 2);「서울신문」(1948. 2. 11).

나 남한의 우익인사들 가운데서 김구와 김규식은 여기에 반대했다. 김구는 1948년 1월 유엔임시조선위원단에 보내는 건의서를 발표했는데, 남북을 공히 비판하면서 유엔임시위원단의 활동은 남북분단의 책임을 지게 될 것이라고 주장했다. 김구는 이어서 조만식을 포함하여 남북한에 걸쳐 갇혀 있는 정치범의 석방을 요구했다. "현재 남북한에서 이미 구속되어 있으며, 혹은 체포하려는 정치범을 일절 석방하기를 요구한다."[74] 여기에 대해 일각에서 테러와 방화, 살인 등을 일삼은 사람들에게도 석방을 요구하는 것은 잘못이라는 여론이 일자 김구는 자신이 말하는 사람은 조만식, 김병조 같은 애국자급 사상범이라고 말하면서 이런 오해를 일축했다.[75] 김병조는 위에서 언급한 것처럼 조만식과 연대하여 광복단이라는 비밀결사대를 만든 김구의 오랜 동지였다. 이리하여 유엔임시위원단을 둘러싼 정치범에 대한 성격은 계속 논란이 되었다. 독촉 인천지부를 중심으로 한 인천의 우익단체들은 한국독립전취인천최고위원단을 만들고, "북조선에는 조만식을 위시한 다수의 진정한 정치범이 있으나 남조선에는 폭행범과 살인범뿐입니다."라고 말하여 조만식을 내세워 북한의 정치적 탄압을 강조했다.[76] 하여간 조만식의 석방은 남북의 중요한 문제 중의 하나였던 것은 분명하다.

김구에 이어 김규식도 당시의 상황에 대해 담화를 발표했다. 여기에서는 38선의 분단에 대한 미소 양국의 책임을 언급하며 38선을 없애는 것도 결국 미소의 책임이라고 주장하면서 통일한국을 위해 단독선거

74) 「서울신문」(1948. 1. 29).

75) 「조선일보」(1948. 1. 31).

76) 「동아일보」(1948. 2. 5).

를 반대했다. 그리고 아울러 "소련이 한인 문제는 남북 한인을 모아 자율적으로 결정하자고 주장했으니 이에 근거하여 남북요인회담을 주선할 수 있을 것이다."라고 제안했다.[77] 정확히는 알 수 없으나 김규식의 이런 제안에는 당연히 북한 민족주의의 대표자인 조만식도 염두에 두었을 것이라고 생각한다.

김구와 김규식은 남한의 단독정부 수립은 결국 남북대결로 이어져 동족상잔의 비극으로 나타날 수밖에 없다고 생각하고 남북 요인이 모여 회담을 갖자고 제안했다. 여기에 북한에서 단독정부를 반대하고 남북통일정부를 수립하려는 세력들을 모아 남북조선제정당사회단체대표자회의를 갖자는 제안이 나왔다. 이에 김구와 김규식 측이 응하여 4월 19일부터 4월 30일까지 평양에서 남북연석회의가 열렸다. 이 모임을 주도한 북한과 소련은 미국 중심의 남한 단독정부를 반대하고, 북한 주도의 남북통일정부를 세우려고 했다. 김구와 김규식도 어느 정도 이런 의도를 알고 있었지만 한반도가 분단되는 것을 막고, 어떻게 해서든지 통일정부를 세워야 한다는 의미에서 이 모임에 참여했다. 그러나 이 모임에서 김구나 김규식의 의도는 반영되지 않고, 일방적으로 공산 측의 의도에 따라 모든 것이 결정되어갔다.

김구와 김규식은 북한에 갔지만 남북연석회의에 참석하지 않았다. 그러자 김일성은 4월 20일 김구를 방문하여 인사를 했고, 21일에는 비공식적인 단독회담을 가졌다. 여기에서 김일성은 김구에게 "연석회의에 참석하지 않는다면 여기에 온 목적이 무엇인가?"를 물었다. 여기에 대해 김구는 "나는 정치범 석방, 38선 철폐 등의 문제를 해결하려고 왔

77) 「새한민보」(1948. 2. 중순); 송남헌, 『한국현대정치사』 1, 443.

다."고 대답했다.[78] 정치범, 곧 조만식의 석방이 중요한 문제였음을 알 수 있다. 김구는 회담 사흘째 되는 22일에 비로소 참석하여 간단한 축사를 했다.

남북연석회의를 마치고 4월 26일과 4월 30일에 이른바 김구, 김규식, 김일성, 김두봉의 소위 '4김 회담', 즉 남북요인회담이 열렸다. 사실 김구와 김규식은 남북의 여러 단체들이 모여서 하는 남북연석회의보다는 요인회담에 의미를 두고 있었다. 여기에서 남측은 4가지 요구를 했다. 첫째, 연백평야의 수리조합 개방 문제, 둘째, 남한에 대한 전력공급 중단 문제, 셋째, 조만식의 월남 허용 문제, 넷째, 만주 여순에 있는 안중근의 유해 이송 문제이다. 여기에 대해 첫째와 둘째는 즉석에서 수용했지만 실천하지 않았다. 셋째와 넷째는 나중으로 미루었다. 특별히 셋째에 대해서는 "이 문제는 소련 군정과 관계가 있어서 확답이 어렵다."고 말했다. 박병엽에 의하면 김구와 김규식은 조만식의 석방 문제에 대해 강력하게 요구했으나 김일성과 김두봉은 이 문제를 수용하지 않았다고 한다. 4월 30일 오후에 4자 회담이 끝난 다음, 같은 날 저녁 8시경에 열린 이 회의에 참석한 남북지도자협회의에서 남측 대표들은 다시금 조만식의 석방을 강력하게 거론했다. 하지만 결론은 마찬가지였다.[79]

사실 김구는 조만식과 오랫동안 반탁운동을 해왔고, 조만식을 만나기를 원했지만 만나지는 못했으며, 단지 석방 요청을 하는 것으로 만

78) "레베데프 비망록", 「부산일보」(1995. 3. 17); 도진순, 『한국 민족주의와 남북관계』(서울: 서울대학교 출판부, 1997), 265에서 재인용.

79) 박병엽, 『조선민주주의인민공화국의 탄생』, 316; "전조선정당사회단체대표자연석회의 보고문 및 결정서", 김남식 · 이정식 · 한홍구 엮음, 『한국현대사자료총서』 13(서울: 돌베개, 1986), 38-39; 양동안, "1948년의 남북협상연구", 『정신문화연구』 33권 2호, 33-34.

족해야 했다. 김구와 김규식은 5월 2일 일요일 평양 장대현교회에 가서 주일예배를 드렸다. 반탁운동의 핵심이었던 장대현교회에서의 예배는 큰 의미가 있었을 것이다. 이 교회는 오래전에 독립운동을 할 당시의 동지였던 전재선이 담임하고 있었다.[80] 강양욱과 홍기주 두 목사가 이들을 안내했다.[81] 5월 3일 김일성과 김구는 단독면담을 가졌다. 이 자리에서 김구는 다시 조만식의 자유로운 활동을 보장해 달라는 요청을 했다.[82] 김구는 다음과 같이 말했다. "내가 평양을 떠나든 날, 나는 김일성다려 '오늘 조 선생[조만식]을 다리고 가고 싶으니 갓히 가게 해주구려!' 햇더니, 김일성 씨는 '아! 제 마음이야 얼마든지 갓치 가게 해두리고 싶습니다만 어듸 제가 무슨 권한이 있어요? 주둔군 당국의 양해가 있어야 됩니다.' 했다. 나는 '그대들의 권한이 그뿐인가? 그래서야 어듸 자주정권인가?' 하며 농담하엿다. 여하간 외군만 다 나가면 우리 사람끼리 타협 못할 것이 없을 것을 더욱 느꼈소."[83] 곧바로 김규식과도 면담을 했는데 같은 내용의 대화가 오갔다. 조만식의 석방은 남북협상의 주요 의

80) 「동아일보」(1971. 10. 12). 전재선은 해방 후 김화식 목사와 함께 공산당의 반대를 무릅쓰고 북한 전역을 다니며 전도활동을 했다. 『기독교대백과사전』 '전재선' 항목 참조.

81) 박병엽, 『조선민주주의인민공화국의 탄생』, 320, 326.

82) 박병엽, 『조선민주주의인민공화국의 탄생』, 329, 330.

83) "김구 선생 회견기", 『삼천리』(1948. 9), 7; 도진순, "1948~49년 김구 평화 통일론의 내면과 외면", 『정신문화연구』 27권 4호(2004 가을), 117. 레베데프 비망록에 의하면 김일성이 조만식을 제거하려고 했지만 소련이 반대했다고 한다. 이 자리에서 김구는 조만식에 대해 "조만식은 식사 등이 형편없어 심하게 고생하고 있다고 들었다. 조만식이 나와 함께 남한으로 갈 수 있도록 선물해 달라."고 말했다고 한다(김국후, 『평양의 소련 군정』, 274). 다른 한편 북한 측의 공식입장은 다르다. 김일성은 조만식에 대해 일제에 투항하여 내선일체와 학도병지원을 제창하고, 징병제를 적극 지지했던 친일파이며, 해방 이후에도 반역행위를 했다며 비판했다고 한다. 심지연, 『송남헌 회고록: 김규식과 함께한 길』(서울: 한울, 2000), 107쪽 주 8에서 재인용. 참조: 정리근, 『력사적인 남북련석회의』(과학백과사전 종합출판사, 1998) 124.

제 가운데 하나였다. 필자는 김구와 김규식 등 남측 대표들이 조만식의 석방을 위해 최선의 노력을 다했다고 본다.

김구와 김규식은 남북협상을 마치고 서울에 와서 5월 6일 공동성명을 발표했다. 여기에서 남북협상은 자주적 · 민주적 통일조국을 만드는 데 출발점이 되었다고 긍정적으로 평가하면서 "조만식 선생과 동반하여 남행하겠다는 우리의 요구에 대해 북조선 당국자는 금차에 실행시킬 수 없으나 미구에 그리되도록 노력하겠다고 약속했다."고 희망적으로 설명했다.[84] 하지만 실제 내용은 그렇게 긍정적이지 않았다.

비록 김구와 김규식이 민족의 통일을 위해 남북협상에 임했지만 우익에서는 이 협상이 진정한 민족통일을 위한 협상이라고 보지 않았다. 재일본거류민단을 대표한 박성진은 남북협상에 임하는 김구의 입장은 애국적이나 현실적이지 못하다고 지적하고 있다. 특별히 북한에서 남한 측의 남북합작 대표로 초청한 사람은 여기에 찬성하는 김구와 김규식뿐이며 나머지는 전부 좌익인사들로 구성되었고, 북한에서는 남북협상에 있어서 "우리의 지도자인 조만식 선생의 이름이 없는 것만 보아도" 북한에서도 역시 민족주의적인 입장에 선 사람을 배제하고 있는 것을 잘 알 수 있다.[85] 따라서 조만식이 참석하지 않은 이 남북협상은 진정한 민족의 통일을 위한 합작이 아니라 좌익과 거기에 동조하는 사람들로 모인 편향된 모임이라는 것이다.

---

84) 「조선일보」, 「경향신문」, 「동아일보」(1948. 4. 7). 「조선일보」(1948. 5. 15)의 김구 회견내용 기사 참조. 조영암도 비슷한 내용으로 설명하고 있다. "삼팔선에서 죽엄을 각오한다던 김구 선생은 한국의 깐듸 조만식 선생을 면회하려고 백방으로 김일성에게 애원했지만 그들은 번번히 '다음 또 놀러 오시면 그때 꼭 만나게 하리라'는 식으로 고당 선생의 얼굴을 뵈어주지 않았다." 조영암, 『고당 조만식』, 70.

85) 「동아일보」(1948. 4. 23); (1948. 4. 25).

아마도 당시 북한에서는 조만식을 참석시켜 이 남북합작이 좌우를 포함한 모두의 합작이라는 것을 강조하려고 했던 것 같다. 박병엽의 증언에 의하면 1948년 4월 남북연석회의에 김구, 김규식이 참석하기로 결정된 다음에 김일성은 다시 한 번 조만식을 찾아갔다는 설이 있다고 한다.[86] 이것은 확인되지 않은 것이기는 하지만 만일 조만식이 참여했다면 이 모임은 남북합작을 넘어서서 좌우합작이라는 또 다른 의미가 주어질 수 있었던 것이다.

당시 이 모임을 취재하고자 동행했던 「조선일보」 특파원의 기사에 의하면 "북조선의 유일한 우익지도자인 조만식은 김두봉으로부터 양차에 걸쳐 동 회의에 참석하기를 간청했으나 이에 불응했다."고 보도하고 있다.[87] 아마도 조만식은 자신의 참석이 단지 소련과 김일성에 의해 이용당할 것이라는 것을 인식했던 것 같다. 남북회담이 끝난 5월 3일 하지는 "북조선에서는 소련 당국의 후원을 받고, 또 전적으로 승인받은 정당만이 동 회의에 참석하게 된 것이므로 우리는 그들이 소련당국의 지령에 충실하고 그것에 복종한다는 것을 잘 알 수 있다."고 말하면서 "특히 위대한 조선인 애국자 조만식 씨가 동회에 불참했다는 것은 주목할 만한 사실"이라고 지적했다.[88] 다시 말하면 조만식이 이 회의에 불참했다는 것은 이 모임이 진정한 민족적인 모임이 되지 못했다는 것을 보여주는 것이라는 것이다.

86) 박병엽, 『조선민주주의인민공화국의 탄생』, 89.

87) 「조선일보」(1948. 4. 29).

88) 「동아일보」, 「서울신문」(1948. 5. 4~5).

VIII

조만식의 최후: 건국과정, 한국전쟁 그리고 사망

1.
5 · 10 총선거, 대한민국의 건국 그리고 조만식

소련의 반대와 남북합작운동에도 불구하고 남한의 단독정부를 위한 선거는 진행되었다. 조만식의 신탁통치 반대 이후 많은 조선민주당 인사들이 월남했다. 그중에 대표적인 인물이 바로 이윤영 목사였다. 그는 조선민주당 부당수로 있다가 이승만이 보낸 밀사가 가져온 신탁통치 반대 문서에 조만식을 대신하여 서명했고, 이것이 남한 신문에 알려지는 바람에 신변에 위협을 느껴 월남하게 되었다. 이윤영은 월남하면서 조만식과 약 2시간 동안 최후의 면담을 했다. 조영암에 의하면 조만식은 이윤영에게 "남국에 가면 누구보다도 최대의 애국자이신 이승만 박사와 굳게 손을 잡으시오."라고 부탁했다. 조영암은 이것이 조만식의 추종자들에게는 일종의 유언 같은 것으로 회상되었다고 말하고 있다.[1)]

---

1) 조영암, 『고당 조만식』(서울: 정치신문사, 1953), 72. 이 책에서 이승만은 조만식을 제일 아끼고 사랑한 사람으로 언급하고 있으며, 이승만이 해외에서 최고 · 최대의 애국자였다면 국내에서는 도산 안창호를 제외하고는 조만식이 국내 제1급의 애국자라고 주장하고 있다.

이후에 이윤영은 이승만을 만나게 되었고, 이윤영은 해방과 건국과정에서 이승만과 함께 정치적인 운명을 함께했다. 아울러 이승만은 이윤영이 서울에서 조만식이 세운 조선민주당을 계승하고 부위원장을 맡고 있었으므로 이윤영을 조만식의 대리자로 생각한 것 같다. 이윤영은 국민회의, 민족통일본부, 신탁통치반대투쟁위원회 등의 활동을 통해 이승만을 도왔다.[2] 이것은 평이한 일이 아니었다. 많은 월남 엘리트들은 안창호의 수양동우회 계열이었고, 그들은 미 군정의 기독교 선교사들과 함께 반이승만 전선에 서 있었다. 이런 가운데 1948년 5월 10일 최초의 투표가 이루어진 것이다.

선거를 앞두고 월남한 이북사람들은 서북특별선거구를 만들어줄 것을 요청했다. 1947년 5월 서울에 살고 있던 이북사람들은 재경 이북인대회를 만들고, 월남 피란민의 친교와 구호를 위해 일했다.[3] 여기에 조선민주당 인사들이 중요한 역할을 했다. 당시 국회의원 선거는 300석의 국회의원을 선출했는데, 이 중에서 100명은 북한 몫으로 만들어놓았다. 조선민주당은 바로 특별선거구를 만들어 100명 중에서 월남 피란민에게 45명을 선출할 수 있는 권리를 달라고 요청했다. 여기에 한민당과 이승만의 독립촉성국민회의도 참가하여 적극적으로 후원했다. 이들은 현재 월남 인구가 460만에 이르는데, 현재의 소선거구제로 하면 월남인 가운데서는 한 사람도 국회의원에 당선되기 어렵다는 것이다. 그러면 전체 인구의 5분의 1에 해당하는 사람들이 자신의 대표를 국회에 보내지 못하는 것이라고 주장했다. 특별히 3월 20일 남산공원에서 이북

2) 이윤영, 『백사 이윤영 회고록』, 128-130.

3) 「동아일보」, 「경향신문」(1947. 5. 11).

인대회를 열고, 이북인을 위한 서북특별선거구를 만들어 달라고 요청했다. 여기에 이승만은 참석하여 치사를 했고, 한경직 목사는 강력하게 이북인의 주장을 대변했다.[4] 하지만 남북합작을 주장하는 김구는 여기에 찬성하지 않았다. 그리하여 김구가 이 모임에 참여하여 "나는 북한 동포들을 위한 선거를 요구하기 위해 개최된 이러한 모임에 찬성하지 않습니다. 나도 북한 출신이지만 여기에는 반대합니다."라고 자신의 입장을 밝히려 했을 때 군중 가운데서는 야유가 있었고, 결국에는 이 모임에서 연설하지 못하고 퇴장했다.[5] 김구의 주장은 받아들여지지 않았다.

조선민주당 부위원장인 이윤영은 자신들의 입장을 받아들이지 않는다면 선거를 거부할 것이라고 공표했다. 그럼에도 유엔위원단은 조선민주당의 요청을 수락하지 않았고, 그리하여 특별선거구를 얻지 못하여 국회 진출이 매우 어렵게 되었으며, 결국 이북 사람들의 입장을 대변할 수 없게 되었다. 김성수는 조선민주당의 총선 거부로 인해 원칙적으로 총선을 지지하는 많은 월남민들이 선거를 거부하는 사태에 이를 것을 염려했다. 그러나 미 군정보고서는 만일에 그런 상황이 오게 되면 이승만은 이윤영을 설득할 것이라고 언급하고 있다.[6] 결국 이승만과 김성수는 이 문제를 상의하고, 이윤영을 종로 갑에서 출마할 수 있도록 추천했다.[7] 사실 종로 갑은 한민당 위원장이었던 김성수가 출마하기로 되어

---

4) 「경향신문」, 「서울신문」, 「조선일보」(1948. 3. 18, 19, 20, 21).

5) USAFIK CIC Semi-monthly Report #6(1948. 3. 31); 로버트 T. 올리버, 『이승만의 대미 투쟁』 상, 한준석 역(서울: 비봉출판사, 2013), 256-257. 이승만은 올리버에게 보낸 편지에서 이 사건은 김구에게 매우 치욕적인 광경이었지만 자신은 기자들에게 이 문제를 크게 다루지 말도록 부탁했다고 한다.

6) USAFIK G 2 Weekly Summary (March 12, 1948~March 19).

7) 이윤영, 『백사 이윤영 회고록』, 134.

있었는데, 한편으로는 후보 난립에 대해 양보의 미덕을 보이고, 다른 한편으로는 지역의 기반이 없는 조선민주당에게 기회를 주기 위해 종로 갑을 이윤영에게 양보했다.[8] 김성수는 여기에 대해 이렇게 말했다.[9]

> 금반 총선거에서 무엇보다도 통한사는 북한에 총선거를 못하게 되어 조만식 동지 같은 분이 국회에 참여하지 못하는 것이다. 조만식 씨는 학생시대부터 나의 가장 신뢰하고 존경하는 분이지만 8 · 15 이후 그가 취한 성자적 태도는 진실로 경복(敬服)하지 않을 수 없다. 조만식 씨는 못 오더라도 특별선거구로 그의 지기들이 국회에 많이 나오게 되려니 했더니 이제는 그 기대도 어그러졌으니 정의상이나 남북통일을 위해 크게 유감되는 일이다. 이에 조만식 동지가 위원장인 조선민주당의 부위원장 이윤영 동지를 국회에 참여하도록 하기 위해 그분을 종로 갑구 선거구에 의원후보로 추천하기로 했다.

이승만과 김성수는 다 같이 조만식에 대한 생각으로, 그리고 남북통일을 기대하는 마음으로 이윤영을 추천했고, 또한 이들을 열심히 도왔다. 사실 당시 조선민주당은 한민당과 같은 당사를 쓰고 있는 형편으로 관계가 좋았다. 이윤영은 제헌국회의원으로 당선되었고, 이것은 북한동포에 대한 배려와 조만식의 후광이었다.

대한민국 최초의 국회는 의장에 이승만, 부의장에 신익희와 김동원을 선출했고, 5월 30일 개원식을 했다. 개원식에서 이승만은 다음과

---

8) 「동아일보」, 「서울신문」(1948. 4. 1).

9) 「동아일보」(1948. 4. 1).

같은 개원연설을 했다.[10]

> 이날을 맞이하여 우리는 먼저 전지전능하신 하나님께 감사드리며, 둘째로는 1919년에 목숨을 바치신 애국적인 우리 동포들에게 감사하고, 셋째로는 우리의 우방, 특히 미국과 유엔에 오늘이 있도록 만든 그들의 위대한 기여에 감사해야 하겠습니다. …… 이북 5도의 동포들이 자신들의 대표자를 선출할 수 없었음을 매우 유감스럽게 생각합니다. …… 그러나 북쪽으로부터 내려온 450만 명의 난민이 총선거에 참여했고, 그중 일부는 국회의원으로 선출되었습니다. 더욱이 우리는 일정한 의석을 북한인을 위해 마련해놓았습니다.

이승만은 초대 국회 개원연설에서 자신의 신앙과 애국심 그리고 친미성향을 드러냈고, 아울러 남한만의 정부를 수립하는 데 있어 북한을 의식하고, 북한의 동포를 배려하는 연설을 했던 것이다. 신익희는 신탁통치 반대 정국에서 조선민주당 사람들과 함께 정치공작대를 만들어 북한 지역의 반탁운동을 지원한 사람이며, 김동원은 평양 산정현교회의 장로로서 조만식의 가장 가까운 친구로서 일찍이 월남하여 한민당에서 활동했다.

개원식에서 이승만은 이윤영에게 개원기도를 부탁했다. 감리교 목사였던 이윤영은 이승만의 요청에 따라 일제에서의 해방과 남북통일 그리고 제헌국회의 사명 감당을 위해 간절히 기도했다.[11]

---

10) 올리버, 『이승만의 대미 투쟁』 상, 284-285.

11) 개원국회 속기록. 김내영, 『조국을 구원할 자는 오직 너와 나로다: 애국지사 김병연의 삶』, 233-235에서 재인용.

이 우주와 만물을 창조하시고, 인간의 역사를 섭리하시는 하나님이시여! 이 민족을 돌아보시고, 이 땅을 축복하셔서 감사가 넘치는 오늘이 있게 하심을 주님께 저희들은 성심으로 감사하나이다. …… 오랜 세월 동안 이 민족의 고통과 호소를 들으시사 정의의 칼을 빼서 일제의 폭력을 굽히시사 하나님은 이제 세계만방의 양심을 움직이시고, 또한 우리 민족의 염원을 들으심으로 이 기쁜 역사적 환희의 날을 이 시간 우리에게 오게 하심을 하나님의 섭리가 세계만방에 정시(呈示)하신 것으로 저희들은 믿나이다. 하나님이시여, 이로부터 남북이 둘로 갈리어진 이 민족의 어려운 고통과 수치를 신원하여주시고, 우리 민족 우리 동포가 손을 같이 잡고 웃으며, 노래 부르는 날이 우리 앞에 속히 오기를 기도하나이다. …… 역사의 첫걸음을 걷는 오늘의 우리의 환희와 우리의 감격에 넘치는 이 민족적 기쁨을 다 하나님에게 영광과 감사를 올리나이다. ……

제헌국회의 가장 중요한 일 가운데 하나는 대통령과 부통령을 선출하는 것이었다. 우리가 아는 바와 같이 7월 20일 오전, 대통령에는 이승만이 절대다수로 당선되었다. 이승만의 참모였던 올리버에 의하면 이승만은 자신이 대중의 절대적인 지지를 받고 있다고 생각했고, 선거가 이루어지면 절대다수로 당선될 것이라고 생각했다고 한다. 어쨌든 이승만은 대중적인 절대적인 지지로 대통령이 되었다. 그러나 문제는 부통령이었다. 조만식의 측근 가운데서는 조만식을 부통령으로 세우자는 움직임이 있었다. 그 이유는 "소련과 공산당의 반대로 통일정부를 세우지 못한 것은 통탄할 일이지만 북한의 민의를 상징하여 형식상으로나마 남북통일의 정부체제를 갖추자는 취지였다. 성급한 사람들은 고당을 일단

부통령으로 당선시켜놓고 우리나라의 부원수를 석방하라고 소련에 대한 국제적인 교섭을 하자고까지 주장했다."[12]

그러면 정작 이승만은 여기에 대해 어떻게 생각했을까? 이승만은 오전에 대통령에 당선되고 오후 1시에 기자들에게 부통령에 대해 "처음에는 오세창, 이시영을 좋다고 생각했는데, 최근에는 조만식을 매우 존경한다."고 언급했다. 그는 이어서 "씨는 히틀러 독재하에 있는 전전 독일에 있어 반히틀러 운동을 한 뉴멜 같은 위대한 인물이라고 본다. 그러나 씨를 부통령으로 모시는 것은 씨 자신을 위하여 위험천만이라고 하기 때문에 나로서는 역설하지 못하는 것이며, 만일 실패하는 경우에는 안하는 것만 못하다."[13] 이승만은 김구의 부통령설에 대해서는 김구의 태도가 아직 알려지지 않았기 때문에 어렵다고 언급했다. 결국 7월 20일 오후 2시부터 시작된 1차 투표결과 이시영 113표, 김구 65표, 조만식 10표, 오세창 5표가 되어 결국 이시영이 부통령이 되었다.

대한민국 국회는 정·부통령 선거를 끝내고, 이제 국무총리를 비롯한 각료를 임명하는 일이 남았다. 당시 한민당은 부통령에 이시영을 지지하면서 김성수를 총리로 내세웠고, 독립촉성국민회의에서는 신익희, 그리고 무소속에서는 조소앙을 추천했다. 당시 김성수는 신익희와 조소앙이 반대하고, 신익희는 한민당이 반대하고, 조소앙 역시 한민당이 반대하고 있었다. 하지만 이런 가운데서 대통령 이승만은 오히려 이윤영을 총리로 내세웠다. 이승만은 원래 부통령으로 조만식을 생각했지만 그의 신변을 염려하여 취소했다며 조만식 대신 이윤영을 추천하고자

12) 『고당 조만식』, 259.

13) 「동아일보」, 「서울신문」, 「조선일보」(1948. 7. 21).

했다. 이승만은 국회에 보낸 국무총리 추천서에서 먼저 국무총리는 민의에 의해 선출된 국회의원 가운데서 뽑겠다고 하면서 다음과 같이 이윤영에 대해 설명했다.[14)]

> 이북대표 한 분이 그 자리를 점령하기를 특별히 관심할 것입니다. 여러 가지 급급한 우리 문제 중에 제일 급한 것은 남북통일입니다. 따라서 우리가 무슨 정책을 쓰던지 이북동포의 합심협력을 얻지 않고서는 되기 어려울 것입니다. 더욱이 우리는 먹으나 굶으나 머리 둘 집간이라도 있고, 이만치라도 자유활동을 하고 살아온 터이나 이북동포의 참혹, 궁칙한 정형은 우리가 밤이나 낮이나 잊을 수 없는 터입니다. 정부를 조직하는 자리에 조만식을 부통령으로 추대하여 이북동포의 마음이라도 위로하고자 한 것이 우리 국회의 동일한 원이었으나 조 선생의 생명이 위독할 것을 염려하여 우리가 그분에게 투표를 짐짓 아니하고 있었던 것입니다. 조만식의 유일한 정치단체인 조선민주당 부위원장 이윤영이 국무총리 책임을 맡는 것이 정치상 지혜로나 민족적 정의로나 가장 적당한 것이므로 남북통일 촉성을 위해 누구나 이의가 없을 줄 압니다. 조선민주당도 당이니 우리 말과 모순된다 할 것이니 그 당은 남한에서 압도적 세력을 가졌다고 볼 수 없습니다. …… 지금부터 이남사람은 이남사람만 내세우지 말고, 끝끝내 이북사람을 내세우고 이북사람은 이북사람만 받들지 말고 이남사람과 합작하기를 명심불망하여 끝끝내 노력하기를 부탁합니다. 이윤영 의원이 지방열을 절대 증오하여 이 악습을 극력 반대하는 분입니다.

---

14) 「서울신문」,「동아일보」,「조선일보」(1948. 7. 28).

조선민주당의 이윤영은 투표에서 가 59표, 부 132표로 부결되었다. 이윤영은 남한의 정치 상황에 낯선 사람이었고, 조만식의 이름 역시 당시 복잡한 남한의 정치 현실에서 큰 작용을 하지 못했다. 당시 남한의 각 정당은 자파를 총리에 앉히려고 노력하는 중이었기 때문에 남북통일이라는 대의명분은 먹히지 않았다. 심지어 추천받은 이윤영도 자신이 남한 정치계에서 배경이 없기 때문에 이승만이 자신을 추천했다고 언급하고 있다.[15] 사실 이승만은 막강한 권력을 가진 국무총리가 아니라 온건히 대통령을 보필하는 국무총리를 원했다.[16] 이승만은 이윤영을 그런 사람으로 생각한 것이다. 하지만 필자는 이런 현실과 함께 통일정부라는 정치적 대의명분도 자리하고 있었다고 생각한다. 여기에 대해 이승만은 국회의 의견을 존중한다고 말하고, 다시 이범석을 지명하여 국무총리로 만들었다.

그러나 이승만은 자신의 개각에서 이북 출신들을 기용하려고 했다. 이윤영이 국무총리 지명에는 실패했지만 이승만은 이윤영을 무임소장관으로 임명했고, 같은 해 말에 그는 사회부장관이 되었다. 아울러 이윤영의 추천으로 조만식의 측근임과 동시에 조선민주당의 핵심인물인 김병연을 총무처장으로 세웠다. 필자는 이승만이 북한 동포를 배려한 것이며, 조만식을 의식한 것이라고 생각한다.

이승만은 해방 직후 북한에 보낸 밀사를 통해 자신은 김구, 조만식과 함께 새로운 나라를 만들고 싶다고 했다. 이승만은 해방 후 한국 정

---

15) 이윤영, 『백사 이윤영 회고록』, 140.

16) 올리버, 『이승만의 대미 투쟁』 상, 297. 한민당은 김성수를 막강한 힘을 가진 국무총리로 만들려고 했지만, 이승만은 자신이 단지 명목상의 대통령이 되기를 원하지 않았다. 그래서 국무총리라는 이름은 주되 실질적인 권한은 없는 국무총리 자리를 만들게 된 것이다.

치에서 북한에서 월남한 사람들이 자신의 지지자이며, 자신의 정치철학인 반공주의자이며, 그렇기 때문에 자신과 함께 새로운 나라를 건설하기 위해 일할 수 있는 사람들이라고 생각했다. 그리고 이것은 통일정부를 향한 기초라고 믿었다. 이것은 1947년 여름 이승만의 재미 로비 조직인 한국위원회는 웨드마이어에게 다음과 같은 제안서를 보냈다.[17)]

> 현시점에서 38선 이북의 한국인 가운데 추정건대 약 80%는 이 박사를 지지하며, 따라서 그들은 반공주의자이며, 또 북한의 유명인사들 가운데 많은 수가 남한 정부에 참여할 수 있기 때문에 그 정부는 당연히 한국 전체를 통치할 책임을 가지는 데 방해를 받아서는 안 된다. 이것은 현재 한국 국민을 분열시키는 세력들을 억제하는 가장 효과적인 방법이 될 것이다.

대한민국의 건국과정에서 조만식은 잊히지 않았다. 1948년 이승만이 대통령으로 당선된 직후 그는 조만식 가족을 위문했다.[18)] 건국의 한 해가 지나고 1949년 1월 5일 서울에 있는 조선민주당은 1946년 1월 5일 이후 평양 고려호텔에 감금되어 있는 당수 조만식의 건강과 건투를 기원하는 간담회를 열었다. 여기에는 부당수 이윤영, 한근조를 비롯하여 조만식을 존경하는 김성수, 명제세, 정인보, 김규홍, 김동원, 김병연, 백남훈 등이 참석했다. 이들은 이 간담회에서 "우리가 신탁을 반대하고 오늘의 유엔의 승인을 얻은 것은 조만식 선생의 불요불굴의 반탁 투쟁의 결과이다."라고 평가했다. 다시 말하면 연합국의 신탁통치를 강력하

17) 올리버, 『이승만의 대미 투쟁』 상, 158.

18) 「동아일보」(1948. 7. 24) 참고.

게 반대할 수 있었던 것은 북한에서 조만식이 강력하게 반대했기 때문이며, 이렇게 신탁통치 반대가 성공했기 때문에 결국에 가서는 대한민국이 성립될 수 있었다는 것이다.[19)]

한편 이 무렵 조만식의 아내도 월남했다. 조만식이 고려호텔에 연금당한 다음에 그의 부인인 전선애는 가끔 면회를 갈 수 있었다. 그해 가을에 조만식은 면회를 온 부인에게 자신의 두발이 담긴 봉투를 내놓았는데, 그것은 1946년 3월 10일자로 된 것이었다. 아마도 이미 그는 자신의 운명을 짐작했던 것 같다. 그리고 아이들을 데리고 월남하라고 부탁했다. 그 이유는 북한에서는 반동분자의 자녀이기 때문에 교육을 받을 수 있는 기회가 없으므로 아이들을 눈 뜬 장님으로 만들 수 없다는 것이다.[20)] 당시 북한은 1946년부터 모든 사회를 핵심계급, 동요계급, 적대계급으로 나누었는데,[21)] 여기에 의하면 조만식의 가족은 적대계급에 속했다. 이 계급에 속하는 사람은 중등교육의 기회가 박탈되는 것이다. 따라서 조만식은 자녀들의 교육을 염려했다. 그러나 조만식의 부인은 즉각 월남하지는 않았다. 하지만 정세가 불안하고, 압박이 점점 다가오자 1948년 11월 27일 그녀는 자녀들을 데리고 월남했다. 바로 그 직후 전선애는 이승만의 초청을 받아 경무대를 방문하여 이승만과 그의 부인 프란체스카를 면담했는데, 이승만은 여러 가지로 위로해주었다. 하지만 프란체스카는 "우리 서양사람들은 남편을 둔 채 38선을 넘지 않았을 것이다."라고 말했고, 이것은 전선애에게 큰 상처가 되었다.[22)]

19) 「한성일보」(1949. 1. 7).

20) 전선애, "남편 조만식을 회상하며", 『고당 조만식 회상록』, 326-330.

21) 찰스 암스트롱, 『북조선의 탄생』, 124.

22) 전선애, "남편 조만식을 회상하며", 333.

하지만 조만식은 민족의 명절마다 사람들의 가슴 속에서 사라지지 않았다. 1949년 3 · 1절을 맞이하여 「동아일보」는 일제와 맞서 조선의 해방을 위해 싸운 조만식 선생이 모스크바 3상회의의 신탁통치를 반대한다는 이유로 유폐되어 해방 후 처음 맞이하는 3 · 1절 행사에 참석하지 못하여 사람들의 마음을 아프게 했는데, 올해도 여전히 평양 고려호텔에 유폐되어 조 선생을 볼 수 없게 되었다며, 사람들은 조 선생이 유폐된 고려호텔을 순례하는 것으로 위로를 받았다고 기록하고 있다.[23)] 조만식은 과거에는 일제하에서 독립을 위해 싸웠고, 이제는 새로운 독립을 위해 싸우고 있는 것이다.

한편, 남북합작의 실패로 정치적인 주도권을 상실한 김구는 1949년 봄을 지나면서 새로운 정치 구상을 했던 것 같다. 그것은 바로 민족진영의 단결이었다. 김구는 남북합작을 지지했고, 이것이 평화통일의 지름길이라고 생각했지만 이것보다 우선 필요한 것은 민족진영의 단결이었다. 그가 남북협상에 실패한 것도 민족진영의 단결 없이 회담에 임했기 때문이다. 아울러 이미 남한에 단독정부가 성립된 1949년 5월에는 이미 한독당이 단독정부에 참여하기로 결정했다. 이미 하나의 정치세력이 정치권에서 벗어나 있다는 것은 생각하기 어려운 것이다. 김구와 한독당은 대한민국 정부수립이라는 현실을 받아들이고 있었다. 이런 점에서 1949년 5월부터 김구는 남북합작에 앞서 민족진영의 단결을 주장했고, 이것을 위해 이승만, 김규식과 회동하기도 했다.

1949년 1월 유엔은 유엔신한국위원단을 파송했다. 비록 대한민국 정부가 수립되었지만 유엔의 본래적인 결의, 곧 통일과 남북한의 외국

23) 「동아일보」(1949. 3. 1).

군대 철수가 이루어지지 못했다. 이것을 위해 유엔은 새로운 위원회를 만들어 한국에 파견했던 것이다. 김구는 이 유엔신한국위원단에 기대를 걸었던 것 같다. 하지만 유엔은 남북통일에 대한 아무런 성과를 내지 못하고 몇 달이 지났다. 아울러 김구는 1949년 봄을 지나가면서 자신이 의지하고 협력했던 장제스정부가 무너지고 중국이 공산화하는 것을 보았다. 장제스정부가 마오쩌둥에게 넘어간 근본적인 이유는 불리한 입장에서 협상을 했기 때문이다.

이러한 상황에서 김구는 1949년 5월 31일 남북의 지도자들이 사인(私人)의 자격으로 서울에서 회담을 열 것을 제안했다.[24] 이 제안은 이미 현실적으로 존재하는 남북정부를 인정하되, 통일의 돌파구를 마련하기 위해 남북의 정권에 가담하지 않은 사적 개인들이 모여 의견을 나누어보자는 것이다. 그런데 6월 26일 김구는 저격당했고, 그 후 그의 집에서 밀서가 발견되었는데, 조만식에게 보내는 것이었다. 밀서의 내용은 공개되지 않았지만, 당시 김구가 추진하던 남북회담과 관련이 있었을 것이다. 아마도 김구는 남한에서 민족단결을 도모한 것과 같이 북한의 민족세력과도 단결을 도모하고자 했던 것 같다. 김구가 평화통일을 원한 것처럼 조만식도 평화통일을 원할 것이었기 때문이다. 그러나 이 밀서는 조만식에게 전달되지 못했다. 하지만 우리는 김구가 최후의 순간에 무엇을 하려고 했는지 알 수 있다. 그것은 조만식 같은 민족지도자와 단결하여 남북협상에 임하여 평화통일을 이룩하려는 것이었다. 「연합신문」은 이 사건을 보도하면서 "우리 민족은 이승만, 김구, 조만식을

24) 「조선중앙일보」(1949. 6. 1); 도진순, "1948~49년 김구 평화 통일론의 내면과 외연", 402-404 참조.

민족의 최고 영도자로 추대한다고 밝히고 있다.[25] 하지만 이런 모든 일은 1949년 6월 26일 그가 암살당함으로써 물거품이 되었다. 우리는 이를 통해 여전히 조만식은 이승만과 김구 모두에게 매우 중요한 인물임을 확인할 수 있다.

1949년 8월 15일, 이날은 일본에서 해방된 날이요, 또한 새로운 대한민국이 탄생한 날이다. 이런 중요한 날에 국민은 다시금 조만식을 생각했다. 특별히 「동아일보」는 조만식을 기억했다. 「동아일보」는 조만식을 "민족 수난을 상징하는 유폐의 성자 조만식 선생"이라고 부르면서 그의 유폐의 의미를 되새겼다. 「동아일보」는 치스차코프 사령관이 조만식을 불러 "조선에 당신보다 훌륭한 지도자가 어디 있소! 우리는 이승만 박사와 김구를 절대 반대하기 때문에 당신이 신탁통치를 찬성만 하면 소련의 명예를 걸고 당신을 반드시 대통령으로 만들어주겠다."고 했다는 내용을 소개하면서 조만식 선생은 북한 공산치하에서 고통 받고 있는 천만 동포와 통일을 갈망하는 남한의 2천만 동포의 소원을 상징하는 인물이라고 설명하고 있다.[26]

---

25) 「연합신문」(1949. 6. 28). 이 신문에 의하면 김구가 1948년 남북협상에 응한 것은 본인의 뜻이 아니라 주변의 강요였다고 주장하고 있다. 김구의 사망 직전 통일운동에 관해서는 이신철, "1948년 남북협상 직후 통일운동세력과 김구의 노선변화에 관한 연구", 『한국사학보』 11(2001. 9)과 도진순, "1948~49년 김구 평화 통일론의 내면과 외연" 참조.

26) 「동아일보」(1949. 8. 15).

2.
한국전쟁과 조만식

조만식 석방을 위한 가장 중요한 사건은 1950년 한국전쟁을 전후하여 발생한 조만식 석방운동이었다. 북한은 1950년 6월 10일 대남 방송을 통해 북한의 고위 간첩 김삼룡과 이주하를 조만식과 교환하자는 제의를 했다. 김삼룡과 이주하는 5 · 10 총선거를 전후하여 남로당 지하 조직을 재건하여 선거를 방해하고, 각종 테러를 포함한 다양한 방법으로 대한민국 정부수립을 방해했다. 특별히 이들은 위장술이 능란하여 체포가 어려웠다. 하지만 1950년 3월 말 김삼룡과 이주하는 체포되어 사형을 선고받았으며, 같은 해 6월 26일 사형이 집행될 예정이었다.[27)]이런 상황에서 북한은 이들과 조만식의 교환을 제의한 것이다.

여기에 대해 이승만은 처음에는 상당히 주저한 것 같다. 조만식의 부인인 전선애의 증언에 의하면 이승만은 북한의 제안에 대해 즉각 찬성의 뜻을 밝히지 않았다고 한다. 여기에 대해 조선민주당을 비롯한 사

27) 『한국민족문화대백과사전』 '김삼룡 · 이주하사건' 항목 참조.

람들이 조만식을 위한 서명작업을 했고, 이것이 이승만에게 전달되자 이승만은 "그분은 평양에 남아 평양의 동포들과 운명을 함께하시겠다고 작정하신 분인데"라고 하며, 교환에 대해 회의적인 입장을 보여주었다고 한다.[28] 하지만 이것 외에도 이승만이 여기에 대해 회의적인 것은 이런 북한의 제안에 모종의 음모가 있을 것이라고 생각한 것이다. 그러나 이승만은 6월 16일 북한의 진의를 정확하게 파악할 수 없었지만 이 제안을 수용하여 만일 조만식과 아들을 포함한 2인을 1주일 이내, 즉 6월 22일 오후 5시까지 남한으로 보내주면 김삼룡과 이주하를 북한에 돌려보내겠다고 알렸다. 단, 북한이 또 다른 조건을 내세우면 안 된다고 못박았다.[29]

이에 대해 북한 측은 6월 20일 정오 12시부터 하오 4시까지 38선 부근의 여현역에서 교환하자는 제안을 해왔다. 여기에 대해 이승만정부는 이 문제를 당시 한국에 와 있던 유엔한국위원회에 위탁할 것을 결정했다. 이렇게 이승만정부가 유엔에 위탁하기로 한 것은 일각에서 북한이 조만식에게 주사를 놓아 후에 죽게 할지도 모른다는 염려를 했기 때문이다. 그래서 국방장관은 김삼룡과 이주하를 넘겨주기 전에 반드시 조만식에 대한 건강검사를 해야 한다고 주장했다. 사실 국방부에서는 조만식과 이들의 교환을 매우 꺼렸는데, 가옥을 태우고 수백 명을 살상한 살인자를 놓아줄 수 없다는 것이었다. 프란체스카 여사가 이승만을 대신하여 올리버 박사에게 보낸 편지에 의하면 이승만은 내각회의에서 조만식과 그의 아들을 살리기 위해서는 할 수 있는 일을 해야 한다면서

28) 전선애, "남편 조만식을 회상하며", 338.

29) 「조선일보」(1950. 6. 17); 「연합신문」(1950. 6. 17).

강력하게 이것을 추진하게 했다.[30] 정부의 제안에 의해 6월 19일 열린 유엔한국위원회는 만일 북한이 동의한다면 이 임무를 맡겠다고 했다.[31] 하지만 북한은 이미 유엔한국위원회를 인정하지 않고 있었고, 따라서 이승만의 제안을 받아들일 가능성은 없었다.

그럼에도 불구하고 정부는 6월 20일 오전 7시 15분 중앙방송국을 통해 조만식 씨와 그의 아들 조연창 군을 개성까지 무사히 호송해오면 건강진단을 한 다음에 김삼룡과 이주하를 월북시키겠다고 방송했고, 이런 절차는 유엔한국위원회에 일임한다고 발표했다. 그리고 여기에 합의하면 6월 22일 자정까지 대답해 달라고 요청했다.[32] 남한사회는 조만식의 석방을 간절히 기다렸다. 특별히 총선거 당시 이승만을 지지하여 만든 대한노동당은 6월 22일 성명서를 발표하여 "애국지사 조만식 선생이 월남케 되는 것은 전 민족진영의 요망과 대통령의 온정으로 실현되는 것으로서 전 민족진영이 갈망하는 바이다. 다행히 조 선생이 월남하는 경우에는 거족적으로 환영하여 선생의 애국정신과 애국적 순국정신을 전 민족과 전 세계에 선양하여 민주주의 세계승리에 박차를 가하는데 크게 이바지하기 바라마지 않는 바이다."라고 했다.[33] 하지만 6월 22일 자정까지 북한에서는 아무런 연락이 없었다.

23일 공보처는 서울 중앙방송국을 통해 북한에 "김삼룡과 이주하가 극악 · 극흉한 매국노"이지만 조만식 선생과의 교환을 기쁘게 승낙하고, 북쪽의 제안을 수용했다. 그럼에도 불구하고 북한은 시일을 천연

30) "To. Dr. Oliver from President Lee"(1950. 6. 22).

31) 「서울신문」(1950. 6. 21).

32) 「연합신문」(1950. 6. 21).

33) 「연합신문」(1950. 6. 23).

하고 조건을 붙이니 "이는 분명히 양 매국노의 사형집행을 1일이라도 연기하려는 것이다."라고 주장하면서 "최후로 26일 월요일 오후 2시 정각 전에 지정한 장소, 곧 38선 이남 1km 철도선 여현역에서 3km 이남 지점에서 조 선생과 조연창 군을 모시고 와서" 교환할 것을 제안했다. 여기에는 유엔한국위원단의 중재는 빠져 있다. 유엔은 북한이 원한다면 중재를 하겠다고 했으나 북한이 원하지 않으니 이제 유엔의 중재는 의미 없게 되었다.[34] 그러나 북한은 38선상에서 교환하자는 제안을 해왔다. 언론은 이제 조만식의 석방은 장기화될 것이라고 비관했다.[35] 그러나 이런 지루한 협상은 6월 25일 아침 다 끝나고 말았다. 북한은 6월 25일 새벽에 전쟁을 일으켰고, 한반도에는 완전히 새로운 상황이 전개되고 말았다. 결국 조만식과 김삼룡·이주하의 교환은 전쟁의 의도를 숨기기 위한 전략이었다. 사실 이승만의 의심이 어느 정도 들어맞은 것이다. 6월 26일, 원래 예정대로 김삼룡과 이주하는 사형에 처해졌다.

필자는 이승만의 마음속에는 조만식이 중요하게 자리 잡고 있었다고 생각한다. 최근에 출판된 프란체스카의 일기에 의하면 이승만은 조만식을 존경하고, 자신과 함께 일하길 원하는 사람이었다고 한다. 다시 말하면 이승만은 단지 조만식의 월남만 생각한 것이 아니라 그와 함께 대한민국을 이끌어가고 싶었던 것이다. 다음은 한국전쟁이 시작된 지 얼마 안 되는 1950년 6월 마지막 날 당시 피란 나와 있던 대전의 지사 관저에서 썼던 일기다.[36]

34) 「연합신문」(1950. 6. 24).

35) 「경향신문」(1950. 6. 25).

36) 『6·25와 이승만, 프란체스카의 난중일기』(서울: 기파랑, 2010), 30.

…… 6월의 마지막 캘린더를 맞았다. 지사관저 밖 나무 그늘에선 매미 소리가 울부짖고, 손도 돌아보지 않은 꽃들이 제철이라고 향기를 풍기고 있었다. 대통령은 신[성모] 장관이 겸임하는 국무총리 자리를 생각하는 것 같았다. "마미, 고당 같은 사람이 있었으면 이 난국 해결에 큰 도움이 되었을 거야." 대통령은 그때도 고당 조만식 선생을 가슴에 새기고 있었다. 전에도 몇 차례 사람을 평양에 보내 함께 일할 것을 제의했다. 그때마다 고당은 핍박받는 북한 동포를 두고 갈 수 없다며 사양했고, 대통령도 그때마다 안타까워했다. 대통령과 나는 많은 시간을 고당 이야기로 6월의 마지막 날을 보냈다.

이승만은 조만식이 어려운 난국에 국무총리에 합당한 사람이라고 생각한 것이다. 만일 조만식이 살아서 월남했더라면 이승만은 본인이 1945년 가을에 밀사를 보내 약속한 것처럼 조만식과 함께 대한민국의 건국에 기여했을지도 모른다. 이런 이승만의 조만식에 대한 미련은 그 후에도 계속되었다. 1950년 9월 다시 국무총리가 문제가 되었다. 신익희는 자신에게 국무총리를 맡겨 달라고 요청했다. 여기에 대해 프란체스카는 "대통령은 총리 자리는 가능한 한 북한 출신 인사에게 돌아가야 한다고 생각했다. 조만식 씨가 아직 생존해 있을지 의심스럽지만, 살아있다면 그분이야말로 최고의 영예를 받아야 할 애국자라는 것이다."라고 그의 일기에 기록했다.[37)]

1950년 9월 조만식의 이름은 다시 한 번 국제사회에 알려지게 되었다. 당시 주미대사였던 장면은 9월 1일 유엔안보이사회에서 대한민

37) 『6 · 25와 이승만, 프란체스카의 난중일기』, 133.

국이 유엔한국위원단의 감시하에 정당한 절차를 거쳐 이룩된 정부임을 강조하는 한편, 북한에 대해서는 유엔의 제안을 거부하고, 소련의 지배를 받는 괴뢰정부라고 강력하게 비판했다. 아울러 북한이 가장 무서워하는 것은 자유이며, 특히 기독교인의 신앙의 자유에 대해 강력한 박해를 하고 있다고 지적했다. 그 중심에 조만식이 서 있었던 것이다.[38)]

> 공산주의가 가장 무서워하는 개인의 자유는 제일 먼저 또는 가장 많은 손해를 입었습니다. …… 기독교는 공산주의의 제일 큰 원수입니다. 주교, 목사, 신부 기타 기독교의 신앙을 가진 자들은 감금을 당하고 있으며, 더불어 고문, 옥사를 했습니다. 예를 들면 한국 동북지방인 덕원에서 일하던 싸워 감독[주교]은 옥중에서 공산주의자들에게 주검을 당했습니다. 그는 35년간 한국인을 위해 일했습니다. 또 한국인으로 홍 감독[주교]도 공산도배에 끌려간 다음에 아무런 소식이 없습니다. 또 한국의 애국자요, 장로교 평신도인 조만식 선생도 소련이 북한에 들어오자마자 구금당했습니다. 그의 죄상은 전체주의에 굴종하지 않은 것뿐입니다. 조만식 선생처럼 공산주의의 희생이 되어 돌아오지 못하는 애국자가 적지 않습니다.

천주교신자였던 장면은 천주교인들에 대한 박해와 더불어 조만식에 대해 언급한 것이다. 북한사회가 남한과 무엇이 다른가를 잘 보여주는 연설이라고 생각한다.

---

38) 「민주신보」(1950. 9. 14).

3.
조만식의 최후

조만식의 최후에 관해서는 설이 구구했다. 조만식의 사망은 너무나 중요한 일이었고, 또한 비밀리에 이루어졌기 때문이다. 원래는 북한군이 강계로 후퇴했을 때 조만식이 만포에 호송되었다는 설, 또는 모스크바에 있다는 설, 과거 대동공업전문학교 지하실에 수용되었다는 설 등이 난무했다.[39] 하지만 어느 것도 사실을 확인할 수 없었다.

그러던 중 1962년 4월 6일 「동아일보」에 '죽음의 세월'이라는 연재 기사가 실렸는데, 이 기사는 평양시 검열부 부부장으로 일하던 조성직이 월남하여 쓴 것이다. 그는 한국전쟁 당시 저명인사들의 후송을 맡았던 한규만의 상관이었는데, 한규만으로부터 조만식의 최후를 들었다고 한다.

조만식의 사망은 1950년 10월 15일 한국전쟁의 소용돌이 속에서

39) 『고당 조만식』, 262; 「경향신문」(1950. 11. 17). 「경향신문」은 천주교 평양교구 홍용호 주교의 행방에 대해 깊은 관심을 갖고 계속 기사를 내보냈다.

벌어졌다. 맥아더의 인천상륙작전으로 연합군은 다시 반격을 개시했고, 평양은 수복되었다. 이제 북한군은 북쪽으로 후퇴해야 했다. 당시 조만식은 한국전쟁 전에 이미 고려호텔에서 나와 평양 교외에 있는 치안국 청사(과거 삼정비행기 제작소였던 장소)에 수감되었다. 이곳에서는 과거와 달리 완전히 죄수로서 수감되었다. 과거 고려호텔에서는 몇몇 측근의 간호가 허용되었지만 여기서는 그런 상황이 아니었다. 특히 한국전쟁 직후 그는 극심한 심적 고통과 심장 쇠약에 복막염이 겹쳐 남평양의과대학 부속병원에 누워 있었다. 전세가 악화되자 이들은 내무성 정보처로 옮겨졌다. 이곳에는 많은 정치범과 민족주의자들이 집결되어 있었다. 이들의 후송을 맡은 사람이 위에서 언급한 한규만 소좌였다. 한규만은 조만식을 후송하기 위해 입고 있던 한복을 벗기고 군복을 입히려 했으나 그는 "나는 죽어도 평양을 떠날 수 없다."며 거부했다. 하는 수 없이 한규만은 다른 사람들을 강계 방면으로 후송한 다음에 마지막으로 다시 조만식에게 와서 차가 왔으니 빨리 타라고 권하자 "죽이려거든 여기서 죽이지, …… 간들 어차피 도중에서 죽을 몸이 아닌가?"라고 하며 움직이지 않았다. 당황한 한규만은 할 수 없이 당시 평양방위사령관인 무정에게 연락하여 명령을 구했다. 무정은 "될 수 있는 대로 데리고 가되 만약 피치 못할 경우에는 사살하라."는 지령을 내렸다. 그래서 그는 조만식을 사살하고 말았다.[40]

그 후 세월이 흘러 1991년 6월 모스크바에서 「중앙일보」 기자가 북한에서 조소문화협회 부위원장과 외무성 부상 등을 지내고 김일성의 소련어 통역이었던 박길용을 만나 조만식의 최후에 관한 증언을 듣고,

40) 「동아일보」(1962. 4. 6).

1991년 7월 19일자로 「중앙일보」에 조만식의 최후에 관한 기사를 게재했다. 이 두 이야기는 상호보완적이다. 한 가지 다른 점은 조성직은 조만식의 사망일이 10월 15일이라고 한 데 비해 박길용은 10월 18일이라고 말하고 있다. 그러나 고당기념사업회에서는 박길용의 말을 중심으로 10월 18일을 고당이 사망한 날로 기념하고 있다. 유엔군에 밀려 북쪽으로 도망가는 도중 중요한 문제 중 하나는 북한의 민족주의 지도자들을 어떻게 처리할 것인가 하는 점이었다. 여기에 대해 북한의 최고 지도자들은 이미 후퇴하는 가운데 상황이 좋지 못하면 죽여버릴 수밖에 없다는 결론을 내렸다.[41] 이 지침에 의해 무정은 한규만에게 사살명령을 내린 것이다. 박길용은 후에 동료들로부터 이날 조만식과 함께 사살된 사람이 약 500명에 이르며, 조만식 등 일부 시체는 대동강변에 웅덩이를 파서 가매장했고, 다른 사람들은 그대로 방치한 채 후퇴했다고 한다.[42] 10월 19일에 입성한 유엔군은 이런 모습을 보고 북한 공산당들이 반공주의자들을 무참하게 살해했다고 북한군을 비난했다는 소식이 들려왔다고 한다. 하지만 그해 12월 중공군의 도움으로 다시 평양을 탈환한 뒤 북한은 조만식의 시신을 다시 확인시키며 "이승만 괴뢰군과 유엔군이 수많은 지도자급 인사들을 죽이고 달아났다."는 유인물을 만들어 역선전했다는 것이다.[43] 여기에 대한 증언은 많이 있다. 모스크바에서 만난 많은 인사들은 북한이 후퇴하는 과정에서 많은 민족주의자들을 사살했다고 증언했다는 것이다.[44]

---

41) 「중앙일보」(1991. 7. 19); 『고당 조만식 전기』, 393.

42) 「중앙일보」(1991. 7. 19).

43) 김국후, 『평양의 소군정』, 157.

44) 김국후, 『평양의 소군정』, 157-158.

조만식의 사망에 대한 박병률의 증언도 매우 흥미롭다. 북한의 빨치산 양성소인 강동정치학원 원장을 지낸 소련파 박병률은 북한 지도부가 남한에서 이미 김삼룡과 이주하를 처단했기 때문에 조만식을 사살하는 것이 정당하다는 이론적 합리화도 이루어졌다고 증언하기도 한다. 박병률은 후에 숙청되어 소련으로 망명했다.

하지만 박병엽은 북한 측 자료를 가지고 다른 내용을 증언하고 있다. 전 북한 조국통일민주주의전선 부국장을 지낸 박병엽은 10월 10일 김일성의 후퇴명령이 내려지자 조만식은 당시 내각 부수상이던 홍명희의 부탁으로 다른 사람보다 먼저 피란길에 올랐다고 한다. 하지만 조만식은 몸이 몹시 쇠약했기 때문에 경비병에게 업혀서 이동했다. 당시 미군의 폭격이 너무 심하여 이동이 빠르지 못했다. 그러던 중 평양에서 멀지 않은 숙천지역에 도착하게 되었는데, 미군기의 집중적인 폭격을 받았다. 당황한 경비병은 자기 목숨만 건지겠다는 생각으로 조만식을 쏘아 죽이고 도망갔다는 것이다. 그러고는 상부에는 폭격으로 죽었다고 보고했다는 것이다. 그 후 1951년 1월경, 홍명희와 백남운 등 남쪽에서 올라간 사람들이 당시 내무상 방학세에게 조만식의 사망경위를 물어보았고, 그 결과 처음에는 완강하게 부인하던 경비병이 사실을 토로하기 시작했으며, 결국 처벌을 받게 되었는데, 처벌받은 사람은 박병엽과 아는 사람이었다고 한다.[45] 어쨌든 우리는 조만식의 최후에 대해 분명한 정보를 갖고 있지 못하며, 이것은 남북관계를 위해서도 조속히 밝혀져야 할 것이라고 생각된다.

조만식에 관한 소련 측과 북한 측의 증언을 들어보면 매우 상이한

45) 정창현, 『인물로 본 북한현대사』, 148.

내용을 보게 된다. 북한 측은 "소련 군정 측이 1946년 초에 반탁분자들을 잡아들여 시베리아로 끌고 갈 때 조만식을 데려가지 못하도록 한 장본인이 바로 김일성이라는 말을 들었다."고 증언하는 데 비해[46] 소련 측은 북한이 조만식을 골치 아픈 영감으로 생각하고 있었으며, 다만 스티코프가 국제 여론을 고려하여 만류하고 있었을 뿐이라고 말하고 있다.[47] 우리는 무엇이 사실인지 모른다. 아마도 필자는 소련이 국제관계를 고려하여 조만식을 사살하지 못하도록 한 것이 아닌가 생각한다. 하지만 분명한 것은 조만식은 소련과 북한에게 다 같이 골치 아픈 존재였다는 것이다.

46) 박병엽, 『조선민주주의인민공화국의 탄생』, 89.

47) 김국후, 『평양의 소군정』, 158.

4.
조만식과 국립묘지 안장

1946년 가을 전선애는 자녀들과 함께 평양 고려호텔로 면회를 갔다. 조만식은 부인에게 피아노를 쳐달라고 했고, 부인은 호텔 1층에 있던 피아노 앞에 앉아 그가 항상 즐겨 부르던 찬송 "하늘 가는 밝은 길이"를 연주했다.

> 하늘 가는 밝은 길이 내 앞에 있으니
> 슬픈 일을 많이 보고 늘 고생하여도
> 하늘 영광 밝음이 어둔 그늘 헤치니
> 예수 공로 의지하여 항상 빛을 보도다.
>
> 내가 걱정하는 일이 세상에 많은 중
> 속에 근심 밖에 걱정 늘 시험하여도
> 예수 보배로운 피 모든 것을 이기니

예수 공로 의지하여 항상 이기리로다.

내가 천성 바라보고 가까이 왔으니
아버지의 영광 집에 가 쉴 맘 있도다.
나는 부족하여도 영접하실 터이니
영광나라 계신 임금 우리 구주 예수라.

부인이 피아노를 치는 동안 조만식은 두 어린 아들을 데리고 2층으로 올라갔다. 부인이 찬송가 연주를 마치고 2층으로 올라가자, 조만식은 자신이 미리 준비하여 간직해둔 모발을 누런 봉투에 담아서 부인에게 주었다. 그 속에는 "단기 4279년 3월 10일 서기 1946년 3월 10일 두발"이라고 한문으로 쓰여 있었다.[48] 고려호텔에 연금된 직후 그는 자신의 운명을 예감하고 있었다. 그는 조국의 독립과 통일의 제단에 자신을 제물로 바친 것이다.

1991년 6월 조만식의 사망 소식이 확실해지자 유족과 그의 동지들은 조만식의 안장을 추진했다. 지금까지는 사망이 분명하지 않아서 안장을 추진할 수 없었다. 다행히도 조만식의 부인 전선애 여사가 남편으로부터 받은 유일한 유품, 곧 그의 모발이 있었다. 이 모발을 유해로 하여 1991년 11월 5일 국립묘지에 안장했다. 이것은 유족의 청원을 받아들여 노태우 대통령의 지시로 이루어진 것이다. 한경직 목사가 고당 조만식 선생 추모안장위원회 위원장이었고, 당시 박준규 국회의장, 정원

48) 전선애, "남편 조만식을 기다린 50년", 325-326.

식 국무총리, 이강용 광복회장 등이 추모사를 했다.[49] 이 예식은 김영삼, 김대중 같은 정계인사들을 비롯하여 3,000여 명의 각계 인사들이 참석한 가운데 진행되었다. (정부는 이미 1970년 8월 15일에 대한민국 최고훈장인 건국공로훈장 대한민국 건국장을 고당 조만식에게 추서했다.)

고당 조만식은 그토록 소원하던 북한의 민주주의와 남북통일을 보지 못하고 대한민국 서울의 국립묘지에 묻혔다. 이제 조만식의 못다한 소원을 이루는 것은 그의 뒤를 살아가는 남북한 한국민족의 몫이 되었다.

49) 「동아일보」(1991. 11. 5).

IX

요약 및 평가: 해방 후 한국 정치와 조만식

1. 해방 후 한국 정치의 전개와 조만식
2. 조만식이 꿈꾼 새로운 나라: 건국이념
3. 해방 후 미소 관계와 조만식
4. 해방 후 한국의 정치 상황과 조만식
5. 해방 후 한국사에 대한 재인식

1.
해방 후 한국 정치의 전개와 조만식

해방 후 한국 정치에 있어서 조만식의 위치는 특별하다. 대부분의 많은 민족지도자들이 서울에서 활동했다. 함석헌의 말대로 서울에는 인물이 너무나 많아서 걱정이었다. 하지만 조만식은 자신의 고향인 평양을 떠나지 않고 해방 후 건국운동에 참여했다. 해방 후 평양은 매우 특별한 장소였다. 해방 이전의 평양은 한국 제2의 도시였지만 여전히 한 지방에 불과했다. 하지만 해방 후 평양은 북한사회의 중심으로 등장했고, 따라서 조만식은 평양의 가장 중요한 정치세력으로 그 위치를 자리매김했다. 따라서 해방 후 북한의 역사는 조만식으로부터 시작해야 한다. 함석헌은 하나님이 "이북은 다섯 도를 조만식 단 한 사람에게 맡으라."고 하셨다고 말했다.[1)]

일반적으로 알려진 것과는 달리 해방 후 북한, 특히 평안도에서는

1) 함석헌, "아니라고 말할 수 있는 용기", 『고당 조만식 회상록』(서울: 고당기념사업회, 2005), 278.

공산주의가 아닌 민족주의자들이 주도권을 갖고 있었고, 그들 대부분은 기독교인이었다. 그 중심에 조만식이 있었던 것이다. 해방 직후에 만들어진 평남 건국준비위원회는 조만식을 중심으로 한 기독교민족주의자들이 몇 명의 공산주의자들을 포함하여 만든 것이다. 이들 기독교민족주의자들은 오랫동안 평양에서 일제와 싸우면서 평양사회를 이끌어 온 지역의 유지들이었다. 조만식은 이들과 함께 개혁적인 민주사회를 만들고자 했다. 대부분의 공산주의자들도 여기에 동의했다. 한마디로 해방 후 평양을 중심으로 한 북한사회는 공산주의자들이 아니라 기독교민족주의자들이 주류를 이루었다. 만일 외세의 개입이 없었더라면 이들이 북한사회를 이끌어 가는 것은 당연한 결과였다.

이런 북한사회를 일거에 바꾸어놓은 것은 소련군의 진주였다. 소련군은 해방 이전부터 함경도 지역에 진주했고, 해방 후 8월 26일 소련군 사령관 치스차코프가 평양에 왔다. 그 후 이들은 평남 건국준비위원회를 해체하고, 인민정치위원회를 만들어 평양의 주류였던 민족주의 세력을 일개 정치집단으로 격하하고, 평양의 소수파인 공산주의자들을 평양사회의 주류로 만들어버렸다. 비록 조만식이 위원장이었지만 정국의 주도권은 이미 공산주의자들에게 넘어갔다. 하지만 조만식은 이런 상황에서 "부르주아 민주주의 건설"이라는 명분 아래 북한사회에 민주주의를 건설하려고 노력했다. 소련 군정은 북한에 아직 본격적인 사회주의 혁명은 어렵다고 생각하고 소자본가를 포함하는 부르주아 민주주의를 내세웠고, 조만식은 여기에서 민주주의 건설의 가능성을 생각했다. 소련은 북한에 강력한 중앙정부를 세우기 원했고, 그래서 북조선 5도 임시인민위원회를 조직하여 조만식에게 책임을 맡기고자 했다. 그러나 조만식은 분단을 고착화시키는 것이라고 생각하여 이것을 거부했다. 따라서 소련의 계획은 차질을 빚을 수밖에 없었다.

소련과 공산주의자들은 당시 북한에서 자신들의 세력이 미약했기 때문에 민주주의 통일전선을 만들어 기독교민족주의자들이 공산주의에 대한 반동세력이 되는 것을 막고, 또한 자신들의 통제 아래 두려고 했다. 그래서 소련당국은 조만식에게 조선민주당 창당을 권유했고, 이 일에 앞장선 것이 바로 김일성이었다. 조만식은 처음에는 여기에 반대했지만 조선민주당을 중심으로 강력한 민주주의 민족세력을 규합하기 위해 조선민주당을 창당했다. 김일성은 처음에는 참여를 약속했지만 나중에는 자신은 빠지고 최용건과 김책을 내세워 조선민주당을 조종하고자 했다. 조선민주당은 창당부터 엄청난 호응을 얻었다. 당시 소련 군정과 공산주의자들에게 실망한 많은 북한 주민은 조선민주당을 중심으로 반소·반공 운동을 전개했다. 그리하여 도 단위 이하의 각 지역 인민위원회에는 조선민주당원이 자리를 차지하게 되었다. 소련은 고양이를 만들라고 했더니 호랑이를 키웠다며 불편한 심기를 드러냈다.

하지만 소련당국과 조만식이 결정적으로 갈라서게 된 것은 바로 신탁통치 문제 때문이다. 해방 후 소련의 가장 중요한 한반도 정책은 북한에 친소정권을 수립하는 것이었다. 이는 일본이 오랫동안 한반도를 기지로 하여 소련을 공격했기 때문에 그것을 막기 위해서였다. 따라서 소련은 친소·반일정권이 북한에 들어서기를 원했다. 하지만 조만식은 소련 군정의 잘못을 사사건건 비판했고, 친일파 청산에 대해서도 원칙적으로 찬성했지만 무법적인 보복은 반대했다. 소련은 조만식을 의심했다. 1945년 말 모스크바에서 열린 3상회의의 신탁통치 결정은 소련이 조만식의 의중을 살펴볼 수 있는 기회였다. 하지만 조만식은 소련의 지시를 거역했을 뿐만 아니라 남조선 민족주의자들과의 연대를 주장했다. 소련 군정과 김일성은 조만식을 설득해보려고 했지만 실패했고, 결국 조만식을 강제 연금시켜버린 것이다. 이로써 공산주의자들과 조만식의 통일전선은 깨지고 말았다.

조만식은 처음부터 미 군정 및 민족주의와 깊은 관계를 갖고 있었다. 조만식은 소련당국과 갈등이 심해지면서 월남하는 자신의 측근들을 통해 남한의 미 군정 당국, 민족주의 세력들과 연대를 강화해나갔다. 월남한 조만식의 측근들은 미 군정 당국에 조만식의 활동을 알려주었으며, 미 군정은 조만식을 한반도에서 가장 애국적인 민주주의 지도자로 인식했다. 미 군정과 조만식은 여러 경로를 통해 계속 연락했고, 조만식은 미 군정의 조언을 중요하게 생각했다. 아울러 이승만과 김구도 조만식과 연대를 강화했다. 실제로 조만식의 측근들은 월남하여 이승만, 김구와 함께 강력한 반공전선을 형성했다. 또한 북한의 민족주의 세력, 특히 기독교인들은 남한의 김구와 연대하여 강력한 반소 · 반공운동을 펼쳤다. 신탁통치 정국 이후에 조만식은 공산주의와의 통일전선보다는 민족주의와의 연합전선에 더 많은 노력을 기울였다.

모스크바 3상회의는 신탁통치와 더불어 미소공동위원회를 설치하고 여기에서 한반도에 새로 세워질 임시정부수립을 논의할 대표들을 선출할 것을 결의했다. 따라서 1946년 이후 한반도에서 가장 중요한 일은 누가 대표가 되어 새로운 나라의 정부를 만들 것인가 하는 점이었다. 여기에서 소련은 공산세력을, 미국은 민주세력을 대표로 파송하여 미래의 한반도의 운명에 영향력을 행사하기 원했다. 소련은 북한의 모든 세력이 친소세력이 되어 하나로 소련을 지지하고, 남한에서는 좌우가 분열되어 대표가 나누어지기를 원했다. 반대로 미국은 북한에서 조만식을 중심으로 한 세력이 미소공동위원회에 참여하여 친소세력이 약화되고, 반면에 남한에서는 김구와 이승만의 반탁세력이 참여하여 우익이 강화되기를 원했다. 여기에서 소련과 미국은 반탁세력을 미소공위에 참여시킬 것인가 아닌가 하는 문제로 지루한 싸움을 하게 되었다. 이 논쟁의 핵심은 바로 표현의 자유였다. 미국은 민주사회의 핵심은 개인의 표현의 자유이므로 반탁운동을 하는 사람을 제한할 수 없다는 것이며, 소련은 모스크바 3상회의에 반대하는 사람을 미소공위에 참여시킬 수 없다는 것이었다. 이 논쟁에서 조만식은 매우 중요한 이슈로 등장한다. 왜냐하면 그는 소련에 표현의 자유를 인정할 것을 요청했기 때문이다. 결국 미소공위는 실패로 돌아갔지만, 이것은 앞으로 남북이 어떤 체제로 나갈 것인가를 보여주는 중요한 부분이었다.

미소공동위원회가 한반도에 임시정부를 수립하는 데 실패하고, 결국 미국은 이것을 유엔에 이관했다. 소련의 반대에도 불구하고 유엔은 총선거를 통한 정부수립을 결의했다. 그러나 북한은 유엔의 결의를 인정하지 않았다. 결국 북한을 제외한 남한만이 단독선거를 하게 되었고, 여기에서 남한만의 단독정부가 만들어지게 되었다. 이 과정에서 이제는 남한의 민족주의 진영 내에서 싸움이 전개되었다. 이승만은 오래전부터 단정을 지지했고, 여기에 대해 이승만과 같은 노선을 걷던 김구는 반대로 입장을 바꾸었다. 이런 과정에서 조만식의 측근들은 이승만을 지지했고, 이승만정부에 참여하게 되었다. 이승만은 조만식과 월남민에 대한 배려로 김성수와 상의하여 이윤영을 종로구에 추천하여 국회의원이 될 수 있도록 했고, 북한 월남민과 조만식을 대표하여 이윤영을 총리후보로 지명했다. 이승만은 통일을 염두에 두고 조만식을 중요하게 생각했지만, 결국 한국전쟁 중에 조만식은 사망하고 말았다.

2.
조만식이 꿈꾼 새로운 나라: 건국이념

지금까지의 연구를 바탕으로 해방 후 조만식이 한국 정치에서 어떤 위치에 있었는지를 살펴보려고 한다. 해방 이후 북한에서 조만식의 위치는 매우 중요했다. 그는 북한에 거주하는 유일한 전국적인 민족지도자였다. 특별히 평안남도에서 그의 위치는 확고했다. 그는 건국준비위원회를 주도했고, 여기에 대해 이의를 다는 사람은 아무도 없었다. 그는 이념을 넘어서서 모든 사람의 존경을 받았다. 만일 소련이 와서 공산주의자들이 유리한 방향으로 북한의 조직을 바꾸지 않았더라면 해방 후 북한에서 조만식의 위치는 확고했을 것이다.

오늘날의 조선인민공화국은 바로 이 같은 조만식의 리더십을 강제적으로 제약하여 공산주의에 유리한 정국으로 만듦으로써 생겨난 것이다. 따라서 오늘의 조선인민공화국은 북한 주민의 자발적인 조직이 아니라 소련이 인위적으로 공산주의자들을 내세워서 조만식의 민족주의를 억압하고 만든 정권이다.

그러면 원래 조만식이 꿈꿨던 나라는 어떤 나라였을까? 실제로 조만식은 해방 이후 별다른 글을 남기지 않았다. 하지만 그는 순간순간 결단을 내렸으며, 우리는 그의 행동을 통해 그가 원했던 새로운 나라의 모습을 그려볼 수 있다.

첫째, 조만식은 한반도의 분단을 염려하고 통일을 주장했다. 조만식은 평남 건국준비위원회를 만들 때 이것이 중앙에서 벗어나 독자적으로 비쳐질까 걱정했고, 따라서 평남 건준은 지방단위의 자치단체임을 분명히 했다. 소련군이 북조선에 진주하여 제일 먼저 38선을 확정하고, 각 도에 인민위원회를 만든 다음에 통일정부를 세운다고 했을 때 조만식은 분단의 시초라는 것을 알았다. 소련군은 조만식에게 협조를 요청했다. 그러나 조만식은 소련군에게 통일국가를 만드는 데 도와달라고 요청했다.

미 군정의 보고에 의하면 소련군의 한반도 정책에서 최소의 목표는 북한을 지배하는 것이며, 최대의 목표는 한반도 전체를 지배하는 것이었다. 이런 소련군은 우선적으로 북조선에서 자신들의 체제를 확고히 하는 데 깊은 관심을 갖고 있었다. 이것을 위해 소련은 북한 전체를 하나로 통일하여 중앙정부를 만들고자 했다. 그래서 스탈린은 9월 20일 북조선에 "부르주아 민주주의 정권"을 수립하라고 명령했고, 여기에 따라 소련군 사령부는 1945년 10월 북조선 5도 임시인민위원회를 만들려고 했다. 소련군은 조만식을 대표로 하고자 했다. 하지만 조만식은 이것이 분단의 고착화가 될 것으로 생각했고, 여기에 반대했다. 조만식으로 인해 1945년 가을에 북조선 5도 인민위원회는 만들어지지 못했다.

이 같은 원칙에 의해 조만식은 원래 조선민주당의 창당에 대해서도 부정적으로 생각했다. 북한에 지역정당이 생기면 이것이 분열의 뿌리가 될 수도 있다고 본 것이다. 이것은 김일성이 처음부터 북한에 조선공산당 북조선분국을 만들어 독자적으로 행동하려고 했던 것과 대조된다. 비록 조만식이 후에 조선민주당을 만들기로 작정했지만, 이것은 북한에서 공산주의자들과 맞서 자주적인 민주정권을 세우고자 한 전략 때문이었다. 조만식은 조선민주당을 창당하면서 "통일된 중앙정부의 신속한 출현"을 강조했다. 조만식은 당시 북한에서 일어나고 있던 분단의 고착화에 반대하며, 조선민주당을 통해 하나의 통일된 국가를 위해 노력하고자 한 것이다.

둘째, 조만식은 외세의 개입을 반대하고 자주독립국가를 꿈꿨다. 조만식은 무엇보다도 민족주의자였다. 그는 북한에 진주한 소련군 사령관을 향해 "당신들은 해방군이오, 점령군이오?"라고 질문했다. 조만식은 처음에는 김일성을 민족주의자라고 생각하고 협력했지만 소련군의 입장만을 대변하자 김일성과의 관계를 단절했다. 조만식은 신의주사건 때 김일성이 소련군의 행동을 규탄하지 않는 것을 보고 매우 분개했다. 신의주사건을 둘러싼 태도는 조만식이 소련, 김일성과 결별하게 된 중요한 계기가 되었다.

조만식은 국제사회가 이미 조선의 자주독립을 인정했다고 생각했다. 이미 대서양헌장에서 전후에 식민지의 자주독립을 언급했고, 카이로회담에서 미국, 영국, 중국은 조선에 "자유롭고 독립된 나라"를 만들겠다고 약속했다. 소련은 이 카이로회담을 받아들였다. 조만식은 모스크바 3상회의의 신탁통치는 바로 이 같은 국제적인 약속을 위반한 것이라고 생각했다. 소련당국이 집요하게 신탁통치 지지를 강요할 때, 이것은 국제조약의 파기라고 강하게 항의했다.

독립된 나라의 가장 중요한 권리는 자신들의 운명을 자신들이 결정하는 민족자결권이다. 조만식은 비록 신탁통치가 아무리 좋은 것이라고 해도 주인인 국민이 반대한다면 그것은 존중되어야 한다고 생각했다. 따라서 해방군이라고 주장하는 소련군이 국민 다수의 의사를 무시하고 신탁통치를 강요하는 것은 자주독립을 거부하는 것이라고 생각했다. 조만식이 신탁통치를 지지하지 않은 근본적인 이유는 자주독립에 대한 자신의 신념 때문이었다.

셋째, 조만식은 특정계급을 옹호하는 공산주의에 맞서 대동단결을 강조하는 민족주의자였으며, 동시에 시민의 책임을 강조하는 민주주의자였다. 조만식은 가난한 사람들을 사랑하되 계급주의에 빠지지 않고 모든 민족을 품고 대동단결을 강조하는 민족주의자였다. 원래 조만식은 실력을 갖춘 책임 있는 시민이 주인이 되는 실력양성론자였다. 당시의 용어로 말한다면 이들은 사회의 '유지'인 것이다. 이들은 전통적인 봉건계급도 아니고, 공산주의적인 '인민'도 아니며 건전한 도덕과 책임을 갖춘 근대 중산층 시민이다. 조만식은 평양의 시민계층을 대표하는 사람이었다. 이들은 대체로 자수성가한 사람들로서 기독교신앙을 갖고 사회의 도덕적 책임을 지키는 사람들이었다.

해방 후 조만식은 소련군환영대회에서도, 김일성환영대회에서도, 소련군 당국과의 모임에서도 조선은 민주주의사회가 되어야 한다고 강조했다. 그는 국제사회에서 이미 조선을 민주주의국가로 만드는 데 합의했다고 생각했다. 하지만 해방 후 한국사회에서 가장 중요한 이슈 가운데 하나는 민주주의라는 용어였다. 조만식은 후에 미소공동위원회 브라운과의 면담에서 자신이 말하는 민주주의는 미국에서 말하는 민주주의이며, 소련은 이것을 수용하기가 어려울 것이라고 생각했다. 왜냐하면 공산주의는 처음부터 집단의 이름으로 개인의 자유를 억압하고, 이런 정책 아래서만 생존할 수 있기 때문이다. 조만식에게 있어 자유는 매우 중요한 개념이었다.

카이로회담에서는 이미 조선을 "자유롭고 독립된 나라"로 허락한다고 되어 있다. 민주주의의 핵심은 자유를 보장하는 것이었다. 따라서 해방된 나라에서 자유를 보장하는 것은 매우 중요한 것이다. 이 점이 해방 이후 미국과 소련의 차이점이었다. 소련은 신탁통치에 찬성하는 사람만이 임시정부를 위한 미소공동위원회의 논의에 참석할 수 있다고 본 반면에 미국은 민주주의 국가에서 신탁통치를 반대한다고 하여 미소공의회의 참석을 거부할 수 없다는 것이다. 결국 표현의 자유, 곧 자유 문제 때문에 미소공의회는 결렬되었다고 할 수 있다. 소련은 자유민주주의의 핵심인 자유를 허락하지 않았기 때문이다. 조만식은 이런 소련의 태도는 민주주의의 원칙에 위배된다고 생각했다.

넷째, 조만식은 토지 문제에 대한 공산주의의 혁명적인 방법에 반대하고, 개인의 사적 재산권과 노동자 · 농민의 노동권을 함께 보장하는 개혁적 경제 정책을 지지했다. 조만식은 원래부터 경제 문제에 관심이 많았다. 그는 일제 강점기부터 노동자의 권리를 강조했다. 특별히 그는 북한에서 공산당이 토지를 분배하여 농민들의 호응을 얻는 것을 보고 남한에도 적절한 농지개혁이 있어야 한다고 주장했다. 가난한 농민들도 희망을 갖도록 해야 한다고 생각한 것이다.

하지만 조만식은 자본주의 체제를 지지했고, 개인의 소유권은 인정되어야 한다고 보았다. 그래서 그는 소련이 일본의 것이 아닌 개인의 공장을 강제로 몰수하려고 했을 때 강력하게 항의했으며, 공산주의자들이 친일파 청산을 내세워 개인의 소유권을 무시하는 것에 강력하게 반대했다. 조만식은 소련이 부르주아 민주주의를 한다고 했을 때 이것은 개인의 소유권을 인정하는 정책이라고 생각했다. 실제로 소련은 점령 초기에 개인의 소유권을 인정한다고 말했다. 하지만 실제 행동하는 것은 이런 원칙과 달랐다.

조만식은 가난한 농민의 소작료를 인정해야 한다고 생각했다. 그래서 그는 일제 강점기와는 반대로 지주와 소작인의 소작료를 3 : 7로 했다. 이것은 일제 강점기에 비하면 파격적인 것이었다. 조만식은 여러 차례 남한의 미 군정 당국에 토지개혁을 단행할 것을 강조했다. 이런 점에서 조만식은 일반 대중의 욕구가 무엇인지를 정확하게 파악하고 있었다고 할 수 있다. 가난한 자들에게 토지를 분배한다는 것은 실로 무엇과도 바꿀 수 없는 매력이다. 그러나 미군 당국은 이것을 새로 수립될 한국 정부에 미루었다.

3.
해방 후 미소 관계와 조만식

조만식은 원래 기독교인으로서 미국 선교사들과 친분이 있었다. 따라서 그는 미국식 민주주의의 영향을 받은 사람이라고 할 수 있다. 하지만 역사의 아이러니는 해방 후 그를 매우 어려운 상황에 몰아넣었다. 그것은 미국식 민주주의의 영향을 받은 그가 소련 군정과 협력하여 해방 후 한국 정치를 이끌어가야 했던 것이다. 이런 상황에서 해방 후 조만식의 정치는 처음부터 갈등을 예고하고 있었다.

아마도 조만식은 미국과 소련은 연합국으로서 공동으로 전후 세계 정치를 이끌어 간다고 생각했다. 소련은 해방 이후 북한사회에 공산주의 세력이 아직 강력하지 않기 때문에 민족주의와 연합해야 하며, 그 대상으로 조만식을 생각했다. 조만식과 소련은 서로를 필요로 했다. 따라서 소련은 공산국가이지만 공산이념을 내세우지 않고 민주주의로 포장했다. 그리하여 소련이 내세운 것은 부르주아 민주주의 국가 건설이며, 이것을 위해 민주주의 통일전선을 만들어야 한다는 것이다. 아마도 조만식은 여기에서 자신과 소련 군정이 함께할 수 있는 공통기반을 발견했던 것 같다.

부르주아 민주주의란 사회주의민주주의에 이르는 전 단계로서 봉건주의를 타파하기 위해 노동자와 농민이 부르주아계층을 포용하는 것이다. 이것은 전략적인 것으로 사회주의로 나아가기 위한 전 단계이다. 조만식은 이것을 받아들여 시민계층이 주도하는 민주주의를 만들려고 했지만 결국은 실패하고 말았다. 민주주의 통일전선도 아직 약체에 있는 프롤레타리아 세력이 중산층을 끌어들여 봉건세력과 투쟁전선을 형성하자는 것이다. 조만식은 이것을 자신의 대동단결과 연결시켰다. 하지만 조만식은 결국 여기에 저항하다가 연금당하고 말았다.

조만식과 소련이 결별할 수밖에 없었던 가장 중요한 계기는 신탁통치 반대 때문이었다. 소련의 한반도 정책의 가장 핵심은 한반도에 친소정권을 세우는 것이었다. 오랫동안 일본의 위협에 시달렸던 소련은 한반도에 자신의 이익을 대변하는 정권을 만들기 원했다. 그러나 조만식은 바로 이런 소련의 이익에 부합하는 행동을 하지 않았다. 그는 소련이 북한에서 보인 강간, 절도, 재산탈취, 종교탄압 같은 행위에 대해 강력하게 항의했고, 이것은 소련으로 하여금 조만식이 친소적인 인물이 아니라는 것을 입증했다. 하지만 결정적인 것은 조만식이 신탁통치를 반대하는 것이었다. 신탁통치 논쟁 기간에 보여주었던 조만식의 태도는 소련으로 하여금 도저히 함께 일하기 어려운 상대로 인식하게 만들었다.

조만식의 입장에서는 소련이 38선을 강화하여 조선의 통일을 가로막고, 신탁통치를 강요하여 자주성을 부인하며, 인민혁명을 주장하며 개인의 자유를 탄압하고, 친일파 청산을 내세워서 사적 소유권을 무시한다고 보았다. 그로서는 소련과 함께 새로운 나라를 만들기는 어렵다고 생각했다. 조만식은 초기에는 소련에 희망을 가졌지만 시간이 흐르면서 그 희망은 절망으로 바뀌었고, 결국은 소련과 결별했다.

그러면 조만식과 미 군정은 어떤 관계였는가? 사실 북한에 있는 조만식이 남한의 미 군정과 공개적인 관계를 맺기는 어렵다. 하지만 미군은 처음부터 조만식을 한국사회의 지도자로 보았고, 조만식을 고문으로 임명했다. 조만식은 한 번도 이것을 공개적으로 거부하지 않았다. 조만식은 신의주사건과 반탁운동을 하면서 소련 군정과 마찰을 빚었고, 남한의 미 군정과의 연대를 강화해나갔다. 조만식은 밀사를 보내 미 군정으로부터 조언을 구했다. 조만식의 측근 가운데는 한근조를 비롯하여 월남하여 미 군정에서 일한 사람들이 많았다. 실질적으로 미소공위에 관한 조만식의 입장은 하지의 조언과 일치한다. 신탁통치는 지지하지 않지만 미소공위에는 참여하여 활동한다는 것이다.

반탁운동 이후 미소공동위원회의 회담에서 조만식은 매우 흥미로운 존재였다. 소련은 북한에서는 모든 세력이 신탁통치를 지지한다고 선전했고, 남한의 반탁운동가들을 미소공위의 회담에 참가시킬 수 없다고 했다. 여기에 대해 미국은 조만식은 신탁통치를 지지하지 않으며, 소련이 강제적으로 표현의 자유를 억압하고 있다고 공격했다. 또한 미국은 이승만과 김구가 신탁통치를 반대할 뿐만이 아니라 미소공위에 참가하는 것조차 막는 것을 보면서 만일 조만식이 미소공위에 참여하게 되면 조만식과 같은 온건한 민족주의자를 중심으로 한국 정치를 이끌어갈 수 있다고 보았다. 실제로 이 문제에 관해 조만식은 김규식과 거의 같은 입장을 갖고 있었다. 미소공위는 결론적으로 실패하고 말았지만 조만식의 위치는 매우 중요했다.

미 군정과 조만식은 상당한 신뢰관계를 형성했다. 미 군정은 남한 정치가들의 권모술수와 이기심에 진절머리를 내면서 조만식 같은 청렴하고 순수한 지도자를 좋아했다. 하지는 항상 조만식을 한국의 가장 존경받는 애국자라고 치켜세웠다. 뿐만 아니라 조만식은 1947년 7월 브라운과의 대화에서 만일 신탁통치를 받게 된다면 차라리 미국만의 신탁통치를 받기 원한다고 말할 정도로 친미적인 입장을 밝혔고, 자기가 원하는 민주주의는 소련의 인민민주주의가 아니라 개인의 자유와 소유권을 인정하는 미국식 민주주의임을 밝혔다. 이 회담에서 조만식은 북한 동포를 버리고 떠날 수 없다는 초기의 입장을 바꾸어 남한에 가서 조국을 위해 일하고 싶다고 밝혔다. 그는 미군과 함께 서울로 가기를 원했다. 하지만 미소 관계가 냉전 상태로 치달으면서 미소공위는 결렬되었고, 한국 문제는 유엔으로 이관되었다.

그러나 이런 조만식의 친미적인 입장은 브라운과의 회담 이후 조만식을 더욱 어렵게 만들었다. 브라운과의 회담 이후 조만식의 연금 상태는 더욱 강화되었고, 감시는 심해졌다. 소련은 조만식이 반소주의자일 뿐만 아니라 친미주의자이며, 반동분자라고 공격했다. 결국 조만식은 한국전쟁에서 미군에 밀려 후퇴하는 과정에서 북한당국에 의해 살해되고 말았다.

4.
해방 후 한국의 정치 상황과 조만식

민족주의자인 조만식은 원래 대동단결을 주장한 사람이었다. 일제 강점기에도 그는 신간회 활동을 하면서 좌파와 연합노선을 강조했다. 하지만 신간회 좌파가 신간회 주류를 비판하고 계급투쟁을 강조하여 신간회 해소(해산)를 주장할 때 그는 분명히 반대를 표했다. 그는 그들이 주장하는 사회주의적인 요소에도 일리가 있다고 생각했다. 해방 후 북한에서는 공산주의자들과도 대동단결을 하려고 노력했다. 현준혁과 김일성이 바로 그들이다. 비록 소련의 강요로 인민정치위원회에 공산주의자들이 절반이 넘는 세력이 되었지만 조만식은 현실을 받아들이고 현준혁과 함께 부르주아 민주주의를 건설하려고 했다. 그러나 민족주의적인 성향을 지닌 온건한 공산주의자 현준혁은 암살당하고 말았다.

해방 후 조만식과 함께 북한사회를 이끌어가려고 했던 사람은 김일성이다. 김일성은 33세의 젊은 나이로 귀국하여 조만식을 내세워 조선민주당을 만들어 민주주의 통일전선을 형성하려고 했다. 이것은 공산당이 약세에 있고, 아직 국내 기반이 든든하지 못한 김일성을 위한 소련의 지침이었다. 처음에 김일성은 자신이 민족주의자인 것처럼 행세하면서 공산주의자라는 사실을 밝히지 않았다. 김일성은 조만식을 돕겠다고 약속함으로써 조선민주당을 만들도록 했다. 그러나 정작 창당이 될 즈음에는 자신은 빠지고 최용건과 김책을 보내 당을 조종하고자 했다. 결국 신의주사건과 신탁통치 문제로 이들의 사이는 악화되고 민주주의 통일전선도 무너지게 되었다. 조만식의 공산주의자들과의 대동단결은 실패로 끝나고 말았다.

일부에서는 조만식과 여운형이 건국준비위원회를 통해 서로 협력하는 관계가 아닌가 생각한다. 하지만 조만식은 여운형과 달리 임시정부를 맞이하여 새로운 국가를 건설해야 한다고 생각했다. 여운형은 조만식을 자신의 통일전선에 끌어들이고자 한 것 같다. 하지만 조만식은 여운형을 공산주의자로 인식하고 있었고, 대세를 따르는 기회주의자로 평가했다. 실제로 여운형은 북한에 와서 여러 차례 조만식을 설득하여 반탁의 입장을 변화시키려고 했지만 실패했다.

김일성과 조만식의 통일전선에 금이 가고 있을 때, 한편에서는 조만식과 남쪽의 민족주의자들과의 연합전선이 형성되고 있었다. 조만식은 측근 한근조를 통해 이승만과 접촉하고, 이승만은 밀사를 보내 월남하여 함께 일할 것을 권유했다. 조만식은 이승만의 권유를 거절했지만 이들의 관계는 지속되었다. 한때 이승만은 조만식을 통해 김일성에게 접근하기도 했다. 반탁운동이 강하게 일고 있을 때 조만식은 치스차코프 사령관에게 소련과의 연대보다 같은 민족인 남한지도자들과의 연대가 더 중요하다고 언급했다. 조만식은 자신의 측근을 남쪽으로 보내 이승만을 돕도록 했다. 조만식의 측근인 이윤영은 월남하여 바로 이승만을 위해 일했다. 그러나 조만식은 이승만과 함께 신탁통치에는 반대했지만 이승만과는 달리 미소공위에서 활동하기를 원했다. 조만식은 이승만보다 공산주의에 대해 유화적인 입장을 가졌다.

이승만이 남한만의 단독정부를 주장하고 총선거를 실시하려고 할 때 조만식의 지지자들인 월남 피란민들의 도움을 받았다. 당시 김구는 남한 단독정부를 반대했지만 이승만은 남한에 민주정부가 들어서야 하며, 이것을 기반으로 통일한국을 만들어야 한다고 주장했다. 여기에 월남 피란민들은 김구를 반대하며 이승만에게 적극적인 지지를 보냈다. 월남민들이 대한민국 건국에 기여한 것이다. 이것을 잘 아는 이승만은 초대 국무총리로 조만식의 대리자인 이윤영을 임명하려고 했다. 하지만 이남에서 정치적인 기반이 약한 이윤영은 실패하고 말았다. 사실 이승만은 대한민국의 건국과정에서 조만식을 잊지 않고 함께 일하기를 원했다.

조만식은 김구와도 밀접한 관계를 갖고 있었다. 조만식은 원래부터 해방정국에서 임시정부의 역할을 인정했다. 김구는 1945년 11월 말 귀국한 다음에 신익희를 중심으로 정치공작대를 조직하여 강력한 반탁운동을 전개했다. 여기에 평안도 지역을 담당한 사람이 바로 조만식의 측근이었다. 적어도 조선민주당 사람들은 김구와 함께 김일성 암살음모를 꾸미기도 했다. 조만식은 조선민주당의 발기인이었던 김병조를 통해 김구와도 연락을 취했다. 김구와 조만식은 이승만과 함께 서로 연락하여 반탁정국을 이끌어갔다. 특별히 해방 이후 두 차례에 걸친 북한에서의 3 · 1절 반탁운동은 김구와 조만식의 조선민주당이 함께 활동한 것이다. 아울러 김구는 남북연석회의 때 김일성에게 조만식의 석방을 강력하게 요청하기도 했으며, 그가 암살당하기 얼마 전에는 조만식에게 밀서를 보내려고 시도했다. 아마도 그 내용은 남북의 우익이 공조하여 평화통일의 방안을 마련해보자는 것이었다. 김구는 조만식을 중요하게 생각했다. 하지만 비폭력 투쟁을 강조한 조만식이 얼마나 직접적으로 김구의 테러활동에 동조했는지는 알 수 없다. 하지만 조만식과 오랜 동안 직접적으로 관계를 맺어온 것은 국내의 민족주의자인 송진우와 김성수였다. 이들은 원래 일본 유학시절부터 각별한 관계였고, 함께 민족독립운동을 전개했다. 조만식은 평남 건준을 조직하면서 송진우와 상의했고, 그와 긴밀한 연락을 했다. 조만식의 동료 김동원은 송진우와 함께 한민당을 창당했다. 북한에서 박해가 심해지자 조만식의 측근들은 월남하기 시작했고, 이들은 월남하여 한민당사의 방을 빌려 조선민주당을 만들기도 했다. 송진우가 사망한 후, 조만식의 가족과 조선민주당을 실질적으로 도운 사람은 김성수였다. 원래 조만식을 존경한 그는 조만식의 대리자라고 할 수 있는 이윤영에게 자신의 선거구인 종로구를 양보하기도 하는 등 조만식의 측근들을 보살피려고 노력했다. 큰 틀에서 김성수의 한민당과 조만식의 조선민주당은 서로 협력하는 관계였다.

5.

해방 후 한국사에 대한 재인식

지금까지 해방 이후 한국 정치와 조만식의 관계에 대해 살펴보았다. 이와 같은 연구에 근거하여 필자는 현재 해방 이후 한국사는 다음의 몇 가지 점이 지적되어야 한다고 생각한다.

첫째, 해방 이후 북한사회에서 공산주의는 매우 소수였으며, 기독교인들을 중심으로 한 민족주의자들이 주된 흐름이었다. 해방 후 평양을 중심으로 하는 북한사회는 기독교민족주의자들이 이끌어가는 사회였다. 그 중심에는 조만식이 있었다. 공산주의자들은 매우 소수에 지나지 않았으며, 소련의 지지를 받아 상당한 세력을 얻었음에도 불구하고 소련과 공산주의자들의 비행으로 인해 여전히 일반시민의 지지를 얻지 못했다. 심지어 1946년 2월 북조선인민위원회가 조직되고, 토지개혁이 실시된 이후에도 공산당은 열세였다. 그래서 당명도 공산당에서 노동당으로 변경한 것이다. 1947년 7월 북한에서 미소공위가 열렸을 때 많은 북한사람들은 미군이 와서 공산주의에서 북한을 해방시켜주기를 바란다고 말했다. 미 군정 당국은 이 같은 정보에 따라 남북한 자유선거를 주장했다. 따라서 해방 당시 한국사회에 좌파가 우세했다는 통념화된 결론은 재고되어야 한다.

둘째, 북한의 인민위원회는 북한사람들의 자발적인 단체가 아니라 소련과 공산주의의 치밀한 계획에 의해 이루어진 소련 침략의 수단이었다. 소련과 김일성은 계속 선전하기를 해방 이후 북한에는 인민의 자발적인 의사로 인민위원회가 조직되었으며, 따라서 북한정권은 정당성을 갖는다는 것이다. 하지만 이것은 역사적인 사실과 다르다. 이미 살펴본 것처럼 소련군이 진주하자마자 대다수를 차지했던 민족주의자들을 하나의 정치그룹으로 전락시키고, 소수였던 공산주의자들은 북한사회의 중심세력으로 부상시켰다. 그리고 그들을 중심으로 인민위원회를 조직하도록 했다. 이런 소련의 정책은 평남만이 아니라 대부분의 다른 지역에서도 동일하게 진행되었다. 최근에 발굴된 소련 문서는 북한의 인민위원회가 소련의 지도와 영향 아래서 이루어진 것을 분명하게 밝혀주고 있다. 인민위원회가 자발적인 단체라는 것은 북한정권의 정당성을 주장하고 남한사회를 공격하기 위한 소련과 북한의 정치적인 선전에 불과하다.

셋째, 조만식은 대동단결의 측면에서 공산주의와 협조했지만, 보다 근본적으로 미국의 민주주의와 남한의 민족주의 세력과 함께했다. 최근 일부 역사학자들 가운데 조만식과 김일성의 민주주의 통일전선을 강조한다. 물론 조선민주당은 이 같은 통일전선의 산물이다. 하지만 조만식은 보다 근본적으로 남한의 민주주의 및 민족주의 세력과 연대했다. 특별히 월남하는 그의 측근들은 바로 이런 연대를 강화하는 데 크게 기여했다. 이승만과 김구는 각각 조만식과 함께 국가건설에 노력하고자 했다. 아울러 조만식은 미군과도 상당한 교감을 갖고 행동했다. 조만식은 고비마다 미군에 비밀특사를 파견하여 의견을 구했고, 미군은 조만식에게 신탁통치는 반대할 수 있지만 미소공위에 참여하여 협상하기를 원했다. 조만식은 전반적으로 보아 미군의 의사를 존중했다고 할 수 있다. 이런 점에서 소련 정보당국이 조만식을 친미파이며, 남한 민족주의자들과 연대하고 있다고 보는 것은 근거가 있다.

넷째, 미소공동위원회의 대표 선정에 있어서 조만식이 차지하는 위치는 다시 평가되어야 한다. 우리는 일반적으로 조만식의 신탁통치 반대에 대해서만 알고 있다. 그리하여 신탁통치 정국 이후의 미소공위 협의대상 선정과정에서 논의되었던 조만식에 관한 내용은 전혀 알려져 있지 않았다. 조만식은 신탁통치는 반대했지만 미소공위에는 참여하기를 원했다. 사실 신탁통치 문제 못지않게 중요한 것은 한국의 임시정부를 구성하기 위한 미소공동위원회의 협의대상 선정이었고, 어떤 대표들이 이 협의기구를 주도하느냐 하는 것은 국가의 미래를 결정하는 중요한 문제였다. 여기에서 미국은 조만식을 북한 대표에 포함시켜 김일성의 세력을 견제하려고 했다. 이를 위해 브라운은 1947년 7월 평양에서 조만식과 단독 면담하기도 했다. 또한 이승만과 김구는 신탁통치뿐만 아니라 미소공위까지 거부함으로써 미군은 조만식에게 중요한 역할을 맡길 계획을 하기도 했다. 비록 미소공동위원회가 결렬되어 조만식이 그 역할을 맡지는 못했지만 그가 차지한 위치를 확인할 수 있다.

다섯째, 이승만은 대한민국 국회와 정부를 수립하는 과정에서 조만식을 중요하게 배려했다. 북한이 유엔 주도하의 남북 총선거에 반대하자 이승만은 남한만의 단독선거를 주장했고, 조만식의 측근들은 여기에 강하게 지지를 표명했다. 민족통일 국가를 강조하며 단독정부를 반대하던 김구와 김규식은 월남 기독교인들과 결별했다. 이승만은 북한의 조만식과 월남민들을 고려하여 이윤영이 종로에서 출마할 수 있도록 했고, 초대 국무총리에 조만식의 대리인격인 이윤영을 지명하기도 했다. 이승만은 조만식을 북한의 대표하는 지도자로 보았으며, 그를 정치의 중요한 파트너로 생각했다.

맺는말

오늘의 현실과 조만식

조만식이 시작한 민족통일운동은 아직 끝나지 않았다. 그는 해방 공간에서 통일, 자주, 자유, 인권 등을 내세우면서 새로운 민주주의 국가를 건설하고자 노력했다. 이것은 조선이 근대화하면서 기독교인을 중심으로 한 민족주의 세력들이 오랫동안 꿈꿔온 나라였다. 하지만 이런 그의 꿈은 북한에 공산주의를 이식하고, 친소정권을 수립하려는 소련의 정책 때문에 좌절되고 말았다. 하지만 그의 꿈은 좌절되지 않았고 많은 사람들의 마음속에 남아 있다. 북한에서 월남한 수많은 사람들뿐만 아니라 대다수의 한국인은 북한에도 자유와 인권이 보장되는 민주주의 사회가 이루어지기를 소망하고 있다. 이런 점에서 조만식의 꿈은 아직도 대한민국의 가장 중요한 과제로 남아 있는 것이다.

조만식이 꿈꾸는 나라는 자유민주주의 국가였다. 그는 소련당국과 표현의 자유와 개인의 소유권을 놓고 싸웠다. 그는 개인의 가치가 전체의 이름으로 묵살당하는 사회에는 소망이 없다고 생각했다. 하지만 조만식은 미 군정이 경제적인 불평등에 눈을 감고 토지개혁을 머뭇거리는 것을 보고, 조속히 개혁 정책을 수용할 것을 요청했다. 그는 진정한 개혁만이 남한의 공산화를 막는 길이라고 생각했다. 이런 점에서 조만식은 단지 보수적인 정치가가 아니라 개혁적인 민주주의자였다. 빈부의 격차가 점점 커진다는 것은 그만큼 사회가 불안정해진다는 것을 의미한다.

조만식은 건전한 시민계층이 주도하는 사회를 만들려고 했다. 역사는 수구 보수적인 기득권층도, 한 맺혀 혁명으로 세상을 뒤엎으려는 인민도 아닌 성실하고 책임 있는 시민이 대동단결하여 이룩해야 한다고 생각했다. 그는 일제의 억압에 항거하면서도 기독교적인 신앙으로 도덕을 지키고, 실력을 양성하여 때를 기다려야 한다고 생각했다. 그는 실제로 평양사회의 시민, 즉 유지들을 동원하여 사회를 밝게 하고자 노력했다. 이런 그의 노력은 해방 후 건국준비위원회를 통해 실현하고자 했으나 인민혁명을 원하는 공산당은 조만식의 이런 시민사회를 용납하지 못했다.

필자는 아직도 한국사회는 조만식이 가졌던 꿈이 필요하다고 생각한다. 자유민주주의의 이념에 기초하면서도 어려운 약자를 배려하고, 가진 자의 기득권과 못 가진 자의 원한이 충돌하는 사회가 아니라 성실하게 살아가는 보통사람들이 꿈을 가질 수 있는 사회, 그리고 이렇게 하여 성공한 사람들이 책임의식을 갖고 이끌어가는 성숙한 민주주의가 확립되어야 한다고 믿는다. 우리는 조만식이 가고자 했던 길을 가야 한다.

참고문헌

국문자료

가브릴 코르트코프, 『스탈린과 김일성』, 어건주 역, 서울: 동아일보사, 1992.

감리교신학대학교 한반도평화통일신학연구소, "몽양 여운형". 『통일이후신학연구』 4 (2012).

강만길 · 심지연, 『항일독립투쟁과 좌우합작: 우사 김규식』, 서울: 한울, 2000.

강성현, "한국사상통제기제의 역사적 형성과 '보도연맹사건': 1925~50". 서울대학교 사회학과 박사논문, 2012.

강영철 · 강인구 · 이상태, 『러시아 연방 국방성 중앙 문서 보관소 소련 군정 문서, 남조선 정세 보고서, 1946~1947』, 국사편찬위원회, 1946.

______, 『러시아연방 국방성 구두정보보고』, 국사편찬위원회, 2003.

고당기념사업회, 『고당 조만식 회상록』, 서울: 조광출판, 1995.

고려서림, 『미국 국립공문서관 소장 북한 해방 직후 비밀자료(1945. 8~1951. 6)』, 서울: 고려서림, 1998.

고하선생전기편찬위원회, 『독립을 향한 집념: 고하 송진우 전기』, 서울: 동아일보사, 1990.

국사편찬위원회, 『대한민국사 자료집』, 과천: 국사편찬위원회 19, 2005.

국토통일원, 『미군정정보보고서: 제1권(1945.9~1946.1)』, 일월서각, 1986.

기광서, "소련군의 북한 진주와 부르주아 민주주의 노선", 『통일문제연구』(2005): 67-83.

______, "구소련 국방성 비밀문서로 본 해방 직후 고당 조만식의 궤적". 『민족 21』 (2003): 100-103.

______, "러시아 문서보관소 사료로 본 소련의 대북한정책, 1945~1947". 『역사문화연구』(2005): 3-33.

______, "해방 후 북한 중앙정권기관의 형성과 변화(1945~1948)". 『평화연구』 19 (2011): 333-366.

______, 『해방 전후사 사료연구 2』, 한국정신문화연구원, 2002.

『기독교대백과사전』, 1997년 판, "전재선", "김철훈", "판해당".

김욱, 『이승만, 김구, 조만식, 그리고 나』, 서울: 리앤리하우스, 2004.

김광수, "한국기독교재건사". 「기독교사상」 280(1981): 118-182.

김광운, "해방 직후 북한에서의 통일전선". 「한국사학보」 11(2001): 319-348.

김국태 · 미국무성, 『해방 3년과 미국 I』, 서울: 돌베개, 1984.

김국후, "김병조 목사의 최후". 「북한민주통일운동사: 평안남도 편」(1990): 305-317.

______, 『비록 평양의 소련군정』, 한울, 2008.

김기혁, 『김현석 장로 전기』, 서울: 맥밀란, 1982.

김남식 · 이정식 · 한홍구, 『한국현대사자료총서』 13, 서울: 돌베개, 1986.

______, 『해방 전후의 재인식』, 서울: 한길사, 2012.

김내영, 『조국을 구원할 자는 오직 너와 나로다: 애국지사 김병연의 삶』, 쿰란출판사, 2011.

김병연, 『고당 조만식』, 서울: 평남민보, 1966.

김삼웅, 『한국사를 뒤흔든 위서』, 서울: 인물과 사상사, 2004.

김선호, "해방 직후 조선민주당의 창당과 변화". 『역사와 현실』 61(2006): 279-311.

김성보, 『남북한 경제구조의 개편과 전개』, 서울: 역사비평사, 2000.

김성보, 『북한의 역사 I: 건국과 인민민주주의의 경험, 1945~1960』, 서울: 역사비평사, 2011.

______, "지방사례를 통해 본 북한사회의 갈등과 변동: 평안북도 선천군". 『동방학지』 125(2004) 195.

______, 『분단 50년과 통일시대의 과제』, 서울: 역사비평사, 1995.

김성보 · 기광서 · 이신철, 『북한현대사』, 서울: 웅진닷컴, 2004.

김신옥, 『행함으로 믿음을 온전케 하라: 김신옥의 삶 이야기』, 대전: 대장간, 2010.

김양선, 『한국기독교해방 10년사』, 서울: 대한예수교장로회 총회 교육부, 1956.

김용복, "해방 직후 북한인민위원회의 조직과 활동". 『해방 전후사의 인식』 5(1989): 210-214.

김일성, "북조선 정세보고: 전조선제정당 · 사회단체 대표자 연석회의에서 진술한 보고(1948. 4. 19)". 『북한관계사료집』 VI(1988).

김재명, "역사와 인물: 친일파와 한국경찰 – 좌절된 민족경찰의 꿈, 최능진". 『월간 중앙』, 1994.

김재웅, "해방 후 북한의 친일파와 일제 유산 척결". 『한국근현대사연구』(2013): 182-222.

김준연, 『독립로선』, 서울: 대한민국 공보처, 1950.

김준엽 · 김창순 · 고려대학교아세아문제연구소, 『한국공산주의운동사』 3, 서울: 고려대학교 출판부, 1973.

김준엽 · 김창순 · 이일선 · 박관옥, 『북한연구 자료집 제1집』, 고려대 아세아문제연구소, 1967.

김준엽 · 김창순, 『한국 공산주의 운동사 5』, 서울: 청계연구소, 1990.

김창순, "친일파 청산, 북한에서는 어떻게 되었나?" 『북한』(1995): 40-46.

______, 『북한 15년사』, 서울: 지문각, 1961.

______, 『북한민주통일운동사: 평안남도 편』, 서울: 북한문제연구소, 1990.

김팔봉, "우리가 겪어온 길: 문인이 겪은 해방, 건국, 동란". 「동아일보」, 1958. 8.

김학준, 『고하 송진우 평전』, 서울: 동아일보사, 1990.

______, 『북한의 역사 1: 강대국 권력 정치 아래서의 한반도 분할과 소련의 북한 군정개시, 1863~1946.1』, 서울: 서울대학교 출판부, 2008.

김형석, 『일제 김병조의 민족운동』, 서울: 남강문화재단 출판부, 1993.

김흥수, 『해방 후 북한교회사』, 서울: 다산글방, 1992.
남광규, "건국준비위원회 중앙조직의 약화과정과 요인". 『한국정치외교사 논총』 28-1 (2006): 5-33.
"남북의 대화"(71), 「동아일보」, 1972. 4.
도진순, "김구선생 회견기". 『삼천리』, 1948. 9: 7.
______, "1948~49년 김구 평화 통일론의 내면과 외면". 『정신문화연구』 27-4, 2004.
______, 『한국 민족주의와 남북관계』, 서울: 서울대학교 출판부, 1997.
『두산백과사전』, 1997년 판, "김동원".
라병덕, 『고당 조만식 회상록』, 조광출판사, 1995.
란코프, 『소련의 자료로 본 북한 현대정치사』, 오름출판사, 1995.
로버트 T, 올리버, 『이승만의 대미 투쟁』, 한준석 역, 서울: 비봉출판사, 2013.
류석춘 · 김광동, "북한 친일 청산론의 허구와 진실". 『계간 시대정』」(2013).
메클레르, 『북한의 정치』, 북한연구학회, 2006.
몽양기념사업회, 손치웅선생의 몽양회고담, 「경향신문」 「동아일보」, http://imongyang.blog.me/40035718782
문봉제, "삼팔선철폐요구국민대회". 『북한』 6(1972): 280-283.
______, 『고당 조만식 회상록』, 조광출판인쇄주식회사, 1995.
______, 『한국민족교회 형성사론』, 연세대학교출판부, 2008.
민주조선사, 『해방 후 4년간 국내외 중요일지』, 평양: 민주조선사, 1949.
박대선, 『회고록: 하늘에서 정의가 땅에서 진실이』, 서울: 전망사, 1996.
박명림, 『한국 전쟁의 발발과 기원』, 서울: 나남출판사, 1996.
박명수, "해방 후 건국준비위원회와 기독교의 역할". 『대한민국걱눅과 기독교』, 박명수 · 안교성 · 김권정 엮음, 서울: 북토리아, 2015.
______, 『건국투쟁: 민주공화국인가, 인민공화국인가?』, 서울: 백년동안, 2015.
박병엽 · 유영구 · 정창현, 『김일성과 박헌영, 그리고 여운형』, 서울: 선인, 2010.
______, 『조선민주주의인민공화국의 탄생』, 서울: 선인, 2010.
박봉식, "삼팔선과 미소공동위원회". 『북한』 231(1989): 48-55.
박용규, 『평양산정현교회』, 서울: 생명의 말씀사, 2006.
______, 『산정현교회』, 서울: 생명의 말씀사, 2006.
박재창, "평안 건국준비위원회 결성과 고당 조만식". 『북한』(1985): 47-48.
박진희, "해방 직후 정치 공작대의 조직과 활동". 『역사와 현실』 21(1996): 168-204.
박찬일, 『심은 대로: 청해 박현숙 선생의 걸어온 길』, 서울: 숭의여자중고등학교, 1968.
"비화 한세대(96), 군정경찰(27) 평양치안대", 「경향신문」, 1977년 3월.
백범김구선생전집편찬위원회 · 김구, 『백범 김구전집(5)』, 대한매일신보사, 1999.
백학순, 『북한권력의 역사』, 서울: 한울, 2010.
북한연감위원회, 『북한총람: 45-68』, 서울: 공산권문제연구소, 1968.

______, 『북한민주통일운동사: 평안남도 편』, 서울: 사단법인북한연구소, 1990.
브루스 커밍스, 『한국전쟁의 기원』, 일월서각, 1986.
사회과학출판사, 『정치사전』, 평양: 사회과학출판사, 1973.
森田芳夫, 『朝鮮終戰の記錄』, 東京: 嶺南堂書店, 1964.
森田芳夫, 『朝鮮終戰の記錄: 資料編 1』, 東京: 嶺南堂書店, 1979.
삼전방부, "소련군의 북한진주와 인민위원회의 결성". 『한국사회연구』 5(1897).
삼천리, "신간회 해소 반대론". 『삼천리』, 1931. 4.
서대숙, 『한국 공산주의 운동사연구』, 서울: 화다, 1985.
서중석, 『한국 현대 민족주의 운동연구』, 서울: 역사비평사, 1996.
______, 『한국현대민족운동연구』 1 , 서울: 역사비평사, 1991.
선우기성 · 김판석, 『청년운동의 어제와 내일』, 서울: 횃불사, 1969.
소련과학아카데미, 『레닌그라드로부터 평양까지: 조선해방에 있어 소련장성 11인 회고록』, 서울: 함성, 1989.
손치웅선생의 몽양회고담, http://imongyang.blog.me/40035718782(2014. 4. 28. 검색).
송남헌 · 한국사료연구소, 『한국 현대정치사 1』, 서울: 성문각, 1986.
송진우, "교우록". 『삼천리』 제7권 5호(1935): 51.
심지연, "박헌영의 부르주아 민주주의 혁명론과 프롤레타리아 독재국가 건설운동". 『한국사 시민강좌』 제17집(1995): 42-60.
______, "소련군 총사령관 치스치야코푸 대장 포고". 『해방정국논쟁사 I』(1986).
______, 『미소공동위원회연구』, 서울: 청계연구소, 1989.
______, 『송남헌 회고록: 김규식과 함께 한 길』, 서울: 한울, 2000.
______, 『해방정국 논쟁사 I』, 서울: 도서출판 한울, 1992.
안드레이 란코프 · 김광린, 『소련자료로 본 북한 현대사』, 서울: 오름, 1995.
안재성, 『번스가 조만식, 김일성과 나눈 대화』, 실천문학사, 2009.
안재홍, "기로에 선 조선민족". 『신천지』 3-6(1948).
안종철, "해방 전후 아더 번스(Arthur C, Bunce)의 활동과 미국의 대한정책". 『미국사연구』 31(2010): 139-167.
______, 『미국 선교사와 한미관계』, 서울: 한국기독교역사연구소, 2010.
안진, 『미 군정과 한국의 민주주의』, 서울: 한울 아카데미, 2005.
암스트롱, "북조선 탄생". 『통일문제연구(The Korean Journal of Unification Affairs)』(2006): 265-272.
양동안, "1948년의 남북협상연구". 『정신문화연구』 33- 2(2010): 7-46.
양호민 · 김영명 · 정진위 · 심지연 · 신일철, 『한반도 분단의 재인식(1945~1950』, 서울: 나남, 1993.
오영진, 『소 군정하의 북한 – 하나의 증언』, 부산: 국민사상지도원, 1952.
와다하루키, 『북한 현대사』, 남기정 역, 서울: 창비, 2014.
유길재, "북한정권의 형성과정: 인민위원회의 조직과 활동에 관한 연구". 『북한체제 수립과정』(1991):

41-92.
윤덕영, "일제하 · 해방 직후 동아일보 계열의 민족운동과 국가건설노선". 연세대학교 사학과 박사학위논문, 2010.
이경남, 『분단시대의 청년운동』 상, 서울: 삼성문화개발, 1989.
이규태, "해방 직후 건국준비위원회의 활동과 통일국가의 모색". 『한국근현대사연구』 36 (2006): 7-46.
이균영, 『신간회연구』, 서울: 역사비평사, 1993.
이덕일, "소련 군정하의 북한교회 연구". 『숭실사학』 13(1999): 73-106.
이덕주, 『사랑의 순교자 주기철목사연구』, 서울: 한국기독교역사박물관, 2003.
______, 『신석구연구』, 서울: 기독교대한감리회 홍보출판국, 2000.
이동현, "미 · 소 공동위원회의 쟁점과 결말". 『한국사시민강좌』 38(2006): 21-39.
이만규, 『여운형 선생 투쟁사』, 서울: 신한공사, 1946.
이승현, "해방 직후 북한 우익의 노선과 활동". 『국사관논총』 54(1994).
이윤영, 『백사 이윤영 회고록』, 서울: 사초, 1984.
이인호 · 김영호 · 강규형, 『대한민국건국의 재인식』, 서울: 기파랑, 2009.
이재훈, "해방 전후 소련 극동정책을 통해 본 소련의 한국인식과 대한정책". 『사림』 20 (2003): 39-86.
______, "해방 직후 북한 민족주의 세력에 대한 소련의 인식과 정책". 『역사비평』 70 (2005): 274-301.
이정식, "Materials on Korean Communism 1945~1947". 「대동신문」, 1945년 12월, 197.
이철순, "소련의 북한정치세력에 대한정책: 1945~1948". 『21세기 정치학회보』 20 (2010): 123-143.
이현주, "8 · 15 전후 조선총독부의 정책과 조선정치세력의 대응". 『국사관논총』 108 (2006).
이현희, 『천산 이유필연구』, 서울: 동방도서주식회사, 1994.
이홍직, "조선 종전의 기록". 『아세아연구(The Journal of Asiatic Studies)』(1964): 179-183.
장규식, 『민중과 함께한 조선의 간디』, 서울: 역사공간, 2007.
______, 『일제하 한국기독교민족주의 연구』, 서울: 혜안, 2001.
장영민, "해방지구 원주지역의 좌우의 대립". 『한국 근현대사 연구』 12(2000): 128-149.
장이욱, 『나의 회고록』, 서울: 샘터사 출판부, 1975.
장일화, 『대한민국 독립의 문: 카이로선언』, 서울: 선한 약속, 2010.
전선애, "남편 조만식을 회상하며". 『고당 조만식 회상록』(1995): 309-354.
전영택, "고당 조만식 선생". 『빛을 남긴 위인들』(1970): 197.
"전조선정당사회단체대표자연석회의 보고문 및 결정서". 「조선일보」, 1948. 5: 54-55.
전현수, "해방 직후 북한의 과거 청산(1945~1948)". 『대구사학』 69(2002): 33-60.
______, "소련군의 북한진주와 대북한정책". 『한국독립운동사연구』 9(1995).
______, "한국 현대사와 소련의 역할(1945~1949) – 쉬띠꼬프일기를 중심으로". 『복현사림』(2004): 1-28.
정리근, 『력사적인 남북련석회의』, 과학백과사전 종합출판사, 1998.
정병준, 『몽양 여운형』, 서울: 한울, 1995.

______, 『우남 이승만 연구』, 서울: 역사비평사, 2005.
정용욱 · 이길상, 『해방 전후 미국의 대한정책사 자료집』 9, 서울: 다락방, 1995.
정용욱, 『미군정자료연구』, 서울: 선인, 2003.
______, 『존 하지와 미군 점령통치 3년』, 서울: 중심, 2003.
______, 『해방 전후 미국의 대한정책: 과도정부구상과 중간파정책을 중심으로』, 서울대학교출판부, 2003.
정창현, 『인물로 본 북한현대사』, 서울: 선인, 2011.
조기준, 『한국자본주의 성립사론』, 서울: 대왕사, 1977.
조만식 고당기념사업회, 『고당 조만식 전기』, 서울: 기파랑, 2010.
조선민중신문사 · 미즈노 나오키, 『조선해방 1년사』, 동경: 신간사, 1994.
조선산업노동조사소, 『옳은 로선을 위하야』, 서울: 우리문화사, 1945.
조연명, "민족해방과 아버님". 『고당 조만식 회상록』, 서울: 조광인쇄출판사, 1995.
조영암, 『고당 조만식』, 부산: 정치신문사, 1953.
중앙일보 특별취재반, 『비록 조선민주주의 인민공화국』, 서울: 중앙일보사, 1985.
중앙일보사 편, 『비록 조선민주주의 인민공화국』 하, 서울: 중앙일보사, 1993.
차상철, "미국의 대한정책, 1945~1948". 『일조각』(2006): 1-20.
찰스 암스트롱, 『북조선의 탄생』, 서울: 서해문집, 2006.
최영호, "카이로선언의 국제정치적 의미". 『영토해양연구』(2013): 56-85.
친일반민족행위진상규명위원회, 『민족대백과사전』, 서울: 친일반민족행위진상규명위원회, 2009.
______, 『친일반민족행위진상규명 보고서 IV-18』, 서울: 친일반민족행위진상규명위원회, 2009.
커밍스, 브루스 · 일월서각편집부, "소련의 대북한정책". 『분단전후의 현대사』: 255, 1983.
평양교구사 편찬위원회, 『천주교평양교구사』, 서울: 분도출판사, 1981.
프란체스카 도너 리, 『6 · 25와 이승만, 프란체스카의 난중일기』, 조혜자 역, 서울: 기파랑, 2010.
한국기독교역사연구소 북한교회사집필위원회, 『북한교회사』, 서울: 한국기독교역사연구소, 1996.
『한국민족문화대백과사전』, 1992년 판, "김삼룡 · 이주하사건", "이주연".
한국사 데이터베이스 해외자료총서(이하 "러시아 연방국방성 구두정보보고")
한근조, 『고당 조만식』, 서울: 태극출판사, 1979.
______, "조만식 선생의 해방 직후 3개월". 『고당 조만식 회상록』, 서울: 조광인쇄출판사, 1995.
한림대학교 아시아문제연구소, "HQ, Intelligence Summary Northern Korea(1945. 12. 1~1947. 3. 31)," 『한림대학교 아시아문화연구소 자료총서』 4(1989): 565-571.
한림대학교, "Orientation Conference(Feb, 12, 1947)". 「미군정 정보자료집: 하지(John R, Hodge) 문서집, 1, 1945. 6~1948. 8」(1995).
한병구, 『북한의 언론』, 서울: 을유문화사, 1989.
한승격 · 신주백, "혁명과 전향을 넘나든 삶 – 한승격 구술록". 「격동기 지식인의 세 가지 삶의 모습」 301-304, 1996.
한재덕 · 공산권문제연구소, 『김일성을 고발한다』, 서울: 공산권문제연구소, 1982.

함석헌, "내가 겪은 신의주 학생사건". 『해방 후 북한교회사』, 2007.

황수익, "5 · 10 총선거의 재조명". 『한국사시민강좌』 38, 2006.

황윤희, "번스(Arthur C, Bunce)의 내한 활동과 한국문제인식". 『숭실사학』 23(2009): 147-203.

영문자료

Annual Report. *Korea Mission*, PCUSA. 1946.

Brazezinski, Zbigniew K. *The Soviet Bloc: Unity and Conflict.* Cambridge: Harvard University Press, 1960.

Bunce, Arthur C. "Can Korea Be Free?" 『대한민국사 자료집』 19. 서울: 국사편찬위원회, 1994.

Department of State. *North Korea: A Case Study in the Techniques of Takeover.* Washington, D.C. : U. S. Department of State, 1961.

Djilas, Milovan. *Conversations with Stalin.* New York: Harcourt, Brace & World, 1962.

Korea(Republic), United States, Ministry of Foreign Affairs. *Documents on Korea-United States Relations* 1943~1971. Seoul: Ministry of Foreign Affairs, 1971.

Lee, In Ho. "*The Soviet Military Government in North Korea.*" *Korea Observer*, no 23. Institute of Korean Studies, 1992

Library of Congress Science Policy Research Division, United States Congress House Committee on Science and Astronautics Subcommittee on Science, Research, and Development. *Foreign Relations of the United States 1946*, vol 8. Washington: U.S. Govt, Print, Off, 1969.

HQ USAFIK. *G-2 Periodical Reports*, Political Trend # 40 (20 August 1946). 한림대학교 영인본.

Ree, Erik van. *Socialism in One Zone: Stalin's Policy in Korea, 1945~1947.* Oxford England: Martin's Press, 1989.

Scalapino, Robert A. "Communism in Asia: Toward a Comparative Analysis." *The Communist Revolution in Asia: Tracts, Goals, and Archivements*, edited by R. A. Scalapino. 1965.

United States Armed Forces in Korea. *History of the United States Armed Forces in Korea.* 서울: 돌베개, 1988.

"UN Temporary Commission on Korea, Final Report of Sub-Committee 2 Adopted at the Thirtieth Meeting."